社交礼仪

乌洪杰　疏　勤　主编

中国建材工业出版社

图书在版编目(CIP)数据

社交礼仪／乌洪杰，疏勤主编．—北京：中国建材工业出版社，2015.8

ISBN 978-7-5160-1224-6

Ⅰ.①社… Ⅱ.①乌… ②疏… Ⅲ.①心理交往—礼仪 Ⅳ.①C912.1

中国版本图书馆CIP数据核字(2015)第143697号

内容简介

本书较为全面地介绍了社交礼仪的基本理论体系，内容包括社交礼仪概述、形象礼仪、言谈礼仪、交际礼仪、商务礼仪、职场礼仪、通信礼仪、宴请礼仪、仪式礼仪、校园礼仪、涉外礼仪、习俗礼仪十二个学习项目。本书采用"项目—任务"的教学模式，编写体例科学，内容新颖。开篇设置"学习要求"、篇中设置"案例导引""知识链接""知识巩固""经典案例分析""实训设计"等学习单元，确保案例矩阵教学的效果，为教师和学生搭建起体验、交流、分享的平台。

本书既可作为高等职业学校、高等专科学校、成人高校及民办高校相关专业的通用教材，也可作为职业礼仪培训者及初涉职场的商务人员的参考用书，还可作为有关专业人员，如机关、企事业单位公关人员和文秘人员的岗位培训教材和社会读者的自学读物。

本书有配套课件，读者可登录我社网站免费下载。

社交礼仪

乌洪杰　疏　勤　主编

出版发行：中国建材工业出版社

地　　址：北京市海淀区三里河路1号

邮　　编：100044

经　　销：全国各地新华书店

印　　刷：北京鑫正大印刷有限公司

开　　本：787mm×1092mm　1/16

印　　张：21.75

字　　数：542千字

版　　次：2015年8月第1版

印　　次：2015年8月第1次

定　　价：56.00元

本社网址：www.jccbs.com.cn　　微信公众号：zgjcgycbs

本书如出现印装质量问题，由我社网络直销部负责调换。联系电话：(010)88386906

前　言

礼仪是现代社会文明进步的标志，中国自古以来就是一个讲“礼”重“仪”的国家，素以“礼仪之邦”著称。正如荀子所说：“人无礼则不生，事无礼则不成，国无礼则不宁。”随着我国经济文化的发展，注重礼仪越来越成为人们的一种共识：规范言谈举止，学会待人接物，塑造良好形象，赢得社会尊重；架设友谊桥梁，通向成功之路，拥有美好的人生。

本教材在编写过程中重点突出以下特点：

1. 实用性。本书的基础理论概念力求少而精，力求做到行文流畅、通俗易懂、突出重点，引用了较多的来自现实并经过归纳、提炼和总结的典型案例，具有较强的实用性和可操作性。

2. 新颖性。本书穿插了大量的精彩图片，用图文结合的方式来讲解社交礼仪的相关知识点，以加强学生对知识的感性认识，避免知识讲解的枯燥和呆板，让学生在轻松的环境中学习知识。

3. 指导性。本书紧扣高等职业教育培养应用型、复合型人才的要求，注重理论与实践的结合，在教材中增加案例教学的比重，并设计详细的训练步骤和具体操作方法，具有很强的指导性。

4. 完整性。本书采用“项目—任务”的教学模式，每个项目均包括以下内容：开篇设置“学习要求”，篇中设置“案例导引”“知识链接”“知识巩固”“经典案例分析”“实训设计”等学习单元，确保案例矩阵教学的效果，为教师和学生搭建起体验、交流、分享的平台。

本书由重庆电子工程职业学院乌洪杰、疏勤担任主编，编者在编写本书过程中，参考并汲取了国内外许多礼仪方面的专家、教授、学者的理论观点、著作和研究成果，借鉴了众多社交礼仪实际工作者的实践经验体会和总结，在此向参考过的文献的作者表示诚挚的谢意。

由于编者水平有限，书中难免存在疏漏与不当之处，敬请广大读者批评指正。

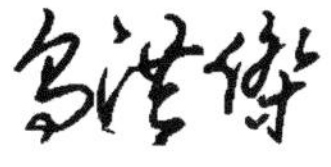

2015 年 7 月

目　录

学习项目1　社交礼仪概述

学习要求

1. 了解礼仪的概念、起源和发展。
2. 了解礼仪的特征、功能和原则。
3. 了解社交礼仪的概念和特征。
4. 充分认识学习社交礼仪的重要性,激发学习本课程的兴趣。
5. 培养在实践中学习社交礼仪的意识和能力。

案例导引

自古以来,“小处不可随便”是中国人的一条处世原则。古语道:“战战栗栗,日谨一日。人不蹶于山,或蹶于垤。”这句话告诫人们要时时提防被矮墙绊倒,这或许是“小处不可随便”的最古老的典故。

不只是中国,外国人也有类似的观念。针眼大的窟窿斗大的风,小处随便的人往往不受欢迎,在某些特殊的场合甚至会造成致命的后果。这方面最典型的例子大概是18世纪的法国公爵奥古斯丁。1786年,法国国王路易十六的王后玛丽·安东尼到巴黎戏剧院看戏,全场起立鼓掌。放荡不羁的奥古斯丁为了引起王后的注意,面向王后吹了两声很响的口哨。当时吹口哨被视为严重的调戏行为,国王大怒,把奥古斯丁投入了监狱。而奥古斯丁入狱后似乎就被遗忘了,既不审讯,也不判刑,就日复一日地关着。后因时局变化,他曾有过出狱的机会,但阴差阳错,最终还是无人问津。直到1836年老态龙钟的奥古斯丁才被释放,当时已经72岁。两声口哨换来50年的牢狱之灾,实在是天大的代价。

与此相反,一滴水可以折射太阳的光辉,小处端正的人往往能取得人们的信任。法国有个银行大王,名字叫恰科。但他年轻时并不顺利,52次应聘均遭拒绝。第53次他又来到了那家最好的银行,礼貌地说完再见,转身低头往外走去。忽然,他看见地上有一枚大头针,横在离门口不远的地方。他知道大头针虽小,弄不好也能对人造成伤害,就弯腰把它捡了起来。第二天,他出乎意料地接到了这家银行的录用通知书。原来,他捡大头针的举动被董事长看见了。从这个不经意的小动作中,董事长发现了他品格中闪光的东西,这样精细的人是很适合做银行职员的。于是,董事长改变主意决定聘用他。恰科也因此得到了施展才华的机会,走向了成功之路。

学习任务1 礼仪的概念、起源和发展

一、礼仪的含义

中国自古以来都被称为“礼仪之邦”。在古代,“礼”主要有三层意思:一是政治制度;二是礼貌、礼节;三是礼物。“仪”也有三层意思:一是指容貌和外表;二是指仪式和礼节;三是指准则和法度。

在西方国家,“礼仪”一词“Etiguette”是由法语演变而来的。法语原意是“法庭上的通行证”。用来发给进入法庭的每一个人,上面写有进入法庭时应遵守的事项,作为入庭后的行为准则。后来,各种其他场合也都制定了相应的行为规则,这些规则由繁而简,形成体系,逐渐得到人们的公认,成为共同遵守的礼仪。可见,礼仪是一种社会成员相互交往时共同遵守的行为规范,是一个人被周围人员所接受,并得到尊重与好感的“通行证”。

纵观中外对礼仪的理解,我们可以看出,它有以下三个方面的基本意思:

其一,礼仪是一种行为规范或行为模式。

其二,礼仪是大家共同遵守的一种行为准则。

其三,礼仪能约束人类的欲望,保证社会秩序,实现人际关系的和谐。

综上所述,礼仪的概念可以概括为礼仪是人类社会生活中在语言和行为方式方面的一种约定俗成的符合礼的精神,并要求每名社会成员共同遵守的规范和准则。

礼仪是人类文明延续的结果,是人类文化的积淀,是一个国家、民族、地区道德文化水平和发达程度的重要标志之一。

二、礼仪的相关概念

从礼仪的含义我们可以看出还有一些相关的概念与礼仪有着密切的关系，这些概念在现实生活中非常容易混淆，因此有必要在此作出分辨。

礼貌，一般是指在人与人的交往中，通过言语、动作向交往对象表示谦虚和恭敬。它可以表现出人的品质和素养。

礼节，通常是指人们在交际场合，相互表示尊重、友好的惯用形式。它实际上是礼貌的具体表现方式。它与礼貌之间的相互关系：没有礼节，就无所谓礼貌；有了礼貌，就必然伴随着具体的礼节。

仪式，通常是指在一定的场合，为了表示郑重、敬意、友好而举行的具有专门的、程序化的行为规范的活动，如开幕典礼、开学典礼、结婚仪式、签字仪式等。

礼仪是礼节和仪式的统称。显而易见，礼貌是礼仪的基础，礼节和仪式是礼仪的基本组成部分。换而言之，礼仪，在层次上要高于礼貌、礼节和仪式，其含义更深、更广。礼仪实际上是由一系列的、具体的、表现礼貌的礼节和仪式构成。它不像礼节和仪式那样只是一种具体的做法，而是一个表示礼貌的系统、完整的过程。不过从本质来看，这四个概念表现的都是待人的尊敬和友好。

三、礼仪的起源和发展

（一）中国礼仪的起源和发展

从具体形式上讲，礼仪起源于原始社会中晚期的原始宗教活动和祭祀活动。这些活动是以祭天、敬神为主要内容的“礼”，是严格按照一定的程序和方式进行的，在历史发展中相应的规范和制度逐步完善，并最终产生了祭祀礼仪。随着对自然与社会关系认识的逐步深入，祭祀礼仪已不能满足人类日益发展的精神需要和现实关系调节需要。于是，人们将事神致福活动中的一系列行为扩展到了各种人际交往活动中，进而产生了社会各领域的各种礼仪。

据考古、民俗学等方面的材料证明：我国原始社会生活中就已经形成了颇具影响的礼仪规范，宗教礼仪、婚姻礼仪等都已初具雏形。礼仪始于原始社会的说法在一些保留着很多原始特征的民族中可见一斑。然而从历史发展的脉络看，礼仪在中国的演变经历了六个阶段，即萌芽与草创时期、形成时期、发展与变革时期、强化与衰落时期、现代礼仪时期和当代礼仪时期。

1. 萌芽与草创时期

原始社会中晚期至公元前21世纪是礼仪的萌芽与草创时期。这个时期内，人类逐渐开化，并在群体生活中逐步积累和约定出一系列秩序（具体表现为宗教礼仪和祭祀礼仪等），进而促进了原始礼仪雏形的形成。例如当时的人们已经注意到尊卑有序、男女有别，在席位安排上，长辈在上、晚辈在下，男子在左、女子在右等。

2. 形成时期

夏、商、西周时期（公元前21世纪至公元前771年）是礼仪的形成时期。这个时期内，周朝五礼（吉礼、凶礼、军礼、宾礼、嘉礼）的确立代表着礼仪的基本形成。吉礼是指祭祀之礼；凶礼是指丧葬礼仪；军礼是指阅兵、出师等仪式；宾礼是指诸侯对天子的朝觐及诸侯之间的会盟等礼节;嘉礼是指婚礼、冠礼、饮食之礼、庆贺之礼等。

3. 发展与变革时期

春秋与战国时期(公元前771年至公元前221年)是礼仪的发展与变革时期。这个时期内,周朝的传统礼制出现了"礼崩乐坏"的局面,新的礼仪理论在孔子、孟子、荀子等思想家的推动下发展、革新。

4. 强化与衰落时期

从秦、汉朝至清朝末年(公元前221年至1911年)是礼仪的强化与衰落时期。这个时期的前期,尊君抑臣、尊夫抑妇、尊父抑子、尊神抑人的礼仪得到了强化;后期,随着清王朝政府的腐败和西方礼仪的传入,古代礼仪盛极而衰。

5. 现代礼仪时期

从辛亥革命以后至新中国成立(1911年至1949年)是我国的现代礼仪时期。这个时期内,旧礼破新礼立,现代礼仪的帷幕被正式拉开,握手礼在中国逐渐流行。

6. 当代礼仪

新中国成立至今是我国的当代礼仪时期。这个时期内,我国的礼仪得到了全新的发展,各种现代礼仪逐渐规范并趋于完善。

(二)西方礼仪的起源与发展

在西方,礼仪的演变与中国有相似之处,但又有很大的特殊性。这不仅表现在礼仪的具体形式上,还表现在关于礼仪的哲学论述上。换句话说,孔孟和苏格拉底、柏拉图是不一样的。

爱琴海地区和希腊是亚欧大陆西方古典文明的发源地。约公元前6000年起,爱琴海诸岛居民就已经开始从事农业生产。此后,相继产生了克里特文化和迈锡尼文化。公元前11世纪,古希腊进入到以《荷马史诗》而得名的"荷马时代"。《荷马史诗》包括《伊利亚特》和《奥德赛》两部分。这部著名的叙事诗主要描写的是特洛伊战役和希腊英雄奥德赛的故事,其中也有关于礼仪的论述,如讲礼貌、守信用的人才受人尊重。

公元476年,西罗马帝国灭亡,欧洲开始了封建化的进程。12至17世纪是欧洲封建社会鼎盛时期。中世纪的欧洲形成的封建等级制度,以土地为纽带,将封建主与其附庸联系在一起,制定了烦琐的贵族礼仪、宫廷礼仪等。例如在12世纪写成的冰岛诗集《伊达》,就详尽地叙述了当时用餐的规矩,嘉宾贵客居上座,举杯祝酒有讲究……17、18世纪是欧洲资产阶级革命浪潮兴起的时代,尼德兰革命、英国资产阶级革命和法国大革命相继爆发。随着资本主义制度在欧洲的确立和发展,资本主义社会的礼仪逐渐取代了封建社会的礼仪。

总之,礼仪的历史演变到今天,各个国家和民族都形成了自己独具特色的礼仪文化和礼仪规范。英国人的绅士风度、法国人的浪漫情调、美国人的洒脱自由、日本人的男女有别、中国人的谨慎谦虚等已为世界所共知。另一方面,随着全球一体化的加剧当今世界也形成了一些被普遍认可和接受的礼仪惯例。个性与共性并存,特色与惯例同在,共同构成了当今世界礼仪的亮丽风景。

案例分析

华盛顿的风范

1754年,美国之父华盛顿还是一位血气方刚的上校军官。那时,他正率部在亚历山大市驻防，是当地的军事首脑。那年，弗吉尼亚州的议员选举战正打得硝烟弥漫，华盛顿也很狂热地投入了选举战，为他支持的候选人助威。有个名叫威廉·佩恩的人，是华盛顿的坚决反对者，到处发表演讲，批评华盛顿所支持的候选人。为此，华盛顿很生气。某一天，华盛顿与佩恩两个冤家聚头了，并且发生了激烈的辩论。华盛顿情急之中说了一些过头话冒犯了佩恩。佩恩觉得自己受到侮辱，不由得火冒三丈，冲过去一拳将华盛顿击倒在地。这一拳却把华盛顿打醒了，他忍痛站起来，命令摩拳擦掌的部下与他返回营地。一场流血冲突就这样烟消云散了。第二天，华盛顿写了一张便条，派一名部下送给佩恩，约他到一家酒馆见面，解决昨天两个人结下的芥蒂。佩恩看了便条大吃一惊。华盛顿作为军人，约他解决矛盾的方法肯定是进行生死决斗。佩恩虽然紧张，但绝不想让人说他是胆小鬼，在家里做好了决斗准备，便去酒馆赴约。佩恩赶到酒馆时，一见到华盛顿就傻眼了，华盛顿西装革履，一副绅士派头。见佩恩进来，他端着酒杯微笑着站了起来，伸手握住佩恩的手，很真诚地说："佩恩先生，人不是上帝，不可能不犯错。昨天的事是我对不起你，不该说那些伤害你的话。不过你已经采取了挽回自己面子的行动，可以说我已为我的错误遭到了惩罚。如果你认为可以的话，我们把昨天的不愉快统统忘掉，在此碰杯握手，做个朋友好吗？我相信你是不会反对的。"佩恩感动了，紧紧地握住了华盛顿的手，热泪盈眶地说："华盛顿先生，你是个高尚的人。如果你将来成为伟人，那么，佩恩将会是你永久的追随者和崇拜者。"一对完全有可能成为仇敌的人做了朋友。同时，也被佩恩说中了，后来华盛顿果然成为美国人民世代崇敬的伟人。佩恩更没有食言，他至死都是华盛顿的忠实追随者和狂热崇拜者。

思考问题：

华盛顿为什么能够成为伟人？他凭借什么打动了佩恩？

学习任务2　社交礼仪的概念、特征

一、社交礼仪的概念

社交礼仪是指人们在人际交往活动中,用于表示尊重、友善的行为规范和准则。由于人际关系是通过人与人之间的交往和联系表现出来的,这些交往和联系得以正常进行,就需要用一定的行为规范来调节。社交礼仪正是在这种情况下产生的。随着社会的发展,社会成员的文明程度不断提高,讲究礼仪、注重礼貌,更是成为人们日常生活中必不可少的内容。

二、社交礼仪的特征

社交礼仪具有规范性、传承性、共同性、差异性、针对性和发展性的特点。

(一)规范性

社交礼仪是一种约定俗成的行为规范,是人们衡量他人是否敬人、判断自己是否自律的尺度,它约束着人们在各种交际场合的言谈举止,使人们的行为合乎成规。

(二)传承性

社交礼仪是人们在长期的生活和交往中,不断地弃旧扬新,传播、继承下来的,它保留了民族传统文化的本质内容,具有相对的稳定性。例如,尊老敬贤、婚嫁回门、婴儿抓周等都是我国传统礼仪习俗,至今仍深深影响着人们的思想和行为。

(三)共同性

社交礼仪是在人们共同生活的基础上形成的,集中反映了一定范围内人们共同的文化心理和生活习惯,因而能在一定范围内得到人们的共同认可和普遍遵守。

(四)差异性

礼仪是以一定的社会文化为基础的,因而不同文化背景孕育出的社交礼仪在内容和形式上均具有一定的差异。例如,不同民族的人们行见面礼的形式多种多样,有的拥抱,有的握手,有的双手合十,有的手抚胸口等。

(五)针对性

针对性是指根据不同的社交对象、场合和时间,运用相应的礼仪规范。例如,同样是握手,但握手的方式却男女有别。男士与男士行握手礼,双方都可主动一些;但如果一方是女士,则应等女士先伸出手,男士才能伸手与之相握,而不能过于主动,否则会显得唐突。

(六)发展性

社交礼仪会随着时代的进步而不断发展和完善。例如,随着手机和 e-mail 的广泛使用,人们逐渐采用短信、电子贺卡等形式来发送节日的问候与祝福,因而产生了通信礼仪,这就是社交礼仪不断发展的具体表现。

学习任务3 礼仪的特征、功能和原则

案例导引：

英国的温莎公爵素以“不爱江山爱美人”闻名于世，他还有另一个广为流传的轶闻。当年英国曾宴请一位贵宾，席间餐桌上有一个精美的玻璃器皿中盛着水，上面还漂浮着几片菠萝。那位贵宾看到后，以为是一道美味佳肴，便不假思索地端起来一口气把水喝干了。周围的人都面面相觑，不知道如何是好。因为那可不是喝的水，而是专供客人清洗用的洗手水。这时只见温莎公爵也从容地端起了他面前的这碗。“洗手水”一饮而尽。周围的客人这才醒悟过来，纷纷端起自己的“洗手水”喝干，品尝了这道别具风味的“菜肴”。随后宴会厅里响起了掌声。人们用发自内心的掌声表达了对温莎公爵的敬意。那位贵宾后来也知道了餐桌上掌声的缘由，为此非常感动，从而更加深了与英国的友谊。

问题讨论：

1. 温莎公爵为什么不指出贵宾的错误，而是跟着他一起犯错误？
2. 温莎公爵这样做体现了礼仪的什么原则？

由于各国的风俗习惯不一样，有时客人难免会犯一些错误和忌讳，这时主人出于对客人的尊重最好不要当面指出其错误，更不能嘲笑对方。温莎公爵这样做体现了礼仪“尊重为本”的原则，所以才使得那位贵宾非常感动。

一、礼仪的特征

社交的范围广泛，几乎涉及人类活动的每一个领域，与社交活动密不可分的社交礼仪规范同样也涉及众多领域，内容极为丰富。准确的礼节礼仪的特性是在社会交往中正确地运用相关礼仪的基础。一般认为礼仪的特性包括以下几个方面。

1. 以真诚为前提

社会交往中，注重礼仪的基础和前提是一切言行发乎真诚。礼仪应该是发自内心的、真诚的关爱，在此基础上通过自然得体的言行表达出来，要表里如一。任何虚伪的、做作的、表里不一的甚至是笑里藏刀的行径都是对礼仪的曲解和玷污。真诚是一个有教养的人最宝贵的品格，也是礼仪的最基本的特征。

2. 以尊重为核心

“治礼敬为大”，“守礼莫若敬”，这是我国的古训，也说明礼的核心特性就是尊敬。尊敬包括自尊和敬人。

在社会交往中首先要自尊，自尊是有效地赢得他人尊重的前提。一个不懂自尊的人却要求他人尊重自己是无法想象的。自尊的人应该善于自省，经常检点自己的言行，做任何事之前都要充分考虑自己的言行对他人可能的影响,避免给他人留下轻浮、不自重的印象;自尊的人应该对自己有清醒的认识和客观的评价,了解自己的弱点和优势,有自知之明;自尊的人应该自强不息、充满自信,以积极的态度面对工作种生活。这样才能获得他人由衷的敬佩和礼遇。

在社会交往中,当然还要懂得敬人,即尊重他人。"礼者敬人也",尊重他人是礼仪的基本要求,也是一个有教养的人必备的基本素质。"己所不欲,勿施于人",在人际交往中要懂得换位思考,将心比心,设身处地为他人着想,因为尊重和自尊的需求是全体社会成员所共有的,而不仅属于自己一个人。

3. 以修养为基础

个人修养的养成是一个复杂的过程,受家庭、学校、社会等多方面的影响,但通过个人的努力和有意识的培养却可以有效地提升。俗话说:"知书达理。"礼仪是一门深奥的学问,涉及社会生活的方方面面。为避免在社交活动中因无知而产生错误,减少不必要的麻烦,我们都应该不断地学习,多读书,读好书,用前人有益的经验和成果来指导、完善我们的个人行为,在理解的基础上做到"知书达理"。同时,要注意向社会学习,培养自己宽广的胸襟。要善于容人,善解人意。每个人的生活环境不同、受教育程度不同、个人经历和背景不同,个性千差万别,对某一事物存在不同的见解和认识是很正常的。要懂得相互理解,学会宽容,这样才会有一个和谐的人际环境。切不可以己之长度人之短,亦不可自恃清高,把自己的意愿强加于人。

所以说,礼仪是个人修养的外在表现,在良好修养基础之上所体现出来的礼仪才是成熟、得体而又自然的礼仪。

4. 以适度为原则

和生活中的许多事情一样,礼仪要以适度为原则。"礼多人不怪"也是在适度原则之下的"多",否则就会过犹不及,适得其反。"礼貌过盛者,情必疏"说的就是这个道理。另外,在不同的场合、不同环境中与不同身份地位的人交往时也应特别注意把握适度原则。例如出席正式的晚宴或商务活动时,着装应符合相应的要求,但在户外或较为轻松的社交活动中,着礼服就会给人不伦不类的感觉;对上级、长辈、女士、宾客要表现出应有的尊重,但要注意"上交不谄",避免阿谀奉承、溜须拍马屁之嫌;对下级、晚辈则应表现得亲切随和,既要"下交不骄",又要保持必要的自尊。适度原则的艺术性也正体现在这里。

5. 以自律为约束

在社交场合注重礼仪,既是一种文化现象,也是约定俗成的一种惯例。个人行为是否符合礼仪规范的要求也仅仅属于道德范畴,一般并无严格的法律约束,绝大多数情况下要依靠个人的自律。也正是这个原因,社交场合的个人行为才能准确地反映出一个人的道德操守和个人修养。即便是在个人独处的环境下也应时刻注意自己的行为,以保持良好的个人形象。如在旅游区,行至无人之处时也要注意约束自己,不随地吐痰,不乱扔废弃物,不攀折树枝花草。《礼记・中庸》中说:"莫见乎隐,莫显乎微,故君子慎其独也。"意思是说,不要以为别人不知道就可以随心所欲,不要以为事情很小就可以为所欲为,在一个人独处的时候,更要谨慎行事,坚持原则,讲的就是自律的重要性。

6. 以教育为保证

公民自觉遵守礼仪规范的习惯要靠教育做保证。这里的"教育"包括学校教育、家庭教育和社会教育。在学龄前的家庭教育对个人的成长起着核心的决定性作用，父母被认为是孩子的第一任教师，其言行能为孩子树立一个好的榜样；学校教育要真正做到"教书育人"，不应片面重视升学率，要在传授科学知识的同时，注重对学生健全人格和全面素质的培养；社会教育要求全体社会成员都能自觉地维护良好的社会风气，避免由于自身行为不当而对社会造成不良影响，要克服只重视经济效益而忽视社会效益的思想，自觉地承担起社会组织和个人的社会责任。各级政府、企事业单位都应将文明礼仪教育和利他思想的培养作为员工教育的重要核心内容，予以充分地重视。只有形成全社会普遍重视礼仪教育的风气，人们才会自觉地学习和遵守礼仪规范。另外，礼仪还有民族性、时代性、共同性、差异性和对等性等特点。礼仪作为各民族文化的重要组成部分已经成为其民族、国家的象征，体现了其民族传统精神，同时也丰富了民族文化的内容。礼仪的民族特色历代相传，并随着社会的发展而不断地更新、进步。

和任何社会现象一样，礼仪也有其时代性。随着社会的进步、经济的发展，科学技术的不断创新，人们的生活方式和思想观念也在不断地变革。礼仪在承袭传统文化的基础上被不断地注入新的内容。这种自然的扬弃是时代进步的必然结果。礼仪的时代性也正体现于此。传统礼仪中的陈规陋习逐渐被淘汰，封建时代那些有辱人格、有伤身心，甚至摧残人性的陋习，如见官下跪、三拜九叩、妇女缠足等陈规已不复存在。那些与科学精神相悖，宣传封建迷信的历史"沉渣"也早已过时。新的富有时代感的礼仪规范正在融入我们今天的生活。随着现代科学技术的发展，各国、各民族间的交往日益频繁，文化间的渗透与交流成为一种普遍现象。礼仪这种基于人类共同生存、生活、交往的需要而产生、发展、完善的行为规范，越来越明显地显现出其共同性，以应对全球文化大交融的社会现实。社交礼仪中真诚、互敬、得体、关爱他人的基本准则已在全球范围内被广泛接受。很多通行的国际惯例也已在全球普遍施行。

由于各国、各地区、各民族的传统文化习惯客观地存在着差异性，因此某些民俗礼仪、宗教礼仪也客观地存在着地域和群体的局限性和差异性。有些礼仪仅适合用于特定的地域或人群。我们应该尊重这种客观存在的差异，特别是在跨地域、跨文化的社交活动中，对他人传统习俗的尊重也就是对他人的尊重。"礼尚往来"，"来而不往非礼也"，这里强调的是礼仪的对等性。敬礼与还礼、访问与回访、外事工作中的同级对等接待等都是礼仪对等性的具体表现形式。但应注意，礼仪中的对等是相对的而非绝对的。晚辈对长辈施礼要毕恭毕敬，而长辈的答礼却不必和晚辈完全一致；有朋友到访，我们要盛情接待，但却不需要完全按统一标准要求对方。

课堂讨论：

一位私营企业经理按约定时间出发，乘公共汽车去和一个"大买主"进行销售谈判。因车上人多拥挤，这位经理踩到了一位女士的脚。当这位女士抬头注视他的时候，这位经理不仅没有道歉，反而说了两句很难听的话。到站下车后，当这位经理到达对方办公室时，发现经理办公室后面坐着的不是别人，正是被他在车上踩了一脚的那位女士。这场谈判还未开始便宣告结束了。

问题讨论：

运用所学知识分析这位私营企业主违背了社交礼仪中的什么原则。

二、礼仪的功能

礼仪的功能是指礼仪对社会的影响和作用。荀子说,“人无礼则不生,事无礼则不成,国无礼则不宁”,指出礼仪在社会生活中的重要作用是很突出的。《礼记·礼运》中提到:“坏国、丧家、亡人,必先去其礼”,把礼仪提升到涉及国家民族和个人家庭生死存亡的高度。显然,礼仪的社会影响也是不容忽视的。一般认为礼仪的基本功能包括如下四个方面。

(1)有效地净化社会风气,使社会的运行更加有序化。

礼仪的首要特性是以真诚为前提,提倡在人际交往中一切言行发乎真诚。重视礼仪的社会风气的形成可以有效地提升社会整体的诚信水平,避免或减少由诚信缺失所带来的不必要的损失,提升社会运行的效率,有效地净化社会风气。礼仪以尊重为核心的思想可以有效地提升人们的自我控制能力,做到“克己复礼”。全体社会成员都能自觉地在礼仪规范的约束下,想他人之所想,急他人之所急。凡事都能“礼让三先”,必然会使社会的运行更加有序。礼仪犹如社会的润滑剂,可以帮助人们在“克己”的前提下,妥善处理好各种人际关系,减少或克服不必要的矛盾和摩擦。“礼者,天地之序也”说的正是礼仪有序化社会的功能。

(2)协调人际关系,使和谐社会的建设成为可能。

协调人际关系也是礼仪的重要社会功能之一。作为社会生活的基本规则,礼仪是一个人的品格修养的外在表现。人们在社会活动中的个人表现是否符合礼仪规范的要求,直接影响着个人的形象。“天时不如地利,地利不如人和”,“得人心者得天下”。这里的“人和”指的就是和谐的人际关系和良好的人际环境,“人心”指的就是个人给他人留下的美好形象。注重礼仪、以诚待人、充分尊重他人的人必然会更受人欢迎,必然会有一个理想的人际环境。在此基础上,个人和事业的发展也会有一个良好的基础。人人讲礼仪、人人都有一个好的人际环境正是和谐社会的真实写照。

(3)反映社会风貌,成为友谊的纽带。

民族的形象,是社会文明程度的重要标志。是评价一个地区、一个民族的重要依据之一。古人云:“见其礼而知其政,闻其乐而知其德”说的就是这个道理。随着我国国力的不断提升,对外交往将日益频繁,诸如奥林匹克运动会等重大国际赛事和国际会议及对外商务活动也将日益增多。在这些国际交流活动中,我们每一个人的行为都将展示我国精神风貌,反映我国的美好形象,也必将成为连接我国和世界各国人民友谊的纽带和桥梁,能密切我国和国际社会的多变关系,促进我国改革开放的和谐深入发展。

(4)创造经济效益,成为提升社会生产力的软件条件。

俗话说:“和气生财”,而“和气”其实包含内部团结一致、外部关系融洽两个方面的含义。一方面注重礼仪的社会环境和组织环境,可以有效调节社会组织内部的人际关系,使人们上下一心,形成合力,使社会组织的战斗力得以提升;另一方面,一个注重礼仪的组织会自觉地关注公众利益,把公众的利益诉求作为指导组织行为的重要依据,使组织利益和公众利益有机地结合起来。这样的社会组织当然会有一个美好的组织形象,能赢得公众的支持和配合,达成包括经济效益在内的组织目标就会事半功倍。

礼仪的社会效益是直接的、显而易见的，而礼仪的经济效益同样不可低估。新加坡内阁资政李光耀说："礼仪能导致良好的人际关系，而良好的人际关系又是提高生产力的要求。"这从一个侧面指出了礼仪对经济建设和生产力发展的积极作用。

三、礼仪的原则

1. 遵守原则

礼仪规范是为维护社会活动稳定和有序而形成的，反映了人们的共同利益和要求。社会上每个成员都应该自觉遵守执行，如果违背了礼仪的规范，就会受到社会舆论的谴责。任何人，不论身份高低、职位大小、财富多寡，都有自觉遵守、应用礼仪的义务，否则就会受到公众的指责，交际就难以成功，这就是遵守的原则。

2. 尊重原则

孔子说："礼者敬人也。"敬人原则就是要求人们在交际活动中应与交往对象相互谦让、互尊互敬、友好相待、和睦相处，将对对方的重视、恭敬、友好放在第一位，这也是礼仪的重点与核心。人际关系中必须尊重对方的人格尊严，尊重是礼仪的情感基础。只有人与人之间彼此相互尊重，才能保持和谐愉快的人际关系。因此应做到敬人之心长存，处处不可失敬于人，失敬就是失礼，尤其要注意不可羞辱对方的人格。

3. 适度原则

《菜根谭》中有这样一句话："花看半开，酒饮微醉，此中大有佳趣，若至烂漫酕醄，便成恶境矣。履盈满者，宜思之。"在哲学上，"度"指的是一定事物保持质的数量界限，超过这个界限，就要引起质的变化。在人际交往中情感的表达也有一个适度问题，这就是待人既应彬彬有礼，又不低三下四；既要殷勤接待，又不失庄重；既要热情大方，又不轻浮谄谀，把握好各种情况下的社交距离及彼此间的感情尺度。例如要注意不同场合的交际距离，以免使人尴尬；对人要热情相待，又不能过度讨好；旅游工作人员在迎接外国宾客时，言谈举止要大方得体、适度从容，要以民间外交官的姿态出现，维护国格和人格。"凡事过犹不及"，运用礼仪时，假如做得太过，或者做得不到位，都不能正确地表达自己的自律、敬人之意。当然运用礼仪要真正做到恰到好处、恰如其分，只有勤学多练、积极实践，此外别无他法。

4. 从俗原则

由于国情、民族、文化、文化背景的不同，在人际交往中，实际上存在着"十里不同风，百里不同俗"的现象，一些我们习以为常的行为习惯在另外的环境中可能就让人难以理解。所以美国礼仪学家罗杰曾这样说："好的举止在他国也会是失礼的行为。" 尤其是现代社会，人际交往的广度和深度都在不断增加，不同民族间的交流更加频繁，从俗原则已经成为人际交往的重要原则之一。

从俗原则实际上表达的是对他人生活习惯和礼仪规范的尊重，也是对异于本民族的文化传统的认同。从俗原则反映的是人们对他人的一种包容心理，是更高层次的自尊和敬人。在人际交往中要正确运用从俗原则，不要自高自大、唯我独尊，否定其他人不同于己的做法。必要时，必须坚持入乡随俗，与绝大多数人的习惯做法保持一致。

5. 自律原则

自律就是自我约束,就是时时刻刻用礼仪规则规范自己的言行举止。日常生活中,人际交往是非常重要的一个方面,商务往来更是离不开同各种各样的人打交道。“己所不欲,勿施于人。”若是不首先要求自己,人前人后不一样,只求诸人,不求诸己,不讲慎独与克己,遵守礼仪就无从谈起。遵守自律原则的最好做法就是在人际交往过程中,在心中筑构起一个道德信念和行为准则,以此来约束自己的行为,实现自我教育、自我管理。

6. 宽容原则

宽容原则的基本含义是要求人们在交际活动中运用礼仪时,既要严于律己,又要宽以待人。宽容实质上是一种做人的精神境界,就是与人为善。在人际交往中,宽容是创造和谐人际关系的法宝。要多容忍他人,多体谅他人,多理解他人,而不要求全责备、斤斤计较、咄咄逼人。

案例分析

一位到泰国旅游的外国人,见到当地一个可爱的小孩,他伸出手来在他的头顶上摸了两下,结果弄得小孩一脸怒气,周围的人也大惊失色。原来泰国人认为头是神圣不可侵犯的,被人触摸头部是一种极大的侮辱。

问题思考:

外国客人违背了社交礼仪中的什么原则?

学习任务4 社交礼仪的性质与意义

案例导引

一批应届毕业生前往北京参观某部实验室,秘书为大家倒水,大多数同学都表情麻木,只有一位叫林晖的同学站起身并轻声说:“辛苦了,谢谢你!”。当部长讲完话为大家发纪念册时,林晖也是礼貌地站起身,身体微倾,双手接过纪念册,恭敬地说了一声“谢谢您!”部长见此情景，拍了拍林晖的肩膀并记下了他的姓名。两年以后，毕业了的林晖分到了该部实验室，而那些学习成绩比林晖好的同学感到不满找到导师，导师告诉他们，他们应该补上一课，就是修养。

案例分析

从上面的例子可以看出，林晖不是仅仅靠自己的专业知识赢得了用人单位的青睐，而是通过自己良好的修养，是对人的尊重，也可以说是靠自己懂礼仪、讲礼仪打动了用人单位，可见礼仪在我们的日常生活中显得多么重要。

一、礼仪的性质

随着理论研究的发展和社会实践的检验，礼仪已经逐渐成为一门新兴的人文科学。作为社会科学的一个重要分支，礼仪主要以礼仪活动、礼仪规范、礼仪规律作为自己的研究对象。

礼仪是一门人文应用科学。具体而言，礼仪的学科定性是：首先，它是一门应用性科学。礼仪具有很强的实用性和可操作性。从某种意义上说，它实际上就是有关交际艺术的科学。其次，它是一门实践性学科。与纯粹的理论演绎、概念探讨、逻辑抽象显然不同，礼仪来源于实践，并且直接服务于实践。它拒绝夸夸其谈，注重一切从实际出发，坚持实事求是。再次，它是一门普及性学科。在现实生活中，每一个人都必须参加交际活动，每个人都希望自己的交际活动取得成功，而礼仪正是一门可将交际活动导向成功的科学。由此可见礼仪应当是一门人人必修的普及性学科。而随着整个社会文明程度的提高，它也必将进一步得到普及。最后，它是一门综合性学科。礼仪虽然是一门专门研究人的交际行为规范的科学，这也正是它有别于其他学科的标志，但是，另一方面它也广泛吸收了其他许多学科的成果，用以充实、完善自身。礼仪和许多门学科都有密切的联系，因此，我们说礼仪是一门综合性学科。

礼仪作为一门综合性学科，与民俗学、传播学、伦理学、美学、心理学、社会学、公共关系学联系最为密切。

1. 礼仪与民俗学

民俗学所研究的是流传于民间的文化民俗事象。礼仪与民俗的关系是：“礼出于俗，俗化为礼。”二者相互联系，相互影响，相互转化。正因为如此，礼仪有时又被称为礼俗。研究民俗学，将有助于进一步解释礼仪。学习礼仪，又将使人深入的理解民俗。

2. 礼仪与传播学

传播学所研究的是信息传播的规律，运用传播学的观点来看待交际活动，它实际上是一种人际传播。礼仪与传播学的关系是：礼仪活动通常与传播有关。传播学则是礼仪规范的一个重要的理论基础。交际即信息传播，传播制约着交际，二者密不可分，相互依存。

3. 礼仪与美学

美学所研究的是美的一般规律，社会美是研究的一个重要方面，而社会美又往往表现于人的交际活动之中。礼仪与美学的关系是：“有礼则雅”，符合礼仪的做法必然是美的，而美又是衡量礼仪是否完善的一大尺度。从某种意义上讲，礼仪实际上是交际活动的一种形式美。

4. 礼仪与伦理学

伦理学所研究的是道德问题,它是一门纯理论的学科。礼仪则是对伦理学研究成果的具体运用,它反映着社会的道德关系,体现着社会的道德标准。礼仪与伦理学的关系是:伦理学是利益的基础,而礼仪是对伦理学所提出的道德要求的具体表现形式。在人际交往中,讲道德就必须讲礼仪,而讲礼仪又反过来有助于讲道德。

5. 礼仪与心理学

心理学所研究的是人的心理活动及其一般规律。礼仪与心理学的关系是:心理学是礼仪活动的基础。人是交际的主角,只有掌握人的心理活动,才能更好地理解人、尊重人,才能更好地运用礼仪。洞察人心,尊重人格,是二者共同的主旨。

6. 礼仪与社会学

社会学所研究的是社会生活和社会行为。礼仪与社会学的关系是:交际活动是社会学的重要研究对象之一,而研究社会生活、社会行为的社会学所提供的一系列成果,则又必须有助于礼仪所关注的交际活动的成功。

7. 礼仪与公共关系学

公共关系学研究的是组织所面对的公众关系。礼仪与公共关系学的关系是:公共关系是交际活动中的每一位成功者所必须妥善处理的,而礼仪则又是处理公共关系的一种重要的技术手段。礼仪与公共关系往往密不可分。

二、学习礼仪的重要意义

1. 学习礼仪可以提高个人参与竞争的能力

社会发展到现在,已进入一个激烈竞争的时代,在这个竞争时代,人们都要改变观念,增强竞争意识,掌握竞争手段,提高竞争能力,从而在激烈的竞争中立于不败之地。而学习系统的礼仪便是掌握竞争手段的重要内容之一。我们知道,人与人之间的各种关系都是以交际为基础的,而个体社会化的完成是在与他人交际过程中实现的。在人的整个社会化过程中,如果忽略了礼仪知识的学习,不懂得如何与他人建立和睦的人际关系,就会在激烈的竞争中被淘汰。

美国著名学者卡耐基认为人际关系是个人事业取得成功的一个重要条件。他认为:“事业的成功85%在于良好的人际关系”。此话不无道理。事业成功的首要条件是能力,其次是机遇,最后便是人际关系。这里所说的人际关系,是指一种处理人际关系的能力,是个人的交际能力。在现代社会里,交际能力强意味着获取信息的本领大。现代社会是信息时代,谁能最大限度地获取信息并处理信息,谁就能在事业上成功。因此,掌握一定的礼仪知识,学会协调和处理人际关系,能够获取更多的信息,在激烈的竞争中占据主动地位,为自己事业的发展创造良好的环境是十分必要的。

2. 学习礼仪有助于提高人们的自身修养

在人际交往中,礼仪往往是衡量一个人文明程度的准绳。它不仅反映着一个人的交际技巧和应变能力,还反映着一个人的气质风度、阅历见识、道德情操、精神面貌。因此在这个意义上,完全可以说礼仪即教养,有道德才能高尚,有教养才能文明。这也就是说,通过一个人对礼仪的运用程度,可以察其教养的高低、文明的程度和道德的水准。由此可见,学习礼仪,运用礼仪,有助于提高个人的修养和文明程度。

3. 学习礼仪有助于塑造良好的个人形象、企业形象

个人形象,是一个人仪容、表情、举止、服饰、谈吐、教养的集合,而礼仪在上述诸方面都有自己详尽的规范。因此学习礼仪,运用礼仪,无疑将有助于人们更好的、更规范的展示个人良好的教养和优雅的风度,塑造良好的个人形象。而在公务交往和商务交往中,个人形象往往代表着单位形象和企业形象;而在跨地区、跨国界交往中,个人形象则代表着本地区、本国的形象。因此,良好的个人形象是塑造企业形象和国家形象的前提。

4. 学习礼仪有助于促进社会文明程度的提高

从社会教育的角度来看,礼仪是人的社会化的重要内容之一,它促进了人类文化的延续和文明程度的提高。一个具有良好文明素养的民族,必定是一个讲礼仪、懂礼貌的民族。换句话说,是否讲礼仪也是一个国家、一个民族文明程度高低的重要标志。古人云:"礼义廉耻,国之四维",将礼仪列为立国精神要素之本。而在日常交往之中,诚如英国大哲学家约翰·洛克所言:"没有良好的礼仪,其余的一切就都会被别人看成骄傲、自负、无用和愚蠢"。荀子也说过:"人无礼则不立,事无礼则不成,国无礼则不宁"。反过来说,遵守礼仪,应用礼仪,将有助于提高个人的修养和精神品位,从而促进全社会文明程度的提高。

知识巩固

1. 什么是礼貌?什么是礼节?二者有什么区别和联系?
2. 仪式和礼仪的定义分别是什么?
3. 礼仪是怎样产生的?
4. 与礼仪相关相近的学科都有哪些?礼仪能不能成为一门独立的学科?
5. 举例说明哪些礼仪是由风俗习惯演化而来的?

案例分析

在一家涉外宾馆的中餐厅里,正是中午时分,用餐的客人很多,服务小姐忙碌地在餐台间穿梭着。有一桌的客人中有好几位外宾,其中一位外宾在用完餐后,顺手将自己用过的一双精美的景泰蓝食筷放入了随身带的皮包里。服务小姐在一旁将此景看在眼里,不动声色地转入后堂,不一会儿,捧着一只绣有精致花案的绸面小匣,走到这位外宾身边说:"先生,您好,我们发现你在用餐时,对我国传统的工艺品——景泰蓝食筷表现出极大的兴趣,简直爱不释手。为了表达我们对您如此欣赏中国工艺品的感谢,餐厅经理决定将您用过的这双景泰蓝食筷赠送给您,这是与之配套的锦盒,请笑纳。"这位外宾见此状,听此言,自然明白自己刚才的举动已被服务小姐尽收眼底,颇为惭愧。只好解释说,自己多喝了一点,无意间误将食筷放入了包中,感激之余,更执意表示希望能出钱购下这双景泰蓝食筷,作为此行的纪念。餐厅经理亦顺水推舟,按最优惠的价格,记入了主人的账上。聪明的服务小姐既没有让餐厅受损失,也没有令客人难堪,圆满地解决了事情,并收到了良好的交际效果。

问题思考：

你从案例中得到什么启示?

实训设计

1. 要求学生发言讨论:在社会上有哪些不文明的现象,反思自己在文明礼仪方面有哪些应该改进的地方。

2. 举例说明在生活中礼仪有什么重要作用?

学习项目2　形象礼仪

学习要求

1. 了解个人礼仪的概念、个人礼仪的运用原则。
2. 了解影响个人礼仪的因素、个人礼仪的运用原则及现实意义。
3. 了解头发、面部、手部、腿部、化妆等修饰礼仪。
4. 掌握着装礼仪及其原则、注意事项,树立良好的个人礼仪风范。

案例导入

曾任美国总统的乔治·沃克·布什能当上总统,成为美国"第一公民",与他的形象设计师是分不开的。在1998年的选举中,布什的对手杜卡耐基猛烈攻击他是里根的影子,没有独立的政见,而布什在选民中的形象的确不佳,在民意测验中一度落后杜卡耐基10多个百分点。不料两个月后,布什以光彩照人的形象扭转了劣势,反而领先10多个百分点,创造了奇迹。原来布什有两个毛病。一个毛病是他的演讲不好,身体动作不美,后来接受了专家的指导,纠正了尖细的嗓音、生硬的手势和不够灵活的摆动手臂动作,结果使他有了独特的魅力。另一个毛病是待人接物过于谦虚。谦虚虽然是一种美德,但作为政治家,如果言谈举止不能成为万人瞩目的中心,那么别人就不会正确地判断他。因此,布什在以后的竞选中竭力表现出强烈的自我意识,改变了人们对他的评价。为了吸引选民,经化妆师设计,布什还经常穿着浅色调的西服,配以卡其布蓝色条子厚衬衫,以显示"平民化",削减了他的保守色彩,从而赢得了最后的胜利。

仪容仪表礼仪是一种外在美、行为美。它包括容貌、服饰、形体、气质等综合因素,它是一个人精神面貌、内在素质的外在表现。在这个例子中,布什总统能正视自己的缺点,采纳形象顾问的建议,通过服饰、化妆等修饰,使自己原来的形象得到改善,变得更加完美、更具有魅力,也改变了选民对他的看法,最后获得成功,成为美国"第一公民"。

礼仪是各项事业发展的关键。职业是人们在社会上谋生、立足的一种手段。讲究礼仪可以帮助人们实现理想、走向成功,可以促进全体员工团结互助、敬业爱岗、诚实守信,可以增强人们的交往和竞争实力,从而推动各项事业的发展。社会个体是社交礼仪的行为主体,学习社交礼仪首先要从个人礼仪开始。

学习任务1 个人礼仪概述

案例导引

有一次，达尔文赴宴时，席间与一位美貌的女士坐在第一排。这位女士带着玩笑的口吻向他提出问题："达尔文先生，听说您断言人类是由猴子变来的，我也属于您的论断之列吗？"达尔文看了一眼，彬彬有礼地回答："是的，不过，您不是由普通的猴子变来的，而是由长得非常迷人的猴子变来的。"

案例评析

威廉·詹姆斯说过："人性的根源有一种渴望被人肯定、称赞的强烈愿望，这是人和动物之间最大的不同，人类文明也因此而进步、发展。"赞美具有极大的魔力，在协调人际关系上，可以视为生命的阳光和空气。人人都有双重赞美的需要，即受到赞美和称赞别人。如果没有赞美和称赞，人们就会丧失进取心和自信心。善于挖掘别人的优点，并且肯定和发扬它，甚至可以激发出人的潜能。

为保证交流的成功和效果，人们特别注重个人的言谈举止对交往对象的影响。"好的开始是成功的一半"，良好的仪表、得体的举止、恰当的谈吐，是影响交际能否顺利进行的一个较为重要的因素。所以，在社会交往中，人们首先要注重个人礼仪，以良好的个人风貌展现自我，表达对交往对象的尊重，并以此为契机赢得交往的成功。

一、个人礼仪的概念

个人礼仪是社会个体的生活行为规范与待人处世的准则，是个人仪表、仪容、言谈、举止、待人、接物等方面的个体规定，是个人道德品质、文化素养、教养良知等精神内涵的外在表现，其核心是尊重他人、与人友善、表里如一。个人礼仪是把社会个体从与他人交往的过程中抽离出来，是社会个体对自我的修炼和提升，并以这种良好的形象投入更广泛的社会交往中。

个人礼仪是社会个体在个人生活领域所体现出来的符合“礼”的精神的行为规范。个人利益以个人为支点，是个人仪容、仪态、服饰等方面的具体规定，也是个人道德品质、文化素养、审美修养等精神内涵的外在表现。对个人来说，个人礼仪将关注的视角从个体与他人的交流中脱离出来，转而落实在对个人的审视上，所以个人礼仪的出发点是对社会个体的自我优化和整合。

二、影响个人礼仪的因素

人们对个人礼仪的重视与社会发展和文明程度的提高有关。考古发现，早在人类的祖先还没有进入文明时期时，他们就开始注重自我修饰。例如，山顶洞人学会了用兽皮缝制衣服御寒遮体，把贝壳串起来挂在脖子上。随着社会的发展、人类文明的不断进步，个人道德修养水平的高低直接以个人礼仪的形式呈现出来。如果说社会的进步对人们的个人礼仪提出了要求，那么促使人们自觉进行个人礼仪修炼的原因有以下三个方面。

1. 心理因素

人们在与人交往时，往往首先通过对对方的直接印象加以判断，包括对方的表情、着装、姿态等，其次才会考虑到交流的实质内容。也就是说，个人的言谈举止直接影响到交往双方的心理。所以，人们在生活中总是不自觉地运用个人礼仪，以期为对方留下美好的印象。个人礼仪与人们的心理有很大的关系。人们把与他人交往中的初次感受称为第一印象，主要是获得对方的表情、姿态、身材、仪表、年龄、服装等方面的印象。这种初次印象在对人的认知中起着很大的作用，它往往是交往双方决定今后是否继续交往的重要依据。第一印象在人们交往时所发生的这种先入为主的作用就叫作首因效应。第一印象对我们认知他人并形成对他人的影响有非常重要的作用。因此，在人际交往中要形成稳定、和谐、健康、愉快的人际关系，除了后续交往的继续努力外，第一印象的作用不可忽视。因此，人们通过提高个人修养、加强个人利益的修炼来获得良好的第一印象。第一印象是人们重视个人礼仪非常重要的心理基础。

在某种程度上说，第一印象具有片面性，难免会对他人判断失误，产生偏见。但尽管如此，第一印象在我们的生活中依然起到了很大的作用。我们可以通过他人的言谈举止、服饰打扮来判断他人的性格特征、受教育程度、家庭背景等，他人也可以通过这些方面来判断我们。人们总结出这样一个公式：55% +38% +7% 等于他人留下的印象总和，即人的印象的形成 55% 取决于一个人的外表，包括服装、体形、化妆等；38% 取决于人的自我表现，包括说话的语气、语调、声音、手势、姿态等；只有 7% 取决于交谈时所讲的内容。虽然我们不能用书的封面作为判断书的内容的唯一标准，但第一印象犹如生活中的潜规则，时时刻刻影响着我们每个人。第一印象永远存在着，但一般情况下却不被我们感知。所以，在与他人第一次接触时的这种心理效应，使我们更要注重个人修养，全面提高个人的礼仪修养。

2. 社会因素

人类是群体生活的动物，都是在与其他社会成员的密切交往中度过一生的。这种交往不仅是指关系密切的家庭成员间的交往,还包括其身边的各种各样的社会群体。人们分属于各个不同的群体,各个不同群体间又彼此交错,形成了复杂多样的人际关系。除了有自闭症的人外,大多数人都渴望融入社会。正如亚里士多德曾经说过的,人在社会生活中,是难以不与其他人进行任何交往的。一个人如果不同其他人进行任何交往,那么,他不是一个神,就是一只兽。换言之,他就不会是一个正常的人。频繁发生的人际交往,在一定程度上使人们重视交往的过程,并从中获得生活的幸福感。所以,社会因素也是人们自觉运用个人礼仪的一个重要原因。

3. 文化因素

文化是一种社会现象,是一个国家或民族的历史、地理、风土民情、传统习俗、生活方式、文学艺术、行为规范、思维方式、价值观念等的综合反映。有学者研究认为,广义的文化指的是人类在社会历史发展过程中所创造的物质财富和精神财富的综合。它包括物质文化、制度文化和心理文化三个方面。物质文化是指人类创造的种种物质文明,包括交通工具、服饰、日常用品等,是一种可见的显性文化;制度文化和心理文化分别指生活制度、家庭制度、社会制度及思维方式、宗教信仰、审美情趣,它们属于不可见的隐性文化,包括文学、哲学、政治等方面的内容。狭义的文化是指人们普遍的社会习惯,如衣食住行、风俗习惯、生活方式、行为习惯等。礼仪是一种文化,是一个国家文化与传统的象征。讲究个人礼仪,实际上是一个民族长久以来的精神文化积淀在个人身上的反映。个人礼仪要求人们注重个人修养,注重自己的言谈举止。《论语》中就有这样的描述:"文质彬彬,然后君子。"这句话不是说某人很斯文,温文尔雅,而是说一个人美好的言行举止、外表体态,要和他的内在精神相协调、相呼应,只有做到表里如一,才称得上君子。

三、个人礼仪的运用原则

1. 以美化自我为重点

礼仪是人区别于动物的根本标志。《礼记·曲礼》指出:"鹦鹉能言,不离飞鸟;猩猩能言,不离禽兽。今人而无礼,虽能言,不亦禽兽之心乎?"这是说人类如果没有礼仪,即使能够说话,也同禽兽一样。人遵守礼仪道德使自己区别于禽兽,礼仪使人成为人,并使人拥有高出于动物之上的本质特征。正是为了使人区别于禽兽,"圣人才制礼作乐",以此来节度和引导人的行为。

个人礼仪的运用原则,就是让社会个体从自我美化出发,使个人形象日臻完美,使社会生活更加美好。运用个人礼仪以自我美化为基点,也是在提升人的道德修养,使人们在任何场合都能够自觉遵从个人礼仪的规范和准则。

2. 以尊重他人为目标

个人礼仪虽然内容丰富,而且其运用的方式也随着交往场合和交往对象的不同而不尽相同,但与人为善、尊重他人的本质和目标是不会变化的。

获得尊重是人的一种心理需求。一个在社会上正常生活的人都渴望融入社会,希望在生活中得到别人的尊重和认同。个人礼仪以自我完善为基点,通过美化个人形象,约束自己的言谈举止,达到交流更加顺畅的目的。当人们以这样的面貌与人交流时,不仅表达了对交往对象发自内心的尊重之情,同时也会赢得对方的尊重。现代个人礼仪的自尊与敬人的特点要求人们首先表达出对他人的尊重,而后就会获得他人的回报。在现实生活中,我们必须遵守这种具有浓厚感情色彩的自尊敬人、以诚相待的礼仪原则。

3. 以自然适度为要求

个人礼仪是对自我形象的关注和塑造。在运用个人礼仪进行自我美化时,同样要注意自然适度原则。最好的个人礼仪的标准,一方面要考虑个人的年龄、社会角色等,另一方面还要注意交往的对象和场合。

(1)不能盲目塑造个人形象。以女性为例,在着装方面,年龄偏大的女性不能为了“减龄”而比照年轻女性去打扮,那样反而会显露出穿着者的年龄感;职业女性要明白职场的服装打扮不是为了显示性别的魅力,而是突出个人的权威感,带给客户值得信赖的感觉,若一味追逐流行,就会失去别人对自己的信赖。

(2)要自然适度地塑造个人形象。在打造个人形象时一定要认清个人条件,有选择地运用一些要素美化自己,切不可跟风而动,让自己的形象成了时尚的“实验地”。其实夸张的形象需要一定的场合。

除了以上三点外,个人礼仪的运用原则还包括“三A”原则、人际吸引的相互性原则和热情的中心性品质原则。“三A”原则中的“三A”指接受(accept)、重视(appreciate)、赞美(admire),在英文里,接受、重视、赞美都是以“A”开头的,所以称为“三A”原则。“三A”原则原是服务礼仪中的一个概念,即服务人员在向顾客表达敬意时必须抓住三个环节:接受对方、重视对方、赞美对方。这个原则把交往对象放在被尊重、受重视的高度,在日常的人际交往中也同样适用。在运用个人礼仪的时候,如果也能以“三A”原则来表达对交往对象的尊重,就可以促进人际交流的成功。

个人礼仪的运用原则提醒我们,美好的个人形象是社会进步的标志之一。但要避免金玉其外、败絮其中。优秀的个人形象要和积极的人生态度、良好的心理素养、丰富的内心素养相配合。个人礼仪所追求的是向上的人生态度、尊重他人、追求人与人之间的和谐友爱,这也是美好、成功的个人形象的永恒原则。

四、个人礼仪的现实意义

如果说,个人礼仪的形成和培养需要靠多方的努力才能实现,那么提高个人礼仪修养的关键在于自己。个人礼仪修养即社会个体以个人礼仪的各项具体规定为标准,努力克服自身不良的行为习惯,不断完善自我的行为活动。从根本上讲,个人礼仪修养就是要求人们通过自身的努力,把良好的礼仪规范标准化作个人的一种自觉自愿的能力行为。我们强调个人礼仪修养有着极为重要的现实意义,具体表现在以下几个方面。

首先,加强个人礼仪修养有助于提高个人素质,体现自身价值。“金无足赤,人无完人”是人所共知的,然而在现实生活中,人们却都在以各种不同的方式追求自身的完美,寻找通向完美的道路。只有将内在美与外在美统一于一身的人才称得上唯真唯美,才可冠以“完美”二字。加强个人礼仪修养是实现完美的最佳方法，它可以丰富人的内涵，增加人的“含金量”，从而提高自身素质，使人们在面对社会时更有勇气，更有信心，进而更充分地实现自我。

其次，加强个人礼仪有助于增进人际交往，营造和谐友善的气氛。有人称个人礼仪是人际交往的润滑剂，作为社会人，我们每天都不可避免地与他人交往，假如不能很好地与人相处，那么在生活中、事业上就会寸步难行、一事无成。人际交往贵在有礼。加强个人礼仪修养，处处注重礼仪，能使自己在社会交往中左右逢源，使自己在尊敬他人的同时也赢得他人对自己的尊敬，从而使人与人之间的关系更趋融洽，使人们的生存环境更为宽松，使人们的交往气氛更加愉快。

最后，加强个人礼仪有助于促进社会文明，加快社会发展进程。人与社会密不可分，社会是由个人组成的，文明的社会需要文明的成员一起共建，文明的成员则必须要用文明的思想来武装，要靠文明的观念来教化。个人礼仪修养的加强，可以使每位社会成员进一步强化文明意识，端正自身行为，从而促进整个国家和全民族总体文明程度的提高，加快社会的发展。“国家兴亡，匹夫有责”，在改革开放不断深化之际，我们每一位社会公民都有理由以自觉加强自身的品行修养为己任，投身于社会主义的文明建设之中。

学习任务2 仪表礼仪

案例导引

浓妆淡抹总相宜

林丽，某高校文秘专业高材生，毕业后就职于一家公司做文员。为适应工作需要，上班时，她毅然放弃了“青春少女妆”，化起了整洁、漂亮、端庄的“白领丽人妆”：不脱色粉底液，修饰自然、稍带棱角的眉毛，与服装色系搭配的灰度高偏浅色的眼影，紧贴上睫毛根部描画的灰棕色眼线，黑色自然型睫毛，再加上自然的唇型和自然系的唇彩，虽化了妆，却好似没有化妆，整个妆容清爽自然，尽显自信、成熟、干练的气质。但在公休日，她又给自己来了一个大变脸，化起了久违的“青春少女妆”：粉蓝或粉绿、粉红、粉黄、粉白等颜色的眼影，彩色系列的睫毛膏和眼线，粉红或粉橘的腮红，略显浓艳的唇彩或唇油，看上去娇嫩欲滴，鲜亮淡雅，整个身心都倍感轻松。心情好，自然工作效率就高。一年来，林丽以自己得体的外在形象、勤奋的工作态度和骄人的业绩，赢得了公司同仁的好评。

案例分析

案例中的女主人公很会分场合装扮自己，让自己的工作和生活都丰富多彩起来，而不是一成不变。作为白领丽人，干练、简单、大方、成熟、知性是工作中必不可少的。如果用“青春少女妆”的话就会显得整个人很轻浮，很单纯，完全少了女性的端庄。但节假日是个放松的时刻，不需要把自己的工作带进休息中，这时“白领丽人妆”就略显古板了，没有一点青春活力。“青春少女妆”给人一种朝气蓬勃的感觉，而且使人整个身心都从一周紧张的工作中放松下来，以便下周更好地投入工作。不可否认的是，案例中的女主人很懂得如何在不同的场合设计自我形象。在社交场合的化妆中，唯一的真理就是：美是永远愉悦、各具特色的。

仪容是仪表的重要组成部分。仪容主要指一个人的容貌。在社会交往中，注重个人仪容仪表，对建立良好的社会形象有重要作用。人们总是赞赏美丽的容貌，容貌美会给社交活动带来许多便利。但天生丽质的人总是少数，绝大多数人只是相貌平平。怎样才能使人们的容貌变得更加美丽呢？美容化妆对于仪表美有画龙点睛的作用，因为它突出地表现了人体最富有感情的部分。

一、头发的修饰

奥黛丽赫本说：“女人的头发是一面飘扬的形象和品质的标识。”头发赋予女人的不仅是美丽，更是一种生命的象征，一面生活品质的镜子。一般习惯，人们注意、打量其他人，往往是从头部开始的。而头发生长于头顶，位于人体的“制高点”，所以更容易先入为主，引起重视。和人接触时，留意观察一下他的头发，如果你发现一个人的头发脏乱粗糙，你对他是什么感觉？你会认为他不仅没有品位，而且生活品质一般，他在你心中的印象会大打折扣。有鉴于此，修饰仪容应当“从头做起”。修饰头发，应注意的问题有如下几个方面。

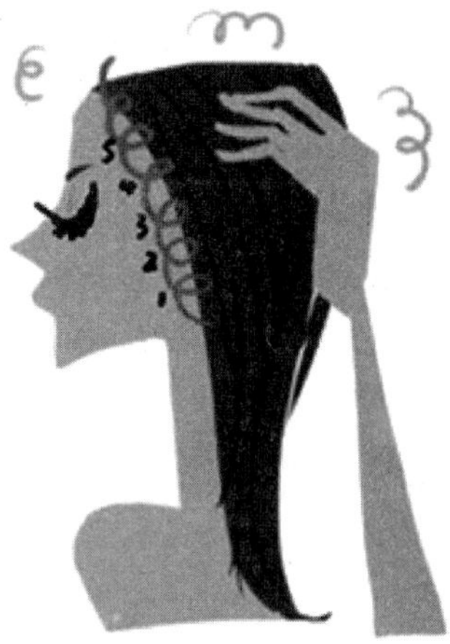

1. 勤于梳洗

头发是人们的脸面，所以应当自觉地做好日常护理。不论有无交际应酬活动，平日都要对自己的头发勤于梳洗，洗头的水温应在37℃左右，不宜使用温度过高的水。先洗头皮再洗头发，洗头之前一定要把头发梳开，不能在打结状况下洗，洗发水应先在手中揉搓出泡沫后再使用。另外，去屑洗发水不要长时间使用，因为去屑洗发水具有较强的杀菌和清洁能力，可能会造成皮脂膜的过度脱落，长时间使用容易使头皮干燥。所以应根据情况逐渐减少使用的次数。对头发勤于梳洗，作用有三：一是有助于保养头发，二是有助于消除异味，三是有助于清除异物。

另外，如果抹了摩丝或定型啫喱之后不洗头就睡觉，会损伤头发，一定要洗净之后再上床。还有，在头发没干之前睡觉，由于湿气的缘故很容易生头屑，而且头发会搅在一起，很难打理。至于梳理头发，更应当时时不忘"见机行事"。梳头时，要使用梳齿较宽、齿端较钝的梳子。梳头能够去除头皮的角质和老化物，促进血液循环和皮脂分泌，在维护头皮健康的同时，使头发具有光泽和弹力。但是在湿发时，头发处于较脆弱的状态，此时梳头会导致头发折断，所以要注意避免。许多女性长年累月地保持着一种不变的发线，这样会造成发线部位因长期太阳照射而变得干燥，导致头发稀疏。所以，经常变换发线也是防止脱发的一个简单易行的方法。总之，头发一定要洗净、理好、梳整齐。

如有重要的交际应酬，应于事前再进行一次洗发、理发、梳发。

2. 长短适中

虽说一个人头发的长短应当悉听尊便，不便干预，不可强求一律，但从社交礼仪和审美的角度看，它仍受到若干因素的制约，是不可以一味地只讲自由与张扬个性，而不讲规范的。影响头发长度的制约因素有如下几点。

（1）性别因素

人分男女，男女有别，在头发的长度上便有所体现。一般认为，女士可以留短发，但很少理寸头；男士头发可以稍长，但不宜长发披肩、梳辫挽髻。

（2）身高因素

头发的长度，在一定程度上与个人身高有关。以女士为例，头发的长度就应与身高成正比。矮个的女士若长发过腰，会使自己显得个头更矮，显然很不明智。

（3）服饰因素

■ 与西服相适应的发型。无论直发还是烫发都要梳理得端庄、整洁、大方，不要过于蓬松，可以在头发上适当抹点油，使之有光泽。

■ 与礼服相适应的发型。着礼服时，可将头发绾在颈后结低发髻，从而显得庄重、高雅。

■ 与运动衫相适应的发型。可将头发自然披散，给人以活泼、潇洒的感觉，如将长发高束，或将长发绵成长辫，可增加柔美的情调。

■ 与皮制服装相适应的发型。如穿皮装，可选披肩发、盘发、梳辫子等，这些发型可以给人增加干练感。

■ 与连衣裙相适应的发型。如果穿的是一种外露较多的连衣裙，可选择披发或束发；如果穿 V 字领连衣裙，可选盘发。

（4）职业因素

■ 工作时需带安全帽的人：发型不要做得太复杂，应尽量剪成短发或将长发扎成辫子。

■ 运动员和学生：由于年龄及身份特点，发型可做成轻松而活泼的短发，易梳理。

■ 文秘、公关人员及交际活动频繁的人：这类人社会活动较多，头发最好留长一些，以便能经常变换发型。

■ 教师、机关工作人员：简洁、明快、大方、朴素的发型，表现出淡雅、端庄的气质。

■ 文艺工作者、服装模特：发型可以做得具有创意性、前卫性一点。

(5) 年龄因素

发型是一个人文化修养、社会地位、精神状态的集中反映。通常年长者适合的发型是大花型或者盘发，以给人精神、温婉可亲的感觉。而年轻人则适合活泼、简单、富有青春活力的发型。

3. 发量多与少的打理

对于发量较少的头发，建议剪发时层次不要太高，这样线条比较实，有饱满的效果；不要留得太长，因为头发越长会显得头发越少；不宜定型，可以考虑烫发，使头发变得蓬松。当然，具体操作要根据个人情况而定。

对于发量较多的头发，一般来说，发型师会建议打薄，这是解决“多”的有效方法，但最好的解决方法还是靠层次来调节发量。

4. 发型得体

发型，即头发的整体造型。在理发与修饰头发时，对此都不容回避。选择发型，除个人偏好可适当兼顾外，最重要的是要考虑个人条件和所处场合。

(1) 个人条件：包括发质、脸型、身高、胖瘦、年纪、着装、配饰、性格等，都影响到发型的选择，对此应予以必要的重视。

在上述的个人条件里，脸型对发型的选择影响最大。选择发型时，一定要遵守应己原则，使二者相互适应，比如，圆脸型适合的发型应该是把圆的部分盖住，显得脸长一些。头发侧分可以增加高度：用吹风机和圆齿梳将头顶吹高，两边的头发略盖住脸颊，头发宜稍长；或者两边的头发紧贴耳际，不要露出耳朵，稍梳些短发盖住脸庞；长脸型要用优雅可爱的发式来缓解由于脸长而形成的严肃感。在发型的轮廓上，要压抑顶发的丰隆，顶部应平伏，前发宜下垂，使脸部变得圆一些，同时，还要使两侧的发容量增加，以弥补脸颊欠丰满的不足。对于脸型狭长的女性来说，将头发做成卷曲波浪式，可增加优雅的品味，应选择松动而飘逸，整齐中带点乱的发型。正三角型脸的朋友们不妨尝试一下比较温柔的波浪卷发，长度最好是中长或及肩，如果蓬松波浪刚好到下巴两颊的位置，只会让脸型的角度更加明显，所以这方面要特别留意。而太过直顺或是太短的发型都不太适合，所以要将头发留到一定的长度，在变化发型的时候才能兼顾到改善脸型。倒三角型脸的下巴比较短，所以最好让下颚两侧的发量较蓬松，而在上额两侧的发型让它较为服帖，以视觉平衡的方式来修饰。头发的长度最好不要是正好卡在两颊或下巴的长度，因为顺着线条看去只会突显缺点，应该要长到颈部或干脆剪成短发，但短发只有颧骨不凸出的人才适合。方脸型的梳妆要点是要以圆破方，以柔克刚，使脸型的不足得到弥补。剪太平直或中分的发型都会使脸显得更方，侧分的头发显得蓬松，使脸型变得柔和。顶部的头发要蓬松，使脸变得稍长，前额不宜留齐整的刘海，也不宜全部暴露额部，可以用不对称的刘海破掉宽直的前额边缘线，同时又可增加纵长感。两耳边的头发不要有太大的变化，头发宜长过腮帮，避免留齐至腮帮的直短发。

高瘦身材通常是比较理想的身材，但这种身材的人有时容易给人留下眉目不清的印象，或者是脸部缺乏丰满感，因而在梳妆时要注意增加发容量，稀少单薄的头发会令人乏味。也可以适当地加强发型的装饰性，或在两侧进行卷烫，这对清瘦的身材有一定的协调作用，会显得活泼而有生气。矮胖身材在发型的梳理上宜用精致花巧的束发髻,整体的发式要向上伸展,以提高一定的视觉身高。不宜留长发波浪、长直发,应选择有层次的短发和前额翻翘式发型。

(2)所处场合:在社会生活里,人们的职业不同、身份不同、工作环境不同,发型自然也应有所不同:总而言之,常出现在工作场合的人,发型应当传统、庄重、保守一些;在社交场合频频亮相的人,发型应当个性、时尚、艺术一些。

5. 美发自然

人们在修饰头发时,往往会有意识地运用某些技术手段对其进行美化,这就是所谓美发。美发不仅要美观大方,而且要自然。不宜雕琢痕迹过重,或是不合时宜。在通常情况下,美发的方法有如下四种形式。

(1)烫发。烫发即运用物理手段或化学手段,将头发做成适当的形状的方法。决定烫发之前,先要看一下本人发质、年龄、职业是否合适。

(2)染发。发色不理想,或是头发变白,即可使用染发剂令其变色。对中国人而言,将头发染黑不必非议,而若想将其染成其他色彩,甚至染成多色彩发,则须三思而行。

(3)做发。做发即运用发油、发露、发乳、发胶、摩丝等美发用品,将头发塑造成一定形状,或对其进行护理。做发的要求,与烫发的要求大体相似。

(4)假发。头发有先天缺陷或后天缺陷者,均可选戴假发。选择假发,一是要使用方便,二是要天衣无缝,不可过分俗气。

6. 悉心呵护,莫让"秀发去无踪"

正常脱发为每天60~80根,过度脱发是指超过了这种限度,不正常地掉落很多头发的现象。越来越多的职场精英开始为脱发问题担忧,尤其是在奔忙的现代社会中,过多的压力、减肥、染发、环境污染、饮酒、吸烟等,无时无刻不在折磨着我们的头发,脱发成为不同年龄段职业人士发愁的问题。

脱发的防治有坚持经常对头皮进行按摩和多摄入些可以预防脱发的食品等方法。预防脱发的食品有菠菜、枸杞子、纤维素类食物、牛肝、黑豆、芝麻、豆腐、糯米、红豆、苹果、葡萄、桃子、栗子、胡萝卜等。

二、面容修饰

仪容在很大程度上指的就是人的面容,由此可见,面容修饰在仪容修饰之中举足轻重。修饰面容,首先要做到面必洁,即要勤于洗脸,使之干净清爽,无汗渍,无油污,无泪痕,无任何不洁之物。

修饰面容,涉及到多个不同的部位,需要具体问题具体分析。

1. 眉眼

眼睛,是人际交往中被他人注视最多的地方,自然是修饰面容时的首要之处。

(1)保洁。这里主要是指眼部分泌物的及时清除问题。对于这一点,应铭记于心,随时注意。

(2)修眉。若感到自己的眉形刻板或不美观,可进行必要的修饰。

(3)眼镜。若有必要,可佩戴眼镜。眼镜要美观、舒适、方便、安全,并经常对其进行擦拭或清洗。在社交场合与工作场合,按惯例不应戴太阳镜,免得让人“不识庐山真面目”,或是给人以拒人于千里之外之感。

2. 耳朵

耳朵虽位于面部两侧,但仍在他人视线范围之内。对它要注意如下两点。

(1)卫生。在洗澡、洗头、洗脸时,不要忘记清洗一下耳朵。必要之时,还须清除耳孔之中不洁的分泌物,但不要在他人面前进行。

(2)耳毛。有些人,特别是一些上了年纪的人,耳毛长得较快,甚至还会长出耳孔之外。在必要之时,应对其进行修剪,勿任其自由发展。

3. 鼻子

涉及个人形象的有关鼻子的问题,主要有如下两点。

(1)清洁。平时应注意保持鼻腔清洁,不要让异物堵塞鼻孔,或是让鼻涕到处流淌。不要随处吸鼻子、擤鼻涕、挖鼻孔。

(2)鼻毛。参加社交应酬之前,勿忘检查一下鼻毛是否长出鼻孔之外。一旦出现这种情况,应及时进行修剪。

4. 嘴部

嘴处于面部最显眼的位置,光滑、红润的嘴唇是面部最灵活的部分,它与眼睛配合工作,可以将个人的情感、态度自然地流露出来,所以,在仪容修饰部分,嘴唇的修饰也非常重要。

(1)保持口腔清洁且无异味。嘴是人的进食之处,同时也是人的发声之所,是与人沟通的主要部位,所以保持嘴的清洁至关重要。保持嘴的清洁,一方面要保持嘴唇上无异物、无油迹等,时刻保持嘴唇的红润与光洁;另一方面要保持牙齿的洁白与清洁,口腔无异味。医学提倡每天定时刷三次牙,并且经常使用漱口水来清洁口腔,去除异味、异物。在有重要应酬之前,切忌食用韭菜、大葱、大蒜等会让口腔发出刺鼻性气味的食物,以免产生尴尬。如果发现自己口腔有异味,要及时去除,可以采用诸如用淡盐水漱口或嚼口香糖的方法,但是切忌在客人面前嚼口香糖。

(2)嘴唇的修饰。在社交场合中,保持嘴唇的红润与光洁,是嘴唇修饰的基本要求。尤其对于女性而言,涂口红是社交场合中基本的礼仪。涂口红不仅可以帮助女性掩盖嘴唇的缺陷,而且可以增加其在社交过程中的自信,使其更具有魅力。有一点需要注意:口红颜色的选取要根据肤色、唇形、服装而定,这样才能使女性看起来有气质。

5. 脖颈

脖颈与头部相连,属于面容的自然延伸部分。修饰脖颈,一是要防止其皮肤过早老化,与面容产生较大反差。二是要使之经常保持清洁卫生,不要只顾脸面,不顾其他,切忌脖子上,尤其是脖后、耳后藏污纳垢,肮脏不堪,与脸上泾渭分明,反差过大。

三、手臂修饰

在正常情况下,手臂是人际交往之中人的身体上使用最多、动作最多的一个部分,而且其动作还往往被附加了多种多样的含义,因此,手臂往往被人们视为社交之中每个人都有的"第二张名片"。从某种程度上讲,它甚至比人们常规使用的印在纸片上的那枚名片更受重视。修饰手臂的问题,可以分为手掌、肩臂与汗毛三个方面来进行讨论。

1. 手掌

手掌,是手臂的中心部位,也是"制作"形形色色的手语的关键部位。它的修饰重点有如下四点。

(1)洗涤与护理。在日常生活里,手是接触其他人、其他物体最多的地方,出于清洁、卫生、健康的角度考虑,手更要勤于洗涤。用餐前、"方便后"、接触过肮脏物体、遭受到"污染"之时洗手,更是做人的应有之义。否则,就会使自己与"不卫生"画等号。每次洗完手后最好涂上护手霜,特别是秋冬季节更应如此,夏季还要注意防晒,如果用酸、碱性较大的洗液洗东西时,需要带上胶皮手套再进行洗涤,以免酸、碱刺激,损伤手上皮肤。

(2)指甲。手上的指甲不宜过长,应定期修剪,注意卫生。

(3)死皮。若手指甲周围产生死皮。应立即将其修剪掉,但不宜当众操作,更不应用手去撕,或用牙去咬。

(4)伤残。对于手部要悉心照料,不要让它常带伤残。若皮肤粗糙、红肿、发皴、皲裂,应及时进行护理、治疗。若长癣、生疮、发炎、破损、变形,则不仅需要治疗,而且还要避免使之接触他人。

2. 肩臂

社交礼仪规定,在非常正式的政务、商务、学术、外交活动中,人们的手臂,尤其是肩部,不应当裸露在衣服之外。也就是说,在这些场合,不宜穿着半袖装或无袖装。而在其他一切非正式场合，则无此限制。

3. 汗毛

因个人生理条件不同，有个别人手臂上汗毛生长得过浓、过重或过长。这无关大局，没必要非去进行“干涉”不可。不过，若是情况反常，特别是有碍观瞻的话，最好还是要采用适当的方法进行脱毛。还要强调，正式场合，女性在他人面前，尤其是在外人或异性面前，腋毛是不应为对方所见的。而在非正式场合，若打算穿暴露腋窝的服装，则务必先脱去或剃去腋毛。

四、腿部修饰

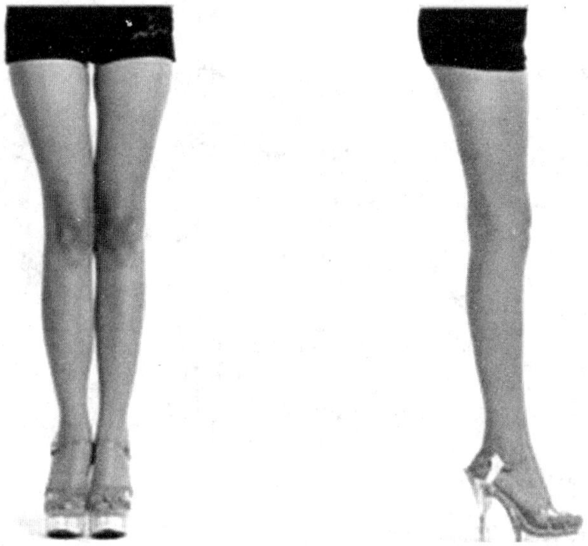

中国人看人的习惯性做法，是“远看头，近看脚，不远不近看中腰。”腿部在近距离之内常被他人所注视，在修饰仪容时自然不能偏废。修饰腿部，应当注意的问题也是三个，即脚部、腿部和汗毛。

1. 脚部

修饰脚部，须对以下三点予以关注。

(1)裸露。严格地说，在正式场合是不允许光着脚穿鞋子的。它既不美观，又有可能被人误会。不仅如此，一些有可能使脚部过于暴露的鞋子，如拖鞋、凉鞋、镂空鞋、无跟鞋，也因此而不得登上大雅之堂。

(2)清洁。在正常情况下，应注意保持脚部的卫生。鞋子、袜子要勤洗勤换，脚要每天洗一次，袜子则应每日一换。不要穿残破、有异味的袜子，如有可能，应在办公桌或随身所带的公文包里装上备用的袜子，以应不时之需。在非正式场合光脚穿鞋时，要确保其干净、清洁。

(3)趾甲。脚趾甲要勤于修剪，除去死趾甲。

2. 腿部

在正式场合，不允许男士的着装暴露腿部，即不允许其穿短裤；女士可以穿长裤、裙子，但不得穿短裤，或是暴露大部分大腿的超短裙。越是正式的场合，讲究女士的裙子越长。在庄严、肃穆的场合,女士的裙长应过膝部以下。女士在正式场合穿裙子时,不允许光着腿不穿长筒袜,而且袜长必须高于裙子底边,不能将袜口露在裙子外边。在非正式的场合,特别是在休闲活动中,则无此规定。

3. 汗毛

男士成年以后,腿部汗毛大都过重,所以在正式场合不允许其穿短裤,或是卷起裤管。女士一般无此问题,若因内分泌失调而腿部汗毛变浓黑茂密,则最好脱去或剃掉,再就是穿深色丝袜加以遮掩,而不要选择浅色丝袜,或光着腿,否则极不雅观。

五、化妆

1. 容貌的一般化妆

(1)皮肤。护肤是美容的基础,做好皮肤的护理工作是做好美容化妆的先行条件。美容化妆主要是改善和修饰皮肤的外观。皮肤由表皮、真皮和皮下组织三部分构成,皮肤能起到防止体内水分过分蒸发,阻止外界有害物质的侵入,呼吸与感觉等功能。习惯上把皮肤分为干性、中性、油性,其实这是不完全的。要确实了解肌肤,必须查核肌肤的皮脂分泌状态及水分保持状态这两点,并且这种状态还随着气候环境、健康状况等因素而变化的。肌肤是以水分及脂分的均衡程度来决定的,水分与脂分平衡的肌肤,看上去才光滑滋润、健康亮泽。

皮肤的基本护理方法如下。

① 掌握正确的洗脸方法。温水洗脸,每日早晚各洗一次。将洗面乳先放在手中揉搓起泡,让无数泡沫在肌肤上移动以吸取污垢,而不是用手去搓脸。面部的每个部位都要洗净,每次洗脸预备两盆水。用洗面奶洗过以后,再用清水洗一遍。

② 要会使用化妆水、乳液。化妆水的首要职责是补充洗脸时失去的水分。用充足的水分紧缩肌肤,使它变得柔软,再用乳液补足水分、油分,使肌肤完全恢复原来的状态,这点相当重要。

③ 尽量减少外界刺激,夏季戴凉帽,冬季戴口罩。

④ 根据皮肤的性质选择合适的化妆品。

⑤ 在条件许可的情况下,定期去专业美容院做护理。

(2)眉毛。眉毛如一幅画的画框,可用来衬托眼睛,改善脸型的宽窄长短。比较理想的眉毛结构是眉头在鼻翼与内眼角的延长线上;眉峰在鼻翼与眼珠正中的延长线上,约及眉毛三分之二处;眉尾在鼻翼与外眼角的延长线上;眉头与眉尾在水平线上。

(3)眼睛。“眼睛是心灵的窗户”,它是五官中最重要的器官。通常情况下,修饰眼睛有以下几个步骤。

① 涂眼影,眼影的使用可以使眼睛变大、加长,使单眼皮看上去有双眼皮的效果。

② 画眼线。在上下眼皮近睫毛处画上细细的眼线。

③ 用睫毛夹夹睫毛,再刷上一层睫毛膏,这样可以使睫毛显得浓密而漂亮。

(4)面颊。红润的面颊是身体健康的标志。必须正确判断适合自己的腮红的位置,这才看不出化妆的痕迹。刷腮红应由上向下呈斜角刷。

(5)鼻子。鼻子在脸部占据最显著部位,它像一条中轴线,将面部分成左右对称的两半。理想的鼻型应该是鼻梁挺拔,鼻尖圆润,鼻翼大小适度,鼻型与脸型比例协调。要修饰鼻子,并使其对脸型产生美的影响,就得认真处理好鼻子与其他部位的关系,其中,画鼻翼,即用颜色加深鼻梁两侧的阴影,是生活化妆中修饰或矫正脸型的一种常用手法,但应注意以下几点。

① 鼻梁窄的人不宜涂鼻侧影。

② 两眼距离近的人不适合涂鼻侧影。

③ 鼻梁高的人不必涂鼻侧影,以免显得多余。

④ 眼窝深陷者以不涂鼻侧影为好。

⑤ 白天淡妆,追求自然、不露痕迹的效果,可以不画鼻侧影。

(6)嘴唇。比较理想的唇型为:嘴唇轮廓线清楚,下唇略厚于上唇,嘴角微翘,整个嘴唇富有立体感。为达到理想的唇型,可以采用涂唇膏的方法。涂唇膏的方法如下。

① 用唇线笔勾画出唇形。如改善唇形,应在嘴唇上打粉底,这样才能遮住原有唇形。

② 用唇刷笔均匀刷上口红。

③ 用软纸轻轻抹去过多的唇彩。

④ 涂上第二层唇彩。口红忌用太鲜明的或深红的颜色,避免他人的注意力都集中在你的嘴巴上。不同肤色的人,适合用的口红色系也不同。皮肤白的女性适合粉红色或大红色,而皮肤黑的女性最适合的就是橘色系或浅咖啡色系口红。

2. 化妆适度的原则

适度的化妆,可以使人焕发青春的光彩,增强自信心,在工作和学习中精力充沛,在社会交往中增加魅力。除了特殊场合,一般的生活化妆都应以淡妆为宜。化妆适度的原则首先必须注意与时间、空间相适应,与个人衣着、周围环境相协调。

在白天日光下,外出旅游或运动,以及在工作时间、工作场合,小空间内都适合化淡妆,表现天然、质朴、不露痕迹的化妆手法。

办公妆的色彩组合,既不过分眩目、刺激,也不过分含混模糊,应在视觉生理和心理上给人一种和谐、舒适、悦目、满足的美感。生活化妆一般为淡妆,用色要单纯、自然,应选用同类色(原色)、类似色相调和。办公妆的颜色应以暖调为主,为使肤色更明快,应选择粉红或橙红,而冷调的玫瑰色带给人夜生活感,对办公室不合适。较浓的眼影在办公室也是不适宜的,使用红茶色作眼线使人感到亲切。

眉毛的形态可以说是左右办公妆印象的关键,因为眉毛可以使人的面部表情发生变化。眉过细,眉向下,都给人不可信的感觉。眉形一定要凸显干练、利索,稍粗重些的眉毛看上去显得很能干,眉峰尖锐显得精明、果断。

职业女性除了在妆容上的洁净优雅,也要注意与化妆相关的礼貌、礼仪。应当避免过量地使用芳香型化妆品;工作岗位上应当避免当众化妆或补妆;女士们千万不要当着一般关系的异性的面,为自己化妆或补妆。

3. 化妆协调的原则

协调的原则,是指化妆必须与自己全身的服饰,自己的年龄及身份、职业等相一致;同时还要与季节、场合相一致。

(1)与服饰协调。生活化妆主要是对面部进行修饰,因此在设计面部化妆的色彩时,应该和服装一起进行整体考虑。按服装的颜色分类,主要有以下几种系列。橙色调系列:褐色、苔绿色、金黄色系;玫瑰色调系列:粉红、玫瑰红、紫红、紫罗兰、浅蓝系;黑色调系列:深色及黑色系。

① 当穿着橙色调系列的服装时,眼影可用米色、茶色、橙色、苔绿色、褐色等,腮红用棕红系列,口红用橙红色系列。

② 当穿着玫瑰红色调系列的服装时,眼影可选用紫色、蓝色、桃红、粉红、玫瑰红系列,腮红和口红均宜用玫瑰红系列。

③ 当穿着黑色系列服装时,化妆色彩的搭配范围比较广,注意突出脸的亮度,化妆色调宜淡不宜深,如淡红色腮红、晕色红唇膏、浅棕色眼影等。

(2)与身份、职业相符。化妆还应考虑到自己的身份和职业。否则一味浓妆艳抹或一味淡妆,都不易为自己树立良好的形象。一个人的身份并非一成不变,在单位从事一般工作的可以化得活泼妩媚些,而从事领导工作或教师工作的则要化得庄重大方些。一旦成为生日主角或宴会中的女主人,则要注意在化妆中注重体现主角的位置。

不同的职业,有各种不同的环境氛围,与此相适应、相协调的化妆和发型,能更好地体现自己的仪容。运动员及男女青年,应尽量通过化妆表现出青春风采。职业女性,为表现自己持重、干练、成熟的特征,应化出清秀典雅的格调。

(3)与季节相协调。皮肤在一年四季当中状态不同,它会随着季节的变化而变化,化妆和保养也应作调整,与之相协调。

春季:皮肤机能活跃,细胞代谢旺盛,人显得生机勃勃。因此,需要注意清洁皮肤,否则,旺盛的皮脂分泌及暖风所带的灰尘都容易引起皮肤疾病。

夏季:高温闷热,毛孔扩张,皮脂腺与汗腺的分泌液会大大增加,新陈代谢速度加快,角质的死细胞数量剧增,堆积在表皮上。因此,夏季的皮肤保养第一是清洁,第二是防晒。

秋季:凉意渐深,天气逐渐干燥起来,这时皮脂的分泌也变得缓慢,需补充皮肤的水分和营养。这时也不宜抹过油的化妆品,过油反倒容易引起皮肤疾病。

冬季:天气寒冷干燥,油脂也容易挥发,皮肤容易出现干燥及局部皲裂的现象。为让皮肤安全过冬,要特别注意皮肤的护理和保养。

① 减少用热水洗脸的次数,因为过多的热水洗脸容易失去皮肤上的油分。

② 洗完脸后，擦上化妆水及含油脂较多的护肤化妆品。

③ 多喝水，多吃新鲜的蔬菜和水果。

思考问题：

1. 商务人员的仪容最重要是哪些部位？为什么？
2. 举例说明仪容仪表在日常生活工作中的重要性。

实训设计

训练目的：让学生掌握化妆的基本操作规程。训练前应准备好化妆盒、棉球、粉底霜、胭脂、眼影、眉笔、唇彩、香水等物品。

训练方法：教师按照化妆的一般方法为一名学生操作示范，然后学生分别操作，教师重点指导。针对若干化妆好的学生进行分析总结。

案例讨论 1

某航空公司要面向社会招一批空姐，前来报名的人络绎不绝。其中有几个女孩觉得空姐是很时髦的职业，招的都是漂亮的女孩。于是，这几个女孩就将自己浓墨重彩地打扮了一番，活像电视剧里的明星。她们高高兴兴地来到报名地点，谁知工作人员连报名的机会都不给她们，就让她们走。看着别的姑娘一个个报上了名，她们几个很纳闷："这是为什么呢？"

思考问题：

1. 工作人员为什么不给这几个姑娘报名？
2. 空姐的漂亮究竟有什么样的含义？
3. 如果你要去应聘，你会怎么打扮自己？

案例讨论 2

1961 年尼克松参加竞选总统，在那时他是艾森豪威尔的副总统，已是大多数美国人熟识的政治家。他反应敏捷，善于表达，富有政治经验又具有坚强毅力。在竞选前夕的民意测验中，尼克松以 50% 比 44% 的多数票领先于肯尼迪。但竞选过程中，尼克松与肯尼迪要面对美国 7000 万电视观众展开辩论。这次电视辩论是第一次向全国选民直播尼克松的公关问题，尼克松恰好在前不久发生车祸被撞伤膝盖，致使身体消瘦，屏幕上尼克松的衣服宽大松垮，灯影又使他看上去眼窝下陷，疲惫憔悴，委靡不振。可此时的肯尼迪正好相反，他高大魁梧，衣着大方，精神饱满，气宇轩昂。结果，肯尼迪以美国历史上最微弱的总统竞选差额 49. 9% 比 49. 6% 取得了胜利。

思考问题：

1. 肯尼迪为什么能以微弱多数取得总统选举的胜利？
2. 如果你是尼克松，你应该在身体状态不佳时怎样注意自己的仪容与形象？
3. 形象气质是怎样影响别人对你的判断的？

学习任务3 仪态礼仪

仪态是指人的身体在行为中所展现出来的各种姿势，主要包括站姿、坐姿、走姿、蹲姿、手势、表情等。仪态礼仪是指人们行为姿势的操作规范。

一、站姿礼仪

站姿是人的最基本仪态，是其他仪态的基础。良好的站姿能够展现出个人的气质和风度。

(一)站姿的基本要领

- 双目平视，颈部挺直，下颚微收，面容平和自然。
- 双肩舒展、放平，自然放松，稍向后下方下沉。
- 双臂放松，自然垂于身体两侧，手指并拢、自然弯曲。
- 后背挺直，胸部舒展、自然上挺。
- 腰部挺直，腹部微微紧收，保持自然呼吸。
- 臀部肌肉向内、向上收紧。
- 双腿挺直，双膝紧贴，腿部肌肉向内收紧，身体重心置于双腿之间。

(二)男士站姿

男士的站姿要稳健挺拔，以体现男性刚健、强壮和潇洒的风采。一般而言，男士在社交场合可采用分腿式站姿。

分腿式站姿即双腿稍微分开而立的姿势，其又可分为前腹式和后背式：

- 前腹式分腿式站姿：双手交叉握于腹前，右手握住左手，两腿自然分开，两脚距离约半步(20cm 左右)，身体重心落于两脚之间，脚部疲惫时可让重心在两脚上轮换，如图所示，这种站姿显得郑重而略显自由，常适用于一般社交场合。

• 后背式分腿式站姿：双手交叉置于背后，右手自然贴于背部并握住左手腕，两腿自然分开，两脚距离不超过肩宽，两脚尖呈60°，如图所示。这种站姿略带威严，常适用于较为正式、严肃的迎送场合。

（三）女士的站姿

女士的站姿要柔美，以体现女性娴静、优雅的韵味。一般而言，女士的站姿主要为丁字步站姿和扇形站姿。

1. 丁字步

女士的丁字步站姿主要为前腹式,按照手部姿势的不同可分为交流式和礼节式。

交流式:双手交叉轻握于腰际,手指自然弯曲,双腿并拢,膝盖紧贴,双脚站成小丁字步,即一脚的脚跟紧靠于另一脚的脚弓,脚尖分开约 60°,并保持两脚的脚跟在同一直线上,如下图所示。这种站姿常适用于与他人交流的场合。

礼节式:双手虎口交叠于腹前,贴于肚脐处,手指伸直但不外翘,双腿并拢,膝盖紧贴,双脚站成小丁字步,如下图所示。这种站姿礼仪性较强,适用于较正式的迎送场合。

2. 扇形站姿

即小八字步站姿,其要领是双手交叉置于背后或握于腹前,双腿和脚跟并拢,脚尖分开约 60°,站成小八字步。这种站姿较为自由,可适用于不太正式的社交场合。

(四)站姿注意事项

- 不可身体歪斜、两肩一高一低或无精打采。
- 不可弯腰驼背、扣胸挺腹。
- 不可将双手插入衣袋或裤袋中,也不可双手交叉抱于脑后,更不可双手或单手叉腰,或者做其他小动作(如拧衣角、摸耳朵等)。
- 不可扭动身体、乱晃双臂,或将双臂交叉抱于胸前。
- 不可双腿交叉、弯腿顶跨,或使双脚呈内八字站立。
- 不可倚物(如墙壁、椅子等)而站或不停地抖腿。

二、坐姿礼仪

坐姿是人入座、在座、离座时的姿态。在社交场合,无论是男士还是女士,其坐姿都应给人以端正、大方、自然、稳重之感。

(一)坐姿要领

- 步至座前,转身缓坐,切忌沉重落座。
- 入座时,宜坐椅面的1/2~2/3,不宜将椅面坐满。
- 双目平视,下颚向内微收,颈部挺直,保持端正。
- 双肩放平、下沉,腰背挺直,胸部上挺,腹部微收,臀部略向后翘,上身略向前倾。
- 双臂自然弯曲,双手放于腿上,女士应双膝并拢,男士可双膝微开,双腿自然弯曲,双脚平落地面。
- 右脚后收半步,找支撑点,平稳起立,离开座位,切忌猛起、哈腰或左右摇摆。

(二)男士坐姿

在社交场合,男士的坐姿主要可分为标准式、开膝式、交叉式和重叠式。

1. 标准坐姿

上身端正,与大腿垂直,双膝、双脚完全并拢,双手掌心向下分别放在两大腿上,如下图所示。

男性坐姿

2. 开膝式坐姿

上身与大腿、大腿与小腿、小腿与地面均成直角，双膝、双脚自然分开（不超过肩宽），脚尖朝前，双手互握置于任何一条腿上，如下图所示。

3. 交叉式坐姿

上身端正，与大腿垂直，双脚在踝关节处交叉，略向前伸或略向后屈回，双手互握置于腹前，如下图所示。

4. 重叠式坐姿

重叠式坐姿即通常所说的翘“二郎腿”，其正确做法如下：上身保持端正，双腿交叠，左小腿垂直于地面，右腿叠于左腿上，右小腿向里收，右脚尖向下倾，双手互握置于右腿上，如下图所示。采用这种坐姿时，交叠的双腿可以互换位置。

(三)女士坐姿

在社交场合,女士的坐姿主要可分为标准式、侧点式、交叉式、重叠式和前后式。

1. 标准坐姿

上身与大腿、大腿与小腿、小腿与地面均成直角,双腿并拢,双膝紧贴,双脚并排靠拢,双手虎口相交置于左腿上,如下图所示。

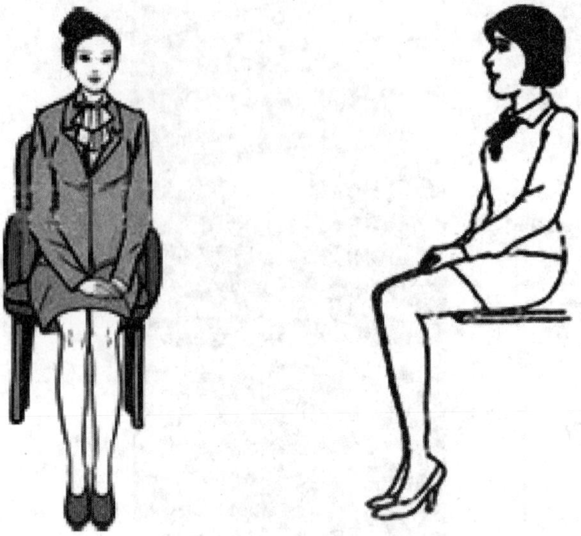

2. 侧点式坐姿

上身端正，双膝紧贴，两小腿并拢平移至身体一侧，与地面约呈 45°，双脚平放或点地，双手互握于腹前一侧，如下图所示。

3. 交叉式坐姿

上身端正，双膝紧贴，双脚在踝关节处交叉后略向身体一侧斜放，一脚着地，另一脚点地，双手互握置于腹前一侧，采用这种坐姿时，也可将双脚交叉略向后屈。

4. 重叠式坐姿

上身端正，两小腿平移至身体右侧，与地面约呈 45°，左腿重叠于右腿之上，左脚挂于右脚踝关节处，脚尖向下，右脚掌着地；也可以交换两腿的上下位置，将右腿重叠于左腿之上，将两小腿移至身体左侧，如下图所示。

5. 前后式坐姿

上身端正，双膝紧贴，左小腿与地面垂直，右小腿屈同，左脚掌着地，右脚尖点地，两脚前后位于同一直线上，如下图所示。采用这种坐姿时，可双腿互换。

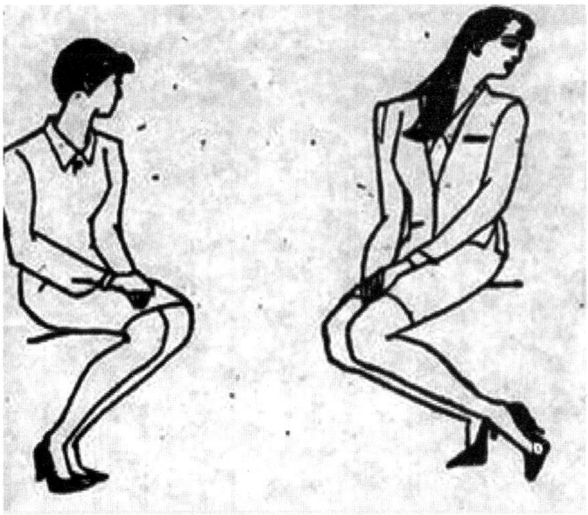

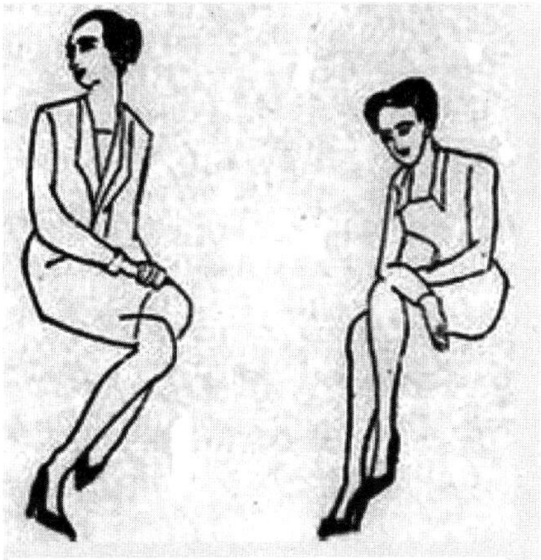

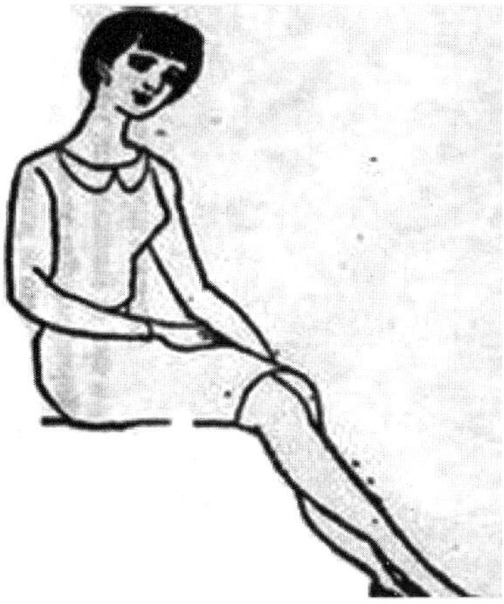

（四）坐姿注意事项

- 女士入座前应轻拢裙摆，保持裙边平整、不起皱。

- 不可将头依靠在椅背上，或者低头注视地面。
- 不可双臂交叉抱胸，或双手做出多余的动作，切忌将双手夹放在双腿之间。
- 女士应始终双腿靠紧，不可大腿并拢而小腿分开。
- 女士不可将双腿叉得过开，或将双腿过分伸张，或一腿弯曲、一腿伸直呈现“4”字形，或将小腿搁在大腿上，用脚打拍子，甚至不停地抖腿。
- 跷腿时，切忌将悬空的脚尖朝上或指向他人。
- 与邻座交谈时，可以侧坐，并将上身和腿同时转向交谈对象。

三、走姿礼仪

走姿是人在行走过程中所形成的姿态。正确、优美的走姿能够反映出充满活力的精神状态，给人以美的享受。

（一）走姿要领

- 昂首挺胸，收腹提臀，双肩放平、下沉，双目平视，重心稍向前倾，双臂自然地前后摆动，摆幅为 30～40 厘米，前摆幅大于后摆幅。掌心朝内，手指自然弯曲，脚尖伸向正前方，脚跟先于脚掌着地，脚尖推动不断前行。

- 男士的步位路线应为两条平行线，女士的步位路线应尽可能为一条直线。
- 即步行时双脚中心间的距离应适中，男士的步幅一般约为40厘米，女士的步幅一般约为30厘米。
- 男士应步伐矫健、稳重，展现阳刚之美，女士应步伐轻盈娴雅，展现阴柔之美。

（二）走姿注意事项

- 行走时不可低头、仰头、弯腰驼背、摇头晃肩、左顾右盼或扭腰摆臀。
- 双手不可置于背后，否则会给人以傲慢之感。
- 双脚不可呈内八字或外八字。
- 不可拖沓前行，使脚和地面摩擦或碰撞而发出噪声。
- 切忌与他人抢道、排成横队或勾肩搭背。

四、蹲姿礼仪

蹲姿是人在捡拾物品、集体拍照、帮助他人、提供服务等情况下所呈现的腿部弯曲、身体高度下降的一种姿态。正确、恰当的蹲姿能够体现良好的修养和风度，反之则会有损形象。

（一）蹲姿要领

- 上身端正，一只脚后撤半步，身体重心落在位于后侧的腿上，平缓屈腿，臀部下移，双膝一高一低。
- 下蹲取物或工作完毕后，挺直腰部，平稳起立、收步。

（二）蹲姿种类

常见的蹲姿主要有高低式和交叉式两种。

1. 高低式蹲姿

下蹲时，左脚在前，脚掌完全着地，右脚在后，脚掌着地、脚跟提起；屈腿下蹲后，左小腿垂基本直于地面或与地面呈60°，右腿居后，右膝低于左膝，形成左高右低的姿态。采用这种蹲姿时，左、右脚可以互换。男士采用这种蹲姿时，可将两腿适当分开；女士采用这种蹲姿时，应将两腿靠紧，并可略微侧转。

蹲姿

2. 交叉式蹲姿

下蹲时，左脚在前，脚掌完全着地，右脚在后，脚掌着地、脚跟提起；屈腿下蹲后，左小腿基本垂直于地面，右腿从左腿下方伸向左侧，两腿交叉重叠，合理支撑身体，腰背挺直、略向前倾，如下图所示。这种蹲姿的造型优美典雅，适用于女性。采用这种蹲姿时，可左、右腿互换姿势。

(三)蹲姿注意事项

- 下蹲时,应与他人保持一定距离,且不可过快、过猛。
- 下蹲时,应尽量侧身相向,切勿正面面对他人或背对他人。
- 下蹲时,一定要避免“走光”,特别是女士。
- 下蹲的姿势应当优雅,切忌弯腰撅臀,或者两脚平行、两腿分开、弯腰半蹲(即“蹲厕式蹲姿”),否则极其不雅。
- 不可蹲在椅子上,也不可在公共场合蹲着休息。

五、表情礼仪

表情是人的面部神态,能够传递人的思想、情感和心理活动,在人际交往中起着重要作用。目光和笑容是最具有表现力和礼仪功能的表情活动。

(一)目光

目光是面部表情的核心,主要由注视的角度、注视的部位和注视的时间组成。

1. **注视的角度**

注视的角度主要可分为平视、仰视和俯视。平视主要适用于在普通场合与身份、地位或辈分平等者之间的交往，表示平等或坦率；仰视主要适用于与身份、地位、名望或辈分较高者之间的交往，表示尊重或敬畏；俯视主要适用于与身份、地位或辈分较低者之间的交往，表示宽容或怜爱。在社交活动中，不可俯视身份、地位、辈分较高或与自己平等的人，不可俯视他人以表轻视或蔑视，更不可斜视、扫视或无视他人，否则是极其失礼的。

2. **注视的部位**

在社会交往中，在不同场合或针对不同对象时，目光注视的部位是有所差别的。通常，目光注视可分为以下几种：

- 在办公场合或公务活动中，目光一般应注视交际对象额头至双眼之间的区域，以表示严肃、认真或有诚意。
- 在茶话会、朋友聚会等一般社交场合，目光一般应注视交际对象双眼至嘴唇之间的区域，以表示尊重或重视对方。
- 在与关系密切的人（如亲人、恋人等）交往时，目光可注视对方双眼至胸部之间的区域，以表示亲近、友善。

3. **注视的时间**

在社交活动中，目光注视交际对象的时间宜占全部相处时间的1/3，以表示友好和尊重。若注视时间不到全部相处时间的1/3，则表示轻视，或者对交际对象本人或其谈话内容不感兴趣；若常常把目光投向对方，注视对方的时间约占全部相处时间的2/3，则表示重视，或者对其感兴趣；若目光始终盯在对方身上，注视时间占全部相处时间的2/3或以上，则有寻衅滋事的嫌疑或表示有敌意，是非常失礼的行为。

4. **目光的运用**

在社交活动中，应善于灵活地运用目光：

- 可注视被介绍人稍久一点，并微微点一下头，以示尊重。
- 若想中断他人的话，则可有意识地将目光转向他处片刻；若交际对象因说了错误的话而显得拘谨害羞时，则应用柔和、理解的目光继续注视对方，而不应马上转移视线，以免使其更尴尬或使其误认为被嘲讽；若与交谈对象的谈话出现冷场时，不宜继续注视对方，以免加剧尴尬。
- 应用惜别的目光目送对方走远直至其走出一段路且不再回头，以示尊重。

（二）笑容

笑容是人际交往中的一种润滑剂，可以有效地增添自信、美化形象、传递友好、消除隔阂，缩短与交际对象之间的心理距离，为进一步的沟通与交往创造良好氛围。

1. **笑容种类**

在社交活动中，合乎礼仪的笑容主要包括含笑、微笑和轻笑。

- 含笑：即不出声、不露齿，只是面带笑意，表示友善或接受对方，适用范围较广。
- 微笑：即嘴角微微上扬，唇部略呈弧形，齿不外露，面带笑意，表示自信或友好，适用范围最广。
- 轻笑：即嘴巴微微张开，嘴角上扬，上齿显露，喜形于色，但不发出笑声，表示欣喜、快乐，常适用于会见客人或向熟人打招呼。

2. **笑容要求**

合乎礼仪的笑容必须符合以下要求：

- 笑的时候，眉毛、眼神、嘴巴、牙齿和面部肌肉应协调进行，表现出亲切、大方的和谐美。
- 笑的时候，应注意将笑容与美好的举止、谈吐相结合，使其相得益彰。
- 笑的时候，必须真诚自然、表里如一，切忌强颜欢笑、假意奉承，放肆大笑，或者假笑、冷笑、怪笑、傻笑、媚笑、窃笑、怯笑、狞笑。

六、手势礼仪

手势是肢体语言中最具表现力的一种肢体语言。手势的美是一种动态美，若做得适度，会给人以优雅、含蓄、彬彬有礼之感。

（一）手势原则

社交者在运用手势时应遵循以下原则：① 手势应简约明快，不可复杂、繁多，以免喧宾夺主；② 手势应文雅自然，其力度大小、速度快慢和时间长短都应恰到好处；③ 手势应与身体、语言、情感协调一致。

(二)常见手势

1. 引领他人

在社交场合,为他人指示方向、请他人进门、请他人坐下等情况下都需要用到引领手势。该手势主要有以下三种表现形式:

- 横摆式:左手置于体侧,右手五指伸直、并拢,右前臂以肘部为轴从体侧向腹前抬起,手心翻转向上,然后右前臂向身体右侧摆动,至稍前方停住,手掌与前臂在同一直线上,上身略向前倾,目视对方,面带微笑。采用此手势时,可互换左、右手姿势,也可双手同时摆向一侧。
- 曲臂式:左手置于体侧,右手五指伸直、并拢,右前臂以肘部为轴向前抬起至腰部高度,手心翻转与地面呈45°,然后右前臂向左前方摆动,至手与身体相距20cm处停止,手掌与前臂在同一直线上,腕低于肘,上身略向前倾,目视对方,面带微笑。采用此手势时,可互换左、右手姿势。
- 斜下式:左手置于体侧,右手五指伸直、并拢,右臂向前抬起至腹前,然后以肘部为轴向右下方摆动,手心翻转向前,与地面呈45°,手部、腕部、腰部在同一直线上时停止,上身略向前倾,目视对方,面带微笑。采用此手势时,也可左、右手互换姿势。此手势常适用于请宾入座。

(a)单手横摆式　(b)双手横摆式　(c)曲臂式　(d)斜下式

2. 递接物品

一般而言,递接物品时,应起身站立,用双手递送或接取物品,同时,上身略向前倾。若不方便双手并用,则可用右手递接,切忌单用左手进行;若递接双方距离过远,则应主动走近对方,双手递接。需要注意的是,递送带尖、带刃或其他易伤人的物品时,应将尖、刃指向自己,而"授人以柄"。

(三)忌讳手势

切忌用大拇指指自己的鼻尖,用一根手指指人、指路,或者捻指作响,即用大拇指和食指弹出声响。

◀|| **知识链接**

手势在各国的不同含义

向上伸大拇指：在中国表示佩服、好、首领等；在日本表示男人、父亲；在说英语的国家多表示“OK”之意或打车之意；在希腊、俄罗斯或非洲西部则有“滚开”的意思。

向下伸大拇指：在中国表示鄙视、不好等；在英国和美国表示不同意；在法国表示死了；在印尼、缅甸等地区表示失败。

向上伸食指：在中国表示数字“一”或请注意；在日本表示最优秀；在美国表示请稍等；在法国表示请求发言。

弯曲食指：在中国表示数字“九”；在日本表示小偷；在泰国、朝鲜表示钥匙；在印度表示心肠坏；在墨西哥表示金钱。

伸出中指：在很多国家均表示下流、鄙视、愤怒、恶劣等，是极度不雅的一种手势。

伸出小指：在中国表示渺小、看不起；在日本表示女人、小孩儿；在韩国表示女朋友；在缅甸、印度一带表示厕所。

“OK”手势：即大拇指与食指连成一个圆圈，其余三指自然伸张。在中国表示同意，或表示数字“零”“三”；在日本、韩国、缅甸表示金钱；在美国表示同意、顺利、成功；在法国和比利时表示一文不值、废物；在印尼表示傻瓜、无用、不成功；在巴西表示肛门，有“引诱女人”或“侮辱男人”之意。

学习任务4 服饰礼仪

案例导入

我们看看下面的例子:一位拥有工商管理硕士学位的青年求职于总部设在美国洛杉矶的跨国公司“新闻集团”。该公司总裁、世界第二大富翁默多克看了求职信后认为“很是诱人”,于是便约他某日到澳洲分公司面谈。考虑到初次见成,他特地穿了一套名牌西装。面谈结束,这位青年获得一份年薪不菲的工作和远大的前程。事后他感慨地说:“虽不能说是那套西装帮了我的忙,然而除了学识和双语背景之外,应当说也是‘包装’的成功因素。”

思考问题:

1. 服装在人际交往和工作中有什么作用?
2. 如何通过得体的服装和修饰赢得别人的好感?

案例分析

不难看出,缺乏自信的人是占很大比例的。这种自信的缺乏,或者来源于对自己外表的不满,或者来源于对自己的才能和成就不满。大多数人对自己的身材总是不满意的,太高、太矮、太胖、太瘦都影响着他们的自信程度。精心设计的服装,不但可以掩盖这些不足,还可以衬托形体的优势,并在心理上消除由于对外表不满带来的焦虑。而那些对自我成就不满的缺乏自信者,优质的服装可以积极地调整穿衣者的态度,增加穿衣者的社会成就感,它有强烈的暗示作用,在心理上提示自己要表现得如同自己的服装一样出色。

Miuccia Prada 曾说过,你的穿着是你向世界呈现的形象,这个形象在今天尤其重要,因为现代人几乎没有时间深入交往。服装是一种可以马上领悟的语言。服装是最有助于建立自信的工具,它帮助穿衣者沉着自如、优雅得体地表现,保持在各种场合下镇定自若的心态。得体的穿着能够增加着装人的成就感,它让你表现得自豪、沉着、优雅、出众。

知识精讲

服饰礼仪,就是人们在穿着打扮方面应当了解与遵守的惯例与规范。服饰礼仪的主要作用,是为人们的装扮提供一个可参照的标尺。它告诉人们,在各种各样的情况下,应当怎样打扮;针对每一个人,什么样的装扮才是美的,什么样的装扮是不美的。与此礼仪又时时刻刻在提醒人们,每个人的穿着打扮绝非一己私事,而是与对他人的尊重与否密切地联系在一起的。

一、服装交际的原则

服装是一种无声的物体语言。从传播学角度看,服装仅依靠其自身的美,如款式的新颖、色彩的冷暖、面料的变化还不能完成交际的使命。要想真正体现服装的交际价值,展示服装的力度和美,进而在交际场合最大限度地发挥服装的交际作用,必须掌握服装交际的原则。

1. 根据时间、地点和场合的变化选择服装

人们在交际中,有时由于时间、地点和场合的变化,需要随时更换不同的服装,以使服装具有一种“现场感”，容易被周围的人所接受。关于这一点，我们可以采用世界服装界所公认的“着装 TPO”审美原则。

TPO 原则的概念原是日本男用时装协会（MFU）于 1963 年提出来的。TPO 即英语“Time”（时间）、“Place”（地点）、“Occasion”（场合）的缩写，意思是说穿衣服要适应时间、地点和场合。当时，日本男用时装协会提出这个概念时，恰是在东京举行奥林匹克运动会的前一年，初衷是为了借助于运动会期间的国际礼装来推进日本男装的时装化。当 TPO 原则一经提出，便迅速传播，渐渐普及，传遍了全世界。目前，TPO 原则已经脱离了最初推行男装时装化的原意，进而包括男装、女装等在内的一切服饰文化，成为服装交际的原则之一。

时间是线型概念，泛指早晚、季节、时代等。穿衣要考虑这些因素，注重时间变化。应根据四季变化特点，增减服装，才显得其变化有序、顺应自然。当然着装要有时代特点，这更是毫无疑义的。不同时代有不同的服装，从而显示出不同时代的不同风格。

地点是面型概念，指因地制宜。不同国家、不同民族因其不同的文化背景、地理环境、历史条件、风俗人情，在服装上也显示出不同的格调与特色。对于这些，我们应有所了解，以便因地点的变化选择不同的服装，表现尊重对方的思想情感，便于结交朋友、增进友谊、交换信息、开展业务。

场合是线面兼容的概念，体现了服装艺术最后效果的综合体。人们在交际中，所处的场合是千变万化的。相应地，着装也应根据场合的变化而变化。例如，在正式社交场合和外事活动中，男性可着西装，女性可着西装套裙，以显得高雅、蕴藉；舞厅欢娱时，男性可着夹克衫或西服，女性可着连衣裙或裙装，以潇洒、俊美为前提；而参加宴会，则以男性着西服、女性着裙装、西服套裙或旗袍，显示华贵和气派。至于郊外野游的服装，最宜简洁、轻便，男性可穿猎装，女性可穿运动衣，青年男女的健美于此表现得更为突出。总之，选择服装应当顾及与社交场合的气氛和谐、统一，以便被人们所承认并接受；应当力求充分显示自己的力度、美点和魅力，以引起人们的注意；应当能够准确地表现一个完美的自我，以利于他人给自己一个明晰切实的判断。变化有序，相得益彰。唯此，才有可能把服装的作用尽可能地发挥出来。戏曲界有一个说法，叫做“穿破不穿错”，正是这个道理。

2. 根据身材、体型和肤色的不同选择服装

人的身材有高矮之别,体型有胖瘦之分,肤色有黑白之异,容貌有美丑不同。这些外在条件对形成一个人的风度,虽不及内在条件的显现重要,但也有一定的影响。因此我们在服装选择上,要懂得通过着装,掩其缺点,扬其优点,使自己的风度更趋高雅、大方,从而在社交场合显示出一种超凡脱俗、应付自如的风采。"人言格调胜玄度,我爱篇章敌浪仙"。晚唐诗人韦庄的这两句诗,说明人应当珍爱各自的风度,坚持自己的追求,创造高尚的格调,扬长避短,别具特色。

人的身材可分为梨型、凹凸型、倒三角型和直线型四种。梨型身材的特点是上小下大,犹如一个梨。此种身材最好使用垫肩,使上下比例保持均衡。为了避免扩大下半身,最好不要选用紧身上衣、宽皮带、大圆裙、宽裤腿等类服装。比较适合的款式是上长下短,不加皮带的外套或连衣裙、梯型线条的瘦长直筒裙等。凹凸型身材的特点是隆胸蜂腰。适合穿合身套装和束皮带的衫裙,而不宜穿宽松的罩衫,以避免掩盖纤腰,显得稳重。倒三角型身材的特点是宽肩窄臀,适合穿各类服装,但不要使用垫肩,以免上身过大。直线型身材通常显得瘦高,应避免穿裸露颈部较多的领口的衣服,适合的款式是轻飘有动感的服装。另外,对于上身略长、下身略短的人来说,应多穿流线型服装。所谓流线型服装,即上下一体,流畅自然的服装,如连衣裙、套裙、旗袍、长风衣、长大衣等,避免上下两截、平分秋色的服装,以遮盖不足,展示美点。如果必须穿上下两截的服装时,应保持裤子与鞋子的颜色相近或一致,以此造成视觉差,增加腿的长度。

人世间没有十全十美的人,人的体型也是如此。对于体型不够匀称者就可以在一定程度上使缺点得到掩盖。体型短胖者,宜穿竖条纹或深颜色的服装,这样可使人产生延伸感和收拢的效果,看上去体型有所改变,增加高度和健美。另外,穿单一颜色的服装也可使身材显得高些。体型瘦高者,宜穿横条纹或浅颜色的服装,以给人造成体型丰满、膨胀的艺术效果。同时,穿杂色的衣裤也可使身高者看上去略显低些。矮瘦或矮胖者,穿衣时要注意不可将衬衣下部束在裤子里,以致给人以身段分为两截的感觉。可将裤子尽量做得长一些,盖住皮鞋脚面,以给人高大的印象。脖子短粗者,应穿无领、敞领、翻领、低领口或“V”字领上装。女性可再戴上一条细长项链,以突出肌肤之美,借以分散人们对短脖子的注意力。臀部肥大者,可选用深色的西装裤或西装裙,避免浅色并带光泽的裤或裙,以免突出臀部,暴露弱点。反之,臀部过小者,可穿浅色、光亮、打褶的裤子,以掩盖臀部较小的毛病。胸部狭小者,宜穿水平条纹的上衣,开细长缝的领口,并在衣服门襟处多装饰些波浪边或荷叶边,以掩盖胸部扁平的缺陷,造成丰满的效果。

人的肤色会随着所穿衣服的色彩发生微妙或明显的变化。因此在选择服装过程中,还应根据肤色的不同来进行搭配,从而起到相得益彰的效果。一般来说,无论男性或女性,皮肤较白的人配衣浓淡总相宜。这类人须根据自身气质、环境特点及工作性质,适当选择款式即可。皮肤较黑者可选择色彩明朗、图案较小而柔和、面料悬垂感较好的服装,如穿浅紫、豆绿、淡黄等色服装,能使黝黑的脸庞显得含蓄、深沉。女性再加上明眸皓齿,能给人以神秘感。应避免穿褐、黑、深紫色等暗色服装。皮肤发黄、发青者,可选择素雅的碎花、格、纹的上衣,但要避免穿柠檬黄、绿或蓝色服装,以免使皮肤显得更黄、更青。而皮肤略红的人则可选择白色或浅色服装,忌穿蓝、绿色系列服装,因为红色与蓝色、绿色是强烈的对比色,会使人的面色红得发紫。面色苍白者,则不宜穿粉红、浅绿、嫩黄等娇艳色彩的服装,以免呈病态色。

3. 讲究脸型、发型与服装的合理搭配

脸部在人体的最高位置,是人们视觉首先到达的地方。所以,美化脸部、讲究发型、突出优点、遮掩缺点,也是服装交际中不可忽视的一个重要方面。

古人对人的脸型曾概括为一句话,即“人面分八格”。这八个类型可以用八个字来说明。

“田”字形——扁方形;

“由”字形——面部呈扁方形;上部略呈尖状;

“国”字形——长方形;

“用”字形——面部呈长方形,下巴稍尖;

“目”字形——窄长形;

“甲”字形——上宽下尖形;

“风”字形——下巴呈宽方形;

“申”字形——中间大两端小的枣核形。

现代人则将人的脸型简化为长、圆、方形三种。不论属于哪种脸型,穿衣时都应学会运用视错原理来平衡脸型、弥补缺陷。因为长与长、圆与圆、方与方处于同一体中,会产生一种线条的重合,更加强调原脸型的线条。只有运用对比的方法,通过穿对比的领型的服装,才能达到改善脸型的目的。具体说,“田”字形、“由”字形脸的人适合穿角领、“V”字领;“用”字形、“目”字形脸的人适合穿圆领、扁领,尽量减少颈项外露面积;“风”字形脸的人适合穿尖领、“V”字“申”字形、“甲”字形脸的人,以配大翻领最美。下面的方法来改变脸型。长脸型的人适宜穿圆领口的衣服,也可穿高领口、马球衫或带有帽子的上衣。不宜穿与脸型相同的领口的衣服,更不宜用“V”型领口和开得低的领子。在发型上可尽量让头发向两旁分散,以增加量感,女性可将前发剪成“刘海”,使脸蛋显得丰满,发分线采用侧分法。圆脸型的人适宜穿“V”型领或者翻领衣服。不宜穿圆领口的衣服,也不宜穿高领口的马球衫或带有帽子的衣服。发型设计可将头顶部的头发梳高,使脸部显得长一些,避免遮住额头。同时利用头发遮住面颊,可使脸颊宽度减少。发分线最好是中分。至于方脸型的人则适合穿“V”形或勺形领的衣服,不宜穿方形领口的衣服。女性可在颈部低发髻,具有优雅感。还可让头发披在两颊,减少脸的宽度,发线侧分,并使分线向头顶斜伸。

当然生活中也不仅仅只有这三类脸型的人,还有鹅蛋脸、三角脸、逆三角脸、菱形脸、大型脸等等,这和古人所讲的“人面分八格”有相同的地方。总之,在穿着时,可考虑自己的脸型,避免穿和脸型相近的领口的衣服,而应选择和脸型对比强烈的领型的服装,以缓和缺点,突出优点。唯此,才能真正做到扬长避短、随分入时、穿出个性、展示风采,从而在交际场合超凡脱俗、魅力无穷。

发为人体之冠,对于女性来说,更是展示魅力和美点的一个重要方面。在中国古代文学作品中,也曾留下许多赞美女性头发的词句,如“秀发如云”、“满头青丝如墨染”等。女性拥有一头秀发,又能和服饰进行完美的组合,的确能增添无限风韵和魅力。例如,在庄重的场合身着礼服或旗袍时,可将头发挽在颈后结低发髻,显得端庄、高雅;着运动装时,可将头发自然系在脑后,给人以活泼、利索之感;着宽大棉麻服装时,可将头发梳成一根发辫,或编成印第安式的双辫,发辫结在耳朵上边,同时齐眉毛上边横结一根同色发带,这样就使乡间的质朴与都市现代感完美地结合起来。当身着色彩艳丽的宽松的丝绸服时,可将头发盘起,用一根同色的或与服装色彩呈协调色调的丝巾将头发包住,显得有些异国情调而富有神秘色彩。如果身着连衣裙或格调飘逸的服装时,可将头发自然披散,与服装格调相和谐。当然,发型的设计还要考虑年龄大小。但是注意发型的变化,是女性穿着的一个重要因素。

相比之下，男性的发型不可能频繁地变化，只要剪一适合自己脸型的发型，相对保持一段时间即可。

4. 注重服装色彩以及饰物的合理搭配

服装色彩作为物体语言的一部分，有它一定的生理基础与文化基础。马克思说："色彩的感觉是一般美感中最大众化的形式"。色彩感是人类最主要的感觉。因此，服装设计大师们十分重视色彩的审美价值和特性。法国时装设计大师皮尔·卡丹说过："我创作时，最重视色彩，因为色彩老远就可以看到"。这为服装色彩提供了生理基础。同时，人类文化的长期积淀，又使特定的色彩载负着特定的感情信息。这就是服装色彩的文化基础。概括地说，色彩是有一定情感的。由于人类生存环境与心理构造的同一性，使之对色彩的感受形成了共同点。色彩的情感是由于身着者和欣赏者生理和心理的主观作用所引起的。

色彩对一个人的穿着具有重要作用。有人说："选用得体的颜色是服饰成功的一半"，就是这个道理。对于现代人来说，穿着合体的一个关键是学会色彩搭配，以显示较高的美学情趣。

关于色彩的冷暖及情感，可用下表表示。

色彩的冷暖及情感

类	性质	感情属性	色	感情意义
色相	暖色 中色 冷色	积极的 中庸的 消极的	红 绿 青	热情、兴奋、欢喜 安宁、平和、年轻 沉静、寂静、文静
明度	明 中 暗	明朗 稳重 厚重	白 灰 黑	纯粹、清白 稳重 神秘、严肃
纯度	高 中 低	新鲜 温和 稳重	朱 桃 茶	热情、热烈 可爱、和蔼 稳重

服装配色艺术，现代人多采用以下两种方法。

(1)同类色配合。是指由同一种色调变化出来的明暗、深浅不同的颜色。其特点是清淡柔美，文雅协调，如海关人员蓝色制服给人以严肃统一的感觉。上穿浅紫色衬衣，下着深紫色裙子，则带给人以温和协调的印象。

(2)对比色配合。是指两种对比较为强烈的颜色的配合，如红与白、红与黑等。它们给人的感觉是鲜丽明快，简洁大方，如上穿白衬衣，下着黑裤子或深色的裙子，色彩反差较大，引人注目。

另外，如上穿花色衬衣，下可着单色裙子，以起到"闹中取静"的效果。

不管采用对比色还是同类色配合艺术，服装的颜色一般应控制在三种之内，以突出简洁的艺术效果。因为美在简洁、美在比例、美在适度。用一句古诗概括，就是"动人春色不须多"。

饰物与服装色彩的搭配也有一定的方法。特别是现代女性已越来越重视并喜爱搭戴头饰。头饰插戴得体，整体形象则显得统一而柔美。反之，色彩缺少搭配，易造成文化修养较低、缺乏审美情趣的印象。所以点缀一定要恰如其分。一般头饰与上衣色彩要尽可能一致。如穿浅黄上装，则插戴浅黄色的头饰。这样，从色彩上达到了协调，避免了杂乱感，平添几分清丽，显示出较高的服饰美学思想。其余的像腰带、提包、围巾、项链、耳环等饰物,与服装色彩的搭配,或采用对比色配合的方法,或借鉴同类色配合的经验,以创造和谐统一、富有层次的艺术效果。

二、加强服装的整体美

服装是人体的软雕塑。正如马克思所说:“一件衣服由于穿的行为才现实地成为衣服,一间房屋无人居住,事实上就不成为其为现实的房屋。”服饰只有穿在人身上,才能充分显现它的魅力。而“讲究服饰美是人们的文化水平、艺术修养的反映。消费是有层次的,但讲究服饰美却是相通的。”日本服装设计大师君岛一郎的话道出了强调服装整体美的意义。

美的形式多种多样。对称是一种整齐的形式美,在服装上主要是指左右两部分对等。人体本身就是对称的,因而服装大多也是讲究对称,如传统的中山装,即是典型的对称形式。对称可以产生一种秩序感,给人以稳定的形式美。但严格的对称也容易造成呆板。改善的方法是利用局部破坏对称的方法,来达到新的平衡,如中国传统的旗袍。而平衡和对称不同,它不要求左右两部分对等,而是在不对称中求得稳定,它追求的是一种动态美。对服装来说,它意味着感觉上的重量、质感、面积、色彩等在一定条件下的相互作用。穿衣要讲究左右平衡和上下平衡。假如失去了平衡,就不能表现美。必须在不对称中求取平衡。藏族男子的服装是一个典型的例子。他们习惯常偏袒右臂,而将右袖垂于腰右侧,这样就在不对称中求得相对的稳定感,形成了一种平衡。除了左右平衡外,服装的上下平衡,也是非常重要的。特别是上装与下装的组合协调,无论是哪一种服装,都是一种立体的造型。因此,任何服装的轮廓形状都具有容量感。上下平衡就是指上下装的容量感要平衡。着装时应注意利用面料的质感、图纹的状态、色彩的搭配来平衡人体的造型,起到稳定的作用。视错也是一种美的形式。人的视觉,由于生理的原因,常常发生视错,如人在看同样大小的白色块和黑色块时,总感到白色块比黑色块的面积大,这称“眩视”。究其原因,就是视错在发生作用。视错可以帮助我们改善人体的缺陷,这是服饰美学的一条特殊规律。鲁迅先生当年就很注意利用视错选择衣着,扬长避短,弥补不足。他曾经对年轻作家萧红说:“人瘦不要穿黑色衣裳,人胖不要穿白色衣裳;脚长的女人一定要穿黑鞋子,脚短就一定要穿白鞋子;方格子的衣裳胖人不能穿,但比横格子的还好;横格子的胖人穿上,就把胖子更往两边裂着,更横宽了。胖子要穿竖条子的,竖的把人显长,横的把人显宽。”不过,利用视错原理来改善整体形象要把握适度,运用得当,才能充分发挥其作用。

当然,还有韵律、对比、反复、统一等许多美的形式,这里就不一一介绍。总之,不论从事什么职业的人,服装设计都应追求和谐统一,注重整体美。人们常说的“好衣服不如好装束”,就是这个道理。服装应是衣服与人体的配合。衣服穿在身上,就和人体构成了装束,装束比衣服更重要。如果过分注重单件或单套衣服的效果,忽略了个人的身体条件、生活习惯和职业特征,衣服再好也仍旧穿不出应有的风采,有时还会弄巧成拙。

穿着是一门艺术,要想穿出风采、穿出个性,并通过服装展示自己的职业、身份、修养、性格和情趣,需要在实践中反复摸索、总结,才能发挥服装这种物体语言在交际场合中“先声夺人”的作用。

三、装饰品的佩戴礼仪

(一)男士服饰的配件

最能反映男士服饰品味的或许要数服饰的配件。人们谈论一位男士的仪表风度也往往从一些搭配的小地方着眼,因此,男士服饰除了衣服的穿着要注意符合礼仪要求外,皮鞋、手表、帽、袜、镜等的选择与穿戴也需给予充分的重视。因为它们与服装的本体构成了最广泛意义的修饰礼仪的全部内涵。

1. 关于鞋、袜

有人曾说过这样的话,如果要对一位男士作出评价,只要看他身上的三样东西,那就是皮鞋、领带和手表。皮鞋在男士的整体着装中占重要地位,它不仅能映衬出服装的整体美,更重要的是它还能增加人体本身的挺拔俊美。讲究的男士对鞋的重视并不亚于对衣服的关注,男士的鞋关系到男子汉的形象。在礼仪场合穿着最多、最普通的是皮鞋。一般来说,鞋子的颜色应与服饰相配。在正式场合,男士多穿没有花纹的黑色平跟皮鞋。黑皮鞋可配任何色调的服装;浅褐色与褐色皮鞋可以配米色、咖啡色调的西服,但与黑色西服不般配。值得一提的是,近年来流行穿旅游鞋,但它与正规礼服不相配,在工作或进入庄重场所时不宜穿用。

休闲鞋一般与休闲装相配才合适。皮鞋必须保持鞋面光亮明净,这一点非常重要。谈到皮鞋,自然会联想到袜子,在礼仪场合,绝不能赤足穿鞋。正式或半正式场合,男士应着颜色素净的中长筒袜子,这样可避免坐下谈话时露出皮肤或浓重的腿毛。袜子颜色以单色深沉为最好,带条纹的,方格图案而图案不显眼的也可以,但色调应比西服深一些,以使它在西服和鞋之间呈现一种过渡色。穿起来较为舒服的棉质运动袜,因多为白色,所以在正式场合,尤其穿礼服时就不合适。着黑色礼服时,一定要穿黑皮鞋,黑(或深蓝)袜子。

2. 关于手表

男士出现在公共场合时,一般情况下身体不着装的部位只有头和手,其余部位都被服装、鞋袜遮盖着。而且与人交往时,头部总要保持相对地稳定,摇头晃脑是不允许的,但手部会有较多的动作,如握手、递接名片、拿东西、挥手作别等。所以手表对于男士来说是非常重要的,发挥着特殊的装饰作用。手表根据用途不同,可分为上班表、时装表、纪念表等。上班表一般用于公务活动时戴,故造型凝重,较为高档;时装表适用于社交和休闲场合,所以不讲档次,但求别致,无论造型还是色彩都很特别;纪念表则一般具有重要的纪念意义。

3. 关于帽子、头发及其他

男士戴帽应注意参加活动的性质及季节。从礼仪角度讲,男士在以下场合须脱帽:进入宴会场所、住宅室内或电梯内;被介绍给他人或与人离别、与朋友打招呼时;与女士、长辈谈话时。在众人面前,引起人们注意最多的部位是头部,所以要予以特别的关照。还有一点需要指出的是男士满脸胡子是不礼貌的,因此应养成经常刮胡子的习惯。最好能随身携带电动剃须器备用。需注意的是在工作时间或在客人面前剃须是不庄重的，也是不礼貌的。

（二）女士的服饰配饰

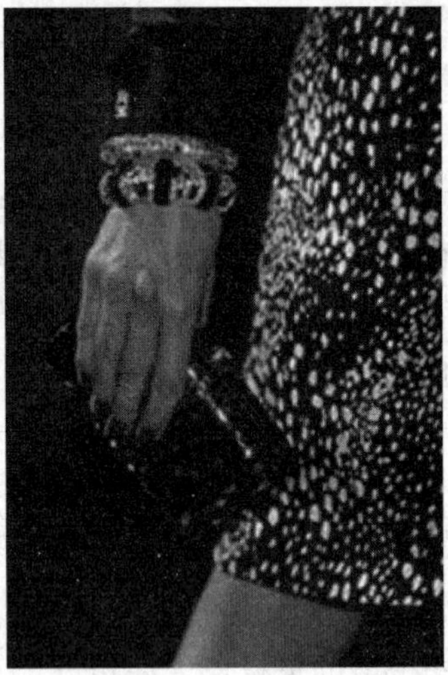

服装的配件指人们为服装搭配的、以增加其美感的一些附属性部件，如首饰、包袋、帽子、手套等。虽然这些配件在人们穿着打扮时可用可不用，但懂得打扮的人都知道，配件选择得当，运用巧妙，会使人的打扮不同凡响，配件的重要性是不容忽视的。

1. 首饰

首饰是女士们打扮时不可缺少的重要组成部分，饰品佩戴也有传播信息的作用，往往表明一种想法或是某种特有的表示。而且饰品不同的佩戴方法还能传播特定的信息，所以饰品佩戴同样应合乎礼仪。女士常用的首饰包括耳环、项链、胸针、戒指、手镯等。这些饰物，正如“水能载舟，亦能覆舟”一样，佩戴合宜，能画龙点睛、倍增风采；反之则可能画蛇添足，弄巧成拙，虽珠光宝气，却庸俗不堪。

佩戴首饰最重要的，是要与服装构成一个有机的整体。首饰与服装的和谐呼应体现为：款式上相配合，色彩上相补充。款式上，与礼服相配的首饰应是精致考究的，如高档的钻石、白金首饰；与日常装相配的首饰应是简洁大方的，如造型简单的珍珠、K 金首饰；与牛仔装相配的首饰应是粗犷奔放的，如几何图形的大耳环，粗大的宝石串饰等。

从色彩上，深色服装应配以光亮鲜明的首饰，以首饰的光泽来“画龙点睛”，如穿黑色、蓝色、咖啡色、深灰色等深沉色调的服装，若配一只金银、象牙色的胸花，会有含蓄中见亮丽的效果。有色宝石首饰，否则会主次不分。肤色对首饰的选择也很重要。皮肤较黑的人，粗、色泽较暗的饰物，宝石中的蓝宝石、祖母绿、翡翠更能衬出佩戴者优雅高贵的气质。

首饰于体形五官的作用，无非是突出优点，掩饰缺陷。按一般规律，体形上高瘦单薄的女性宜选佩线条复杂一些、结构错落的首饰，如层叠式首饰，大图案胸针，粗线条手镯等，最忌将一根短项链戴在颈间或将米粒大的小耳钉附于耳上，那样会使人感到气息不畅；较为丰满的女性，宜选配纤细型的首饰，如悬挂式的项链，流线型的耳环等，最好不用大首饰；小巧玲珑的女性，佩戴的首饰应简洁精巧，切忌各种首饰一同佩戴且都带有悬垂式的坠，那样会显得头重脚轻。

面容是装饰打扮的焦点，首饰也要以面容为中心。从脸型看，椭圆型脸的女性可以选佩各种首饰。其他脸型的女性，应选择能缓和脸部线条的首饰，切忌首饰造型与脸型一模一样。具体说，圆脸的人不宜戴贴颈式项链，应佩戴长型的，如一串长项链下垂到胸部，会使人感觉脸型加长了。脖颈较短粗的，不要佩戴珠粒状的，而要选择中长有坠的。脖颈细长的可以用贴颈的短项链，尤其以彩色大珠项链最合宜。选择耳环同样要根据脸型，脸型瘦长的较适合佩戴耳环，因为可以增加横的感觉。脸型较宽的人应佩体积较小，长形的贴耳耳环，而不是长坠的或面积较大的扣式耳环，因其会增加脸庞下部的宽度，而对下颌较尖的脸型则正好能弥补其缺憾。另外，戴眼镜的女士不要用短项链和吊坠耳环，可选长的项链，并尽量避开面庞；耳环要选细粒的清简款式。其次，五官秀美的应以胸部以上佩戴首饰为主，那样会更加出众；而五官平庸缺乏吸引力的，应以颈部佩戴首饰为主，比如可用绚丽的大型项链和亮丽的宝石项链来转移人们的视线。

2. 帽子、手套及包袋

(1)帽子。帽子在女性服饰中始终占据一个举足轻重的位置。因为帽子戴在人的头部，最容易受到别人的关注，并给人极为深刻的印象。所以帽子选得好可给人平添魅力，选得不好则破坏了自身的整体形象。帽子与女士发型相比，重要性虽然要小一些，但却不能忽视，它也能改变一个人的形象。

(2)手套。手套除御寒外，有很重要的装饰作用，被称为女性的“手部时装”。在选购手套时，首先要考虑的仍是要与服装相协调。一般用于装饰作用的手套，主要适用于同礼服、时装配套。这类手套有黑色、白色的薄纱手套、网眼手套等。女士们参加社交活动时，戴手套也很有讲究。通常夏季戴夏装手套，冬季戴冬装手套；白天戴短手套，长可过腕，颜色不拘，多与服装相协调；晚上戴长手套，长可过肘，颜色多为白、黑，以与礼服相配。不管戴什么色彩、什么质地、什么款式的手套，都要注意保持其整洁，否则不仅起不到美化形象的作用，还会让人觉得你懒惰、散漫。

“女士优先”原则在戴手套时也有体现。社交场合男士如果戴着手套与人握手寒暄，被认为失礼，女士则可以戴手套与人握手。但在商务活动中，女士最好舍弃这一优先原则。在公共场合，女士吃东西、喝饮料，与他人交换名片或起立讲话前都应当摘下手套。除了在婚礼上，新郎能把戒指戴在新娘戴着手套的手指上，其他时间，不宜把戒指、手镯、手链等戴在手套外，免得过分张扬。

(3)包袋。包袋是女性服饰的重要配件，其重要性甚至不次于鞋。包袋由于质地和用途的不同，可以分为很多类型。那么女性怎么选择包袋为其打扮增光添彩呢？

首先，考虑场合需要。女性包袋根据用途，可分为手包、挎包、拎包、背包、腰包、箱包等多种，其适用不同场合。手包，一般没有背带和提手，形状较小，只适合单手或双手使用。挎包又叫提包，它有一只或一对长长的提手，外形较大，提在手里，可携带较多物品。挎包与拎包之间，有提手，但外形小于拎包，大于手包，携带时应将其套在左手小臂有单肩、双肩包等。通常情况下，商务人员如果去参加欢迎仪式、剪彩仪式、报告会一类的活动，最好携带挎包。这样在与他人握手、告别时，把它挎在手臂上，看上去非常典雅，为你的形象增色不少。如此时背背包，就不太方便了。如果出席轻松愉快的社交活动，携带一只背包，既便于存放，又可以多带一些东西(如化妆品、纸巾等),而且携带起来也较方便,包背在肩上,可以把双手腾出来。

其次,因为手袋颜色较多,应注意颜色搭配。如为日常使用,体积、颜色均可随意,只要与衣服搭配协调即可。若是上班所用,黑色、咖啡色、深蓝、枣红等深沉色都是不错的选择,它们较其他色彩更宜与多种颜色的服饰配合,且有沉稳干练之感,当然白色在春夏季使用也不错。包袋在与服饰配色时,有几个细节须注意:一是使包与服装呈对比色,这样两者都很醒目,如穿白衣,拿黑包;二是如服装为多色彩,则包应与服装的主色调色彩相同;三是应使包袋与服饰中的某一样,如鞋子、手套、帽子或装饰腰带等,用同一色彩,这样上下呼应,整体非常和谐。

最后要注意的就是包的放置。如果去参加公务活动或社交活动,比如到友人家做客等,进入室内后,未经主人允许,不能将自己随身携带的包随处乱放,否则是失礼的表现。此种情况下,可交由主人代为存放。也可放在自己坐定后并拢的双腿上。如果包袋较重较大时,最好的办法是坐定后将它放在自己右手边的地板上。而在参加宴会时,包袋放在腿上或地上就不方便了,既会影响自己进餐,也会妨碍他人。此时要么存放在衣帽间,要么在坐下后,放在自己的后背和椅背之间,这样既方便,又安全。

3. 鞋、袜

鞋、袜在女士的服饰中占有举足轻重的地位。一位女士的装束是否得体,看一下她的鞋袜就可以得出大致的结论。因此,一位不注意自己鞋袜的选择与搭配的女士,永远无法在穿着打扮方面取得成功。

(1)女士的鞋。一般来说,女士的鞋较男士鞋复杂且多变化。选购鞋时,除注意穿着舒适外,着重要考虑其款式、色彩是否能与服装相配。女鞋通常可以分为正装鞋、便装鞋、休闲鞋等类型。正装鞋主要是和西式套裙、套装、旗袍、礼服、连衣裙等正式场合穿着的服饰搭配,一般多为低帮的皮鞋。其鞋跟有高低、粗细之分,应与相应款式的衣服搭配。女士穿高跟鞋不仅增加身体高度,使身材修长,苗条,更能增加女性美感。但鞋跟太高,容易使腿、腰、踝部变大,所以鞋跟高低,随个人嗜好与身体高矮而定。当然也不能忽略与服饰的搭配,如穿西式套裙和旗袍,配高跟鞋是最佳搭配,要是配平跟鞋,其优势就无法体现了。便装鞋一般只适合于非正式场合穿着,且不能与正式场合穿着的服装搭配,否则不伦不类。

从服饰礼仪的角度讲,在选配和穿着鞋子时,除注意"TPO"原则外,还要注意:其一,不管款式、颜色如何,都要注意保持鞋子的整洁,在正式场合,不宜穿残破、打补丁的鞋,鞋面要始终保持光亮明净。其二,鞋子的款式与色彩越简单明朗,越朴实无华越好。在正式场合穿着的鞋不宜有太多的点缀、饰物,颜色以单一、雅气为主。所以这种场合下,女士多穿黑色高跟皮鞋(正式场合应避免穿平跟鞋)露脚趾的皮凉鞋是不适合在礼仪场合穿着的。一般来说,鞋的颜色应深于袜子。在鞋、袜、裙或裤之间,鞋的色彩与裙相似才最为得体。最后要注意的是举止,不要在他人面前特别是异性面前整理,用脚趿拉着鞋,或将脚从鞋里偷偷脱出来透风等,这都是非常不文明的行为,在公共场合绝对不允许。

(2)袜子。由于职业女性多穿裙装的缘故,所以除非你的腿形长的特别匀称,否则要小心选择袜子的颜色和品质。首先要考虑的当然是要与服装、鞋在色彩上和谐统一。作为职业女性最好不要穿彩色或图案过于醒目的袜子,它会让人感到轻佻、缺乏稳重感。一般来讲，参加公务活动或社交活动，着皮肤色长筒丝袜配各式裙装、旗袍最为得体。例如，浅皮肤色袜可以使皮肤罩上一层光泽，显得细腻娇嫩，深皮肤色袜可以给人一种修长健美的感觉。但并不是所有人都能穿出这种效果。其次要考虑的是腿型。可以利用袜子颜色修饰腿型，假如腿粗了些，可穿深于肤色的袜子，利用色彩的收缩效果，使腿部看上去纤细、小巧些；若腿瘦，应穿与肤色一样或浅一点的袜子，利用浅色的扩张作用，使腿部看上去丰满些、圆润一些。需要注意的是，白丝袜和白鞋并非任何体型都适合穿的，它很容易让人看上去又矮又胖。有的袜子是需要和其他服饰配套穿的。例如，黑色网眼丝袜，与黑色网眼面纱、黑色网眼长筒手套一同使用，是典型的社交晚装搭配。否则，不顾场合，不讲搭配，只会破坏自身形象。此外还需注意的是，穿着袜子的厚薄与鞋的款式要协调，如厚袜子不配纤细的高跟鞋等。不要穿跳丝、有洞的袜子或自己用线打的袜子，因为袜子的残破比服装更引人注目，不加注意，就会因小失大。因此，常出门的女士不妨在皮包或办公室准备一双袜子，以便换用；袜子的长度一定要高于裙子的下部边缘，且留有较大余地，也就是忌讳袜口外露，否则一走路露出一截玉腿，极为不雅。所以穿裙装最好穿长筒袜或连裤袜。在礼仪场合，穿短袜配裙子是极不适宜的。另外，不要在裙子里面穿短棉毛裤并在走动时露出裤面；或把棉毛裤掖在袜子里，又鼓又胀，很不雅观。最后要注意的就是忌同时穿两双袜子或把健美裤、紧身裤之类的当袜子穿。比如，有人穿皮肤色长筒袜，外面再加一白色短棉线袜等，这些都不适宜。当然，不管什么颜色、款式的袜子，一定要干干净净的，否则与女士身份不符。

四、香水的使用

在社交场合，无论男士还是女士，适当地喷洒一点香水，可为自己增添迷人风采。

（一）香水的选择规则

香水的种类非常多，根据香精含量的高低，香水可分为浓香型、清香型、淡香型和微香型。一般而言，社交人士选择香水应遵循以下规则：

- 在办公室、会议室、车厢等相对封闭的空间，宜选择淡香型香水，而不宜选用气味浓郁的香水，以免四处散发的香气分散他人的注意力，影响他人情绪。
- 在餐厅，宜选择淡香型或微香型香水，并将香水涂抹在腰部以下，以免影响他人的食欲。
- 在晚宴上，可选择浓香型香水，以增添个人魅力。
- 在非封闭的一般交际场合，宜选择清香型香水。
- 探病或就诊时，宜选择微香型香水或不使用香水，以免影响病人或医生。

（二）使用香水的注意事项

社交人士在使用香水时，通常应当注意以下事项：

（1）宜用“点”（滴几滴）的方式使用浓香型香水，用“线”（抹数滴）的方式使用清香型香水，用“面”（喷洒）的方式使用淡香型和微香型香水。

(2)一般而言,浓香型香水可以擦于脉搏跳动处,如耳后、手腕内侧、膝后等;清香型、淡香型和微香型香水可以自由地涂抹或喷洒在脉搏跳动处、干净的头发(切勿有尘或油脂)上、衣服里、裙摆两边等。

(3)不可直接将香水洒在棉质、丝质面料的衣服上,以免香水在上面留下痕迹。同时,也不可直接将香水洒在皮毛面料上,以免香水损害皮毛或改变皮毛的颜色。

知识链接

戒指佩戴的含义

戒指的佩戴通常具有约定俗成的含义:

(1)戴在食指上,表示无偶或寻求恋爱对象;

(2)戴在中指上,表示正在恋爱之中;

(3)戴在无名指上,表示已订婚或结婚;

(4)戴在小指上,表示独身。

知识巩固

1. 商务人员在生活中有哪些重要场合?在这些场合中应选择什么样的服装?怎样修饰自己?

2. 不同的体型、脸型、肤色的女性应怎样根据自己的自身条件来选择服装和修饰?

3. 男士应怎样选择西服?西服在穿着时应注意哪些细节?

案例讨论1

衣服的巨大作用

美国商人希尔清楚地认识到,在商业社会中,一般人是根据一个人的衣着来判断其品位的,因此,他首先去拜访裁缝。靠着往日的信用,希尔定做了三套昂贵的西服,而当时他的口袋里仅有不到1美元的零钱。然后他又买了一套全新的衣服,在同一时间里同一位出版商“邂逅”,希尔每天都和他打招呼,并偶尔聊上一两分钟。这种例行性会面大约进行一星期之后,出版商开始主动与希尔搭话并说“你看来混得相当不错。”接着出版商变相知道希尔从事哪一行业。因为希尔身上的衣着表现出来的这种极有成就的气质,再加上每天一套不同的新衣服,已引起了出版商极大的好奇心,这正是希尔盼望发生的事情。希尔于是很轻松地告诉出版商“我正在筹备一份新杂志,打算在近期内争取出版,杂志的名称为《希尔的黄金定律》。”出版商说“我是从事杂志印刷和发行的,也许我也可以帮你的忙。”这正是希尔等候的那一刻,而当他购买这些新衣服时,他心中已想到了这一刻。这位出版商邀请希尔到他的俱乐部,和他共进午餐,在咖啡和香烟尚未送上桌前,已说服了希尔答应和他签合约,由他负责印刷和发行希尔的杂志。发行《希尔的黄金定律》这本杂志所需要的资金至少在3万美元以上,而其中的每一分钱都是从漂亮衣服所创造的“幌子”上筹集来的。

问题讨论：

1. 美国商人希尔为什么能够在没有资金实力的情况下获得成功？
2. 如何通过配饰来为自己的形象加分？

案例讨论 2

一外商考察团来某企业考察投资事宜，企业领导高度重视，亲自挑选了庆典公司的几位漂亮女模特来做接待工作，并特别指示她们穿着紧身的上衣，黑色的皮裙，领导说这样才显得对外商的重视。但考察团上午见了面，还没有座谈，外商就找借口匆匆走了，工作人员被搞得一头雾水。后来通过翻译才知道，他们说通过接待人员的着装，认为这是个工作以及管理制度极不严谨的企业，完全没有合作的必要。

问题讨论：

1. 外商为什么不愿与该企业合作？
2. 该企业的接待人员的着装出现了什么问题？

案例讨论 3

郑伟是一家大型国有企业的总经理。有一次，他获悉有一家著名的德国企业的董事长正在本市进行访问，并有寻求合作伙伴的意向。他于是想尽办法，请有关部门为双方牵线搭桥。让郑总经理欣喜若狂的是，对方也有兴趣同他的企业进行合作，而且希望尽快与他见面。到了双方会面的那一天，郑总经理对自己的形象刻意地进行一番修饰，他根据自己对时尚的理解，上穿夹克衫，下穿牛仔裤，头戴棒球帽，足蹬旅游鞋。无疑，他希望自己能给对方留下精明强干、时尚新潮的印象。然而事与愿违，郑总经理自我感觉良好的这一身时髦的“行头”，却偏偏坏了他的大事。

问题讨论：

1. 总经理的错误在哪里？
2. 同行对此会有何评价？

实训设计

训练目的：让学生掌握西服的穿着要求和搭配以及女士套裙的穿着要点和搭配方法。

训练方法：要求学生以宿舍或小组为单位，3～5 人一组（男女分开），分别上台展示其套裙、西服、衬衫、鞋袜、饰物的搭配，说明搭配的理由，用数码摄像机记录整个过程，然后用投影仪回放，学生自我评价，授课教师总结点评学生存在的个性和共性问题。最后，评选出若干名“最佳服饰女士”、“最佳服饰先生”。

学习项目 3　言谈礼仪

学习要求

1. 了解交谈的艺术,理解并掌握日常交往中言谈的理解、礼貌。
2. 熟悉并掌握寒暄问候语、称谓。
3. 了解介绍礼仪的原则及注意事项。

案例导引

第二次世界大战后不久的一天,身为美国参议员的日裔早川先生在火车站等车。他注意到身边等车的人都用怀疑的眼光盯着他,还有人交头接耳。有一对夫妇带着孩子盯着他,神情显得格外紧张。当时都传说有日本间谍渗入到了美国。为打破尴尬局面,早川对那个丈夫说:"真糟糕,天这么冷,火车偏偏又误点。"那个丈夫点点头表示同意。早川继续说"带着孩子在冬天旅行,火车又没个准,一定特别辛苦。"丈夫再次表示同意。早川接着问他,孩子几岁了,看起来很乖很勇敢,比同年龄的孩子懂事。他这次脸上有了一丝微笑。就这样,化解了紧张的气氛。交谈了几句后,他问早川:"我问你一个问题,希望别介意,你是日本人吧?你觉得日本打赢的机会多大?"早川说"我的推测可能和你一样。依我看,日本缺煤、缺钢铁、缺石油……怎么打得过美国这种高度工业化的国家呢?"随后,他们谈到了早川在日本的家人。以至于在上车之前,那对夫妇还请早川有机会一定要去他们的城市,去他们家吃饭。

案例分析

人际交往中初次见面的时候往往不知道先和对方说些什么,特别是在对方比较冷淡甚至有敌意的时候,冷场又会造成难堪、尴尬的局面。在上边的案例中,早川先生用轻松的话题,很快就把自己的"间谍"身份转变成了对方的朋友。其实早川先生的话题,都是让对方能清晰地意识到、能有同感的、已成事实的观点,像这样的话题,谁都可以自如地参与,不存在什么分歧,很自然地拉近了双方原有的距离,并让对方立即产生好感。从而也就达到了目的。因此交谈之初谈论能被对方认同的、轻松参与的、目前都一致定论的、最好和对方有些关联的话题,是明智的选择,这样能使对方对你消除戒备心理,进行下一步的交流。

◀|| **知识精讲**

言谈包括两层含义,一是谈论、交谈,二是说话的内容和态度。“言为心声”,言谈是人们运用语言表达思想、沟通信息、交流感情的重要方式,包括说话的内容、语气声态及伴随说话时的表情、动作等。它反映一个人的思想水平、知识修养、道德品质,也是礼仪形象的重要体现。言谈要符合一定的礼仪规范,就要熟知语言表达的基本方式,掌握谈吐礼节。

学习任务1 交谈礼仪

一、语言交谈技巧

语言交谈是相互间传播信息的重要手段。它以语言为媒介,使商务人员与公众得以沟通,实施商务活动。语言交谈中是否注意礼节,语言运用是否恰当,直接关系到信息沟通的效果。所以商务语言要求以语言的“礼”吸引人,以语言的“美”说服人。

如何进行语言交谈,一直是古今中外人们谈论的一个重要话题。我国《论语》中说:“言之不文,行之不远”。古希腊亚里士多德在他的名著《雄辩术》一书中指出,口头交谈有三个要素:谈话者、主题和听话者。要达到“施加影响的目的”,就必须注意这三个要素。在现代社会中,人们(包括商务人员)在语言交谈中首先必须掌握好的就是语言礼仪。

语言礼仪是指人们在交谈中所应该注意的礼节、仪态。一般来说,它集中体现在礼貌语言的使用和谈话时的表情及声音上。

(一)礼貌语言的运用

在任何社交场合,诚实和热情都是交谈的基础,只有开诚布公的谈话才能使人感到亲切自然,气氛才会融洽。要知道,与任何人进行面对面的交谈,都是一种对等关系。以礼待人,既能显示出自身人格尊严,又可以满足对方的自尊需要。为此,交谈中要随时随地有意识地使用礼貌语言,这是文明人应当具备的基本素养,也是以敬人之心赢得尊重的基本方式。比如,“请”字最能体现对人的敬意,有事相托时,不要忘记说“请”字,万一需要使用祈使句时,加上一个“请”字也会使命令的口气缓和了许多;接受别人任何服务,感谢人时,不要忘记说声“谢谢”;万不得已需暂时离去或打断对方,或自觉不周到处,应说“对不起”。有人总结说,“嘴边三句话,人间大道理”。在交往、交谈过程中礼貌用语常用、多用、勤用,日久天长,必见功效。

礼貌用语的作用是不可忽视的。人们见面时要互致问候与寒暄,如“你好”!…“早安”…“好久不见,近况如何?”“能够认识你真是太高兴了”等等,尽管这些问候与寒暄用语的本身并不表示特定的含义,但它却是交往中不可缺少的。既能传递出表示尊重,示以亲切,给予友情的信息,同时又显示出自己懂礼貌、有教养、有风度,从而形成一种和谐、亲切、友善、热情、尊敬的良好“人际气候”。

说到礼貌用语,美国人说话、写信、打电话都少不了“请”字。“请坐…请转告…请您先走”“请多费心”“请及早复信”等等。打电报时他们宁可多付电报费,也不省掉“请”字。因此美国电信总局每年从这个“请”字上就可以多收1000多万美元。

日本人说话离不开“谢谢”。据统计,一个在百货公司工作的日本职员,一天平均要说571次“谢谢”,否则就不是一个好的职员。经验表明,人们都愿意光顾洋溢着亲切和尊重人的气氛的商店。

英国人最常用的词汇是“对不起”。凡事稍有打扰,便先说一声“对不起”。警察对违章司机进行处理时,先要说声“对不起”,两车相撞时,相互说声“对不起”。在这样的气氛中,双方的自尊心都得到了满足。

我们的祖先也给我们留下了许多的宝贵的敬语。例如,表示尊敬之意可用:请问,敢问,借问,动问,请教,指教,见教,求教,讨教,就教,赐教,等等;打扰之时,可用:相扰,劳神,费心,烦劳,麻烦,辛苦,费神,难为,偏劳,等等。如果我们在用语与交谈中恰当使用这些词汇,交谈一定能形成亲切友好的气氛。

(二)声音的讲究

交谈过程中,说话者的语速、音质和声调,也是传递信息的符号。同一句话,说时和缓或急促,柔声细语或高门大嗓,商量语气或颐指气使,面带笑容或板着面孔,效果大相径庭,要根据对象、场合进行调整。

说话是一种艺术,要想把话说得好,正确地表达自己的意思,首先就必须发音正确、清晰易懂,否则由于口齿不清,发音不准,就会影响内容的表达。清晰易懂的发音,可以依赖平时的练习,多注意别人的谈话,多朗读书报;交谈时克服紧张情绪,讲话不急不躁,就会做到这一点。其次说话的速度不宜太快,亦不宜太慢。说话太快会令人应接不暇,反应跟不上,而且自己也容易疲倦。有些人以为自己说话快些,可以节省时间,其实说话的目的,在于使对方领悟你的意思。此外,不管是讲话的人,或者是听话的人,都必须运用思想。说话太慢,也会使人着急,既浪费时间,也会使听的人不耐烦,甚至失去谈下去的兴趣。因此,谈话中,只有使自己谈话的速度适中,即每分钟讲120个字左右,才最适宜。最后要注意的是语调,人们说话时常常要流露真情,语调就是流露这种真情的一个窗口。愉快、失望、坚定、犹豫,轻松、压抑,狂喜、悲哀等复杂的感情都会在语调的抑扬顿挫,轻重缓急中表现出来。语调同时还流露一个人的社交态度,那种心不在焉、和尚念经式的语调绝不会引起别人感情上的共鸣。语调虽重要,但在谈话中却往往被忽视,只注意词令如何风趣,内容如何美妙,却忘了语调要如何动人,结果使思想的传递受到损失,效果受到影响。在社交场合,为使自己的谈话引人注目,谈吐得体,一定要在声音的大小、轻松、高低、快慢上有所用心,这样才能收到好的效果。例如,放低声调总比提高嗓门说话显得悦耳得多;委婉柔和的声调总比粗粝僵硬的声调显得动人;发音稍缓总比连珠炮式易于使人接受;抑扬顿挫总比单调干板易于使人产生兴趣。但这一切都要追求自然,如果装腔作势,过分追求所谓的抑扬顿挫,也会给人华而不实在演戏的感觉。自然的音调是美好动听的。

(三)不良习惯的克服

文雅的谈吐,固然在于词令的修饰,但最基本的一条却是词能达意,通顺易懂,即说出的话让人觉得顺耳动听,更要让人听得清楚,听得明白。让人听得费劲、不舒服的话影响谈话情趣,还会使人怀疑你的实际才能,甚至反感和恼怒。因此,在选择词句时应以朴实自然为好,多使用一些明白晓畅的口语白话。这样既合乎人们的习惯,易于被理解、接受,还不会给人以卖弄做作之感。

另外,有些人喜欢在交谈中插入少许外文或方言俗语,其效果优劣恐难一概而论,这主要取决于双方的趣味,假如趣味相投,便不足为怪,否则恐难受欢迎。一般说来,在与两个或两个以上的人一同交谈时,以不用为佳。因为多数人不习惯这种"中外合璧"的谈话方式。当然,偶尔一两个外国字用得恰当的话,也可以为谈话增一分色彩,但要注意,引用的外语要以对方能心领神会为宜。否则不仅是"隔靴搔痒"、"对牛弹琴",还会无形中造成隔阂。如果的确有必要说,那就要用得恰当,并且要注意正确地发音。如果张冠李戴,不伦不类或语调蹩脚,则不免为识者所笑,所以必须谨慎。

同样,在社交场合,应尽量讲普通话,方言应尽量避免。但也要认识到,我国幅员辽阔,语言的形成自有它地理上的因素,相互间的语言障碍一时也难完全消除。所以对其应有一种雅量。遇有不尽明了的言语,多问一声也可,切忌讥讽或揶揄人,在和熟人谈话时较为正常和自然,偏偏在遇到陌生人或新朋友时,为了给人一种特别的印象而堆砌辞藻,显得矫揉造作,结果却事与愿违。

有些人说话还有一种不好的习惯,常常不知不觉地在谈话中插入一些毫无意义的口头禅。有的口头禅不伤大雅,听得多了充其量不过使人有点别扭。可有的口头禅却会说者无心,听者有意,使自己的谈话对象产生错觉,或者被自己所伤害。比如,"知道不?""你懂吗?你",教训人的口气十分明显,而且还会令人感到暗含轻视的意思。"没什么了不起"对谁都这么说话的人,是不是有点目空一切?"是吗?"这是典型的"怀疑一切"的态度,会使谈话对象的自尊心受伤害。以上这些口头禅最好是自觉地弃而不用。

二、交谈礼仪

（一）正确认识自己

人人都可以成为一个善谈、健谈的人。但首先要消除胆怯心理，克服内向心态，打消顾虑，增强信心。

每个人在社会上都有一席之地，每个人在与人交往、交谈中都有要说的话。须知“言为心声”，只要是发自内心，态度真诚的话，都会打动人心。但有些人往往以自我为中心，在交谈时先想到：人家会怎么看我，我是否会失态。这种心理状态不利于谈话的深入。最好的谈话心理应该以谈话内容为中心，打消顾虑，稳定情绪，自然地加入谈话。如果感到与人交谈缺乏内容，话题很少，语言枯燥，可以平时多看报纸、杂志、书籍、电视，关心时事、艺术、体育等，随时留意周围所发生的事，同时多和他人谈话，谈的次数多了，就可以积累知识以供将来谈话之用，日积月累，久而久之，一定会感到话题多了，内容充实了，词汇也丰富了。此外，在与人交谈时，应力争主动，尽可能先提出自己最得心应手的话题，放开来讲述，以表示有信心与人交谈，从而克服胆怯心理。

最后要注意的是，谈话的姿态也会反映出一个人的性格和心理。胆怯的人，谈话时往往双肩紧并、下垂，腰部弯曲，显示出一副紧张、卑屈的样子。因此，切忌采用这种姿态与人谈话。谈话分站、坐两种。如果站着与人交谈，说话时要挺胸、收腹，全身重量均匀地分配于两足，使重心稳定。这样会感到自己的肩膀似乎宽了些，人也显得生气勃勃，泰然自若。如果是坐着谈话，要注意谈话距离宜保持在一臂之内。双脚要平放于地面，不宜交叠双腿，在身份高者面前，更不宜跷着二郎腿；坐时背部要紧靠椅背，肩膀平正，腰部挺直。相信，良好的姿态会使人增强信心。

（二）交谈礼仪

交谈时除注意语言美、声音美之外；姿态美也很重要，也就是说在谈话中语气、语态、神色、动作、表情等都要专心致志，聚精会神，合乎规范，一心敬人，

1. 谈话时要正面视人

交谈中,目光注视对方是一种起码的礼仪,以表示对谈话的兴趣和对对方的尊重,同时也可以为愉快和谐的谈话气氛创造条件。美国 NBC 的著名节目主持人芭芭拉·华特曾说:“对全神贯注和我谈话的人,我以为是可亲近的人”,“没有其他的事比这更重要了”。假如是个有心人,也一定会发现,交谈一方头转向一旁,会引起另一方的注意,可能会因此认为一方对谈话不感兴趣而关闭谈话的大门。当然,注视并不等于凝视,直勾勾地盯着对方,或目光在对方身上左右上下乱扫,甚至还跑到对方身后去,这只会使对方透不过气来或惶惑不安,有话也说不出来。一般来说,如果两个人在室内面对面交谈,目光距离最好在 1 ~ 2 米,目光注视对方胸部以上、额头以下部位。有时可能会出现交谈双方目光对视的情况,此时不必躲闪,泰然自若地徐徐移开就可以了。

还需要指出的是,仅仅注视对方还远远不够,还要注意能够让对方感受到你对谈话的态度。任何有经验、有教养的人,在与人交谈时,都不会忽略应当引起谈话对象的谈话兴趣。称道对方,关怀对方,对对方所说的一切表示出浓厚的兴趣,都可以提高对方的谈话兴趣。如果是许多朋友在一起交谈,讲话的人不能把注意力只集中在其中一两个熟悉的人身上,要照顾到在场的每一个人。同时,谈话过程中对对方的谈话应有所呼应,由此话题才可能谈得更广、更深,相互间的感染也就越多,甚至在心理上达到某种程度的默契。

所以,谈话时,首先要做到的是双方应互相正视、互相倾听。不要东张西望,左顾右盼,更不能看书看报,或者面带倦容,哈欠连天。也不要做一些不必要的小动作,如玩指甲、弄衣角、搔脑勺、压指甲等,这些动作显得猥琐、不礼貌,也会使人感到你心不在焉、傲慢无理。

2. 谈话要尊重别人的意见

交谈过程中要常常说话,但不要说的太长。社交场合,参加谈话是对众人的一种义务,如果对于所议论的某个主题可以提供若干意见,就该讲出来;如谈话的目的只是为了娱乐,当然也要尽一份本分。不能只静坐听别人的谈话,而自己却一直三缄其口,因此要常常说话。但谈话并不是独自,如果只顾自己发表意见,而不愿听别人说话,甚至不容别人插话、发表看法,交谈就变成了“一言堂”。“一言堂”的谈话方式,或许可以显示口才,但结果往往事与愿违,别人可能认为你自高自大,蔑视他人的存在。所以虽然常常发言可以加深别人的印象,但长篇大论地说下去,容易使人厌倦而不耐烦。为此,自己每次“发言”所用的时间从总体上讲,宜短不宜长,通常自己讲一两分钟之后,就应把“讲坛”主动相让于他人。要是碰上别人“发言”过久,或是意欲发表个人见解,应耐心等候。他人讲话结束之前,千万不要打断别人讲话。一次生动活泼的谈话,要求每个交谈者注意不但自己说,也要让别人说。聪明的谈话者,往往不急于发表自己的意见,而设法让对方开口,谈他所关心的问题,吸引对方与自己交谈。

此外,为表示对交谈一方的尊重,交谈时要尽量让对方把话说完,不要轻易打断对方的谈话,要有耐心,这是一种基本修养。尤其是对方谈兴正浓时,突然打断对方,一是可能使对方思路中断,二是可能使对方被突如其来的“拒绝”弄得不知所措,下不了台。如果有紧急事件发生,或确实有必要打断对方,要在对方说话的间歇,以婉转的口气,很自然得体地将自己的话简短说出,如“你的看法的确有道理,不过请允许我打断一下”,或“请让我提个问题好吗?”这样就不会让人感到你轻视他或不耐烦了。恰当的插话,会引起对方的注意,使其停止自己的言谈,让你先说。但插话如果违背对方原意,未听明白就下结论,或插的不着边际,转移话题,或抢过话头,显示自己高明,则有不尊重或揶揄味道,闹不好还会引起争执,不欢而散。在参与多人交谈时,应不时地同其他人聊上几句,不要论远近亲疏,凭衣帽或印象取人,对有的人一见如故,谈个不休,而对另一些人则不理采,也会让其他人觉得你没有教养。比如若不赞成对方的某个观点,可以说:"我对这个问题倒也十分感兴趣,只不过好像我不这么认为","你刚才的某个观点好像很新,能否再详细地解释一下",等等。假如认为对方的某个观点和说法根本是错的,可以说:"在我的记忆中,好像这个问题不是这样的",或者说"我在某本书上看到的好像与你讲的不完全一样"……虽然语言非常婉转,但这足以使对方明白其中的意思。遇到别人真的犯了错误,又不肯接受劝告和批评时,别急于求成,往后退一步想想,把时间延长些,隔一两天或一两个星期再谈。否则大家固执,这样不仅没有进展,反而伤害感情。如果不是讨论式的交谈,一般不要与人争辩。如果对方反驳你的意见,大可不必急躁、恼怒,从容说出自己的道理便是。企图与别人争胜是拙劣的想法,有时越是想做到这点,越是想口舌之利,就越不能使对方成为朋友。总之要学得谦虚些,随时考虑别人的意见,让大家都觉得你是可以谈话的人,这才是道理。

事实上,人们谈话时都有一个目的:想知道别人对某件事情意见是否和自己相同。人们总是希望别人能和自己一样对某事物有同样看法。如果谈话时双方意见一致,就会感到一种安慰,但如果发现对方意见和自己略有出入,或大不相同时,会感到这是一种刺激,因此想与对方作进一步探讨。所以当听到别人意见和自己相同时,要立即表示赞同。

3. 谈话要看对象

交谈不是一味地发泄自己的感情和情绪,而是一种合作的程序,所以必须考虑交际对象。交际对象是最直接的对话语起制约作用的环境因素。说话人的言语行为总是围绕着听话对象进行的,以他们能接受为前提,而不能逾越他们的思想、感情、知识所能及的范围。不同的对象,因年龄、性别、职业、社会地位、人生阅历的不同,对同一句话会产生不同的反应,甚至会导致截然相反的反应。所以在交谈过程中,所说的话要符合交际对象特定身份的要求,从称谓到措词组句，从交谈话题、谈话语气到表达方式等都应尽量合乎交谈对象的特点，做到恰当得体。

交谈的第一道程序就是问候和寒暄。但问候和寒暄并不是随人可用的，必须考虑到交际对象的特点，否则不仅无礼，还可能使双方处于一种尴尬的局面。例如，中国人见面时喜欢问“吃饭了吗?”本是一句很普通的问候语，并没有准备请客吃饭的意思，但对不懂这一习惯用语的外国人来说，就完全可能理解为打算与他一同进餐。又如，中国人见面时喜欢说“你气色真好，又白又胖”“你发福了”来表示对对方的友好，对方也往往会以“你也一样”“多谢”来表示谢意。但西方人恐怕就有不同的看法，他们怕被人说白、胖，因为往往身体黝黑是健壮的标志，而身体白胖则表明体弱，对他们而言，说胖就有一种贬低人的意思。同样，外国人见面时常说的“见到你十分荣幸”“你今天打扮的格外迷人”“你真是太漂亮了”之类的客套话，中国人并不习惯。所以，同样是问候，不同的对象，就要有不同的说法。

说到交谈话题、方式的选择，有这样一个故事：在一只游船上，来自各国的实业家在一起交谈。突然，船出事了，并开始慢慢下沉。船长命令大副：“赶快通知那些先生，马上从甲板上跳海。”几分钟后，大副回来报告：“真急人，谁都不肯马上跳。”于是船长亲自出马。说来也怪，没过多久，这些实业家都顺从地跳下海去。“你是怎样说服他们的呀?”大副请教船长，船长说，“我告诉英国人，跳海也是一项运动；对法国人，我说跳海是一种别出心裁的游戏；我同时警告德国人，跳海可不是闹着玩的；在俄罗斯人面前，我就认真地表示：跳海是革命的壮举。”“你又怎样说服那个美国人呢?”“那还不容易”，船长得意地说，“我只说已经为他办了巨额保险”。这纯粹是笑话，然而笑话里包含了一个浅显的道理，即说话的内容和方式应尽可能地合乎对方的心理需要，这样才会取得令人愉快的效果。同样，交谈的方式也影响着交谈的气氛，对一般市民用抽象而又深刻的分析，枯燥而又严肃的逻辑推理方式与之交谈，会使对方感到不知所云，莫名其妙；而对知识层次较高的人用“海阔天空”式的聊天方式与之交谈，会使对方听而生厌，无所适从。这一切都说明正确选择话题和谈话的方式是重要的。当然，为了使谈话更富有创新和吸引力，还可以在已经拥有的话题中，挖掘、发现新的感兴趣的话题，使交谈双方始终在一种享受乐趣的气氛中继续他们的谈话。

关于交谈的话题与内容，有如下一些要求是必须注意的。

(1)为能创造一个愉悦和谐的谈话环境,在公共社交场合,应选择大家都可以介入又都方便发表意见的话题,即寻求共同的经验范围,如现场气氛、环境布置、天气、当日新闻、国际形势、文艺演出、体育比赛等,切忌只谈个别人知道或感兴趣的事,或只与个别人交谈而冷落其他人。

(2)不要涉及令人不愉快的内容,如疾病、死亡、荒诞、淫秽的事情。奇闻趣事,有助交谈的气氛,但不宜从头到尾用奇闻趣事消遣,更不要用笑话影射在座的人,否则很不通情理。最好交谈一些轻松愉快的问题,把快乐与人分享,把苦恼留给自己。这一做人的常识亦应在选择谈话内容时得到体现。

(3)话题不要涉及他人的隐私。如对女士不问年龄、婚否、服饰价格等;不用身体壮实来形容女士的身材。对男士不问钱财、收入、履历等;不随便谈论他人的宗教信仰免犯忌讳。同时不要随便散播和听信流言蜚语。

(4)遇到不便谈话的话题不要轻易表态,应当转移话题以缓和气氛。涉及对方反感的话题应及时表示歉意。一般不宜用批评的语气谈论在场者和其他相关人士,也不要讥笑他人,更不能出言不逊,恶语伤人。

(5)男士一般不参与女士圈内的话题议论,与女士谈话时要宽容、谦让、尊重,不随便开玩笑,也不可与女士无休止地攀谈,否则会引起对方的反感和旁人的侧目。

4. 谈话要看准时机,留有余地

"言贵精当,更贵适时"。不该说的时候说了,是操之过急;该说的时候没说,是坐失良机。把握住说话的适宜时机,是说话得体的重要因素。比如在听话人心情比较平和的时候去反映情况或提出批评建议;在双方的感情和认识差距稍小了以后再开口劝说。高明的推销员从不直接向持拒绝态度的顾客推销商品,而是先迂回,套近乎,排除了对方的"武装"之后,再劝人家购买推销的商品。这样往往会获得成功。

交谈过程中还要注意说话应留有余地。比如,在交谈中,遇有需要赞美对方时,应措词得当,注意分寸,赞美的目的在于使对方感觉到你真的对他(或她)的钦佩,用空洞不切实际的溢美之词,反会使对方感到你缺乏诚意。若一名商务人员热情友好地接待了一位公众之后,得到了"你的接待真令人愉快,你的热情给我留下了深刻印象"的评价,显然比"你是位全世界最热情的人"的赞誉会入耳得多。所以称赞要适度,过分地讨好、谄媚则近于肉麻。特别是对上级领导,在社交场合更不宜毕恭毕敬说些奉承话。对晚辈或地位比较低的人,也不要用轻视、冷淡的口吻说话。总之要注意分寸。

再如,要使谈话得以继续,并且产生较好的效果,可适度地选用一些幽默风趣的语言,或讲一些笑话。幽默的语言,既有趣可笑,又寓意深长。如能在谈话中适当加以运用,不仅能够活跃气氛,而且能够启人心智,吸引听众,更好地与他人沟通和交流。但凡事要有个限度,使用幽默语言,讲笑话也要因人而异,要分时间、地点、场合,要有分寸。要知道,优雅的举止风度是以友善和为他人着想这两项原则为基础的。揭短的"幽默"伤人太深,不但不道德,于己也未必有益。所以一定要注意把握好分寸,把话说得留有余地。

现实生活中,很难不求人,也很难不被人求,所以无论求别人办事,答应为别人办事,还是拒绝他人,都要注意把话说得留有余地。此外,表扬人、批评人、调解事端、解决冲突、应付尴尬局面、调整不满情绪,乃至布置任务、汇报工作等,都有个语言艺术问题,都可以留有余地。

5. 其他注意事项

在参与多人交谈时，应表现出对谈话内容兴趣很大，而不必介意其他无关大局的地方，如对方有浓重的乡音，读错了字或记错了日期等，只要不妨碍交谈的进行，没有必要当面去指正。不要在对方谈兴正浓时，突然凑到某个人耳边窃窃私语，这容易引起别人的反感，有可能使谈话者产生误会。

当遇到自己的熟人正在一起交谈时，如果打算加入，一定要事先征得同意，比如问一下“我能够有幸加入吗?”或“不打搅吧?”得到许可后，方可加入。不要以为是自己熟人，就可随便加入别人的谈话。加入之后，应甘当配角，不可自己一加入就口若悬河，滔滔不绝地唱起主角，以至影响交谈者的兴致。一旦发现自己加入后，原来的交谈者都缺少了兴致，应及早退回，不要因此让别人产生不好的印象。在碰到有人想加入自己的交谈时，通常应来者不拒。如果自己确有私事，不适宜外人介入，应及早婉言相告，比如可以说“对不起，我们有点私事想单独谈谈”，或者说“我们过一会儿再谈，好吗?”一旦同意他人加入自己的谈话，就不要有意冷场，或是使用隐语、暗示等，使他人无所适从。

此外，在交谈过程中要始终注意不要扮演喋喋不休，逢人诉苦，无事不晓或一言不发的角色，这些都不利于交谈的进行，更不利于在众人面前建立良好的形象。

三、交谈中的聆听礼仪

(一)交谈中聆听的作用

一般人在交谈中，倾向于以自己的意见、观点、感情来影响别人，因而往往谈个不停，似乎非如此无法达到交谈的目的。实际上，与人交谈，光做一个好的演说者不一定成功，还须做一个好的听众。也就是说，在谈话中，任何人都不可能总是处于说的位置上。要使交谈的双方双向交流畅通无阻，就必须善于倾听他人的谈话。善于聆听的人，懂得“三人行，必有我师”的道理，能够利用一切机会博采众长，丰富自己，而且能够留给别人讲礼貌的良好印象。

外国曾有谚语“用十秒钟的时间讲，用十分钟的时间听”。社会学家兰金也早就指出，在人们日常的语言交往活动1(听、说、读、写)中，听的时间占54%，说的时间占30%，读的时间占16%，写的时间占9%，这说明，听在人们交往中居于非常重要的地位。

在人们面对面的交谈中，讲与听是对立统一的，认真地去听，可以收到良好的谈话效果。听，的需要。认真聆听对方的谈话，是对讲话者的一种尊重，在一定程度上可以满足对方，可以使人们的交往、交谈更有效，彼此之间的关系更融洽。聆听从消极的一面讲是一种礼貌，是对别人的尊重。积极地说是一种鼓励，是褒奖对方谈话的一种方式，有助于提高谈话者的兴致。因此，能够耐心地倾听对方的谈话，等于告诉对方“你是一个值得我倾听你讲话的人”，这样在无形中就能提高对方的自尊心,加深彼此的感情。反之,对方还没有把将要说的话说完,你就听不下去了,这最容易使对方的自尊心受挫。

听,可以了解对方(现在讲话者)是否真正理解你(刚才讲话者)说话的含义。听,可以获得必要的信息,提供给你最新的情报资料。注意聆听别人的讲话,从他说话的内容、声调、神态,可以从中了解对方的需要、态度、期望和性格,他们会自然地向你靠近,这样你就可以与很多人进行思想交流,建立较广泛的人际关系。

注意倾听别人讲话,还可以同时思考自己所要说的话,整理自己的思想,寻找恰当的词句,以完善地表达自己的意见,给人鲜明的印象。一般来讲,听比说快,听话者在听话过程中总有时间空着等待,在这些时间空隙里,应该回味讲话人的观点、定义、论据等,把讲话人的观点和自己的观点作比较,预想好自己要阐述观点的理由,设想可能有的其他观点等。因此,从某种意义上说,在社交场合受大家欢迎的人,人人都爱与之交谈的人,并不仅仅在于他能说会道,而重要的是他会听。因为交谈中只有既讲又听才可以满足双方的需要,也只有如此,才能使交谈顺利进行。如果只顾自己讲,不想听对方说,则一定是交谈中的"自私者",当然也是不受欢迎的。

(二)交谈中的聆听礼仪

交谈中善于聆听的确有许多好处,但要真正做到洗耳恭听,仅仅对人抱有尊敬之心还不够。也就是说,听不光要用身,还要用脑,用整个身心。但有些人做不到这一点,他们听时心不在焉,或左顾右盼,或处理他事,或摆弄东西,或不时走动。这种方式最易伤人自尊心,使说者不愿再讲,更不愿讲心里话,因此无法收到较好的效果,还会影响到双方的关系。也有的人,听时虽然很认真,但却挑其毛病,或者频加批判,或妄下判断,或发出争论,这种方式使人讲话时不得不十分小心,字斟句酌,同时也担惊受怕,不敢吐露真情,从而影响交谈正常而深入地进行。这两种听的方式都不利于交谈的进行。其实最好的听的方式,是要站在对方的立场去听,去反映,去认识,去理解,去记忆,因为这种听话的方式,既能使听者集中注意力全神贯注地听,又能较好地理解说话者的原意,使对方受到尊敬和鼓舞,愿意讲真话、说实话,并发展彼此友好的往来关系。

除了听的方式外,在聆听对方谈话时还要注意以下这些方面。首先,宜选择一个安静舒适的环境进行交谈,以减少外界噪声的干扰。如果交谈环境不理想,如外界干扰、噪声太大,或者室温过高、过低,要尽力设法摆脱。同时要保持冷静,不受个人情绪和当时气氛的影响。这样才能保证有效地倾听。其次,要设法使交谈轻松自如,不要使对方感到拘束,同时消除心理上的障碍,不要预先存在想法,不可显示出不耐烦的样子,也不要过早地做出判断,因过早表态往往会使谈话夭折。要少讲多听,不要随意打断对方。还要注意听其内容,而不必过多地考虑对方的谈话技巧。

听时要注意谈话者的神态、表情等非语言传播手段,这些往往会透露出话外之意,不仅如此,还要多注意自己的"身体语言"。在他人讲话时,应尽可能地以柔和的目光注视着对方,以便与对方进行心灵上的交流与沟通,这样做,会使对方感受到无声的鼓励或赞许,可以赢得其好感。当然,善于聆听的人光会用眼神还远远不够,还要学会用声音、动作去呼应,也就是说要随着说话人情绪的变化而伴以相应的表情。身体稍稍倾向于说话人，面带微笑。在说话者谈到要点，或是其观点需要得到理解和支持时，应适时适量地点点头，或是简洁地表明一下自己的态度。当然，只是在关键地方点点头就可以了，不必频频点头。同时，还可以通过一些简短的插话和提问，暗示对方对他的话确实感兴趣，或启发对方，以引起感兴趣的话题。当然，如果对对方的话题不感兴趣，且十分厌烦，那就应该设法巧妙地转变话题，但须注意方式。当有多人在一起交谈时，要学会用目光适当照应在场的其他人，很快地交换一下目光，以鼓励那些不爱开口的人说话。此外，要善于从别人的话语里找出他没能明白表达出来的意思，避免产生误解，此时也可用一两个字暗示对方。或恰当地提出问题，以表明你听得十分认真，并力求理解他讲的含义。要强调的是，最高明的"听众"是善于向别人请教的人。如与人交谈时，能向其请教一两个他擅长且不避讳的问题，一定会使其自尊心得到莫大的满足。但要注意向人请教绝不能避实就虚，强人所难。

最后需要强调指出的是，人们在交谈、交往中由于所处的不同社会角色地位，而形成的交谈双方的不同关系往往会影响倾听。一般来说，在交谈双方社会地位相同时，双方相互间能以完全平等的态度进行交谈，在这种情况下，比较容易倾听对方的谈话。在交谈双方社会地位不相同时，往往有两种情况：一是听者的社会地位高于谈话者，比如上级对下级，师长对晚辈、学生等。在这种情况下，听者一定要特别注意听的诚意与态度。通常属下找领导谈话，一定有其原因，领导必须以关心、真诚的态度认真地听，即使对方发牢骚、抱怨，也不要冷淡待人，更不能责备。了解了对方的真实愿望、意见、想法后，可据此做出确切的判断，给予合情合理的答复。肯花时间认真倾听属下意见的上级，是真正关心他人、值得依赖的人。二是听者的社会地位低于谈话者。比如下级对上级，晚辈、学生对师长等。在这种情况下，一般人都会认真地听，有时可能还要在本上记几句。遇有不懂之处，可请对方作适当的重复与解释。保持平等的态度才能使谈话得以顺利地进行，从而建立较好的关系。

一般而论，任何人都会对诚心诚意倾听自己谈话的人产生感激之情，从而开启心扉，倾吐真情实意的。所以在交谈过程中，不仅要让自己的话说得更得体，还要注意用聆听来赢得对方。善于倾听，是谈话成功的一个要诀。

(三)交谈中要善于提问

谈话过程中，不仅要注意倾听，还要善于提问。恰当的提问可从对方那里了解到自己不熟悉的情况，或将对方的思路引导到某个要点上，有时还可以打破冷场，避免僵局。

提问既然是为使交谈有效、深入地进行下去，就要注意内容，不要问对方难以应付的问题，如超乎对方知识水平的学问或技术问题等，也不应询问人们难以启齿的隐私，以及大家都忌讳的问题等。有的人在交谈中就不注意这一点，不管什么事情都要打破砂锅问到底，这样做的结果是既不尊重对方，也不尊重自己，谈话只能不欢而散。提问的方式也不能忽视，查户口式的一问一答只能窒息友善的空气。为此，提问的人应对发问进行方式设计。有的人问话一出，便立即打开了对话的话匣子，双方相见恨晚，成了好朋友；有的人问话一出，却使双方无话可说，形成难堪的场面。可见提问是一种艺术，对双方接近起着很重要的作用。

如果提出的问题对方一时回答不上来，或不愿回答，不宜生硬地追问或跳跃式地乱问，要善于调整话题。如果对方往往是因为羞怯而不爱说话，那就应当问一些无关的事，比如问问他工作或学习的情况，等紧张的气氛缓和了，再把话题纳入正轨。

（四）结束谈话

在社交活动中，无论是谋职，谈判还是结交朋友，处理业务，都要和人交谈，这就涉及怎样结束谈话。如果能做到恰到好处，就会给人回味无穷的感觉，如果处理不好就会把事情弄糟。所以怎样结束谈话是有些技巧的。

一般来说，要避免分歧，再结束谈话。谈话在尚未获得结论或一致意见的情况下，突然结束谈话是不明智的，不利于解决问题和人际交往。分手时更不能讲使对方讨厌的话题，出现分歧时，应主动做出让步，比如可以转换一个话题，把有分歧的话题暂时放放，谈一些别的，待气氛缓和了再把谈话告一段落，这样能增加双方的亲近感。有时，谈话的开头很好，双方谈得很投机，都处于兴奋状态，如果此时没有什么新的话题，就应该及时结束。有些人不大注意这一点，认为前边既然谈得好，后面一定会更好，殊不知交谈的内容已快枯竭了，如果再接着谈，只会变得枯燥无味。

除了在内容上注意外，还要注意掌握好谈话的时间，使谈话能顺其自然地结束。此时要注意观察，对结束谈话事先有个心理准备，可以预先留一点要结束交谈的时间，为结束谈话创造一定条件。否则，在没有思想准备的情况下，突然终止谈话，会给人粗鲁无礼的感觉。如果在特殊的情况下，只能作短促的交谈，此时宜事先声明，以便使对方有思想准备。在把握时间的同时，还可以多留意对方的表情。比如当对方因对谈话内容不感兴趣，或因别的事需要告退，又不好直说时，往往会做出某些暗示，像频频改变坐姿，心不在焉，东张西望，心神不定，摆弄自己带的东西，或不时看看自己的表，对说的话也不做出积极的反应等，这时就该结束谈话了。如果置这些不顾再继续谈下去，就会使人感到反感了。

最后要注意的就是结束谈话后如何打招呼。一般分别时，双方都应主动打招呼，以增加感情。比如谈话结束了，主动谈话一方可以说："非常感谢您给了我许多教诲和帮助"，另一方则可以说："不必客气，以后有什么需要我帮忙的，尽管说。"还可以面带笑容地说"欢迎您再来"，使人感到轻松，自然，令双方都感到满意。

知识巩固

1. 简述交谈中应注意什么。
2. 如何做一个聪明的聆听者？

案例讨论

某大公司招聘总经理助理，由总经理亲自面试。应聘者小钱来到总经理办公室。总经理一见到小钱就说："咱们好像在一次研讨会上见过，我还读过你发表的文章，很赞赏你所提出的关于拓展市场的观点。"小钱一愣，知道总经理认错人了。但转念一想，既然总经理对那人那么有好感，不如将错就错，对我肯定有好处。于是就接着总经理的话说："对，对。我对那次研讨会也记忆犹新，我提出的观点能对贵公司有帮助，我感到很高兴。"

第二个来应聘的是小高，总经理对他说了同样的话。小高想：真是天助我也，他认错人了。于是说："我对您也非常敬佩，您在那次研讨会上是最受关注的对象。"第三个来应聘的是小孙。总经理再次说了同样的话。但小孙一听就站起来说："总经理先生，对不起，您认错人了。我从来没有参加过那样的研讨会，也没有提出过拓展市场的观点。"总经理一听就笑了，说："小伙子，请坐下。我要招聘的就是你这样的人，你被录用了。"

思考问题：

1. 小孙为什么会应聘成功？
2. 交谈除了讲究技巧外还要遵循怎样的基本原则？

实训设计

"交谈"技能训练：将学生按每组4～6人分组。每组设计交际场景，体现交谈的语言风格，注意使用礼貌用语、选择话题等，在交谈时要伴随正确的身体姿态和面部表情。用摄像机、数码照相机记录学生的交际过程，回放这一过程，学生进行相互评价，教师最后总结点评学生存在的个性与共性问题。观察平日里同学之间、同学与老师之间、与陌生人交谈时有哪些不符合交谈礼仪的地方，并将其逐一列出，进行改进。

学习任务2 寒暄称呼礼仪

案例导入

英国女王维多利亚有一次独自去参加一个社交活动，深夜才回到寝宫。她敲门，只听丈夫在房内问："谁？""我是女王"，女王回答。可是，门却没有开。女王再敲门。丈夫又问"谁呀？""维多利亚，"女王答道。门仍然没有开。女王在门口犹豫了一会，又一次敲门。丈夫仍旧问："谁呀？"这一次，女王温柔地回答："你的妻子。"门终于开了，丈夫热情的将妻子迎了进去。

案例分析

1. 一个人能有几种称谓?
2. 女王的丈夫为什么打开了门?

知识精讲

一、寒暄问候语

(一)寒暄问候语的含义

寒暄问候是人们在交际中使用的最简单的一种语言,是说话人肯定自己与被招呼者之间关系的一种标志。无论东西方,人们见面时为了表示友好,都要以各自特定的方式和语言来向对方问候。

(二)寒暄问候语的分类

寒暄问候语,说得通俗些,也就是招呼语。根据其载体不同,寒暄问候语可分为两类。

1. 交谈型寒暄问候语

这是由包含具体信息的问答组成的。但这里的"交谈"并不是真的要获取某种信息,只是表达说话人的友好和关心。因此,对方可作回答,亦可不回答而反问对方。小规模的生产方式限制了人们交往的范围,居民往往结成许多内部关系密切的小社群。社群之内交往频繁,而不同社群之间接触很少。交谈型寒暄问候语多用在相互熟悉的亲友之间,其具体内容多是衣食住行等。

交谈型寒暄问候语的使用方法一般是根据对方当时的具体情况而即景即情地进行问话。如吃饭前后问:"吃了吗?"路上相遇问:"上哪儿?"对方在看书则问:"看书呢?"或"看什么书?"见到别人出门,就会问:"出门啊。"见到人家买的东西,则问:"买的什么?…什么地方买的?""什么价钱?"还有表示对人关心的问话:"这一段身体好吗?…怎么穿得这么少?"对熟人的不期而来的招呼语则是:"什么风儿把你吹来了?"

在交谈型寒暄问候语中,使用频率最多的则是"吃了没有"。人们见了面,无须经过思考,脱口而出此语,并非真的关心对方是否饥肠辘辘。其真实用意只不过是一种礼貌,一种善意的表示,是说话者向对方发出情感相容的信号,或是为了维持既存的关系、相互接触和交往,因而有人把这种招呼称之为"慰藉型"交际活动。与"吃了没有"并存的一种寒暄问候语,是 20 世纪 80 年代流行的"在哪发财?"这是人们相见时的问候与祝愿。显然这种寒暄问候语表现了人民渴望生活富足的心理变化。20 世纪 90 年代曾出现的一句寒暄问候语"下海了没?"这些寒暄问候语如实反映了近年来从上到下以经济建设为中心奔富裕的文化心理,折射出人们温饱后的更高追求,属于历史的进步。

2. 问候型寒暄问候语

这是一种格式固定、通用性较强、内容简单的招呼语。这类招呼多出现在经济发达、不同社群交往频繁、而人际关系较为松散的开放性社会中。在亲切、随便等方面优于交谈型招呼语。

"您好!"是这一类的典型词语。特别是在20世纪90年代,不少城市中已有许多人见面时以"您好"代替过去经常使用的交谈型寒暄问候语。由于问候型招呼语言简单、格式固定、容易学习,已被越来越多的人所接受。它是社会发展中人际关系复杂化、生活节奏加快的必然产物。

"您好"问候型招呼的流行,还有一个重要原因,就是对外交往的需要。随着范围的扩大,交往机会的增多,若在国际正式场合下,依旧使用"吃了没有"的招呼就会使人误会或不满。所以,在正式场合下,交际双方见面时,最好使用符合国际招呼语"您好",以显示其高雅礼貌。

另外需要提及的是当双方寒暄问候时,应尽量避免涉及个人隐私的话题。可选择与个人无关的一些内容,如电影娱乐、体育赛事、异地风光、流行歌曲乃至天气冷暖等,使对方没有心理压力,便于回答。交际者用怎样的方式和语言进行寒暄问候,是体现其修养和人际水平高低的一个方面。因此,我们可从最简单的交际——寒暄问候语开始培养自己的风范。

二、人际称呼语

(一)人际称呼语的含义

人际称呼语,即人与人交往中使用的称谓和呼语,是指代某人或引起某人注意,以表达对人的不同思想感情的一种最简短的语言形式。

在现实生活中,人们由于血缘、性别、婚姻、工作以及其他关系,诸如身份、职业等,而需要加以恰当的称谓,来表现彼此关系,并体现尊重、友好的思想感情,以求建立人际之间的和谐关系。这样,人际称呼语的把握就成为有声语言交际的一项重要内容。

(二)称谓的种类和用法

1. 姓名称谓

姓名,即一个人的姓氏和名字。姓名称谓是使用比较普遍的一种称呼形式,其用法大致有以下几种情况。

- 全姓名称谓,即直呼其姓氏和名字,如"李大伟""齐建华"等。全姓名称谓有一种庄重、严肃感，一般用于学校、部队或其他郑重的场合。一般地说，在人们的日常交往中，指名道姓地称呼对方是不礼貌的，甚至是粗鲁的。

• 名字称谓，即省去姓氏，只呼其名字，如“大伟”“建华”等，这样称呼显得既礼貌又亲切，运用场合比较广泛。

• 姓氏加修饰称谓，即在姓之前加一修饰字，如“老李”、“小刘”、“大陈”等。这种称呼亲切、真挚，一般用于在一起工作、劳动和生活的相互比较熟悉的同志之间。

过去的人除了姓名之外还有字和号，这种情况直至新中国成立前还很普遍。这是相沿已久的一种古二十岁取字，女子十五岁取字，表示已经成人。平辈之间用字称呼既尊敬又文雅，相熟的对方，一般以号相称。

我国还有取乳名的习惯，即小名，这种称谓使用也很普遍，只限于亲属长辈称呼晚辈，或亲属平辈之间使用。到成人后，便逐渐不再使用。

2. 亲属称谓

亲属称谓是对有亲属关系的人称呼。我国古人在亲属称谓上尤为讲究，主要是对亲属的长辈、平辈决不称呼姓名、字号，而按与自己的关系称呼，如祖父、父亲、母亲、胞兄、胞妹等。

• 有姻缘关系的，前面加“姻”字，如姻伯、姻兄、姻妹等。

• 称别人的亲属时，加“令”或“尊”，如尊翁、令堂、令郎、令爱、令侄等。

• 对别人称自己的亲属时，前面加“家”，如家父、家母、家叔、家兄、家妹等。

• 对别人称自己的平辈、晚辈亲属，前面加“敝”“舍”“小”，如敝兄、敝弟，或舍弟、舍侄，小儿、小婿等；对亲属自己谦称，可加“愚”字，如愚伯、愚岳、愚兄、愚甥、愚侄等。

随着社会的进步，特别是新中国成立以后，人与人的关系发生了巨大变化，原有的亲属、家庭观念也发生了很大的改变。在亲属称谓上已没有那么多讲究，只是书面语言上偶用。现在我们在日常生活中，使用亲属称谓时，一般都是称自己与亲属的关系，十分简洁明了，如爸爸、妈妈、哥哥、弟弟、姐姐、妹妹等。

有姻缘关系的，在当面称呼时，也有了改变，如岳父——爸，岳母——妈，姻兄——哥，姻妹——妹筹。

称别人的亲属时和对别人称自己的亲属时也不那么讲究了，如你爹、你妈、我哥、我弟等。

不过在书面语言上，文化修养高的人，还是比较讲究的，不少仍沿袭传统的称谓方法，显得高雅、礼貌。

3. 职务称谓

职务称谓就是用其所担任的职务作称呼。这种称谓方式古已有之，目的是不呼其姓名、字号，以表尊敬、爱戴，如对杜甫，因他当过工部员外郎而被称“杜工部”。诸葛亮因是蜀国丞相而被称“诸葛丞相”等。

现在人们用职务称谓的现象已相当普遍，目的也是为了表示对对方的尊敬和礼貌，主要有以下几种形式。

• 用行政职位称呼，如“李局长”、“张科长”、“刘经理”、“赵院长”等。

• 用党内职务称呼，如“李书记”等。

• 用专业技术职务称呼，如“李教授”、“张工程师”、“刘医师”。对工程师，总工程师还可称“张工”、“刘总”等。

- 职业尊称,即用其从事的职业工作当作称谓,如“李老师”、“赵大夫”、“刘会计”,不少行业,可以用“师傅”相称。

另外,随着形势的发展,新的称谓也在出现,如对归国侨胞、外国旅游者等,按照不同身份和职业,称其职衔身份,如“博士”、“教授”或“阁下”、“先生”、“女士”等。

(三)称谓使用中应注意的一些问题

进行称呼时,要注意以下事项。

(1)使用错误的称呼。这主要是由于粗心大意造成的。有时的姓氏或名字中含有难念的字,或多音词,有时在判断被称呼的年纪、辈分、婚否与他人的关系做出了错误判断。前者应主动请教对方,不耻下问,后者宜提前弄清其身份,方便到时准确称呼。

(2)在多人交谈的场合,要顾及主从关系,称呼人的顺序,一般为先上后下,先长后幼,先疏后亲,先女后男。

(3)使用不通行的称呼。有些称呼具有一定的地域性。例如,北京人爱称人“师傅”;山东人爱称人为“伙计”;但在南方人眼中,“师傅”就是出家人,伙计指的是“打工仔”。中国人把配偶称为“爱人”;外国人则把爱人理解为婚外恋人。有些称呼则不能跨行业,如军人之间互称“战友”,学生之间互称为“同学”,工人之间互称为“师傅”,如果互串,会闹出笑话的。

(4)勿使用庸俗低级的称呼或是使用绰号,尤其是带有侮辱性的绰号。

总之,称谓的选择应根据不同的对象,区别不同场合,以文明礼貌为原则。要防止封建主义和其他腐朽思想的侵蚀,努力造就一个良好的社会主义的称谓新风。

思考问题:

1. 列举世界各国和我国各地区有哪些寒暄问候语?比较它们的不同。
2. 你在生活中有哪些称谓?人际交往中称谓使用错了会造成哪些不良后果?

案例分析

有一位先生为一位外国朋友订做生日蛋糕。他来到一家酒店的餐厅,对服务小姐说:“小姐,您好,我要为我的一为外国朋友订一份生日蛋糕,同时打一份贺卡,你看可以吗?”小姐接过订单一看,忙说:“对不起,请问先生,您的朋友是小姐还是太太?”这位先生也不清楚这位外国朋友结婚没有,从来没有打听过,他为难地抓了抓后脑勺想想说:“小姐? 太太? 一大把岁数了,太太。”生日蛋糕做好后,服务员小姐按地址到酒店客房送生日蛋糕,敲门,一女士开门,服务员小姐有礼貌地说:“请问,您是怀特太太吗?”女子愣了愣,不高兴地说:“错了!”服务员小姐丈二和尚摸不着头脑,抬头看看门牌号,再回去打个电话问那位先生,没错,房间号码没错。再敲一遍,开门,“没错,怀特太太,这是您的蛋糕”。那女子大声说:“告诉你错了,这里只有怀特小姐,没有怀特太太。”啪一声门被大力关上,蛋糕掉地。

问题:这位外国朋友为什么那么生气?

实训设计

让学生熟悉称呼、问候的有关礼节,能够正确运用其礼仪规范。

实训方法:将自设情境,每组一部分学生扮演客人,一部分学生扮演接待方成员,模拟演示以下情景:

1. 在门口迎接客人。
2. 招呼客人。
3. 为客人奉送热茶。
4. 交谈。
5. 送别客人。

在演示过程中要遵循称呼、问候、交谈等会面的有关礼仪规范,演示完毕后,可两组人员角色对调,再演示一遍,充分体会双方角色的不同礼仪要求。

学习任务3　介绍礼仪

案例导引

张小姐和杨小姐都是刚毕业的学生,学的都是英语专业,学习成绩都很突出,两人同时应聘一家独资公司的高级秘书职位。人事经理看了她们的简历后,难以取舍。于是通知两人面试,考官让她们分别做一下自我介绍。

张小姐说:“我今年22岁,刚从某大学毕业,所学专业是英语,浙江人,父母均是高级工程师,爱好音乐和旅游,性格开朗,做事一丝不苟。很希望到贵公司工作。”

杨小姐介绍说:“关于我的基本情况简历上都介绍得比较详细了。在这里我强调两点:我的英语口语不错,曾利用假期在旅行社做过导游,带过欧美团;再者,我的文笔较好,曾在报刊上发表过六篇文章。如果您有兴趣可以过目。”

最后,人事经理录用了杨小姐。

问题讨论:

1. 用人单位为什么录用了杨小姐?
2. 杨小姐的自我介绍好在哪里?

知识精讲

介绍,就是人际交往中与他人进行沟通,增进了解,建立联系的一种最基本、最常规的方式,它是经过自己主动沟通或者通过第三者从中沟通,从而使交往双方相互认识、建立联系的一种社交方法。现代人要生存和发展,在日常生活和工作中,就需要介绍与他人达到沟通了解、帮助、支持的目的。

在社交场合中,如何正确地利用介绍来广交朋友,是十分必要掌握的社交常识。根据介绍者的不同,介绍可以分为自我介绍、他人介绍、集体介绍三大类型。

一、自我介绍

自我介绍，即在必要的社交场合，由自己担任介绍的主角，自己把自己介绍给其他人，以使对方认识自己。自我介绍是最为灵活的介绍方式，恰到好处的自我介绍，可以使人增添不少魅力，较快赢得对方的好感。

在社交活动中，自我介绍又可分为两种：一种是主动型的，在欲结识对方而又无人引见时，可自己充当介绍人与对方相识；另一种是被动型的，人们在某些场合有时会应其他人的要求，将本人某些方面的情况作一介绍。但无论是哪一种介绍，进行自我介绍时，应注意自我介绍的时机、自我介绍的内容等诸方面。

（一）自我介绍的时机

应当何时作自我介绍？它涉及许多因素，诸如时间、地点、当事人、旁观者、现场气氛等。在下述时机，如有可能，有必要进行自我介绍。

1. 本人希望结识他人

在社交场合或公共聚会上，当对不相识者或身边的陌生人感兴趣并有意愿交往时，可主动作自我介绍；在公共聚会上，若打算介入陌生人组成的社交圈中，也可主动作自我介绍与对方相识。

2. 他人希望结识本人

在社交场合中，有不相识者表现出对自己感兴趣时，可主动自我介绍；或是有不相识者请求自己做自我介绍时，也可自我介绍，但属于被动型的。

3. 本人认为有必要令他人了解或认识本人

有求于他人，而对方对自己不甚了解；交往对象因为健忘等原因而记不清自己，或自己担心这种情况的发生；在出差、旅行途中，与他人相遇，有必要与之建立临时接触时；拜访熟人遇到不相识者挡驾，或是对方不在需不相识者代为转告时；初次利用大众传媒，如报纸、广播、电视、传单等向社会公众进行自我推销、自我宣传时；利用社交媒介，如信函、电报、传真、电话等与不相识者进行联络时；前往其他工作单位进行业务联系时；因工作需要，如在展览会等公共场合进行业务推广时，应聘求职、求学时也可做自我介绍。

（二）自我介绍的内容

确定自我介绍的内容，应兼顾实际需要，所处场景，被介绍者等因素，不可千人一面，一概而论。依据自我介绍时表述内容的不同，自我介绍又可分为下述五种形式：

1. 应酬式

它适用于某些公共场合和一般性的社交场所，如旅途中、宴会上、舞会上、通电话时。应酬式的自我介绍，对介绍者而言，对方是泛泛之交，所以介绍的内容要少而精，往往只包括姓名一项即可，如："你好，我叫高峰。"

2. 工作式

工作式的自我介绍，如交际，因工作而交友。主要发生在工作场所或工作中。它是以工作为自我介绍的中心。

工作式自我介绍的内容，应包括本人姓名，供职单位及部门，担任的职务及从事的具体事务三项，在介绍时缺一不可。其中第一项的姓名，必须报全，有姓有名；第二项的供职单位及部门,也可仅报单位名称;第三项若担任职务极低或无职务,则应报出目前所从事的具体工作。例如,“你好,我叫王梅,是××市驻深圳办事处的主任。”

3. 交流式

它主要适用于社交活动中,是一种刻意寻求与对方进一步交流与沟通的自我介绍。它的内容,大体应包括介绍者的姓名、工作、籍贯、爱好、兴趣以及与交往对象某些熟人的关系等。例如,“我叫马静,北京人,现在××公司做会计,我和你的朋友××是高中同学。”

4. 礼仪式

礼仪式的自我介绍,适用于讲座、报告、演出、庆典、仪式等一些正规而隆重的场合,是一种表示对交往对象友好、敬意的自我介绍。它的内容包括:姓名、单位、职务,以及为表示欢迎、感谢交往对象的较为热烈的谦词等。例如,“各位来宾,大家好!我叫关蓝,是××公司公关部的经理。我代表本公司热烈欢迎大家光临我公司十五周年庆典活动,谢谢!谢谢!”

5. 问答式

问答式的自我介绍,适用于应试、应聘和公务交往,有时也用于普通的社交应酬场合。它通常的形式是有问有答,如主考官问:“请介绍一下你的基本情况。”应聘者可回答:“各位好!我叫刘君,今年30岁,河南郑州人,汉族,已婚,中共党员,1994年毕业于××学院,获得××学士学位,在××期间在××公司工作,工作期间任销售部经理,获得了××荣誉称号。本人精通日语,懂电脑,会驾驶汽车。”

(三)注意事项

1. 注意时间

在做自我介绍时一定要力求简洁,尽可能地节省时间,越短越好。如没有特殊情况,不宜超过1分钟。切忌在做自我介绍时信口开河,借题发挥,滔滔不绝。

为节省时间,亦可在作自我介绍时,附上名片、介绍信等。另外,也要求在做自我介绍时,应在适当时间进行,如对方有兴趣时,对方有空闲时,对方情绪好时等,方可与他人交谈,对方在用餐、工作、休息时均不宜做自我介绍。

2. 讲究态度

进行自我介绍时,态度应自然、友善、随和,行为应落落大方,不卑不亢,矫揉造作。如果参加朋友的非正式宴会,朋友忘了把你介绍给其他人,在这种情况下,不要觉得别扭和无趣,可找一个适当的机会提醒朋友,也可大大方方地进行自我介绍。在进行自我介绍时,语气要正常,语速要适中,条理要清楚,一定不要因为某种原因而显得语气过硬、表情过僵、语速过快或过慢,语言含糊不清。

在做自我介绍时,从介绍一开始,就应热情坦率地目视对方,而目光游离不定,甚至根本不去注视对方都是失礼的。

3. 实事求是

在做自我介绍时,一定要实事求是,不要过分谦虚,也不宜自吹自擂,掺加水分,应该有一说一,有二说二。

二、他人介绍

他人介绍，又称第三者介绍，它是经第三者为彼此不相识的双方引见、介绍的一种介绍方式。

1. 他人介绍的介绍者

他人介绍中，介绍者的确定是有一定规则的。通常，具有下列身份者，理应在他人介绍中充当介绍者。

(1)社交活动中的东道主。

(2)社交场合的长者，地位、身份较高者，或主要负责人员。

(3)家庭性聚会中的女主人。

(4)公务交往中的专职人员，如公关人员、礼宾人员、文秘人员、接待人员。

(5)熟悉被介绍者双方者。

(6)应被介绍者一方，或双方要求者。

(7)在交际场合中，被指定的介绍者，决定为他人介绍，要审时度势，熟悉双方情况。如有可能，在为他人作介绍之前，最好先征求双方的意见，以免为本来相识者或关系恶劣者去作介绍。

2. 他人介绍的时机

在下述情况下，通常有必要进行他人介绍。

(1)在家中，接待彼此不相识的客人。

(2)在办公地点，接待彼此不相识的来访者。

(3)与家人外出，路遇家人不相识的同事或朋友。

(4)陪同亲友，前去拜会亲友不相识者。

(5)本人的接待对象遇见了其不相识的人士，而对方又跟自己打了招呼。

(6)陪同上司、长者、来宾时，遇见了其不相识者，而对方又跟自己打了招呼。

(7)打算推介某人加入某一交际圈。

3. 他人介绍的顺序

在为他人作介绍时，先介绍谁，后介绍谁，是一个比较敏感的礼仪问题。根据规则，为他人作介绍时的顺序大致有如下情况。

(1)介绍年长者与年幼者相识时，先介绍年幼者，后介绍年长者；介绍长辈、晚辈相识时，应先介绍晚辈，后介绍长辈；介绍师生相识时，先介绍学生，后介绍老师。

(2)介绍女士与男士认识时，先介绍男士，后介绍女士。

(3)介绍已婚者与未婚者认识时，先介绍未婚者，后介绍已婚者。

(4)介绍同事、朋友与家人认识时，先介绍家人，后介绍同事、朋友；介绍来宾与主人认识时，先介绍主人，后介绍来宾；介绍上、下级认识时，先介绍下级，后介绍上级。

(5)介绍社交场合的先至者与后来者认识时，应先介绍后来者，后介绍先至者。

(6)介绍职位、身份高者与职位、身份低者认识时，应先介绍职位、身份低者，后介绍职位、身份高者。

4. **他人介绍的内容**

在为他人作介绍时，介绍者对介绍的内容应当字斟句酌，慎之又慎。倘若对此掉以轻心，词不达意、敷衍了事，很容易给被介绍者留下不良印象。

根据实际需要的不同，为他人作介绍时的内容会有所不同。通常，有以下六种形式可借鉴。

(1)标准式。适用于正式场合，内容以双方的姓名、单位、职务等为主。例如，"我来给两位介绍一下。这位是博大公司销售主管江涛燕小姐，这位是欣悦集团总经理石蕊小姐。"

(2)简介式。适用一般的社交场合，其内容往往只有姓名一项，甚至只提姓氏即可。例如，"我来介绍一下，这位是老关，这位是小王，你们认识一下吧。"

(3)强调式。适用于各种交际场合，其内容除双方姓名外，还会刻意强调一下其中一位被介绍者与介绍者之间的特殊关系，以便引起另一位被介绍者的重视。例如，"这位是北江公司经理杨平之先生。这位是刘丽，她是我的侄女，请杨经理多多关照。"

(4)引见式。适用于普通的社交场合。介绍者把被介绍双方引导在一起，而不需要表达任何具有实质性的内容。例如"两位认识一下如何？你们自己自报家门吧。"

(5)推荐式。适用于比较正规的场合，多是介绍者有备而来，有意要将某人举荐给某人，因此在内容方面，通常会对前者的优点加以重点介绍。

(6)礼仪式。适合于正式场合，是一种最为正规的他人介绍。其内容略同于标准式，但语气，表达、称呼上都更为礼貌、谦恭。例如，"佟小姐，你好！请允许我把某公司的销售部经理张彭先生介绍给你。张经理，这位就是广州某实业公司的业务部经理佟林小姐。"

5. **他人介绍的应对**

在做他人介绍时，介绍者与被介绍者都要注意自己的表达、态度和反应，即所谓他人介绍的应对问题。

介绍者为被介绍者作介绍之前，不仅要尽量征求一下被介绍者双方的意见，而且在开始介绍时还应再打一下招呼，切勿上去开口即讲，显得突如其来，让被介绍者措手不及。被介绍者在介绍者询问自己是否有意认识某人时，一般不应加以拒绝或扭扭捏捏，而应欣然表示接受。

实在不愿意时，则应说明缘由。当介绍者走上前来，开始为被介绍者进行介绍时，被介绍者双方均应起身站立，面含微笑，大大方方地目视介绍者或对方，神态庄重、专注。而介绍人在介绍双方时，不要用手指着对方，而是五指并拢，手掌向上。当介绍者介绍完毕后，被介绍者双方应按照合乎礼仪的顺序进行握手，彼此问候对方。不要在此时有意拿腔拿调，硬端架子，显得瞧不起对方，或是心不在焉，疲于应付。也不要奴颜婢膝，低三下四，成心讨好对方，显得有失人格。

知识巩固

1. 自我介绍时为什么不能过分谦虚？面试时自我介绍应该重点介绍哪些内容？
2. 为他人作介绍时应注意些什么？

案例讨论

王峰在大学读书时学习非常刻苦，成绩也非常优秀，几乎年年拿奖学金，为此同学们给他起了一个绰号“超人”。大学毕业他顺利地进入一家跨国公司工作，一晃八年过去了，他现在已是经理。去年国庆节，王峰带着妻子回国探亲。一天，在大剧院观看音乐剧，刚刚入座便三个人向他们走来，其中一个人边走边伸出手大声地叫：“喂！这不是超人吗？你怎么回来了？”这时，王峰才认出说话的正是他的老同学贾某。贾某毕业后跑到南方做生意，赚了些钱，如今在上海注册公司当起了老板。今天正好陪着两位从香港来的生意伙伴一起来观看音乐剧。这对生意伙伴是他交往多年的较年长的香港夫妇。此时，王峰和贾某彼此都既高兴又激动。贾某大声寒暄了好一阵子，才想起王峰身边还站着一位女士，就问王峰身边的女士是谁。王峰这才想起向贾某介绍自己的妻子，待王峰介绍完毕，贾某高兴地走上去，给王峰妻子一个拥抱礼。这时贾某也想起该向老同学介绍他的生意伙伴了。

思考问题：

1. 上述场合见面过程中有什么不符合礼仪的地方？
2. 请说明正确的做法是什么？

实训设计

进行介绍模拟训练。训练目的：使学生熟悉介绍的有关礼节，能够正确运用其礼仪规范。训练方法：将学生按每组4～6人分组。每组设计交际场景，演示在不同场景下如何做白我介绍以及为他人作介绍。

学习项目4　交际礼仪

学习要求

1. 掌握行车和乘坐公共交通工具的礼仪规范。
2. 熟悉握手的次序、握手的禁忌等内容。
3. 了解参加舞会礼仪,展示自身魅力,正确把握自己。
4. 掌握拜访和互赠礼品礼仪规则,领会赠送和接受礼品的技巧。

学习任务1　出行礼仪

一、行路礼仪

行走是我们日常生活中必不可少的行为,在行走时只有懂得和遵守相应的礼仪规则,才能体现出个人的礼貌与修养。下面主要介绍在道路行进、上下楼梯和搭乘电梯时应遵守的礼仪规范。

(一)道路行进

在道路上行走时应注意以下几个方面:

(1)步行要走人行道,不要与自行车或机动车抢道。不跨越马路护栏。横穿马路时,要走人行斑马线,一定要等绿灯亮了,再看两边没车时才能通过。

(2)右侧通行,不可逆行。逆行会扰乱交通秩序,是造成交通事故的隐患。

(3)四人或多人行走时,不应并排同行,最好前后两两并行,且行走时不能互相打闹,以免影响他人通行。

(4)路遇熟人和朋友要主动打招呼,但不必高声大喊,以免惊扰他人,若要与朋友停下交谈,应站在不阻碍行人的地方。

(5)不要边走路边吃东西。这既不卫生,又不雅观,如确实是肚子饿或口渴了,可以停下来,在路边找个适当的地方,吃完后再赶路。走路时要注意爱护环境卫生,不要随地吐痰、随手抛弃垃圾。

(6)应体现"女士优先"的原则。男士进出大门和走廊应礼让女士。上下车时,男士要主动为女士打开车门。

(二)上下楼梯

上下楼梯时,应当注意以下礼仪规范:靠右行走,左侧留给有急事的人快速通过;单排行走,不要多人并排行走,以免妨碍后面的人通行;为人带路上下楼梯时,带路者应走在前面,被引导者走在后面;上下楼梯时不应停在楼梯口进行交谈,以免给别人行走带来不便;要注意与身前、身后的人保持一定距离,以防碰撞。不管自己有多么紧急的事情,都不应推挤他人;与尊者、异性一起下楼时,若楼道过陡,应主动行走于前,以防身后之人有所闪失。

（三）搭乘电梯

搭乘电梯时，需要注意以下几个方面：

（1）要注意安全。当电梯关门时，不要扒门或是强行挤入。在电梯人数超载时，不要心存侥幸，非挤进去不可。当电梯在升降途中因故暂停时，要耐心等候，不要冒险行动。

（2）要出入有序。与不相识者同乘电梯，进入时要讲究先来后到，出来时则应由外而里依次而出，不可争先恐后。

（3）进出电梯应快进快出。电梯门开启时间一般只有十几秒，快进快出是安全原则，以免被电梯门夹到或产生严重后果。据统计，有相当一部分的电梯事故是因电梯门故障造成的。

（4）遇有残疾人同时搭乘电梯，应给予帮助，让他们先进。上电梯后，为你后面的人按住开门按钮，防止电梯门关闭。如果有人帮你按住电梯按钮，要说声："谢谢"。

（5）在电梯里尽量不要攀谈，因为这也是公共场所，可能因此会打扰别人。如果碰到熟人，打个招呼就可以了。若有人和你聊天，应使用适中的音量。

（6）在商场、机场或娱乐场所乘自动扶梯时，要自觉站在右侧，给有急事的人留出一条通道。

二、乘坐交通工具的礼仪

乘坐交通工具时不得随意携带易爆品、易燃品、易腐蚀物品、枪支弹药、腐烂性物品、家畜动物以及其他一些违禁品。乘坐交通工具时应积极配合有关人员对人体和行李进行安全检查。

(一)乘坐公交车的礼仪

1. 遵守乘车次序

候车时要按顺序在站台上排队;车辆进站,要待车停稳后依次上车,先下后上;如有老人、残疾人、孕妇、儿童,要让他们先上,并视实际需要,适当进行搀扶;如果车辆处于满员或拥挤状态而不能上车,应耐心等待下一辆车,绝不能吊挂在车门上,那样既耽误行车时间,又会危及自身安全。

2. 主动购票

上车后,应自觉买票和出示公交卡。上车买票应事先准备好零钱,上车时自觉投币,不能少投或不投。别人为我们传递钱、票时,要道声"谢谢"。

3. 互谅互让

上车后,不要与人争抢座位。途中如有老人、病人、残疾人、孕妇、怀抱婴儿的人上车,要主动招呼让座。若别人为自己让座,应立即道谢。没有坐到座位,应尽可能往车厢里面站,并拉好扶手站稳。若车内不拥挤,应与其他乘客保持适当的空间距离,不要靠得太近。如车内确实拥挤,乘客间稍有碰撞、踩踏,要相互体谅。不慎碰撞、踩踏了别人,应马上道歉;别人向自己道歉时,应大度地表示"没关系",予以谅解。

4. 保持车内卫生,注意乘车安全

乘客在车上不能随地吐痰和乱扔杂物,不要将头、手等探出窗外。携带尖、硬、易破碎的物品上车,除应妥善包裹,还应适当安放,以免伤害他人身体。下雨天上车后，雨伞的尖顶部分应朝下，以免戳伤别人。

5. **有序下车**

下车要提前准备，在车辆到站之前应向车门靠近。如需他人让路，应有礼貌地打招呼，如，“对不起，请让一让”、“谢谢您，请换个位置，我下车”等，不要一声不响地向外挤。车到站后，应依次下车并照顾礼让老、幼、病、残、孕。

（二）乘坐出租车的礼仪

1. **礼貌乘车**

乘坐出租车时，应礼貌招手，等出租车停稳后再从右门上车，上车后应把门关好，并主动告知目的地。在车上一般应避免跟司机师傅交谈，亦不可在车内吸烟。下车时，应主动付给车费，并向司机师傅道谢。

2. **同乘礼仪**

当与长辈、尊者、女士同行时，要主动为其开车门，等对方入座后自己再从车后绕到另一侧上车或于前排就座。出租车到达目的地后，要主动付费，和女士同行的男士更应如此。

（三）乘火车的礼仪

1. 礼貌候车

在候车厅等候时,要爱护候车室的公共设施,不要大声喧哗,携带的物品要放在座位下方或前部,不抢占座位或多占座位,不要躺在座位上使别人无法休息。保持候车室内的卫生,不要随地吐痰,不要乱扔果皮纸屑。

2. 对号入座

旅客进入车厢后,如果买的是座票,对号入座即可。如果有人提前坐在你的位置上了,也不要盛气凌人地把人赶开,可以礼貌地告诉他:"对不起,我买的是××号,请让一下。"如果你买的是无座票,上车寻位时更应注意礼貌,比如:"请问,这个座位没人吧?"或者"我可以坐这儿吗?"

3. 举止得当

(1)放行李。旅客上车后,应迅速把携带的物品放到行李架上,不应放在过道上或小桌上。当移动别人行李时应征得同意。自己的行李要摆放整齐,尽量不压在别人的行李上,如果不得不压也应征得别人的同意。往行李架上放行李时,不要穿鞋直接踩踏座位。

(2)交谈。与邻座交谈时,不要打听对方隐私,不要冒失地索要对方地址、电话,也不要旁若无人地嬉笑打闹。与他人交谈时,要注意分寸,不要自以为是、夸夸其谈。当他人兴致不高或准备休息时,应马上结束谈话。

(3)用餐。去餐车用餐时,如果人数过多,应耐心排队等候。在用餐时,应节省时间,不要大吃大喝,猜拳行令。用餐完毕应立刻离开,不要赖着不走,借以休息、聊天,以免影响他人用餐。

(4)休息。在座位上休息时,不要东倒西歪,不要卧倒在座位上;不要靠在他人身上,或把鞋脱掉、脚放到对面的座位上。在卧铺车厢里,旅客需要脱掉鞋子休息,应提前为乘坐火车时脱鞋做好准备,如换上干净的袜子和鞋子。

4. 讲究卫生

乘客应避免在车厢内吸烟。在公用茶几上,不要过多堆放自己的食物。吃剩的东西应放在垃圾袋里,不要扔到过道上或投出窗外。

5. 有序下车

下车时,乘客要有序下车,不要争先恐后。遇到别人拿不动行李时,应援之以手。他人帮助了自己,要多加感谢。

(四)乘坐轮船的礼仪

1. **安全有序登船**

上下船时,应按先后次序排队,不要拥挤、插队。与长者、女士、孩子一起时,应请他们走在前面,或者以手相扶,必要时应给予照顾和帮助。在上下船时应注意安全,走跳板或小船时,不要乱蹦乱跳,要小心谨慎。

乘船时应对号入座;若自己买的是不对号的散席船票,就要听从船员的指挥、安排,不要任意挪动或选择地方。

2. **安全进行室外活动**

在轮船上进行室外活动时,要处处以安全为重,切勿心存侥幸心理,去不安全的地方,如轮机舱、救生艇及桅杆之上。如果海上风浪比较大,船会晃动得比较厉害,为了安全起见,尽量不要一个人在甲板上逗留。不要擅自下水游泳。

3. **讲究卫生**

应自觉遵守公共卫生,不要随地吐痰,不要乱扔废弃物。与他人同住一个客舱时,不要吸烟。若自己周围的人晕船、生病,应给予力所能及的帮助,而不应对其另眼看待或有意躲开。

4. **紧急事件**

乘船旅途中,如果发生了难以预料的天灾人祸,要听从指挥,尽心尽力地先救助他人,不要惊慌失措、慌不择路或是夺路而逃。

(五)乘坐飞机的礼仪

1. **提前候机**

一般来说,乘坐国内航班应提前90分钟到达机场,乘坐国际航班应提前120分钟到达,以便办理登机手续。在办理手续时,要耐心等待,听从工作人员的指导。

2. **礼貌登机**

登机前要自觉排队检票。进入机舱时,当空中小姐站在机舱的门口迎送,并热情问候乘客时,乘客应向她们点头致意或问好。登机后应对号入座。

3. **遵守规则**

乘客应严格遵守飞机上的一切规章制度,听从乘务员的建议。登机坐下来后就应把安全带系好,等待起飞。如厕,要尽量在飞机起飞、降落之前完毕。每个座椅后背部有一个供后面乘客使用的小桌,除用餐时外,不宜长时间放下。需要放低座椅靠背休息时,应礼貌询问后面的乘客是否方便。在机舱内说话声音不可过高,尤其是其他乘客闭目养神或阅读书报时,不要喧哗。

此外,对乘务员要礼貌,空姐送来食物、礼品时,应按自己的需要取用,不要因为是不付费的东西,就多食多饮,这样显得很没礼貌。

4. 讲究卫生

不要在机上吸烟或者乱吐东西。呕吐时,务必要使用专用的清洁袋。使用盥洗室,要维护卫生,不要把里面弄得一塌糊涂,不顾及其他人的需要。

三、驾车礼仪

在现代生活中,汽车越来越成为我们生活中密不可分的一部分。在驾车时,每个驾驶者都应该重视和遵守驾驶礼仪,做到文明驾车。驾驶者在驾车时需要注意以下几个方面:

(一)正确使用喇叭

汽车喇叭是司机驾驶时使用较频繁的设备,不同的按喇叭方式代表不同的意思:

(1)一声短“嘀”表示打招呼,有“谢谢!”、“你好!”、“我先走了!”的意思,用于别人在路口礼让你、在停车场里看到熟人、门口的保安给你敬礼等场合。

(2)两声短“嘀嘀”,表示提醒他人“注意,有车来了”。

(3)一短一长“嘀、嘀——”表示紧急提醒别人,“看着点! 靠边! 危险!”

(4)一声长“嘀——”表示催促别人让路或大呼“挡着路了,危险!”

司机在驾车时应该正确地使用汽车喇叭,不要不分场合、习惯和频繁地使用汽车喇叭而使人们反感;也不要在应该使用汽车喇叭时却不用,结果引发交通事故。

(二)合理使用灯光

汽车上有夜行照明灯、夜行示宽灯、转向灯、刹车灯、紧急信号灯、雾灯等,各种灯光具有不同的用途,使用很讲究,它的使用直接关系到行车的安全。

夜行照明灯(大灯):大灯有远光灯、近光灯两种形式。在市区有路灯的道路上应用近光灯,在无路灯道路或高速公路行驶时开远光灯。会车时,应关闭远光灯换成近光灯。

夜行示宽灯(小灯):此灯是用来在夜幕降临时、视线不明时显示车身宽度和长度的,以保证晚上行驶的安全。

转向灯:此灯是最常用的信号灯,当车辆需要转向时开启。要注意的是,开启转向灯的时间应在距转弯路口30~100米之间时,而不是已经到路口了才打开,让尾随车辆措手不及造成追尾。

刹车灯:此灯亮度较强,用来告知后车,前车要减速或停车。此灯如使用不当极易造成追尾事故。

紧急信号灯(双闪):该灯在车辆发生故障需要临时停车等紧急情况下使用,在能见度较低的恶劣天气也应打开双闪。紧急信号灯与行车安全息息相关,要时常检查一下是否正常。

雾灯:该灯可以帮助驾驶员在雾天或者雨天能见度受天气影响较大的情况下,让其他车辆看见本车,以防止车辆碰撞事故的发生。所以,雾天驾车时司机一定要开雾灯,不能用小灯取而代之。而非雾天气如果打开后雾灯,对后车司机来说会非常刺眼。

(三)遵守红绿指示灯

马路上的红绿指示灯是绝对要遵守的。如果遇到红灯,即使没有一个行人在过马路,也不能闯过去。驾驶员应该在斑马线外减速,最后将车停在距离斑马线1米之外,而不能停在斑马线上。

(四)正确停靠

驾驶员只能在允许停车的地方停车,停车的时候应当注意其他车辆,按规矩停车,不要占用两个停车位,也不要把车停在挡住其他车辆出入的地方。如果和别的汽车一起都在找停车的地方,要采取礼让的态度,不可争抢停车位置。

学习任务2 握手礼仪

在交际应酬中,相识者之间与不相识者之间往往都需要在适当的时刻向交往对象行礼,以

示自己对于对方的尊重、友好、关心与敬意。此种礼仪即会面礼节，也就是人们会面时约定俗成互行的礼仪。有时它又称相见礼节。

在不同的历史时期、不同的文化背景之下，人们所采用的会面礼节往往千差万别，互不相同。为人们所熟知的有点头礼、举手礼、致意礼、脱帽礼、握手礼、拥抱礼、亲吻礼、鞠躬礼、合十礼、吻手礼、吻足礼、碰鼻礼、拱手礼、跪拜礼、屈膝礼等。当今在我国乃至世界上最为通行的会面礼节就是人们在日常生活中经常采用的握手礼。

在一般情况下，握手礼简称握手。学习握手礼应掌握的重要问题有握手的时机、握手的次序、握手的方式、握手的禁忌等。另外，对国内外目前常见的其他会面礼节也应略知一二。

一、握手的时机

见面之初，何时行握手礼，这是一个十分复杂而微妙的问题，它通常取决于交往双方的关系、现场的气氛，以及当事人个人的心情等多种因素。所以，握手之前要审时度势，听其言观其行，留意握手信号，选择适当时机。

1. 必须握手的场合

(1)遇到较长时间未曾谋面的熟人应与其握手，以示久别重逢而万分欣喜。

(2)在比较正式的场合同相识之人道别，应与之握手，以示自己的惜别之意和希望对方珍重之心。

(3)在家中、办公室里及其他一切以自己为东道主的社交场合，迎接或送别来访者之时，应与对方握手，以示欢迎或欢送。

(4)拜访他人之后，在辞行之时，应与对方握手，以示“再会”。

(5)被介绍给不相识者时，应与之握手，以示自己乐于结识对方，并为此深感荣幸。

(6)在社交场合，偶然遇上同事、同学、朋友、邻居、长辈或上司时，应与之握手，以示高兴与问候。

(7)他人给予了自己一定的支持、鼓励或帮助时，应与之握手，以示衷心感谢。

(8)向他人表示恭喜、祝贺之时，如祝贺生日、结婚、生子、晋升、升学、乔迁、事业成功或获得荣誉、嘉奖时，应与之握手，以示贺喜的诚意。

(9)他人向自己表示恭喜、祝贺之时，应与之握手，以示谢意。

(10)向他人表示理解、支持、肯定时，应与之握手，以示真心实意。

(11)应邀参加社交活动，如宴会、舞会之后，应与主人握手，以示谢意。

(12)在重要的社交活动，如宴会、舞会、沙龙、生日晚会开始之前与结束时，主人应与来宾握手，以示欢迎与道别。

(13)得悉他人遭遇挫折或不幸时，应与之握手，以示慰问。

(14)别人向自己赠送礼品或颁发奖品时，应与之握手，以示感谢。

(15)向他人赠送礼品或颁发奖品时，应与之握手，以示郑重其事。

2. 不必握手的场合

在下述一些情况下，不宜同交往对象握手，则应免行握手礼。

(1)对方手部负伤。

(2)对方手部负重。

(3)对方忙于其他事,如打电话、用餐、喝饮料、主持会议、与他人交谈等。

(4)对方与自己距离较远。

(5)对方所处环境不适合握手。

二、握手的次序

在比较正式的社交场合,行握手礼的关键环节就是握手时双方应由谁先伸手发起握手这一动作。倘若对此一无所知,在与他人进行握手时,轻率地抢先伸出手,而得不到对方的回应,是非常尴尬的。因此在握手时要遵守"尊者决定"的原则,即在握手时首先确定双方身份的尊卑,由位尊者先伸手,位卑者及时地作出回应。遵守这一原则,既是为了恰当地体现对位尊者的尊重,也是为了维护在握手之后的寒暄中位卑者的自尊。这一原则在社交场合中的具体体现如下。

(1)年长者与年幼者握手,应由年长者先伸手。

(2)长辈与晚辈握手,应由长辈先伸手。

(3)女士与男士握手,应由女士先伸手。

(4)已婚者与未婚者握手,应由已婚者先伸手。

(5)主人与客人握手,应由主人先伸手。

(6)上级与下级握手,应由上级先伸手。

值得注意的是,当握手双方符合其中两个或两个以上顺序时,一般以先职位再年龄、先年龄再性别的顺序握手。例如,一位年长的职位低的女士和一位年轻的职位高的男士握手时,应由这位男士先伸手。

还应强调的是,上述握手次序主要用来律己,不可用来苛求别人。在社交场合,无论是谁先伸出手,即使他违反了握手礼的先后顺序,我们都应将其看作敬重、友好的表示,应马上伸出手与其相握。拒绝与他人握手,从而使对方难堪实际上是一种变相的失礼,是不符合礼仪规范的。

三、握手的方式

1. 标准姿势

行握手礼时，双方相距1米左右，双腿立正，上身略向前倾，伸出右手，四指并拢，拇指张开，掌心向内，右手掌与地面垂直，手的高度大致与双方腰部平齐。握手时，适当用力，上下摇摆几次。伸直手相握时，双方手臂应大致形成一个直角，呈虎口交叉。这是标准的握手姿势，也叫平等式握手。

2. 注意事项

(1)神态。握手时，神态应专注、热情、友好、自然。在通常情况下，与人握手时应面含微笑，目视对方的双眼，并且问候对方。

握手之时，切勿显得自己三心二意、敷衍了事、漫不经心、傲慢冷淡。如果在此时迟迟不握他人早已伸出的手，或是一边握手，一边东张西望、目中无人，甚至于与其他人打招呼，都是极不应该的。

(2)姿势。向他人行握手礼时，只要有可能，就应起身站立。除非长辈或女士，否则坐着与人握手是不合适的。

握手之时，双方的最佳距离为1米左右，因此握手时双方均应主动向对方靠拢。若双方距离过大，显得好像是一方有意讨好或冷落一方。若双方握手时距离过小，手臂难以伸直，也不大好看。

最好的做法是，双方将手各向侧下方伸出，伸直相握后形成一个直角。

(3)手位。在握手时，手的位置至关重要。常见的手位有两种：单手相握和双手握。单手相握时，以右手单手与人相握，是最常用的握手方式。不过进而言之，单手与人相握时，手掌垂直于地面最为适当。又称为“平等式握手”，表示自己不卑不亢。与人握手时掌心向上，表示自己谦恭、谨慎，这个方式叫作“友善式握手”。与人相握时掌心向下，则表示自己感觉甚佳、自高自大，这一方式叫作“控制式握手”。双手相握时，即用右手握住对方右手后，再以左手握住对方右手的手背。这种方式适用于亲朋好友之间，可用以表达双方的深厚情谊。一般而言，此种方式的握手不适用于初识者或者异性，因为它有可能被理解为讨好或失态。这一方式有时亦称“手套式握手”。用双手与他人握手时，左手除握住对方右手手背外，还可以握住对方右手手腕、右手手臂、按住或拥住对方右肩，这些做法若非面对至交，则最好不要滥用。

(4)力度。握手之时,为了向交往对象表示热情友好,应当稍许用力,大致握力以在两千克左右为宜。与亲朋好友握手时,所用的力量可以稍微增大;而在与异性及初次相识者握手时,则千万不可用力过猛。总之,与人握手时,不可以毫不用力,否则就会使对方感到自己缺乏热忱与朝气。但也不要矫枉过正,若在握手时用力太大,则难免有示威或挑衅之嫌。

(5)时间。在平常情况下,与他人握手的时间不宜过短或过长。大体来讲,握手的时间应控制在3秒之内,握上一两下即可。握手时两手稍微接触即分开,时间过短,好似在走过场,又像是对对方怀有戒意;而与他人握手时间过久,尤其是拉住异性或初次见面者的手长久不放,则显得虚情假意,甚至会被怀疑为"占便宜"。

四、握手的禁忌

在人际交往中,握手虽然司空见惯,看似寻常,但是由于它可被用来传递多种信息,因此在行握手礼时应努力做到合乎规范,并避免失礼。

(1)不要用左手与他人握手,尤其是在与阿拉伯人、印度人打交道时要牢记此点,因为在他们看来左手是不洁的。

(2)不要在握手时争先恐后,而应当遵守秩序,依次握手。特别要牢记,要避免两人握手时与另外两人相握的手形呈交叉状。

(3)不要在握手时戴着手套。只有女士在社交场合带着薄纱手套与人握手才是被允许的。

(4)不要在握手时戴着墨镜。只有患有眼疾或眼部有缺陷者方可例外。

(5)不要在握手时,另外一只手依旧拿着东西而不肯放下,如拿着香烟、报刊、公文包、行李等。

(6)不要在握手时面无表情,不问候对方,好像根本无视对方的存在,而纯粹是为了应付。

(7)不要在握手时将另外一只手插在口袋里。

(8)不要在握手时长篇大论、点头哈腰、滥用热情,显得过分客套。过分客套会让对方感觉不自在、不舒服。

(9)不要在握手时紧紧握住对方的手指尖,好像有意与对方保持距离。正确的做法是,要握住整个手掌。即使对方是异性也要这么做。

(10)不要在握手时只递给对方一截冰冷冷的手指尖,像是迫于无奈似的。这种握手方式叫作"死鱼式握手",被公认为是失礼的做法。

(11)不要在握手时把对方的手拉过来、推过去,或者上下左右抖动不停。须谨记,切勿在握手后拉着对方的手长时间不放。

(12)不要以肮脏不洁的手与人相握。

(13)不要在与人握手之后立即擦拭自己的手掌,好像与对方握手就会使自己受到"污染"似的。

(14)不要拒绝与他人握手。在任何情况下都不允许这么做。

知识链接

握手时的寒暄是非常必要的,在与对方握手的时候,可以对对方表示一下关心和问候,或赞扬对方几句。握手时双方的距离很近，对方的衣着服饰尽收眼底，如果自己用心观察，肯定会有某一方面值得自己赞扬。因此，握手时不能对这些熟视无睹，要加以赞美。双方会因此而显得亲近，自己则显得大方、热情、细心，因而会给人留下一个好的印象。

五、常见的其他会面礼节

在国内外交往中，除握手之外，以下会面礼节也颇为常见。

1. 点头礼

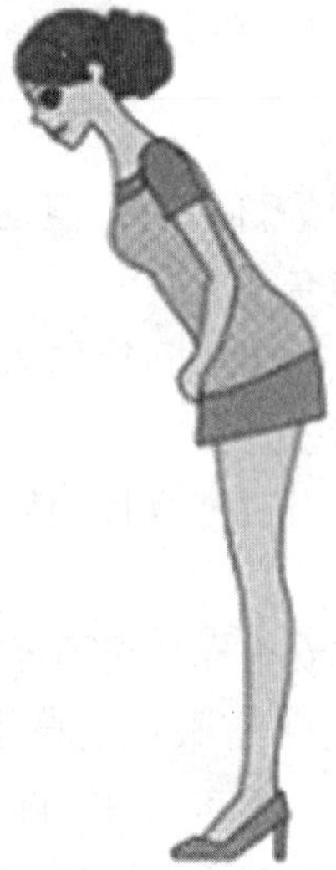

点头礼又叫颔首礼，它所适用的情况主要有路遇熟人，在会场、剧院、歌厅、舞厅等不宜与人交谈之处，在同一场合碰上已多次见面者，碰上多人而又无法一一问候之时。

行点头礼时，一般不应戴帽子。具体做法是，头部向下轻轻一点，同时面带笑容，不宜反复点头，点头的幅度也不必过大。

2. 举手礼

行举手礼的场合与行点头礼时的场合大致一致，它最适合向距离较远的熟人打招呼。

行举手礼的正确做法是，右臂向前方伸直，右手掌心向着对方，其他四指并齐、拇指叉开，轻轻向左右摆动一两下。不要将手上下摆动，也不要在手部摆动时使手背朝向对方。

3. **脱帽礼**

若戴着帽子，在进入他人居所，路遇熟人，与人交谈、握手或行其他会面礼，进入娱乐场所，升挂国旗、演奏国歌等情况下，应自觉主动地摘下自己的帽子，并置于适当之处，这就是所谓的脱帽礼。女士在社交场合可以不脱帽子。

4. **注目礼**

行注目礼的具体做法是，起身立正，抬头挺胸，双手自然下垂或贴放于身体两侧，笑容庄重严肃，双目正视于行礼对象，或随之缓缓移动。

在升国旗、游行检阅、剪彩揭幕、开业挂牌等情况下，适合行注目礼。

行注目礼对，不可歪戴帽子斜穿衣、东斜西靠、嬉皮笑脸、大声喧哗、打打闹闹。

5. **拱手礼**

拱手礼是我国民间传统的会面礼，而今它所适用的情况，主要包括过年时举行团拜活动，向长辈祝寿，向友人恭贺结婚、生子、晋升、乔迁，向亲朋好友表示无比感谢，以及与海外华人初

次见面表示久仰大名。

拱手礼的行礼方式是，起身站立，上身挺直，两臂前伸，双手在胸前高举抱拳，以右抱左，自上而下，或者自内向外，有节奏地晃动两三下。

6. **鞠躬礼**

鞠躬礼目前在国内主要适用于向他人表示感谢、领奖或演讲之后，演员谢幕、举行婚礼或参加追悼活动时等。

行鞠躬礼时，应脱帽立正，双目凝视受礼者，然后上身弯腰前倾。男士双手应贴放于两侧裤线处，女士的双手则应下垂搭放在腹前。弯腰的幅度越大，所表示的敬重程度就越大。鞠躬的次数可视具体情况而定。

7. **合十礼**

泰国人会见客人行“合十礼”

合十礼亦称合掌礼，即双手十指相合为礼。具体做法是，双手十指在胸前相对合，五指手指并拢向上，掌尖与鼻尖基本持平，手掌向外侧倾斜，双腿立直站立，上身向前微倾并低头。一般而言，行此礼时，合十的双手举得越高，越体现出对对方的尊重，但原则上不可高于额头。

行合十礼时，可以口颂祝词或问候对方，亦可面含微笑，但不准手舞足蹈、反复点头。

在东南亚、南亚信奉佛教的国家及我国的傣族聚居区，合十礼最为通用。

8. **拥抱礼**

在西方，特别是在欧美国家，拥抱礼是十分常见的见面礼与道别礼。在人们表示慰问、祝贺、欣喜时，也常用拥抱礼。

正规的拥抱礼讲究两人正面面对站立，各自举起右臂，将右手搭在对方左肩后面；左臂下垂，左手扶住对方右腰后侧。首先各向对方左侧拥抱，然后各向对方右侧拥抱，最后再一次各向对方左侧拥抱，一共拥抱三次。在普通场合行此礼不必如此讲究，次数要求也不必如此严格。在我国，除某些少数民族外，拥抱礼不常采用。

9. **亲吻礼**

亲吻礼是一种西方国家常用的会面礼。有时，它会与拥抱礼同时采用，即双方会面时既拥抱又亲吻。行亲吻礼时，通常以自己的唇部接触对方的面部。但它忌讳发出亲吻的声音，而且不应将唾液弄到对方脸上。在行礼时，双方关系不同，亲吻的部位也会有所不同。长辈吻晚辈应当吻额头；晚辈吻长辈应当吻下颌或面颊；同辈之间，同性应当贴面颊，异性应当吻面颊。

10. 吻手礼

吻手礼主要流行于欧洲国家，它的具体做法是，男士行至已婚妇女面前，首先垂直手立正致意，然后以右手或双手捧起女士的右手，俯首以自己微闭的嘴唇象征性地轻吻其手背或是手指。行吻手礼的地点宜在室内。

吻手礼的受礼者应是已婚妇女，且手腕及其以上部位是行礼时的禁区。

学习任务3 拜访礼仪

拜访是指前往他人的工作地点或私人居所会晤对方、探望对方或与之接触。合乎礼仪的拜访有助于人们交流信息、联络感情和增进友谊。

一、拜访的准备

（一）事先预约

拜访他人之前，拜访者应通过电话、书信或当面告知的方式提前预约，以免拜访扑空或扰乱受访者的日常安排。一般而言，预约内容应包括拜访时间、地点和人员。

1. 拜访时间

拜访时间应根据受访者的工作时间和生活习惯来确定。一般而言，公务拜访时应选择对方的上班时间，私人拜访时应选择对方的闲暇时间，但均应避免选择早晨7点以前、晚上10点以后，以及对方的用餐或午休时间。

2. 拜访地点

拜访地点可以是受访者的办公场所或私人居所，也可以是公共娱乐场所，如咖啡厅、茶楼等，通常应选择离对方较近或方便对方的地点。

3. 拜访人员

预约时，拜访者应主动告知受访者届时到场的人员身份及人数。一旦确定了拜访人员，就不宜再临时增加、减少或更换人员，以免打乱对方的安排。

（二）准备谈话内容和礼品

拜访前，拜访者应确定好谈话内容，想好届时如何与对方交谈，并准备好与谈话内容相关的资料或物品，如样品、宣传单等。同时，应事先准备一份具有纪念意义或有实用价值的礼品并包装好，以便拜访时赠送给对方。

（三）整理仪表

拜访前，拜访者应准备与拜访性质、受访者身份或拜访场所相匹配的服装。一般而言，公务拜访时，应选择较正式的服装，如正装；私人拜访时，则选择整洁得体的服装（如休闲装）即可，不要过于正式。同时，拜访者应对自己的仪容稍加修饰，以示尊重。

二、拜访的过程

（一）准时赴约

拜访者应根据预约的时间准时赴约，不可过早或过晚。若因特殊情况而不能按时到达时或不能赴约,则应及时通知受访者,诚恳地说明原因、表示歉意,必要时应与对方约定下次拜访的时间。在下次与对方见面时,应再次对上次的失约表示歉意。

(二)礼貌登门

拜访者到达拜访地点后,若有人迎候,则应向迎候者作简单的自我介绍,请其代为转告或应邀入室。若无人迎候,则应礼貌地敲门或按门铃,即使受访者的门开着,也须如此。敲门时,应用食指间隔有序、力度适中地轻叩三下;按门铃时,让铃响三下即可。敲门或按门铃后,应耐心地等待回应,若无回应,可重复叩门一次或按门铃一次,切忌表现出急躁情绪和行为,如用拳头砸门、用脚踢门等。

(三)问候致意

入室前,拜访者应热情地向其问好、与之握手,若是初次见面,还应简单地自我介绍。入室时,应先将鞋底的脏物处理干净或换上指定的拖鞋。入室后,应与受访者家属或其他在场客人一一打招呼、问好,并及时地将帽子、墨镜、手套或外套除去,将其与携带的礼品或随身带来的雨具等物品搁放到受访者指定的位置,切勿任意乱放。

(四)应邀入座

入室后,拜访者应随行于受访者,应其邀请,与之同时入座,切忌自行找座、抢先入座或抢座尊位。

(五)举止稳重

入座后,应坐姿端正、自然,不要过于拘谨或过于放松,同时应注意以下事项:

1. 以礼还礼

受访者奉茶时,应起身或欠身,用双手相接并点头致谢;接过茶水后,应以右手持杯耳、左手托茶盘,细细赏茶色、品茶味,并适当称赞,切忌一声不吭;饮茶时,应慢啜细饮,切忌狂喝暴饮、“咕咚”作响或一饮而尽;若不小心将茶叶吞入口中,则应爵而食之,切勿将其吐出或用手从口中取出;受访者续茶时,应起身站立,用双手端起或扶住茶杯并致谢,切勿不闻不动。

受访者送上水果或点心时，应待其他人或年长者取用后再取，并在品尝之后给予赞赏。受访者递上香烟时，应起身用双手相接并致谢，吸烟须经过在场所有人同意后或到指定位置进行，否则应克制烟瘾。

2. 讲究卫生

拜访者应保持室内干净卫生，不可乱扔瓜果、纸屑或乱弹烟灰，更不可随地吐痰。

3. 非请勿动

一般而言，拜访者的活动范围应限于客厅或接待室之内，未经允许不得乱动受访者的物品（如工艺品、书籍、报刊、信件等）或四处乱闯，即便是上洗手间，也应向受访者打招呼。

（六）言谈得体

与受访者交谈时，稍作寒暄后就应切入正题、说明来访事由，切忌东拉西扯或沉默不语，浪费对方的宝贵时间。当与对方话不投机或意见相左时，应立即转移话题或调整谈话技巧，切勿争论、冷场或表现不良情绪。

三、拜访的结束

（一）适时告辞

一般而言，若无重要事情，则应在拜访时间持续了半小时左右时，主动向受访者提出告辞。提出告辞的时机最好是在双方的谈话告一段落且没有新的话题之前，切勿在对方讲话时或话音刚落时提出。此外，在拜访过程中，当受访者临时有事、给予结束谈话的提示（如说出“我们今天就谈到这里吧”或频频看表等）或另有客人来访时，拜访者应当机立断提出告辞，以免妨碍对方。

一旦提出告辞，即使对方百般挽留，也应利索地辞别，切勿告而不辞。

（二）不忘辞谢

辞别时，应主动伸手与受访者握别并道谢（如“多谢您的盛情款待”等），同时，与其家属或在场的客人一一道别。若有意请对方回访,则可在握别时提出邀请。若受访者起身相送,则应对其说“请留步”或“不必远送”,并适时回头挥手致意。

学习任务4 馈赠礼仪

相互馈赠礼物是人类社会生活中不可缺少的交往内容。我国一向崇尚礼尚往来。馈赠是与其他一系列礼仪活动一同产生和发展起来的。我们知道,礼起源于远古时期的祭祀活动。在祭祀时,人们除了用规范的动作、虔诚的态度向神表示崇敬和敬畏外,还将自己最有价值、最能体现对神敬意的物品奉献于神灵。也许从那时起,在礼的含义中,就开始有了物质的成分和表现,即礼可以以物的形式出现。关于礼物这个概念,还有人说它最初来源于古代战争中由于部落兼并而产生的“纳贡”,也就是被征服者定期向征服者送去食物、奴隶等,以表示对被征服者的服从和乞求征服者的庇护。史书中曾有因礼物送得不及时或不周到而引发战争的记载。例如,春秋时期,因楚国没有按时向周天子送一车茅草,而引发了中原各国联盟大举讨伐楚国的战争。还有人认为,最初的礼就是一种商业性质的物品的有来有往,原始的“礼尚往来”实质上就是以礼品的馈赠与酬报的方式进行的产品交换。

我们暂且不讨论这些考据是否正确可信,但有一点却是肯定的,即在礼的内涵中,除了有表示尊敬的态度、言语、动作、仪式外,还有一个重要的含义,就是礼物。从礼以物的形式出现的那时起,物就从礼的精神内核中蜕化出来,而成为人与人之间有“礼”的外在表现形式。随着社会生活的进化和演变,物能寄情言意表礼的观念被广大人民所接受和认同,从而使馈赠在内容和形式上,逐渐融合在社会交往中,并成为人们联络和沟通感情的最主要方式之一。

在现代人际交往中,礼物仍然是人们往来的有效媒介之一,它像桥梁和纽带一样直接明显地传递着情感和信息,寄托着人们的情意,无言地表达着人与人之间的真诚关爱,记载着人间的温暖。

一、馈赠的基本原则

馈赠作为社交活动的重要手段之一,为古今中外人士普遍肯定。大凡送礼之人都希望自己所送礼品能寄托和表达对受礼者的敬意和祝颂,并使交往“锦上添花”。然而,有时所赠礼品非但达不到这种目的,反而会事与愿违造成不良后果。因此认真研究和把握馈赠的基本原则,是馈赠活动得以顺利进行的重要前提条件。

(一)轻重原则

通常情况下,礼品的贵贱厚薄往往是衡量交往人的诚意和情感浓烈程度的重要标志。然而礼品的贵贱厚薄与其物质的价值含量并不总是成正比。因为礼物是言情寄意表礼的,它仅仅是人们情感的寄托物,“人情无价而物有价”,有价的物只能寓情于其身,而无法等同于情。也就是说,就礼品的价值含量而言,礼品既有其物质的价值含量,也有其精神的价值含量。“千里送鹅毛”的故事在我国妇孺皆知,被称为“礼轻情意重”的楷模和学习典范。“折柳相送”也常为文人津津乐道,因为柳的寓意有三个:一为表示挽“留”;二因柳枝在风中飘动的样子如人惜别的心绪;三为祝愿友人如柳能随遇而安。在这里,如果仅就这些礼物本身的物质价值而言,它的确是很轻的,对于受礼人来说甚至是微乎其微的,然而它所寄寓的情意则是浓重的。我们提倡“君子之交淡如水”,提倡“礼轻情意重”。但是,当我们因种种原因陷入“人情债务链”时,则不妨既要注意以轻礼寓重情,又要入乡随俗地根据馈赠目的和自己的经济实力,择定不同轻重的礼物。对于那些“人情礼”轻重的把握尺度,目前国内常以个人收入的1/3为最上限,下限则视情况而定。总之,除非是有特殊目的的馈赠,否则其他馈赠礼物的贵贱厚薄都应以对方能愉快接受为尺度。

(二)时机原则

就馈赠的时机而言,及时和适宜是最重要的。我国很讲究“雨中送伞”、“雪中送炭”,即十分注重送礼的时效性,因为只有在最需要时得到的礼物才是最珍贵的、最难忘的。因此,要注意把握好馈赠的时机,包括时间的选择和机会的择定。一般说来,时间贵在及时,超前或滞后都达不到馈赠的目的;机会贵在事由和情感及其他需要的程度,“门可罗雀”时和“门庭若市”时,人们对馈赠的感受会有天壤之别。所以,对于处境困难者的馈赠,其所表达的情感就更显真挚和高尚。有一篇《影星与狗》的文章记载了这样一件感人的事:国际著名影星奥黛丽·赫本十分爱狗。多年来一直豢养着一只叫杰西的长耳罗塞尔种的小猎犬。白天,杰西那无忧无虑和温柔的品性令赫本感到平和及亲情,夜晚杰西暖融融地依偎在赫本的脚旁伴她入睡。然而,有一天,杰西误吃了毒药,很快就死了,赫本爱犬心切,竟无法控制自己,一连数日,终因悲伤过度而一病不起。这时,她的朋友克里斯多夫·格里文森托人给她送来一只长耳罗塞尔狗,它叫彭妮,小巧玲珑,毛色白亮,十分可爱。彭妮给了赫本无限的慰藉,赫本说:“彭妮不仅使我恢复了健康,也赐给我无限的幸福,它真是来自天堂的宝贝。”

案例分析

小李与小张是同一所学校毕业的,现在在同一家公司工作。小李在两年之后就得到了升迁,但是小张却一直在事业上毫无进展。他仔细想了想,觉得自己的能力并不比小李差,一定是小李比自己会做人。他想起每次春节之后,小李一定会带上很多家乡特产到办公室给大家分享,也感觉到小李每年春节都会到领导家拜年,而且上次领导的母亲生病住院,小李还特地买了一些适合老年人吃的补品。小张这样一想,明白了自己不能升迁的缘由,立刻花了不少钱买了很多东西去上司家。但是上司并不是很热情,而且坚持让小张把买的东西拿回家,小张感到很是受挫。

分析:在人际交往中,送礼是必不可少的,但是送礼并不是全部,其实更多的是凝聚在礼品中的情谊。小李送给同事、上司一些家乡的特产,在过年过节的欢庆气氛中,显得自然、亲切,也表现出小李是一个很顾及别人感受的人。他在上司的母亲生病时,也很用心地选择送适合年长者的补品,更是显出他待人很用心。这些对他在人际交往上起到了很好的作用。但是小张平时忽略了这些与人交往中表现情谊的事情,临时花很多钱纯粹地去"送礼",既突兀,又让人无法接受,故而这样的人际交往一定会失败。

(三)效用性原则

同一切物品一样,当礼以物的形式出现时,礼物本身也就具有了价值和实用价值。就礼品本身的实用价值而言,人们经济状况不同,文化程度不同,追求不同,对于礼品的实用性要求也就不同。一般说来,物质生活水平的高低决定了人们精神追求的不同。在物质生活较为贫寒时,人们多倾向选择实用性的礼品,如食品、水果、衣料、现金等;在生活水平较高时,人们则倾向于选择艺术欣赏价值较高、趣味性较强和具有思想纪念性的物品作为礼品。因此,应视受礼者的物质生活水平有针对性地选择礼品。美国作家欧·亨利在其著名的小说《麦琪的礼物》里讲了这样一个故事:一位妻子十分想在圣诞节来临时送给丈夫一份礼物,她盼望能买得起一条表链,以匹配丈夫祖上留下的一只表。因为没有钱,于是她把自己秀丽的长发剪下来卖了。圣诞之夜,妻子对丈夫献上了自己的礼物——一条精美的表链。丈夫也在惊愕之中拿出了他献给妻子的礼物,竟是一套梳子。原来丈夫为给妻子买礼物把自己的表卖了。这时他们紧紧地拥抱在一起,彼此的爱成为这圣诞之夜唯一的最珍贵的礼物。这对夫妻献给对方的礼物在此时似乎已毫无效用,然而并非如此,它们不仅升华了他们之间的爱,使他们得到了最大的精神满足,而且更激发了他们战胜生活困难、追求幸福生活的决心和意志。有这样的情和爱,世上还有不可克服的困难和不可逾越的生活难关吗?

(四)投其所好、避其禁忌原则

就礼品本身所引发的直接后果而言,由于民族、生活习惯、生活经历、宗教信仰及性格、爱好的不同,不同的人对同一礼品的态度是不同的,或喜爱或忌讳或厌恶等,因此我们要把握住投其所好、避其禁忌的原则。在这里尤其要强调避其禁忌。禁忌是一种不系统的、非理性的、作用极大的心理和精神倾向,对人的活动影响强烈。当自己的禁忌被冒犯时,无论是有意的还是无意的,心中的不快不满甚至愤恨是不言而喻的。当我们冒犯了别人时,就会引起纠纷甚至冲突。所以,馈赠前一定要了解受礼者的喜好,尤其是禁忌。例如我国普遍有"好事成双"的说法,因而凡是大贺大喜之事,所送之礼均好双忌单,但在我国个别地区,如广东则忌讳"4"这个偶数,因为在广东话中,"4"听起来就像是"死",是不吉利的。再如,白色虽有纯洁无瑕之意,但我国比较忌讳,因为在我国,白色常是悲哀之色和贫穷之色;同样,黑色也被视为不吉利,是凶灾之色、哀丧之色；而红色则是喜庆、祥和、欢庆的象征，受到人们的普遍喜爱。另外，我国人民还常常讲究不能给老人送“钟”，不能给夫妻或情人送“梨”，因为“送钟”与“送终”、“梨”与“离”谐音，是不吉利的。这类禁忌还有许多需要我们去遵循，这里就不一一列举了。

知识链接

国际交往中馈赠（国家举例）

由于各国文化的差异，社会、宗教的影响和忌讳，送礼成了一种复杂的礼仪。如果运用得当，送礼能巩固双方之间的业务关系，运用不当则会有碍于业务联系。选择适当的礼物、赠送礼物的时机及让收礼人作出适当的反应，都是送礼时要注意的关键问题。

一、亚洲国家

1. 日本

日本人有送礼的癖好，因此给日本人送礼往往采取这样的做法：送对其本人毫无用途的物品以便收礼的人可以再转送给别人，那个人还可以再转送下去。日本人对装饰着狐狸和獾的图案的东西甚为反感；狐狸是贪婪的象征，獾则代表狡诈。到日本人家里做客，携带的菊花只能有 15 片花瓣，因为只有皇室徽章上才有 16 瓣的菊花。另外，选择礼物时，要选购“名牌”礼物，日本人认为礼品的包装同礼品本身一样重要，因此要把礼物包装好。

2. 韩国

韩国的商人对初次来访的客人常常会送当地出产的手工艺品，要等客人先拿出礼物，然后再回赠他们本国产的礼品。

二、欧美国家

欧洲国家一般只有在双方关系确立后才互赠礼物。赠送礼物通常是在此次交往即将结束时才进行的，同时表达的方式要恰如其分。高级巧克力、一瓶特别的葡萄酒在欧洲也都是很好的礼物。登门拜访前则应送去鲜花（花要提前一天送去，以便主人能把花布置好），而且要送单数的花，同时附上一张手写的名片，不要使用商业名片。

1. 英国

在英国应尽量避免感情的外露。因此，应送较轻的礼品，由于花费不多就不会被误认为是一种贿赂。合适的送礼时机是晚上，如请人在高级餐馆用完晚餐或剧院看完戏之后。英国人也像其他大多数欧洲人一样喜欢高级巧克力、名酒和鲜花。对于装饰有客人所属公司标记的礼品，他们大多数并不欣赏，除非主人对这种礼品事前有周密的考虑。

2. 法国

初次结识一个法国人时就送礼是很不恰当的，应该等到下次相逢时再送礼。礼品应该表达出对他的智慧的赞美，但不要显得过于亲密。法国人很浪漫，喜欢知识性、艺术性的礼物，如画片、艺术相册或小工艺品等。应邀到法国人家里用餐时,应带上几支不加捆扎的鲜花。但菊花是不能随便赠送的,在法国的葬礼上才用菊花。

3. 德国

对德国人来说,“礼貌是至关重要的”,故此赠送礼品的适当与否要悉心考虑,包装更要尽善尽美。玫瑰是为情人准备的,绝不能送给主人。德国人喜欢应邀郊游,但主人在出发前必须做好细致周密的安排。

4. 美国

美国人很讲究实用,故一瓶上好葡萄酒或烈性酒、一件高雅的名牌礼物都是合适的。与其他欧洲国家一样,给美国人送礼应在此次交往结束时。

二、赠礼礼仪

要使交往对象愉快地接受馈赠,并不是一件容易的事情。因为自己即便在馈赠原则指导之下选择了礼品,如果不讲究赠礼的艺术和礼仪,也很难使馈赠成为社会交往的手段,甚至会适得其反。那么,馈赠时应注意哪些艺术和礼仪呢?

1. 赠送时机的选择

馈赠礼品应该选择好的时机,如果时机不对,不但费力不讨好,还可能破坏人际关系,给他人留下不好的印象。在日常生活中,馈赠的时机主要有以下几种。

(1)喜庆嫁娶。乔迁新居、过生日做大寿、生小孩、嫁女娶亲等亲友喜庆日子,应考虑备礼相赠,以示庆贺。亲友去世或遭不幸,也要适当送礼以帮助解决困难,表示安慰吊唁。

(2)欢庆节日。我国传统节日如春节、端午、中秋、重阳等,西方的圣诞节、情人节、母亲节、感恩节等都可作为送礼的时机。

(3)探望病人。去医院或别人家中探望病人应带点恰当的礼物。

(4)酬谢他人。如自己在生活中遇到困难或挫折,亲朋好友曾对你伸出过援助之手,事后应考虑送点礼品以示感谢。

(5)亲友远行。为了祝愿亲友一路顺风,安心离开家人远去外地求学或工作,可以送上一份礼品以表心意。

(6)拜访做客。拜访或做客时,一方面为打扰对方表示歉意或为接受对方款待表示感谢,一方面向对方表示自己的问候,往往也要带上一份礼物。

(7)还礼。接受过对方的礼物,就等于欠对方一个人情,可以在对方送礼离开时附还一份自己的礼品,或者事后在类似的场合向对方送上一份礼品。

2. 赠送礼品的选择

馈赠之前要对礼品进行认真选择,考虑对方有什么爱好、兴趣和禁忌,还要考虑送礼的原因和目的,尽量使礼品恰到好处。

(1)结婚礼物。要注意须在收到对方的请柬或通知后再携礼登门祝贺。礼品宜选择家庭用品、床上用品、餐饮用具或字画等工艺品,也可事先征求主人意见再选购。如果用金钱代替礼品,可在封套上写明“贺仪”等字,以示庄重。

(2)生子礼物。可送婴儿用品,如衣服、鞋帽、玩具、生肖纪念章等,也可送产妇滋补营养品等。

(3)生日礼物。父母长辈生日做寿可送寿联、寿糕、营养品、衣服布料等,夫妻生日可送鲜花、化妆品、饰物、领带等礼品,朋友生日可送贺卡、工艺品、学习用品、鲜花、影集等小物件。

(4)节日礼物。如春节送礼盒,端午节送粽子,中秋节送月饼,情人节送玫瑰等。

(5)病丧礼物。探望生病的亲友,应携带一些适宜病人食用的食品,如滋补品、水果等,也可送鲜花。但在送水果时要根据病情来选购。丧事可送花圈、挽联或"帝金"(金钱)。如送物品应以不留纪念的一次性易耗品(如烟、酒、食品等)为原则。

(6)远行礼物。毕业升学远行时,可选择书籍、学习用品、生活用品等赠送。

(7)迁居礼物。乔迁之喜以赠送对联、字画、工艺品、家庭装饰品为最佳。

3. 礼品的赠送礼仪

选择一件满意的礼品,仅仅是馈赠活动的开始。如何把礼品合乎礼仪地馈赠给对方,是整个馈赠行为成功的关键环节。

(1)注意礼品的包装

精美的包装不仅使礼品的外观更具艺术性和高雅的情调,并显现出赠礼人的文化和艺术品位,而且还可以使礼品产生和保持一种神秘感,既有利于交往,又能引起受礼人的兴趣和探究心理及好奇心理,从而令双方感到愉快。好的礼品若不讲究包装,不仅会使礼品逊色,使其内在价值大打折扣,使人产生"人参变萝卜"的缺憾感,而且还易使受礼人轻视礼品的内在价值,而无谓地折损了礼品所寄托的情谊。

(2)注意赠礼的场合

赠礼场合的选择是十分重要的。尤其那些出于酬谢、应酬或有特殊目的的馈赠,更应注意赠礼场合的选择:通常情况下,当众只给一群人中的某一个人赠礼是不合适的。因为那样会使受礼人有受贿和愚弄之感,而且会使没有受礼的人有受冷落和轻视之感。给关系密切的人送礼也不宜在公开场合进行,只有"礼轻情意重"的特殊礼物才适宜在大庭广众面前赠送。既然是关系密切,送礼的场合就应避开公众而在私下进行,以免给公众留下关系密切完全是靠物质的东西支撑的感觉。只有那些能表达特殊情感的特殊礼品,方可在公众面前赠与。因为这时公众已变成双方真挚友情的见证人。例如,一本特别的书、一份特别的纪念品等最好当着受礼人的面赠礼。赠礼是为巩固和维持双方的关系,也必须有针对对象。因此赠礼时应当着受礼人的面,以便于观察受礼人对礼品的感受,并适时解答和说明礼品的功能、特性等,还可有意识地向受礼人传递自己选择礼品时的考虑,从而激发受礼人对自己一片真情的感激和喜悦之情。

(3)注意赠礼时的态度、动作和言语表达

只有那种平和友善的态度和落落大方的动作并伴有礼节性的语言表达,才是令赠受礼双方所能共同接受的。那种做贼似的悄悄将礼品置于桌下或房中某个角落的做法,不仅达不到馈赠的目的,甚至会适得其反。

(4)注意赠礼的具体时间

一般说来,应在相见或道别时赠礼。

案例讨论

迪安又叫乔纳森·斯威夫特，是英国著名的讽刺作家，小说《格列佛游记》是他的代表作。一天清晨，迪安家的门咚咚地响了起来。女佣打开门后，一个人把一只宰杀过的野鸭交给女佣，说："这是博伊尔先生送给迪安的礼物。"说完，这个人转身就走。几天后，这个人又来了。这回他带来了一只山鹑："博伊尔先生再次给迪安送东西了。"博伊尔先生是迪安的朋友，喜欢打猎，常常给迪安送些他猎取到的野味。不久后的一天，这人又来了，这次他带来了一只鹌鹑。"这东西也是给迪安的。"他语气粗鲁，将鹌鹑扔到女佣怀里。女佣很生气。"这个人太不礼貌了。"她向迪安抱怨道。"他如果再来，你就告诉我，让我去会一会他。"迪安说。没隔多久，那个人又带着野味来了。迪安亲自去开了门。

"这是博伊尔先生送的野兔。"那人说。

"听我说，小伙子，"迪安正色道，"替人送礼物可不应该是你这个样子。现在，让我们换一下位置吧，你进屋，我出门，假设你是我，我是你，请你看一看替人送礼应该是什么样子。""好吧。"那人同意了，走进了屋内。迪安接过野兔，来到了屋外。他先在街上走了一会，然后折回头，来到家门口，不轻不重地敲了敲门。

门被那人打开了。迪安鞠躬施礼，然后说："您好，先生，博伊尔先生让我送来这只野兔，希望您能够收下。""哦，谢谢。"那人礼貌地说，接着从口袋里掏出一个钱包，从里面拿出一个先令。"您辛苦了，这是给您的。" 这堂礼仪课非常生动，从此以后，那个人再来送野味时总是显得彬彬有礼，而迪安也总是记得给他一点小费作为酬劳。

问题讨论：

1. 读了这篇关于迪安的案例，你有何感想？
2. 赠送礼物时应该注意什么？

三、收礼的礼仪

作为受赠者，在接受礼品时，有一些注意事项必须了然于胸、认真遵守。不可以无视他人赠送的礼品，也不宜在接受礼品时行为失当。

1. 欣然接受

在一般情况下，对于他人所相赠的礼品是却之不恭的。倘若获赠的礼品并非违法犯规之物，那么最佳的表现应当是大方地欣然接受。

接受他人赠送的礼物之时，对下列五个细节问题应予以认真对待，而不允许疏忽大意。

(1)神态专注。当他人口头宣布有礼赠与自己时，不管自己在做什么事，都应立即中止，起身站立，面向对方，以便有所准备。在对方取出礼品预备赠送时，不应伸手去抢、开口相询，或者双眼盯住不放，但求"先睹为快"。此时此刻，自己最应当注意保持风度。神态既要专注、认真，更要显得稳重、大方。

(2)双手捧接。在赠送者递上礼品时，要尽可能地用双手前去"迎接"。不要一只手去接礼品,特别是不要单用左手去接礼品。在接受礼品时,一定要面带微笑,双目注视对方的眼睛。接过来的若是对方所提供的礼品单,则应立即从头至尾细读一遍。若接下来需要继续应酬,可将礼品暂时放下。但不要随手乱丢,不到万不得已不要把礼品直接放在地上。

(3)认真道谢。在双手接过他人赠品的同时,应恭敬、认真地立即向对方道谢。与此同时,若有条件,还应该即刻与对方握手,以示感谢之意。

(4)当面拆封。如果现场条件许可,如时间充裕、人数不多、礼品包装考究等,那么,在接过他人相赠的礼品之后,应当尽可能地当着对方的面,将礼品包装当场拆封。这种做法在国际社会里是非常普遍的。它表示自己看重对方,同时也很是看重对方所赠的礼品。

(5)表示欣赏。当面拆开包装之后,如果有时间,要采用适当的动作和语言,显示自己对礼品的欣赏之意。例如可将他人所赠送的鲜花捧在身前闻花香,随后再将其装入花瓶,并置于醒目之处。切不可再三声明获赠之物不适合自己,或是对其吹毛求疵。

2. 拒绝有理

有的时候,出于种种原因,不能够接受他人所获赠的礼品。在拒绝时,一定要讲究方式、方法,处处以礼而行,要给对方留有出路,使其有台阶可下,而切忌令人难堪。符合社交礼仪的拒收礼品的方法有以下三种,在操作中可以酌情选择、见机行事。

(1)婉言相告法,即采用委婉的、不失礼貌的语言,向赠送者暗示自己难以接受对方的好意。例如当对方向自己赠送手机时,可说:“我已经有一个手机了。”当一位男士邀请一位女士跳舞,而对方打算回绝时,则可以说:“我男朋友也邀请我跳舞,而且我们已经有约在先了。”

(2)直言缘由法,即直截了当而又所言属实地向赠送者说明自己之所以难以接受礼品的原因。在公务交往中拒绝礼品时,此法尤其适用。

(3)事后退还法。有时拒绝他人所赠送的礼品,若是在大庭广众之前进行,往往会使受赠者有口难言,使赠送者难堪。遇到这种情况,可采用事后退还法加以处理,即当时接受礼品,但不拆其包装。事后,尽快地单独将礼品物归原主。要强调的是,采取此方法时,退换礼品的时间不宜拖延太长,最好应于自接受礼品时的24小时内付诸行动。另外,切勿私下将退还之物拆封,尤其是不宜在用过之后才退还给对方。

四、馈赠禁忌

礼品选择不当是馈赠礼品的最大禁忌。由于受各国历史、文化、风俗习惯的影响,再加上社会与宗教的影响,各国家、各民族和各地区的人们的礼品禁忌也不同。因此在选择礼物时必须慎重对待,不能不假思索地拿一件礼物了事。送礼不当还不如不送。

1. 要尊重由于风俗习惯、民族差异和宗教信仰等形成的禁忌

选择礼品前应充分了解对方,要自觉地、有意识地避开对方的禁忌,同时过时送礼、事后补礼都应避免。

在我国,看望病人不能送盆花,因为盆花有根,有久病生根之意;看望老人不能送钟,因为“钟”与“终”谐音;友人之间忌送伞,因为“伞”与“散”谐音;乌龟虽然长寿,却有“王八”的俗名,也不宜作为礼品相送。

在港台地区风俗中,丧事后以毛巾送吊丧者,非丧事一律不能送毛巾;剪刀是利器,含有“一刀两断”之意,以剪刀相送会使对方有被威胁之感;甜果是祭祖拜神专用之物,送人会使对方有不祥之感;闽南话中“雨伞”音同“给散”,若送雨伞会引起对方误解;扇子是驱热用品,台湾俗称“送扇无相见”;台湾地区的居丧之家一般不蒸甜食、不包粽子,如果以粽子相送,会被对方误解。

此外,香港人青睐红木制作的小型棺材摆件,寓意为“升官发财”,但是在中国内地,馈赠礼品却不能送“小棺材”。

不能给美国女性送香水、化妆品、衣物、假首饰,否则会让她误以为你看不起她;美国人以绿毛龟为宠物,而在中国人看来,这样的礼物是天大的侮辱。

西方人喜欢单数却忌“13”。在西方参加舞会,绝不能送一束菊花给女主人,因为在西方的文化背景下,菊花和钟有同样的寓意,都会令人想到死亡;不能送英国人百合花,因为它有“死亡”之意;不能送荷兰人食品;意大利人忌讳送手帕,因为手帕是亲人离别时擦眼泪用的,是不祥之物。此外,法国人不送也不接受有明显广告标志的礼品,而喜欢有文学价值和美学韵味的礼品。

2. 要尊重个人禁忌

每个人由于经历、兴趣和习惯的不同,可能会形成个人的禁忌。因此在选择礼物时也要了解受赠人的个人禁忌。例如送一对情侣表给一直单身的人,可能会勾起他满怀的伤感。

3. 要遵守国家的有关规定

许多国家对公务员接受礼品作了明确的规定,很多工商企业也有同样的规定,接受礼品的价值过高有收受贿赂的嫌疑。因此不能选择过于昂贵或是违法、违规之物作为礼品,更不能用现金作为礼物。

此外,其他不利于健康之物、粗制滥造之物或过季商品、药品、有广告宣传意味之物以及容易引起误会的物品均不应当作为礼品。

知识链接

千里送鹅毛

唐朝贞观年间,西域回纥国是大唐的藩国,一次,回纥国为了表示对大唐的友好,便派使者缅伯高带了一批珍奇异宝去拜见唐王。在这批贡物中,最珍贵的要数一只罕见的珍禽——白天鹅。缅伯高最担心的也是这只白天鹅,万一有个三长两短,可怎么向国一交待呢?所以,一路上,他亲自喂水喂食,一刻也不敢怠慢。这天,缅伯高来到沔阳河边,只见白天鹅伸长脖子,张着嘴巴,吃力地喘息着,缅伯高心中不忍,便打开笼子,把白天鹅带到水边让它喝了个痛快。谁知白天鹅喝足了水,合颈一扇翅膀,“扑喇喇”一声飞上了天!缅伯高向前一扑,只拔下几根羽毛,却没能抓住白天鹅,眼睁睁看着它飞得无影无踪,一时间,缅伯高捧着几根雪白的鹅毛,直愣愣地发呆,脑子里来来回回地想着一个问题:“怎么办?进贡吗?拿什么去见唐太宗呢?回去吗?又怎敢去见回纥国王呢!思前想后,缅伯高决定继续东行,他拿出一块洁白的绸子,小心翼翼地把鹅毛包好，又在绸子上题了一首诗："天鹅贡唐朝，山重路更遥。沔阳河失宝，回纥情难抛。上奉唐天子，请罪缅伯高，物轻人意重，千里送鹅毛！"缅伯高带着珠宝和鹅毛，披星戴月，不辞劳苦，不久就到了长安。唐太宗接见了缅伯高，缅伯高献上鹅毛。唐太宗看了那首诗，又听了缅伯高的诉说，非但没有怪罪他，反而觉得缅伯高忠诚老实，不辱使命，就重重地赏赐了他。

这个故事体现着送礼之人诚信的可贵美德。今天，人们用"千里送鹅毛"比喻送出的礼物单薄，但情意却异常浓厚。

五、鲜花赠送礼仪

鲜花是美好、吉祥、友谊和幸福的象征。在当今社会中无论是欢迎、送别婚寿庆祝，还是节庆、开业、慰问及国际交往中，人们经常赠之以鲜花。但由于各地的风俗不同，花的含义也不同，送花时必须注意要得体。

1. 了解花语

当我们以花为媒介来传递感情时，要注意正确运用花语，以免出现尴尬。以下是常见花卉的寓意。

荷花——纯洁、淡泊和无邪
月季——幸福、光荣
红玫瑰——爱情
白菊——真实
百合——圣洁、幸福、百年好合
野百合——幸福即将来临
红罂粟——安慰、慰藉
红蔷薇——求爱、爱情
杜鹃——节制、盼望
文竹——祝贺长寿
常春藤——结婚、白头偕老
水仙——尊敬、自尊
牡丹——拘谨、害羞
橄榄枝——和平
牵牛花——爱情
紫丁香——初恋
野丁香——谦逊、美好
黄色郁金香——爱的绝望

康乃馨——健康长寿
山茶花——美好的品德
红茶花——质朴、美德
勿忘草——永志不忘、真实和贞操
剑兰——步步高升
梅花——刚毅、坚贞不屈
竹子——正直、虚心
红色郁金香——宣布恋爱
蓝色郁金香——诚实
樱花——心灵的美
并蒂莲——夫妻恩爱
万年青——长寿、友谊长存
美人蕉——坚实

在不同的国家和地区,同一种花也许会有不同的意义,如在一些国家,菊花和康乃馨被认为是厄运的象征。垂柳在美国表示悲哀,但在法国,柳则是仁勇的象征。实际上,同一种类型的花,因其不同的颜色,也有不同甚至截然相反的意思,如黄色郁金香象征"爱的绝望,红色郁金香象征"宣布恋爱",蓝色郁金香象征"诚实",因此要恰当运用好花语。

世界部分国家的国花

国　家	国　花	国　家	国　花
阿根廷	赛波花	美国	玫瑰
日本	樱花	德国	矢车菊
法国	鸢尾花	英国	玫瑰
意大利	雏菊	加拿大	枫叶
澳大利亚	金合欢	瑞士	火绒草
荷兰	郁金香	瑞典	白菊
丹麦	冬青	波兰	三色堇
南斯拉夫	铃兰	希腊	橄榄
西班牙	石榴	泰国	金链花
新加坡	卓锦/万代兰	印度	荷花
巴基斯坦	素馨花	菲律宾	茉莉花
马来西亚	扶桑	缅甸	龙船花
尼泊尔	杜鹃	巴西	毛蟹爪兰

2. 不同场合的赠花

送花时应根据对象和需要,选择不同花种。

向恋人赠红玫瑰象征"我真心爱你",蔷薇花象征"我向你求爱,小天使",桂花象征"我执意爱你",这类花卉赠给恋人,可以收到"心有灵犀一点通"之效。若将这类花卉赠给其他的对象,则会交际不成反而引火烧身。

婚礼赠花可以送一束美丽鲜艳的由红玫瑰、吉祥草、文竹等花组成的花束。红玫瑰象征爱情美好;吉祥草祝朋友吉祥如意、生活美满;文竹绿叶葱葱,祝朋友爱情永葆青春。此外,并蒂莲表示"恩爱如初,幸福长存",百合花象征"百年好合",它们及红色郁金香等花都是婚礼时相送的理想花卉。

慰问病人送一束黄月季,表示"早日康复";送一束芝兰象征"正气清运,贵体早康",送一束松、柏、梅花以鼓励其与病魔作斗争的“坚贞不屈”,“胜利属于你”。

庆贺生日赠花,对年轻人可送其火红的石榴花、鲜红的月季花、美丽的象牙花,祝其前程如火样红烈,青春如花般鲜艳等。对年老者,赠送其万年青、寿星草、龟背竹等,以示祝福老人健康长寿,快乐幸福。

3. 送花的禁忌

由于同一种花在不同的国家、不同的民族往往被赋予不甚相同的寓意,所以在送花时,必须要了解交往对象的风俗习惯和花的不同寓意,以免出现笑话或是更为严重的后果,可以从花的品种、色彩和数量三个方面注意送花的禁忌。

(1)花的品种。同一种花在不同的国家和地区寓意不同,甚至相反。比如,中国人喜欢荷花,认为其“出淤泥而不染,濯清涟而不妖”,但是日本人忌送荷花,认为荷花与死亡相连,所以不要送荷花给日本人。中国人喜欢菊花,但菊花绝不能送给西方人,因为在西方许多国家,菊花寓意死亡,只能在丧葬活动中使用。在一些西方国家人眼里,有些花的寓意比较特别,如百合花和大丽花只能在丧礼上使用,平时是不能送人的;石竹花有招致不幸的意思;红玫瑰是恋人和情人的专利,将其送给女主人会使人难堪。

(2)花的色彩。鲜花的颜色万紫千红、艳丽多彩,让人喜爱。但是不同的国家和民族对鲜花的色彩却有着不同的理解。例如,中国人喜欢红色,中国的传统习俗认为红色是大吉大利的颜色;而在西方人的眼里,白色的鲜花象征着纯洁无瑕。在西方国家,送黄色的花意味着变节、不忠诚或是分道扬镳;红色的花意味着向对方示爱。西方人在送花时,通常是以多种颜色的鲜花组成一个花束,很少送清一色黄色的花或红色的花,送花给生病住院的病人,切忌送红白相间的花,因为在西方这被看做是病房中将有人死亡的征兆。

(3)花的数量。送花的数量,在不同的国家和民族也有不同的讲究。例如,在中国,喜庆活动送花往往要是双数,意味着“好事成双”,而在丧礼上则应送单数,以免“祸不单行”。在许多西方国家,送人鲜花要单数,因为他们认为,自然的美是不对称的,花是自然美的一部分,所以送奇数的花是吉祥的象征(但13枝除外),选择偶数的花是缺乏审美力和鉴赏力的表现。

总之,赠送鲜花已经成为当今社会交往中深受人们喜爱和欢迎的一种馈赠仪式。赠送鲜花,首先要掌握好花语,还要讲究不同场合赠送不同的鲜花,尤其要注意花的品种、色彩和数量等的一些禁忌,以花传情,以花感人,使鲜花在人们的生活中开得更加艳丽动人。

知识巩固

1. 如何进行自我介绍、他人介绍?
2. 如何有效地进行交谈?在交谈中应注意哪些问题?
3. 做客、会客与馈赠的过程中应遵守哪些礼仪规范?

实训设计

如果上司让你分别准备一份赠送给英国人的生日礼物和结婚礼物,你会如何选择?

知识链接

国际交往中的馈赠常识

世界各国由于文化上的差异。不同历史、民族、社会、宗教的影响。在馈赠问题上的观念、喜好和禁忌有所不同。只有把握好这些特色,在交往馈赠活动中才能达到目的。

一、亚洲国家的馈赠

亚洲国家虽然因社会的、民族的、宗教的情况有很大不同,但却在馈赠方面有很多相似之处。

(1)形式重于内容。对亚洲国家人士的馈赠,名牌商品或具有民族特色的手工艺品是上好的礼品。至于礼品的实用性,则屈居知识性和艺术性之后。

(2)崇尚礼尚往来,而且更愿意以自己的慷慨大方表示对他人的恭敬。在亚洲,无论何地,人们都认为来而不往是有失尊严的,这涉及自身形象。因此一般人都倾向于先送礼品。而且若收到礼品,在回礼时则常在礼品的内在价值、外在包装上下功夫,以表示自己的慷慨和对他人的恭敬。

(3)讲究馈赠对象的具体指向性。选择和馈赠礼品时十分注意馈赠对象的具体指向性,这是亚洲人的特点。一般说来,送给老人和孩子礼品常常是令人高兴的,无论送什么,人们都乐于接受。但若是给他人妻子送礼品,则需考虑交往双方的关系及对方的忌讳。

(4)忌讳颇多。不同国家对礼品数字、颜色、图案等有诸多忌讳。例如,日本、朝鲜等对数字“4”有忌讳,把“4”视为预示厄运的数字,而对“9”、“7”、“5”、“3”等奇数和“108”等数字颇为青睐,对“9”及“9”的倍数尤其偏爱(但日本人不喜欢“9”)。

二、西方国家的馈赠

西方国家与东方国家不同,在礼品的选择喜好等方面没有太多讲究,其礼品比较丰富。

1. 实用的内容加漂亮的形式

西方人对礼品更倾向于实用,一束鲜花、一瓶好酒、一盒巧克力、一块手表,甚至一同游览、参观等,都是上佳的礼品。如果再讲究礼品的牌子和包装,西方人就更喜欢了。

2. 赠受双方喜欢共享礼品带来的欢快

西方人馈赠礼品时,受赠人常常当着赠礼人的面打开包装并表示赞美后,邀送礼人一同享受或欣赏礼品。

3. 讲究赠礼的时机

一般情况下,西方人赠礼常在社交活动即将结束时,即在社交已有成果时方才赠礼,以避免行受贿之嫌。

4. 忌讳较少

除忌讳“13”和“星期五”这个灾难之数,以及在一些特殊场合(如葬礼),礼品的种类颜色等有一定讲究外，大多数西方国家在礼品上的忌讳是较少的。

学习任务5　舞会礼仪

通常所指的舞会是交谊舞会，是以跳交谊舞为主要活动内容的一种社交聚会。在西方，舞会是一种兼具交际性和娱乐性的社交活动，很受欢迎。当代中国，舞会已相当普遍，特别是团体舞会和营利性舞会。人们不仅可以通过跳舞交流感情、增进交往、加深友谊，而且还可以健身益寿、放松身心、自娱自乐。我国的舞会虽然不如西方那么隆重正式，但个人在舞会上表现出的仪表举止、风度气质也反映其内在素养，因此人们也应熟悉和遵守舞会的礼仪规范。

一、仪容仪表，整洁得体

由于跳舞时舞者距离比较近，所以，一定要注意自身的清洁工作。在参加舞会前最好洗澡、洗发，男士要刮胡子，女士若汗毛浓密，也要注意刮剃。不要吃葱、蒜等有异味的食物，也不要饮酒。如果吃了这些食物，应漱口，或嚼一点茶叶、口香糖。女士要化妆，舞会妆应比日妆浓一些，宜多使用暖色调，并与服装、首饰相协调。

在西方，对舞会服装要求比较高，如果是正式舞会，请柬上一般都会注明服饰要求。在我国，虽然没有太严格的限制，但一般来讲应端庄、得体。男士应穿西装或高档便装，不要穿牛仔服、运动衣、背心等；要选择皮鞋，不要穿旅游鞋、布鞋，更不要穿拖鞋。女士服装可丰富多样，但一般应以裙装为宜，且方便跳舞。在舞会上，不要穿过紧、过透、过短的衣服，要系好衣扣，不要当众更衣或脱下外衣。跳舞时不要戴墨镜、手套。

二、尊重女士，礼貌邀舞

舞会风度

参加舞会时男士可带女舞伴，一般第一支曲子和最后一支曲子应与舞伴一起跳。女士如果没有舞伴，应首先邀请没有男伴的女士，等几支舞曲过后，才可以邀请有男伴相陪的女士。这时，应先向其男伴微笑致意，并问“可以吗”，待对方同意后，再邀请女士共舞，如果是初次相识，不可握着女伴的手步入舞池，只能前后相伴入舞池。舞曲结束后，男士应将女伴送回原来的座位，并道谢；如果女伴有男士相陪，还应向他们致意后方可离去。男士邀请女士共舞被拒绝后，应礼貌退下，不可反复纠缠。对朋友的舞伴应问候，也可邀请之，但一般共舞一次即可。在关系很好、很熟悉的情况下，女士也可以邀请男士共舞，男士一般不能拒绝。正常情况下，两位女士可以共舞，但两位男士不能共舞。

三、谢绝邀请，以礼相待

舞会上，女士被人邀请跳舞是受到尊重的表现，尽量不要无故谢绝，如果不愿意接受对方邀请也可拒绝，但口气一定要委婉、客气，可以说：“对不起，我想休息一下。”或说：“真对不起，我已经邀好舞伴了”，以此来求得对方谅解，切忌态度生硬，以免损伤对方自尊心。拒绝了一位男士的邀请后，不可马上接受另一位男士的邀请。如果同时有两位男士邀请一位女士跳舞，女士最好礼貌谢绝。如果已接受了其中一位男士的邀请，对另一位应致歉：“对不起，等下一曲吧”。

知识链接

交谊舞的基本舞姿是：男女平行相对，双方胸部应保持30厘米的距离。身体挺直，两足并拢，足尖向前。男伴右手扶在女伴左肩胛骨下方，手掌向里，右臂向上平抬，支撑女伴左臂，不可将右手放在女伴的腰间甚至腰下，女伴左臂轻放于男伴右臂上。男伴左手握女伴右手，并向外伸出,与肩平或略高于肩,臂成弧形,肘弯处呈稍大于90°角。双方身体均微向后仰,头略向左侧。男士不要把女士的手捏得太紧,或把右手掌心向内全贴在女士的腰上。跳舞时,上身基本保持平直,不要摇头晃脑,耸肩摆臂。

实训设计

1. 情景演练:在课堂上进行办公室和家中拜访、待客的模拟场景训练。

2. 观察体验:

(1)利用课后或周末时间逛逛花店,面对绚丽多姿的鲜花,进一步熟悉花言花语。

(2)建议同学们用DV或手机等拍摄同学们在食堂吃饭的情景,并与正确的用餐礼仪对比。

3. 实践训练:

(1)建议同学们课后回到宿舍,进行探视的模拟场景训练,互相观摩、评点。

(2)办一次舞会,从中习训参加舞会的各种礼仪规范。

4. 问题讨论:

(1)如果你的好友生病住院了,病情还比较严重,你去探视时应怎么做才比较妥当?

(2)为什么在宴请中要讲究席位排列?怎样理解其原则?

学习项目5　商务礼仪

学习要求

1. 掌握大型商务会议和小型商务会议基本流程和座次礼仪。
2. 了解名片的制作和作用以及如何正确使用名片。
3. 了解商务谈判的概念、分类和准备。
4. 掌握商务谈判的座次礼仪和会谈礼仪。
5. 了解涉外礼仪的一些禁忌，促进国际间的友好交流。

学习任务1　接待礼仪

一、接待工作的内容

企业的接待工作大体可分为业务往来接待、顾客投诉接待、视察指导接待、检查团组接待、参观学习接待等。从接待客人的性质来看，有生产厂家、供货单位的客人，有本企业的顾客，也有相关领域的企业客户。从隶属关系看，有行业领导、地方领导等。就客人身份而言，有领导者和一般工作人员之分。

1. 业务往来接待

业务往来主要是指与本企业有购销业务关系的单位之间的往来。其中有外地和本地的生产厂家、批发单位等,还有本地和外地的商业企业的交流、沟通,这些往来直接关系到企业的购销业务和盈亏情况。在接待前,一定要与有关部门沟通情况,了解市场行情,提前做好准备,以争得洽谈的主动。

2. 顾客投诉接待

这项工作是商业企业特别是零售企业经常遇到的问题。一般说来投诉的主要原因是商品质量问题,其次是服务态度问题。投诉有书信形式,也有直接找企业管理人员当面申诉的。

3. 视察指导接待

上级机关和领导为了转变工作作风,有效地指导工作,经常深入基层单位,了解情况听取汇报,掌握第一手材料。领导同志视察指导工作,时间有长有短,短则几个小时,长则四五天,视察的内容和方式差异较大。

4. 检查和考查团组的接待

上级机关有关部门为了督促检查基层单位对国家政策法令的落实情况,时常派一些检查团组深入基层工作。接待人员要围绕检查团组的工作内容,通知有关部门准备好文件和材料,认真地、实事求是地做好汇报的准备工作,尽力提供各种工作之便。

单位在改革中创造了新经验或形成了经营上的独特风格,势必引起相关单位的重视,派人来参观学习。考察人员多是由有关部门负责同志组成团组,人数多少不一,规格高低各异。他们在考察学习过程中,除听取情况介绍外,还要边看边问。因此,负责介绍情况和接待的同志要熟知本单位的情况,要能随时随地地介绍情况和回答问题。

二、接待工作的程序

接待工作是一项繁杂、琐碎、影响很大的工作,稍有疏漏会带来不良影响,甚至造成巨大损失。接待工作的程序化,可以避免"忙中出错"。经过不断总结,现已形成了一整套的接待工作程序,按照这个程序来进行工作,可避免忙乱,防止漏洞,做到礼节周到,细致入微。

(一)准备阶段

接待工作是从接到来客通知后,就开始进入准备的阶段。这是整个接待工作的重要环节,一般应从以下几个方面着手。

1. 了解客人的基本情况

接到来客通知时,首先要了解客人的单位、姓名、性别、职业、级别、人数等;其次要掌握了解客人的目的和要求及在食宿和日程安排上的打算。第三要了解客人到达日期,所乘车到达时间。然后将上述情况及时向主管领导汇报,并通知有关部门和人员做好接待准备。

2. 制定接待方案

接待一般的客人,可根据惯例直接提出具体接待意见。接待重要客人或高级团体,要根据客人的意图、要求和本企业经理的意见,制定接待方案。方案应包括:客人的基本情况,接待工作的组织分工,陪同人员和迎送人员名单,食宿地点及房间安排,伙食标准及用餐形式,交通工具,费用支出意见,活动方式及日程安排,汇报内容的准备及参加人员等。接待方案要报送企业领导批准。上述内容要视接待客人的规格而定,可以根据实际需要,灵活从事。

(二)正式接待阶段

客人抵达后,进入正式接待阶段。这个阶段,除接待方案逐项落实外,还要根据情况的变化,随时采取应变措施。

1. 迎接客人

一般客人可由业务部门或经理办公室人员到车站(机场、码头)迎接,重要客人应安排有关领导前往迎接。去迎接的人员在客人(乘船、飞机)到达之前到场等候。对重要客人(如主要供货单位的领导),企业经理应到客人驻地迎候,对一般客人应安排有关领导前往驻地看望。

2. 安排生活

客人到达后,应把客人引进事先安排好的客房。如客人多,应先请到客厅休息,再与客人中负责生活的人联系,由他协助分配房间。客人住下后,应把就餐的地点、时间告诉来宾。对重要客人,应安排专人送(或陪)客人到餐厅就餐。

3. 协商日程

客人食宿安排就绪后,对一般客人,可由接待人员出面与其商议活动日程。对重要客人由领导出面,进一步了解客人的意图和要求,共同商议活动的日程。最后根据确定的活动时间、内容、方式等重新修订印发活动日程,并把变动情况迅速通知有关方面,以便进行工作。

4. 组织活动

按照日程安排,精心组织好各项活动。如客人洽谈供货合同,可提前做好准备;如客人下去参观游览,应安排好交通工具和陪同人员。

5. 听取意见

在客人活动全部结束之后,要单独安排时间,请单位领导和客人会面,听取意见,交换看法,特别是对上级派来的视察团、检查团等,这项活动尤其应安排妥当。

6. 安排返程

根据客人要求,订购返程车(机、船)票,并及时送到客人手中,同时商议离开驻地的时间。

安排好送行车辆和送行人员，协助客人结算各项费用，征求客人对接待工作的意见，以便改进工作，送客人到车站（机场、码头）作最后告别。

7. 总结收尾阶段

将客人送走后，接待工作基本结束，但仍应善始善终做好收尾工作。要及时将客人所乘车（机、船）班次通知客人所在单位以便接站。

三、接待工作的注意事项

1. 行进中的礼节

接待人员在陪同客人走路时，一般应在客人的左侧，以表尊重。随行人员，应走在客人和主陪人员的后边。负责引导时，应走在客人左前方数步远的位置，遇到上下楼或转弯处应用手示意方向并加以指示。乘电梯时，如有专人服务，应请客人先进，如无专人服务，接待人员应先进去，到达时请客人先走。进房间时，如门朝外开，应请客人先进，如门往里开，接待人员应先进去，扶住门，然后再请客人进入。

2. 乘车时的礼节

乘车时，接待人员要先打开车门，请客人上车，要以手示意车门上框，提醒客人避免磕碰，待客人坐稳后，再关门开车。车停后接待人员要先下车打开车门，再请客人下车。

知识巩固

1. 接待工作的具体内容有哪些？
2. 接待工作需要注意的事项有哪些？

案例分析

泰国某政府机构为泰国一项庞大的建筑工程向美国工程公司招标，经过筛选，最后剩下四家候选公司。泰国派遣代表团到美国去与各家公司商谈，代表团到达芝加哥时，那家工程公司由于忙乱中出了差错，又没有仔细复核飞机到达时间，未去机场迎接泰国客人。但是泰国代表团尽管初来乍到不熟悉芝加哥，还是自己找到了芝加哥商业中心的一家旅馆，他们打电话给那位局促不安的美国经理，在听了他的道歉后，泰国人同意在第二天11时在经理办公室会面。第二天，美国经理按时到达办公室等候，直到下午三四点才接到客人的电话说："我们一直在旅馆等候，始终没有人前来接我们，我们对这样的接待实在不习惯，我们已订了下午的机票飞赴下一目的地，再见吧！"

问题讨论：

请评价一下美国这家公司在接待上的做法。

实训设计

请同学们讨论接待工作需要准备的内容，并做出一份接待的流程计划。

学习任务2 商务拜访礼仪

随着市场竞争的日益激烈，企业对外联系越来越频繁，要想在竞争中立于不败之地，应当掌握一些拜访、交往的礼仪，以便做到礼貌周到，树立良好的企业形象。

一、拜访前的准备

为使拜访更顺利，拜访前在礼仪方面应做如下准备。

1. 预约

要拜访别人，事先要与之取得联系，这样无论对于拜访者或是受拜访者都是有利的，双方都能够有效地控制和利用时间。作为拜访者，事先与受拜访者取得联系，约定时间地点就可以免吃闭门羹，预约对受拜访者尤其有利，他们可以事先做好充分的准备，好指定专人会客，更好地安排会见的时间和地点。

作为一个秘书，要给领导的出访作好预约工作，预约的方式有如下三种。

（1）当面向对方提出要求约会。

（2）用电话向对方提出约会。

（3）用书信提出约会。

约会时语言要准确、肯定，语气要礼貌、婉转，应注意倾听和尊重对方意见。约会时间一经确定下来，双方都要遵守。不能随便失约，或随便更改时间，万一因特殊情况不能应约时，应客气地向对方说明情况并另行约定时间。

2. 注意仪表服饰

拜访前要对自己的仪表服饰精心地准备。衣服要端庄、整洁。男士穿西服，女士穿套装，而且穿着要规范。要干净整齐，以端庄、文雅、美观的外表，给拜访者留下良好的印象。

3. 准备好名片

名片可以有多种形式，切忌满纸都是头衔。不妨将头衔和职务按以下原则分类，然后再分别印制名片：

（1）适用于对学术界的。

（2）适用于业务的。

（3）适用于一般社交的。

名片要放在容易拿出来的地方，男士可放在西装口袋里，也可放在名片夹里，或放在提包中；女士则可将名片放在提包中容易掏出来的地方。

二、与客户见面应酬礼仪

每至年底、年初，到客户家中拜年，对于巩固友谊，加强联系，具有重要的意义。正常性的促销拜访，开发新产品市场的拜访都是一种重要的感情投入。

1. 了解客户的概况

主管人员亲自访问客户，要对客户的情况、特点、销售量，以及对方的信用，在商界的地位、口碑都要有所了解。这样在双方谈话时，才能做到有的放矢，不会因为缺乏认识，而话不投机，使双方感到困窘。

2. 会晤礼节

（1）进入客户的机构，应向接待人员主动介绍自己公司的名称和自己的姓名、职务等，同时说明访问对象的姓名和工作部门，如果是事先约定也要说清楚。

（2）被引到会客室时，向引路者致谢。

（3）就座时注意，上司坐上座，自己则居下座。

（4）向访问对象致意，感谢平日的爱护惠顾。

（5）向访问对象介绍公司的负责人。

介绍过后，上司与对方寒暄并交换名片。

3. 随从人员应注意的事项

会晤时不要担任主角，由上司负责主要的交涉，自己作为二者之间的桥梁，发挥沟通作用。

如果上司早已认识客户，属下却是初见客户，就应该由上司先将属下介绍给对方，再把对方介绍给属下。

如果是上司与属下都是初次访问客户，应该先进行询问，如："您就是公司的张经理吧？您好。"然后彼此交换名片。接着介绍一起来访的属下。需要注意的是，在拜访时，除了要注意介绍的方法、递名片、接名片的方法，还要注意坐姿、站姿、握手等礼节。

知识巩固

1. 拜访前都需要做哪些准备？
2. 与客户会面都需要注意哪些礼节？

案例分析

小杨在工作中一直很主动，老板对他很器重，他自己也认为是老板的大红人而沾沾自喜。以此，他再次在公司大会上受到了老板的嘉奖时，觉得老板真是自己的人生知己，油然而生一个念头：要和老板像哥们儿一样聊聊天。当天晚上，小杨精神抖擞地敲开老板别墅的铁门，老板不在，他解释半天，保姆警惕的看着他说："没有预约不能进去。"后来老板的夫人过来，客气的问他有什么事情，他支支吾吾地说就是拜访一下老板。在老板的的客厅里小坐时，他明显的感到客套背后的拘谨。没有见到老板的他还不死心，几天后，他又一次敲开老板的家门，老板娘的第一句话是："你又来了？"，他忐忑不安的进入客厅，而这时候，老板刚刚从浴室出来，穿着随意的浴衣，上面的水珠还在滴滴答答的往下流，看见这位不速之客时，老板脸上露出了一丝尴尬的微笑，和在公司大会上的热情完全不一样了。在有一搭没一搭的交谈中，他如坐针毡。在告辞时，老板委婉地告诉他，以后有什么事情尽量在公司谈。

问题讨论：

小杨的表现如何？请做评价。

实训设计

请同学们分组模拟商务拜访的情景，并相互做出评价。

学习任务3 名片礼仪

案例导引

李强是一位初入职场的大学毕业生，某日，他第一次去拜访客户，他右手提着自己的公文包，见到客户后他从裤子口袋里掏出一张皱巴的名片用左手递给客户，然后又简单介绍了自己。

问题讨论：

李强在名片使用上符合礼仪规范吗？

案例分析

(1)名片也是个人的脸面，应该干净整洁。

(2)从案例中看出，李强对名片的使用方法和技巧不够了解，一般说来初次见面应该先向对方简单介绍自己，再给对方递上名片，并且在递名片时一般不能单独使用左手。

知识讲解

名片，是现代社会生活中一种雅致而实用的交际工具和手段，是一种最为经济实用的介绍性媒介。它源于中国，使用已长达2000多年，最初是写在竹片上，以后才写在纸上。汉初称其为“谒”，元朝时称为“名”，唐朝时称为“状”，到明清，使用名片之风更盛，称为“门状”、“名刺”或“名帖”，一直沿用到近代。

现代生活中，由于名片印制规范，文字简洁，使用方便，且易于保存，因此其用途广泛，各行各业都有使用，一张印制精美、独特的名片一经递出，会给结交对方留下深刻印象。有人说名片是社交场所的介绍信，这句话十分贴切。尤其是在拜访和接待中会经常用到名片，掌握名片的使用礼仪显得尤为重要。小小一张名片，上面印有姓名、工作单位、职务、通信地址、电话等项，使交往双方对对方情况在很短时间内一目了然，便于双方紧接其后的交往。对现代人而言，人际交往中，名片不是幌子，而是一种实用型交际工具。

一、名片的分类

因为内容、用途各有不同，日常生活中所使用名片分为应酬名片、社交名片、公务名片、单名片四类。前三类统称为个人名片，下面对这四类名片分别简单介绍。

1. 应酬名片

应酬名片又称本名式名片，内容通常只有个人姓名一项，最多加上本人的籍贯和字号。

应酬名片主要适合在社交场合应付泛泛之交。

2. 社交式名片

上书个人姓名，以大号字体印于名片中央，在名片右下方以较小字体印制自己的联络方式，主要有家庭住址、邮编，必要时可加印住宅电话。但一般不印办公地址，以示“公私分明”。片主要用于社交场合，用作自我介绍和保持联络。

3. 公务式名片

公务式名片，是指在政务、商务、学术、服务等正式的业务交往中所使用的个人名片。它是目前最常见的一种个人名片。一般标准的公务式名片由工作单位、本人称呼、联络方式三项内容构成。通常本人称呼以大号字体印在名片正中央，归属单位与联络方式分别以小号字体印在名片的左上角或右下角。若有必要，可在名片的另一面印上本单位的经营范围或所在方位图等。

4. 单位式名片

此种名片多为公司企业所用,故又称为企业名片。它主要用于单位对外宣传、推广活动。内容分为两项,一是单位全称及标识,二是单位的联络方式。

二、名片的制作

印制名片,一般委托名片制作商承办。为了使自己名片规范实用,且独具特色,达到人——名(片)一致,有时可自行设计。

1. 规格

国内通用的名片规格为9cm×5.5cm,这是制作名片时的首选规格。另外,名片还有两种常见的规格:10cm×6cm和8cm×4.5cm。前者多是国外人士使用,后者则是女士专用。如无特殊作用,不应将名片制作过大,或有意折叠,这样难免给人留下华而不实、浮躁虚华之感。

2. 材质

印制名片所选用的材质有多种,但正式社交场合宜用纸张,并以耐折耐磨的白卡纸、再生纸、布纹纸、麻点纸、香片纸为佳;至于高贵典雅、纸质挺括的刚古纸、皮纹纸,则宜量力而行,酌情使用;而塑料制作的名片往往给人以粗陋之感;也有选用钢材、木材、黄金、白银等其他材质制作名片,但由于其价格昂贵,不甚实用而使用者很少。

3. 色彩

印制名片,宜选庄重朴素的白色、米色、淡蓝色、淡黄色、淡灰色为宜,且一张名片使用色彩不宜过多,一色最佳。

4. 图案

在名片上,除名片使用纸张自身的纹路外,也可有所在企业标识、企业蓝图、企业主导产品等,但以少为佳。不提倡在名片上印人像、漫画、花卉、宠物、卡通等,给人以华而不实的印象。

5. 文字

在国内使用的名片,宜用汉语简体字,而在国外、外资企业或少数民族区域经常使用的名片,可酌情使用外文或少数民族文字。

最佳的做法,是在一枚名片的两面,分别以中文简体和外文或少数民族文字印制相同内容。若在一枚名片上将两种文字交错印在同一面上是不可取的。

文字所采用字体以清晰、标准、易识为宜,尽量不要采用行书、草书、篆书或花体字,最好不要用手写。只有别人看懂了自己的名片,名片才发挥了"识别"的作用。

6. 印法

印制名片可采用铅印,若要显得高档一些,可用胶印,但价格要更高些。

7. 版式

版式通常有两种选择。一是横式,行序由上而下,字序由左而右;二是竖式,行序由右而左,字序由上而下。一般认为,中文名片以横式为佳,因为其宜辨识,且符合人们读物的习惯;而竖式则不然,但其更显古朴风格。

三、名片使用

名片是一种记录了个人主要信息的精美卡片，它能够表明个人身份、体现个人风格。在社交活动中，恰当地使用名片能够有效地显示自己的涵养与风度，促进人际交往与沟通。

1. 自我介绍

名片是自我介绍的重要辅助工具。与交往对象初次见面时，可以使用名片向对方作自我介绍。这样可以表明身份、节省时间并强化效果。

2. 保持联系

名片上记录了一定的联络方式，在人际交往中，向他人递送名片或与之互换名片，能够与对方取得并保持联络，进而促进交往。

3. 通报变更

当自己更换了单位、调整了职务、乔迁了新居或改动了电话号码时，将变更了信息的名片递交给曾经的交往对象，就能将自己的最新情况通报给对方，以使彼此联系保持畅通。

4. 拜会他人

初次前往他人工作单位或住所时，可将自己的名片交给对方的接待人员，由其转交给被拜访者，以便对方确认了拜访者的身份后再决定是否见面，以避免冒昧造访而引起他人反感。

5. 充当留言单

当拜访某人不遇或需要向某人传达某事而对方不在时，可用铅笔在本人名片上简单写上具体事由或在名片左下角写上“n. b.”（意为“请留意附言”），然后寄交或托他人转交给对方，以便对方见到名片时“如见其人”，避免误事。

6. 充当介绍函

若想向相识的人介绍某人，则可在本人名片的左下角写上“p. p.”，然后用回形针附上被介绍人的名片，再将两张名片一并装入信封寄交给对方，或由被介绍人转交给对方。将名片寄交给对方之前，应先打电话告知对方，以便对方了解情况后有所准备。否则会显得很唐突，使对方感到尴尬。

7. 充当礼单

向他人赠送礼品时,可将本人的名片置于礼品包装内,或装入一个与名片大小相当的不封口信封,再将信封固定于礼品外包装的上方,以表明身份。

知识链接

名片上缩写文字的含义

按照国际流行的做法,用铅笔在名片左下方写上以下缩写的法文,可以表示特定的含义:

n. b. 表示"请注意",用于提醒对方留意附言。

p. m. 表示"备忘",常用语提醒对方注意某事。

p. p. 表示"介绍",通常用于向对方介绍某人。

p. f. 表示"祝贺",常用于恭贺节日或其他固定纪念日。

p. f. n. a. 表示"恭贺新禧"或"新年愉快"。

p. c. 表示"谨唁",通常在悼念逝者时使用,以表示慰问。

p. p. n. 表示"慰问",常用于问候病人。

p. p. c. 表示"辞行",常用于向他人告别。

p. r. 表示"谨谢",常用于在收到礼物或受到款待后表示感谢。

(二)名片的使用

要想充分发挥名片的礼仪功能,就必须合乎礼仪地使用名片。名片的使用主要包括准备名片、递送名片、接受名片和索取名片。

1. 准备名片

在社交活动中,社交者应有意识地准备或携带足够数量的名片(必须完整、洁净、平整、有序),将其放入专门的名片夹或名片包,并将名片夹或名片包存放在合适的位置。穿西装时,应将名片放在左胸内侧的口袋里;不穿西装时,可将名片放在上衣口袋或随身携带的公文包、手提包里。切忌将名片放在钱包、裤袋或裙兜里,否则,是非常失礼的。此外,不可将名片与接收的他人名片混放在一起,以免慌乱中误将他人名片递送出去而致使他人误解。

2. 递送名片

在社交活动中,希望结识他人或与他人建立联系,可以主动向其递送名片。递送名片时应当把握以下礼仪规范:

(1)把握时机

递送名片应把握适宜的时机,不宜过早或过晚,否则可能会徒劳无功。通常,在以下情况下最适合递送名片:① 与交往对象初次见面或握手告别时;② 与对方相谈甚欢时;③ 自己被他人介绍给对方时;④ 对方提议交换名片或向自己索要名片时;⑤ 想获得对方的名片时。切忌在对方用餐、与他人交谈或忙于其他事务时向其递送名片,否则极易引起对方的反感。

(2)态度恭敬

递送名片时,应主动起身走上前去,面带微笑,注视对方,将名片正面朝上、文字正对对方,用双手的拇指和食指持握名片上端的两角，举至胸前，上身略微前倾，恭敬地递给对方，并简单地自我介绍一下或道些许谦恭之语，如“这是我的名片，请多关照”、“希望我们保持联系”等。

知识链接

切忌采用以下方式递送名片：① 开枪式，即用食指和中指夹着名片递送给对方；② 投弹式，即把名片投给或扔给对方；③ 布雷式，即把名片递放到桌上而不是对方手中；④ 自助式，即把名片夹递向对方，让对方动手从中拿取名片。

（3）讲究顺序

递送名片时应遵循合乎礼仪的顺序。一般而言，两人交换名片时，应按如下顺序进行：① 男士先向女士递送；② 辈分较低者先向辈分较高者递送；③ 职位较低者先向职位较高者递送；④ 主人先向客人递送。需要向多人递送名片时，则应按照由尊至卑、由近及远或顺时针的顺序依次进行，切忌挑三拣四或“跳跃式”地进行。

知识链接

注意：若在向对方递送名片的同时，对方向自己递送名片，则应暂时放下自己的名片，先接过对方的名片，再递上自己的名片。名片代表一个人的身份，不要将其递送给陌生人，更不要随意散发名片，否则有失庄重。

3. 接受名片

为了表示尊重和友好，社交者在接受名片时应遵守以下礼仪规范：

（1）恭敬接受

当他人向自己递送名片时，应立即放下手中的一切事务，起身相迎，面带微笑，目视对方，点头致意，用双手的拇指和食指接住名片下端的两角，并表示谢意，或者道些许敬语，如“谢谢！很高兴认识您”、“能得到您的名片，我深感荣幸”等。

（2）认真阅读

接过名片之后，应认真地将名片内容默读一遍，遇有显示对方荣耀的职务或头衔时，可轻声读出，以示尊敬和敬佩。若对名片内容有所不明，则可当场请教对方，以示重视。切忌在接过他人名片之后，看也不看，就随手放入口袋、放在手中把玩或转交给其他人。

（3）妥善存放

在阅读了对方的名片之后，应谨慎地将其放入名片夹、上衣口袋、公文包或办公桌抽屉里，以示珍惜。切忌将对方的名片随意扔到桌上、夹到书中、压到杯子下、放到裤袋里等，否则就是不尊重对方的表现，会引起对方的反感甚至恼怒。

（4）回递名片

在接受了对方的名片之后，一般应立即回递名片。若尚无名片、忘带名片或名片用完了，则应向对方说明理由并致以歉意。必要时，可在一张干净的纸上写上自己的相关信息递给对方，或向对方承诺改日补上。

小案例

错失生意的名片

某公司经理王某在咖啡厅约见了一位重要客户李某。双方见面后，李某恭敬地向王某递上自己的名片，并有礼貌地说："王总，您好！这是我的名片。"王某接过名片后草草地看了一下，就将名片随意地放到了桌上，并开始与李某谈论合作事宜。过了一会儿，服务人员端来咖啡并请二位慢用。王某端起咖啡喝了一口，便将咖啡杯放在了李某的名片上。这一举动令李某皱了皱眉头，但王某并没有感觉到。在接下来的谈话中，李某未与王某就合作事宜作实质性的洽谈，而是礼貌地寒暄一阵之后就托辞告别了。

知识链接

提示：中国人交换名片采用双手递、双手接，而西方人则习惯于用右手与他人交换名片，日本人喜欢在一只手接过他人名片的同时，用另一只手递上自己的名片。因此在涉外交际活动中，可先留意一下对方用什么方式交换名片，然后效仿其做法。

4. 索取名片

一般情况下，社交者最好不要向他人索要名片。若确有必要，则可采取委婉的方式向对方索取，具体方法如下：

交易法：即"将欲取之，必先予之"。先将自己的名片递送给对方，进而通过对方的回赠获得其名片。

谦恭法：对于长辈或身份、地位比自己高的人，可采用恭谦的方式索取名片，如"李教授，非常高兴能够认识您，请问以后怎样向您请教呢"等。

联络法：对于平辈或身份、地位与自己相仿的人，可直接采用寻求联络的方式索取名片，如"认识您真高兴，希望以后能与您保持联系"等。

5. 注意事项

外出时必须准备一些名片。名片应从名片夹中抽出，名片夹最好放在上衣胸口的衣袋里，而不宜放在长裤口袋中，更不宜放在臀部口袋中。抽取名片时，动作应利索轻松。而当对方向自己索要名片时，手忙脚乱地从包中翻找出名片是失礼行为。

交换名片无论是处在哪个环节，都宜双手或右手递给或接过名片，目视对方。收到对方名片后，若是站着讲话，应将名片拿在齐胸高度或阅后放在自己的名片夹中；若是坐着，就放在视线所及之处；若收到好多张，应按顺序依次放在桌上。

若不想给对方自己名片，宜以委婉方式表达此意。如接受对方名片后说"抱歉，我的名片用完了。"若主动交往一方想索取对方名片，不宜强取，宜委婉地提出自己的想法。如暗示地问一下："以后我该如何与你联系？"或说："若没有什么不便，可以给我一张你的名片吗？"

知识巩固

1. 简述名片制作时应注意的规范。
2. 简述名片使用时的礼仪要求。

案例讨论

王红与李敏在一次行业聚会上相遇,王红主动递出自己的名片,李敏双手接过名片后随即放到自己的裤子口袋里,然后慌忙打开自己的手提包,准备拿出自己的名片与之交换,随手拿了一张出来才发现是一张美容卡,又从包里摸了一张才是名片,便高兴的递给王红。王红接过来一看,名片上印的名字竟然不是李敏,李敏慌忙中把他人的名片递给了王红,双方都尴尬至极……

问题讨论:

请指出本例中李敏在使用名片的失礼之处。

学习任务4 商务会议

案例导引

长荣公司被邀请参加一个研讨会,这次研讨会将有很多商界知名人士及新闻界人士参加。长荣公司的老总特别安排他很器重的助理小杨作为公司代表去参加。会议当天,小杨睡过了头,等他赶到现场时,会议已经进行了20分钟。他急急忙忙地推开会议室大门,不小心碰倒了会议室门口的花盆,花盆倒地发出一声脆响,这让他一下子成了会场上的焦点。刚坐下不久,小杨的手机铃声响起,肃静的会场上播放起了摇篮曲!这次,小杨简直成了研讨会上的"明星"。研讨会结束后,长荣公司老总就让小杨另谋高就了。

思考问题:

分析长荣公司老总为什么让小杨另谋高就?

知识精讲

会议礼仪是指会议召开前、会议过程中、会议结束后应遵守的礼节和仪式。

一、会议概述

在学习商务会议礼仪之前，我们有必要先了解一下会议的要素和基本流程。

(一)会议的要素

一般来说，会议的要素包括与会者、主持人、议题、名称、时间和地点这六个部分。

1. 与会者

与会者是指参加会议的正式成员(不包括会场上的服务人员)，是有权了解会情、提出意见、表明态度、作出决定的人(如公司股东)或能够提供信息、促进会议深化讨论的人(如重要嘉宾、群体代表等)。

2. 主持人

主持人是指对会议的正常进行起着引导作用的人，其往往也是会议的组织者或召集者。主持人通常由有相当地位、威望的人或有经验、懂行的人担任。具体而言，主持人可以分为以下两种：

① 当然的主持人，即由商务组织的章程或者法律法规决定的主持人，如公司董事会的主持人为董事长等。

② 临时的主持人，即由与会者推选或协商产生的主持人，如多个商务组织开联席会议时，由这些组织选举或协商产生主持人。

3. 议题

议题是指会议所要讨论的课题或所要解决的问题。议题通常由会议组织者指定或经调查研究后提出。

4. 名称

会议应当有一个恰当、确切的名称。会议的名称应能够显示会议的内容、性质、参加对象、主办单位或组织、时间、届次、地点或地区、范围、规模等。

5. 时间

会议的时间通常具有以下三种含义：① 会议召开的时间；② 会议需要的时间；③ 每次会议的时间限度。会议召开的时间通常由会议组织者根据工作需要(如进行总结的需要、安排计划的需要等)、与会者参与的可能性、天气等因素来确定。会议需要的时间可长可短，少则几分钟、几十分钟，多则几天、十几天，但一般都应尽可能地缩短。每次会议的时间限度一般不超过1小时，否则，应安排会间休息时间。

6. 地点

地点是指会议召开的地区和会场的具体地址。会议地点的选择通常受经济、文化、交通、地区特征、环境、会场设施等因素的影响。例如受经济、文化、交通因素影响，国际性或全国性会议的地点通常选在北京、上海、广州等城市；受地区特征因素的影响，专业性会议的地点通常选在富有专业特征的地区(以便现场考察)；受会场设施因素的影响，小型或经常性会议的地点通常选在会议室。

（二）会议的基本流程

会议应当按照一定的流程进行。一般而言，会议的基本流程包括会前准备、会中组织和会后收尾三个阶段，各个阶段的具体工作内容如下。

1. 会前准备

举行会议之前，会议组织者应当做好以下准备工作。

（1）确定会议议题和名称

首先确定集中、明确、必要的会议议题，然后根据议题确定会议的名称。

（2）成立会务组

会议议题一旦确定，就应成立专门的会务组，由其负责落实会议的具体工作事项，如联络责任人、协调各方关系等。大型会议中，通常还应分别成立秘书组、保卫组、接待组、文娱组等，以便全面筹备会议事务，保证会议井然有序地进行。

（3）确定与会人员名单

根据会议的内容、性质和任务，科学地确定出与会人员名单。确定名单时，应当剔除一切与会议无关的人员，以便取得理想的会议效果。

（4）确定会议地点

根据会议的性质和规模确定会议召开的地点。其中，会议所在地区应交通便利、气候宜人，会议具体场所应环境幽雅、宽敞明亮。

（5）安排会议议程和日程

会议议程是指对会议议题性活动的总体顺序安排（不包括会议期间的仪式性、辅助性活动的安排）。例如大中型会议的议程一般安排如下：开幕式；领导和来宾致辞；领导作报告；分组讨论；大会发言：参观或其他活动；会议总结；宣读决议；闭幕式。

会议日程是指根据会议议程对各项会议活动（包括仪式性、辅助性活动）所作出的日期安排，凡是会期满1天的会议都应制定会议日程。

会议组织者安排会议议程和日程时，应保证关键人物有时间出席会议，并尽可能保证其他与会者有时间参与会议。同时，应尽量将重要的议题和关键人物的活动安排在前面。

（6）拟发会议通知

会议组织者应提前向与会者下发会议通知（包括向有关单位或个人发放邀请函）。会议通知可以采取书面、口头、电话、邮件等方式，但大中型会议或比较正式的会议一般应采用书面形式。

书面会议通知应包括以下内容：

① 会议名称。

② 会议主题和内容。

③ 会期（会议起止时间）及报到时间。

④ 会议地点。

⑤ 会议的出席对象，即与会者应具备的条件。

⑥ 与会要求，即与会者应携带的材料、应支付的费用、应准备的生活用品等。

⑦ 主办单位、联系人姓名及其电话等。

发放书面会议通知或邀请函时,应当设法保证其及时到达(至少应提前一天到达)与会者手中,以便其早作准备。

(7)准备会议材料

妥善准备会议上所用的各种文件材料,如会议议程和日程表、开幕词、主题报告、领导讲话稿、其他发言材料、闭幕词等。有的文件应在与会人员报到时发放,如会议议程和日程表。

(8)准备会场设备和会议用品

购买或租用各种会场设备,如音像设备、多媒体设备、照明设备、通风设备、空调设备等。同时,准备相应数量的会议用品,如本册、签到簿、笔、文件夹、座位签、姓名卡、饮料、杯子、印有会议标志的纪念品等。

(9)布置会场

将会议所需的各种设备和用品摆放到会场的相应位置,并对设备进行调试检查。此外,还应在会场的显眼位置悬挂标语、横幅、旗帜或会标,并在会场周围设置路标、张贴海报、摆放鲜花、插放彩旗等。

2. 会中组织

会议举行期间,会议组织者应做好以下工作。

(1)做好接待工作

安排专员做好会场内外的接待工作,主要包括迎接、引导和陪同与会者等。对于贵宾,往往还需重点照顾。

(2)组织签到

组织与会者签到,并及时、准确地统计到会人数,从而据此安排会议工作(有些会议只有在到会人数达到一定数量时才能召开)。

(3)做好现场记录

安排专员对会议进行现场记录,具体方式包括手写记录、电脑录入、录音、录像等。可以只选用一种方式进行记录,也可以采用多种方式交叉进行。采用手写记录或电脑录入的方式记录会议时,应当准确、完整地写明会议名称、会议时间、会议地点、出席人数、讨论事项、发言内容、临时决议、最终表决等内容。

(4)做好会间服务

为与会者提供一切力所能及且符合礼仪规范的服务,具体包括为与会者安排工作餐、住宿、茶会或文娱活动,以及提供安全保卫、医疗卫生、便民咨询等。

3. 会后收尾

会议结束后,会议组织者应做好以下收尾工作。

(1)整理会议资料

对会议相关的一切图文、声像材料进行收集、整理,并对相应材料进行汇总、归档、回收或销毁,然后及时形成会议纪要或会议决议。

(2)馈赠礼品或组织摄影

对于公司内部会议以外的会议,会议组织者可向与会者赠送具有会议主办方(即会议组织者)特色的礼品,并可组织与会者摄影留念,以加强业务联系、促进商务往来。

(3)协助与会者返程

对于外来的与会者,会议组织者应提供一切力所能及的帮助(如为其联络或提供交通工具、替其订购返程机票或车票、帮助托运行李、安排专人为其送行等)协助其返程。

二、商务会议的座次礼仪

在商务会议礼仪中,大型会议和小型会议的座次礼仪规范性较强,而中型会议的座次则可根据具体情况参照大型会议或小型会议的座次礼仪进行安排。因此,下面只介绍大型会议和小型会议的座次礼仪。

(一)大型会议的座次礼仪

大型会议的与会人数众多,所以会场上通常应分设主席台和群众席。会议组织者在举办会议时,应注意合理安排主席台和群众席的尊卑座次。

1. 主席台的座次

大型会议的主席台上一般应设有主席团座位、主持人座位和发言者席位,它们均面向群众席。

(1)主席团座次

主席团是指负责统筹会议活动、协调各方关系、作出会议决策,并正式就座于主席台上的人员。按照国际惯例,主席团的座次排列应符合以下规则:以主席台面向群众席的视角为基准,前排尊于后排、中间尊于两侧、右侧尊于左侧。

具体来说,主席团的座次排列又有单数和双数之分:当主席团每排人数为单数时,座次排列如图所示;当主席团每排人数为双数时,座次排列如图所示。

每排人数为单数时的座次排列:

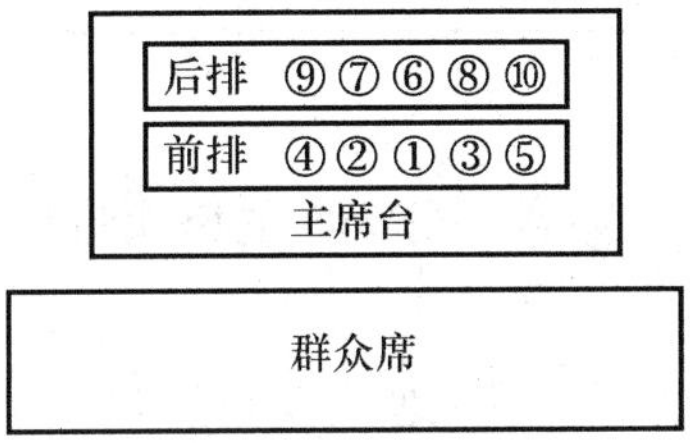

每排人数为双数时的座次排列:

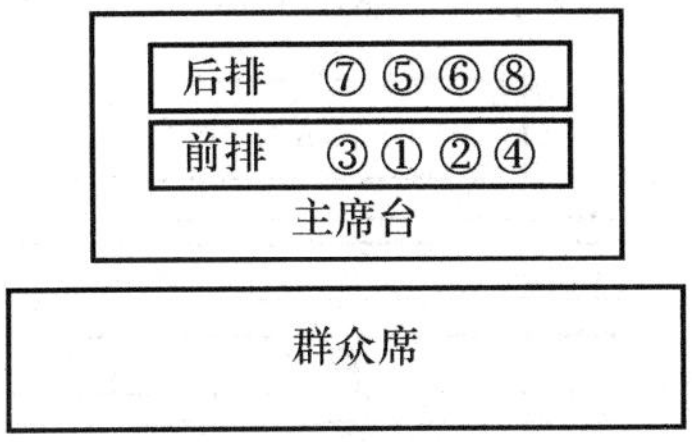

安排好主席团座次后,应按照座次顺序在就座者身前的桌上摆好写有入座者姓名的桌签,以便主席团成员按序入座。

(2)主持人座位

主持人的座位通常可按如下方式安排:

① 主席团前排座位的正中央。

② 主席团前排座位的两侧。

③ 按其具体身份排座,但应安排在主席团座位的前排。

(3)发言者席位

发言者席位简称发言席,其常规位置有如下两种:

① 在主席团的右前方,如下图所示。

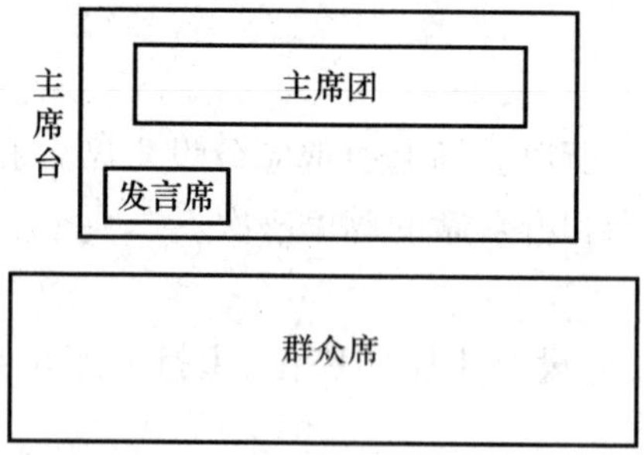

② 在主席团的正前方,如下图所示。

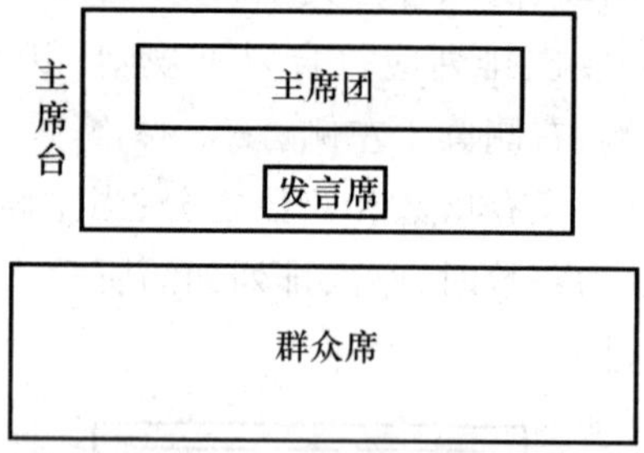

2. 群众席的座次

群众席是指主席台之下的一切座席。群众席的座次排列方式主要有以下两种。

(1)单位式排列

即按照与会者的单位、部门或者行业、地位安排座次。单位式排列又可以分为以下两种方式:

① 以群众席面向主席台的视角为基准,从前往后进行横向排列,如下图所示。

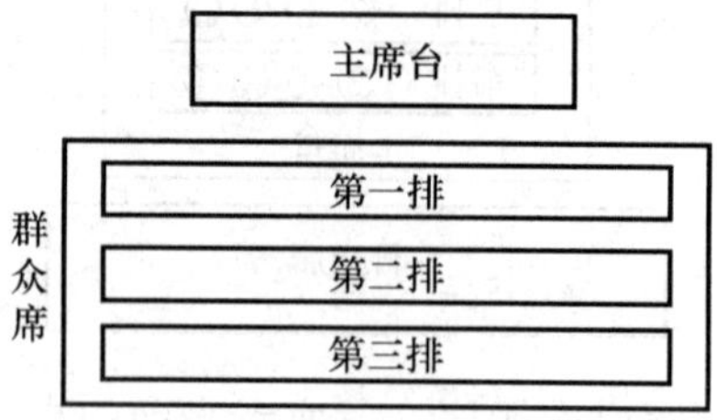

② 以同样的视角为基准,从左到右进行纵向排列,如下图所示。

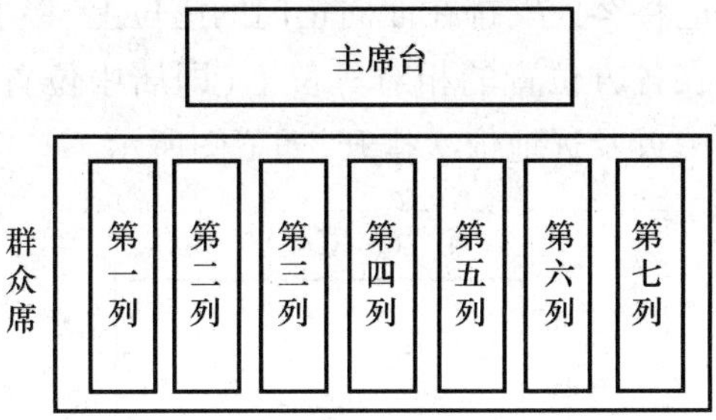

通常，横向排列座次时，前排座位尊于后排；纵向排列座次时，中列的座位尊于两侧。

(2)自由式排列

即不进行统一安排，由与会者自由择座。

(二)小型会议的座次礼仪

小型会议的与会人数较少，全体与会者通常在同桌而坐。因此，会议组织者可采用以下三种方式安排会议的尊卑座次。

1. 面门设座

即以面对会议室正门的中间位置为尊位，再根据右座尊于左座的原则，在尊位两侧由近及远地依次设座的方式。

根据与会者身份的不同，面门设座的座次排列又分为无主客之分的座次排列和有主客之分的座次排列。

(1)无主客之分的座次排列

若与会者中没有客人，则直接在面对会议室正门的位置上，按照中间为尊、右座尊于左座的原则安排座次，如下图所示。

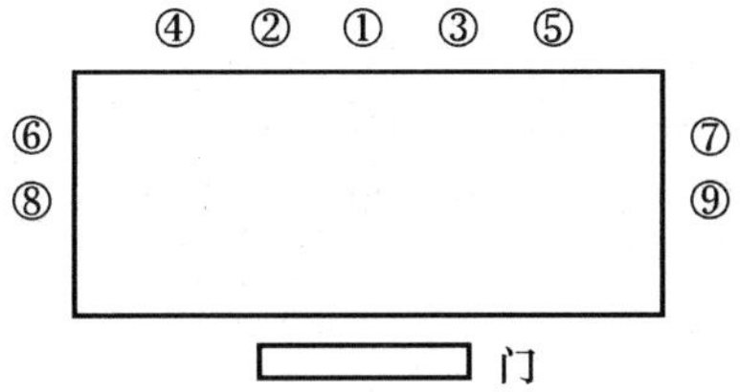

若会议桌斜对着会议室正门，则可以在远离会议室正门的一侧依次设座，如下图所示。

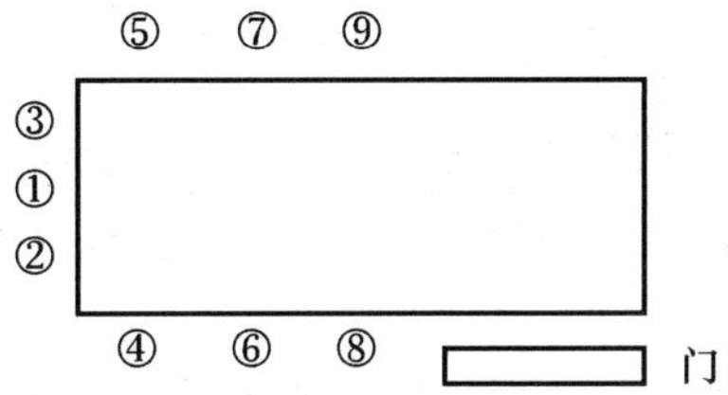

一般而言，入座尊位的人为主持人或在座的级别最高的领导人。

(2)有主客之分的座次

若与会者中有客人，则座次的安排将既涉及主客双方的尊卑次序问题，又涉及内部成员之间的尊卑次序问题。此时,应将客人安排在面向正门的座位上,将主人安排在背向正门的座位上,再将双方的领导人安排在各方位置的相对尊位上(即居中位置),各方成员则按照右座尊于左座的原则,在尊位两侧由近及远地依次排开,如下图所示。

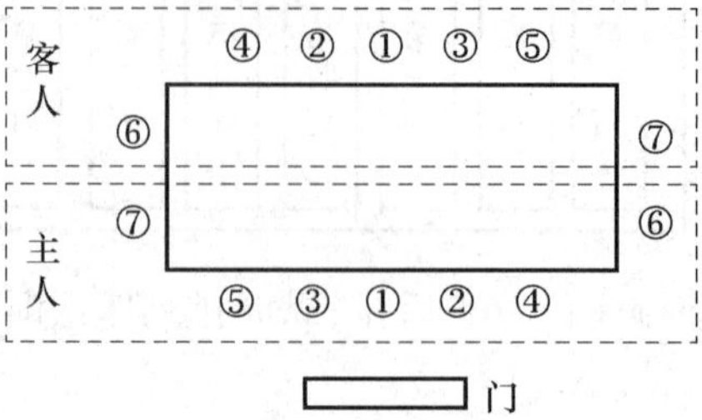

2. 依景设座

即以背靠着会议室内主要景致(如字画、讲台等)的位置为尊位,再按照右座尊于左座的原则,在尊位两侧由近及远地依次设座的方式。这种方式的座次排列与面门设座方式的座次排列基本相同:

3. 自由择座

即不安排固定的座次,而由与会者自由地选择座位就座。

三、商务会议人员的礼仪

(一)主持人礼仪

除应掌握前面项目所述的仪容和着装礼仪外,主持人还应掌握以下仪态礼仪、言谈礼仪和主持礼仪。

1. 仪态礼仪

站立主持时,应保持合乎礼仪的站姿,右手持稿、左臂自然下垂或者双手持稿齐于胸前;坐姿主持时,应坐正挺直,双臂前伸,双手轻按于桌沿。在主持会议的过程中,切忌出现搔头、揉眼、抖腿等不雅动作。

2. 言谈礼仪

主持会议时,应当口齿清楚、发音准确,并简明扼要地表述会议事项。在会议进行的过程中,不可与会场上的人员寒暄、闲谈。

3. 主持礼仪

主持礼仪主要是指落实会议议程时应遵守的礼仪规范,具体应做到以下几点:

(1)按既定的顺序推动会议活动的进展,不得随意变动议程顺序,同时,严格把握会议的起止时间,不随意拖延或提前。

(2)引导与会者积极讨论或发言,当讨论、发言的内容偏离会议主题,或者讨论、发言的时间超出限定范围,应当给予礼貌的提醒。

(3)就发言内容进行提问并作恰如其分的评价,同时对发言人表示礼节性的肯定或感谢。

(4)根据会议性质适当地调节会议气氛(或庄重、或热烈等),以便实现会议的预期效果。

(5)安排会间休息时间，并明确休息时间的具体长度。

(6)会议结结束前，对会议情况作简单的总结，并宣读会议达成的决议。在会议结束时，对为会议提供了帮助的人和协助组织会议的工作人员表示感谢。

(二)发言者礼仪

发言者分为正式发言人和自由发言人两种。前者一般是指到发言席作报告的领导，后者一般是指在座讨论并发言的与会者。正式发言人和自由发言人应分别遵守以下礼仪规则。

1. 正式发言人的礼仪

(1)走上主席台时，应步态自然，并体现出自信的风度。

(2)走上主席台后，首先应面向群众席，扫视全场，与在座的听众进行目光交流，然后诚恳、恭敬地向听众鞠躬或点头致意，稍后便可开始发言。

(3)发言时，应口齿清晰、发音准确，简明扼要地表述发言内容，若是书面发言，则还应时而抬头扫视会场，切勿旁若无人地低头念稿。

(4)发言完毕，应向听众表示谢意，然后退下主席台回到原座位。

2. 自由发言人的礼仪

(1)注意发言顺序、遵守发言秩序，不可争抢发言。

(2)发言时，应口齿清晰、观点鲜明、内容简短。

无论是正式发言人还是自由发言人，对于主持人或其他与会者就发言内容所进行的提问，都应礼貌作答，对于不能回答的问题，应机智而礼貌地说明理由；对于提问人的批评或建议，应当认真听取，即便批评或建议是不恰当的，也不应失态。

(三)与会者礼仪

除了应遵守前面项目中所介绍的着装礼仪规则外，与会者还应遵守以下礼仪规则：

(1)按时到会，并按会议组织者安排的座次入座。

(2)保持会场安静，做到关闭手机或将手机调为静音、不拨打或接听手机、不大声喧哗、不交头接耳等。

(3)保持得体的仪态，切勿做出不雅行为，如打哈欠、伸懒腰、打瞌睡、掏耳挖鼻、挠头、打嗝等。

(4)会议进行时，不要随意走动或出入。若确实需要暂离座席，则应轻手轻脚地进行，尽量减少对发言者和其他与会者的影响；若需要长时间离席或提前退场，则应向会议组织者说明理由并表示歉意，在征得同意后方可离开。

(5)若会议安排了自由讨论，则应在讨论时间内积极地参与讨论。讨论时，不要打断他人的讲话，而应等他人讲完后再阐述自己的见解。与他人出现意见出现分歧时，不要急于争辩，而应先虚心倾听，再以理说服。

(6)想要发言时，应先理清思路并做好心理准备，然后按会议允许的方式(如举手示意、目光示意等)向主持人提出。

(7)他人发言时，应认真倾听，并用笔、纸记下与自己工作相关的内容。

(8)当他人发言结束时，应向发言者致以热烈的掌声，以表赞赏和感谢。

学习任务5　商务谈判礼仪

商务谈判是最重要的商务活动之一，在谈判的过程中遵守谈判礼仪是维护商务组织形象、促进谈判活动顺利进行的重要方式。

一、商务谈判概述

(一)商务谈判的概念

商务谈判是业务各方为了实现各自的经济目的，而就相互之间的权利、义务进行洽谈、协商的活动过程。

(二)商务谈判的分类

根据不同的分类标准，商务谈判可以分为很多种类。其中，比较常见的分类方式有如下两种。

1. 根据参加谈判的业务方数量的不同

依业务方数量的不同，商务谈判可以分为双边谈判和多边谈判，这两种谈判的具体含义和特点如下：

- 双边谈判：是指只有两方利益代表参与的谈判。这种谈判涉及的利益关系比较明确、具体，谈判议题也相对简单。
- 多边谈判：是指至少有三方利益代表参与的谈判。这种谈判涉及的人员较多、利益关系复杂，谈判的难度较大。在谈判的过程中，通常需要就某些特定的问题进行一些双边谈判。

2. 根据谈判地点的不同

依谈判地点的不同，商务谈判可以分为主座谈判和客座谈判，这两种谈判的具体含义和特点如下：

● 主座谈判：又称主场谈判，是指在自己所在地（自己居住的国家、城市或区域）组织的谈判，在自己所在地参与谈判的人员称为主方。这种谈判能给主方带来不少便利（如安排谈判时间、准备谈判资料、汇报新情况等均比较方便）。

● 客座谈判：又称客场谈判，是指在他方利益代表所在地组织的谈判，赴往他方利益代表所在地参与谈判的人员称为客方。这种谈判是相对于主座谈判而言的，通常会给客方带来很多不便（如在使用当地语言、汇报新情况等方面都会受到一定阻碍），谈判进程易受主方控制。

二、商务谈判准备

为确保谈判的顺剩进行，参与谈判的主方和客方都需要在谈判前做一系列准备工作。

（一）主方的谈判准备

主座谈判中，主方作为东道主，应做好以下准备工作：

● 拟定接待计划：了解客方的谈判人员名单、各谈判人员的基本信息（如姓名、性别、职务、级别等）及客方的食宿要求等信息，然后据此确定接待规格并拟定接待计划；

● 确定谈判人员：根据客方各谈判人员的具体情况，确定己方谈判人员的名单，并确保双方谈判人员的人数、身份和职位对等；

● 拟定谈判日程：了解客方的意图（如参观访问、游览观光的愿望等），根据其意图和己方的实际情况拟定出日程安排表，并将其发送给客方，以征询意见，待客方确认后再打印出来，以便分发给各方谈判人员；

● 布置谈判会场：选择环境幽雅的会场，并恰当地布置会场，如在会场的相应位置悬挂标语或横幅、置放会场设备（如音像设备、多媒体设备、照明设备等）和摆放会议文具（如白板、笔、纸张、桌签等）、点缀鲜花、插上旗帜、准备饮料或矿泉水等，使会场显得整洁、庄重；

● 整理仪容仪表：修饰容貌并整理着装，使自己的仪容仪表符合礼仪规范；

● 落实接待计划：成立接待小组（必要时应备有翻译），根据客方抵达己方所在地的具体时间、地点，全面落实接待计划，具体包括交通、食宿、通讯、医疗等各个方面的工作。此处可参照前一项目中接待礼仪的相关规则进行操作。

（二）客方的谈判准备

在客座谈判中，赴约谈判的客方主要应做好以下准备工作：

● 告知情况：明确告诉主方谈判目的、活动要求（如参观访问、游览观光等）、谈判人员人数及组成、抵达谈判地点的时间、交通方式、食宿标准、离开时间等，以便主方安排接待工作和拟定谈判日程。

● 准时赴会：通常应在约定时间的5分钟前达到约定地点。

三、商务谈判的座次礼仪

在商务谈判中，恰当的座次安排能够充分发挥谈判人员之间的沟通效果，有利于谈判活动的顺利进行。通常,谈判的座次安排因参与谈判的利益方数量的不同而有所不同。

(一)双边谈判的座次

双边谈判的座次涉及谈判双方的尊卑座次问题,也涉及各方内部的尊卑座次问题。通常,谈判双方的座次安排应遵循面门为尊或以右为尊的原则,各方内部的座次安排则遵循居中为尊、右座尊于左座的原则。

一般情况下,根据谈判桌的摆放方向的不同,双边谈判的座次可分为以下两种。

1. 横桌式

即谈判桌横放于谈判室内时,客方谈判人员面门而坐,主方谈判人员背门而坐,双方的主谈人在各自的一侧居中而坐,各方的其他谈判人员则按右座尊于左座的原则,由近而远地在主谈人员两侧分坐。其中,主谈人右侧的第一个位置一般须留给其副手或翻译人员(涉外谈判中一般带有翻译人员),如下图所示。

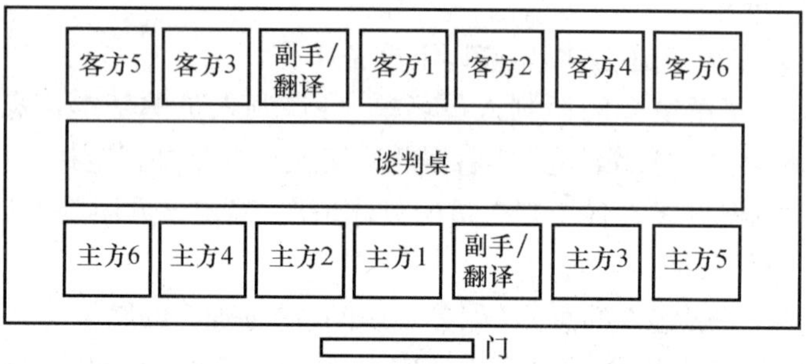

2. 竖桌式

即谈判桌竖放于谈判室内时,以进门的视角为基准,将右侧的位置留给客方谈判人员,左侧的位置留给主方谈判人员,双方的主谈人在各自的一侧居中而坐,各方的其他谈判人员则按右座尊于左座的原则,由近而远地在主谈人两侧分坐,如下图所示。

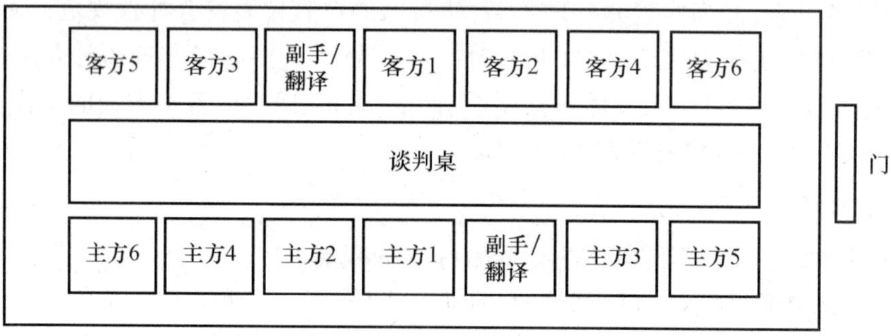

(二)多边谈判的座次安排

由于多边谈判具有三个或三个以上利益方,所以谈判座次的安排着重体现平等,通常采取以下两种形式。

1. 主席式

即在面对谈判室正门的位置设置一个主席位,供各方谈判人员发言时使用,其他谈判人员一律面对主席位、背门而坐。

2. 自由式

即不安排固定的座次,而由各方谈判人员自由就座。

四、商务谈判的会谈礼仪

在商务谈判的过程中,谈判人员除了应遵循前面项目中所讲述的表情、言谈礼仪规则外,还应遵循以下礼仪规则:

- 善于倾听:在谈判的过程中,应善于倾听谈判对手的讲话,以表示对谈判对手的尊重,同时便于自己准确把握其谈判需求或思想。
- 适当提问:谈判时,应针对谈判对手的发言适时地提问。提问选在谈判对手发言间歇时、自己发言前后或辩论时间内进行,切勿在气氛比较冷淡、紧张时或他人发言时进行。提问时应当避免与谈判主题无关内容。此外提问应当掌握一定的节奏,否则是非常失礼的。涉及他人隐私、暴露自己弱点或含有敌意的问题不要提,不要一次性提出多个问题或对回答者追问不休。
- 清晰表达:谈判时应当清晰地表达自己的思想或观点,表达时应避免使用生硬的词汇和语气强烈的句式(如反问句、祈使句、排比句等),以免引起谈判对手的反感甚至恼怒。
- 冷静辩论:辩论是商务谈判中的必要环节。辩论时应本着求大同存小异的原则,心平气和地进行。即使与谈判对手之间存在较大分歧,也应对其以礼相待,切勿因情急而表现得言辞激烈、怒气冲冲,甚至对谈判对手进行人身攻击。
- 灵活处理:若谈判过程中出现冷场,则应当机立断暂停谈判或者暂时转移话题,稍作休息后再继续进行,切勿让冷场时间持续过长。

五、涉外谈判中的礼仪

涉外谈判是指在国际商务活动中,不同国家之间的商务活动主体为了实现各自的经济目标而进行洽谈、协商的活动过程。

在涉外谈判中,商务人员应根据外国商务人员的习俗和谈判特点相应地调整自己的谈判礼仪规范。下面将介绍与美国人、英国人、日本人谈判时应当注意的礼仪规范。

1. 与美国人谈判的礼仪规范

(1)美国人喜欢直接、坦率地表达观点,不喜欢兜圈子。因此,在向美国人表达谈判观点时必须清楚地表示"是"或"否",而不能含糊其辞,否则易产生纠纷。

(2)美国人时间观念很强,注重工作效率。与美国人谈判时,不要谈毫无意义的话,而应开门见山、直奔主题,以免影响谈判效率。

(3)美国人非常重视律师和合同的作用。在与他们谈判时,带上熟悉美国法律的专业律师有利于谈判的顺利进行。

2. 与英国人谈判的礼仪规范

(1)英国人比较注重谈判对手的身份、地位。在与他们谈判时,谈判人员最好具有较高身份、地位。

(2)在谈判中称呼英国谈判人员时,不要直接称呼其名字,通常应采用姓氏加“先生”、“夫人”、“小姐”的方式。若其有爵位,还可以其爵位相称。

(3)在谈判中,切忌谈论英国皇室及其成员。

3. 与日本人谈判的礼仪规范

(1)谈判时,日本人习惯于与在座的所有人一一交换名片,对此,商务人员应予以理解和尊重,否则将被日本人视为不懂礼节。

(2)由于日本人通常认为年轻的谈判人员不具有决策权,与年轻的谈判人员谈判是浪费时间和有失尊严的,因此在与日本人谈判时,尽量不要安排年轻的谈判人员(包括女性谈判人员)。

(3)谈判时,尽量不要带律师、会计师和其他职业顾问,否则将被视为不友好。

(4)不要在谈判过程中偷偷增加人数,也不要中途更换谈判人员,否则将被视为缺乏诚意。

选择题

1. 下列选项中,(　　)不属于会议前的准备工作。

A. 成立会务组　　B. 安排会议议程和日程

C. 做好现场记录　　D. 拟发会议通知

2. 在大型会议中,主席团的座次排列规则是(　　)。

A. 以主席台面向群众席的视角为基准,前排尊于后排、中间尊于两侧、左侧尊于右侧

B. 以主席台面向群众席的视角为基准,后排尊于前排、中间尊于两侧、右侧尊于左侧

C. 以群众席面向主席台的视角为基准,前排尊于后排、中间尊于两侧、左侧尊于右侧

D. 以群众席面向主席台的视角为基准,后排尊于前排、两侧尊于中间、左侧尊于右侧

3. 小型会议上的座次安排方式不包括(　　)。

A. 面门设座　　B. 背门设座

C. 依景设座　　D. 自由择座

4. 下列行为符合主持人礼仪的是(　　)。

A. 在会议进行过程中,与会场上的人员寒暄、闲谈

B. 呵斥发言时间超过限定范围的发言人

C. 就发言内容进行提问并作恰如其分的评价

D. 会议进行过程中,不安排会间休息时间

5. 下列行为符合发言人礼仪的是(　　)。

A. 走上主席台时,因紧张而扭捏

B. 正式发言时,旁若无人地低头念稿

C. 自由发言时,不与他人争抢着发言

D. 对主持人或其他与会者就发言内容进行的提问不作答复

6. 下列行为符合与会者礼仪的是(　　)。

A. 在会议期间的非讨论时间内,与他人交头接耳地讨论

B. 与他人的意见出现分歧时,便急于争辩

C. 未经会议组织者同意而提前退场

D. 他人发言时,认真倾听并用笔、纸记下与自己工作相关的内容

7. 下列符合双边谈判的座次安排礼仪的是(　　)。

A. 座次安排可采取主席式

B. 座次安排可采取自由式

C. 主谈人员右侧的第一个位置一般应留给其副手或翻译人员

D. 各方的谈判人员按左座尊于右座的原则,由近而远地在主谈人员两侧分坐

8. 下列符合商务谈判的会谈礼仪的是(　　)。

A. 在谈判气氛比较冷淡时向谈判对手提问

B. 向谈判对手一次性提出多个问题

C. 与谈判对手之间存在较大分歧,因而表现得言辞激烈、怒气冲冲

D. 谈判过程中出现冷场,应当机立断暂停谈判

学习项目6　职场礼仪

学习要求

1. 了解求职前的礼仪，掌握面试中的礼仪。
2. 了解办公室的关系礼仪。
3. 掌握办公室的装束礼仪。
4. 了解办公室公共区域内的礼仪。

案例导引

某货运公司的场地构造有点特殊，门旁边的玄关有一个座位，因为财务不用和项目组的同事坐在一起，所以玄关旁边的位置就成了财务王女士的座位。公司前几个月新来了一个大学毕业生，每次进门首先就会看到王女士，招呼也不打，就直接往里走，一副不屑一顾的样子。估计是把王女士当成前台人员了，这让王女士很是不高兴。后来这个大学生终于明白王女士不是前台人员，而是掌握她每个月工资的“财政大臣”，于是她突然就殷勤起来，一进门就叫王老师。但是即使她再怎么尊敬王女士，王女士的心里也无法对其产生好感。

案例评析

礼仪是礼节、礼貌、仪式的统称，尊重他人正是礼仪的核心价值。新人刚进职场时礼貌很重要，一定要妥善处理人际关系，不能以貌取人或者想当然，要树立好自己在公司的第一印象。

职场礼仪主要有求职面试礼仪和办公室礼仪两大方面。求职礼仪是每个人在求职的过程中所表现出的由内到外的一种涵养，外表的礼仪是对招聘单位和招聘人员最起码的尊重，而内在的礼仪更是一名当代大学生所必备的修养。随着经济的发展和社会的进步，许多企事业单位对人才的要求也越来越高，文雅的谈吐、得体的举止，已成为用人单位录用人才的基本要求。而办公室既是工作场所也是公共场合，工作人员在办公室必须要遵守一定的办公室礼仪。

学习任务1　求职面试礼仪

求职或许是每个年龄段的人都可能遇到的事情，尤其是刚刚毕业进入社会的应届毕业生。面对当前人才流动越来越频繁、求职竞争越来越激烈的现实，怎样求职，怎样才能找到适合自己并称心如意的职业，怎样做好求职前的准备工作，怎样在求职的过程中扬长避短，成为很多求职者面临的问题。

一、求职准备

俗话说，机会永远只会青睐有准备的人，求职者要想得到向往已久的职业，应在求职前做好相关的准备。

（一）心理准备

1. 认识自己

求职者在应聘之前应对自己有一个全面的分析和认识，要根据自己的兴趣和专长，来确定自己的就业方向。如果求职者没有充分认知自己，求职时便会像"无头的苍蝇"，盲目乱投，大多数简历投出去后都会石沉大海，没有什么结果。

2. 要有自信

自信是求职面试必备的心理素质，是面试成功的关键。任何公司或单位都不希望自己的员工畏首畏尾、过分谦卑而担不了大事。因此，在求职应聘前，求职者一定要树立自己的信心，尽量发挥自己的优势，相信自己一定能获得成功。

小案例

一家中外合资的公司通过对应聘人员多轮考核、层层筛选,最后只剩下一男一女两人。经理是个外国人,他在与这两位求职者闲聊中,随便问了三个问题。“会打羽毛球吗?”男的说“会。”女的其实是不错的羽毛球选手,却答道:“打得不好。”“给你们一辆小轿车,有没有把握学会驾驶?”男的说:“有。”女的则说:“开得不好。”经理再问:“厨房里有的是蔬菜,你俩能不能给我做几样拿手好菜,我这人不挑剔。”男的说:“没问题。”而女的却腼腆地说:“做得不好。”最后,公司录用了男性,淘汰了女性。公司对她的评价是:有自卑情绪,缺乏自信心,无法胜任本公司的职务。那个男的就是凭“会”“有”“没问题”这五个字轻而易举地击败了对方,取得了求职的胜利。

(二)形象准备

应聘者的外在形象是给面试官的第一印象。着装得体、仪容整洁会给人以大方、精干的好印象;反之,不修边幅、蓬头垢面则会给人以懒散、不上进的感觉。所以应聘者在应聘前必须做好形象上的准备。

1. **男士**

男士面试时,应注意以下服饰礼仪:

(1)春、秋、冬季,最好穿正式的西装面试,并查看领口、袖口是否有脱线和污浊的痕迹;夏天要穿长袖衬衫,系领带,不要穿短袖衬衫或休闲衬衫。

(2)西装的色调要以给人稳重感觉的深色为主,如藏青色、蓝色、黑色、深灰色等;配套的衬衫最好为白色;领带应选用丝质的,图案可以根据自己的爱好选择,最好是单色的。

(3)选择深色的袜子、黑色的皮鞋;皮带要和西装相配,一般选用黑色。

(4)不要将钢笔插在西装上衣的口袋里。

(5)注意脸部的清洁,胡子一定要刮干净,头发梳理整齐。

(6)眼镜要和自己的脸型相配,镜片要擦拭干净。

2. **女士**

女士面试时,应注意以下服饰礼仪:

(1)面试时的着装要简洁、大方、合体。职业套装是最简单,也是最合适的选择。衣服的质地不要太薄、太透,薄和透易给人以不踏实、不庄重的感觉。例如,春秋的套装可用花呢等较厚实的面料,夏季宜选择真丝等轻薄的面料。套装的色彩要表现出青春、典雅的格调,但不宜穿抢眼的颜色。

(2)皮鞋应该以式样简单、没有过多装饰为主,后跟不宜太高,颜色和套装的颜色一致。如果你不知道如何配色,最简单的办法就是穿黑色的皮鞋。

(3)丝袜以透明的近似肤色的颜色最好,且要随时检查是否有脱线和破损的情况,最好带一双备用丝袜。

(4)佩戴饰物应注意和服装整体的搭配,最好以简单朴素为主。

(5)化淡妆。如果抹香水,应该用香型清新、淡雅的,头发要梳理整齐,前额刘海不要超过眉毛。

(6)如果习惯随身携带包,那么包不要太大,款式可以多样,颜色要和服装的颜色相搭配。

出发前,最好从头到脚再检查一遍,看看扣子、拉链是否扣好、拉好,领子、袖口是否有破损,衣服是否有褶皱,鞋子是否干净光亮。

(三)了解招聘单位信息

就业信息是指有关就业方面的消息和情况,一般可以通过新闻媒介(如人才报)、招聘会(校园招聘、人才市场招聘会)等途径了解。面试之前要多收集与应聘单位相关的真实有效的信息。具体包括:一是单位的基本情况,如单位的具体名称、单位的性质、单位的规模、单位的声誉、单位的产品等;二是单位的招聘信息,如对应聘人员的年龄、学历、专业、性别等的具体要求;三是单位的待遇情况,如单位的总体收入情况、福利、员工培训进修等方面。

积极收集应聘单位的资料信息可以帮助求职者认清方向,更客观准确地了解应聘单位,选择适合自己发展的岗位,同时也为面试的成功打下良好的基础。对应聘单位了解得越多,自己心里就越有把握。

（四）应聘材料准备

个人应聘材料的准备是面试的基本前提。个人应聘材料的好坏可能直接影响到用人单位对应聘者的第一印象，进而影响到自己是否能被录用。应聘材料一般包括求职信、求职履历表（简历）、推荐表、成绩单等。

1. 求职信

现在用人单位在招聘人员的时候，一般都要求应聘人员先递交求职信，以便从应聘人员中选出面试的人员。实际上，求职信已经成为应聘的第一道手续，只有顺利通过这一道门槛，才能进入面试阶段。

求职信又称自荐信，是求职者在应聘前撰写的向用人单位推荐自己的一种特殊的信件。信件内容包括写信的目的、应聘者的个人情况等。写信的目的就是引起用人单位的注意，并且为自己提供面试的机会。写求职信时应注意以下事项。

（1）求职信要针对某一职位专门撰写。

（2）求职信一般不用写太长，400～600字即可。企业的招聘人员没有太多的时间去阅读长篇累牍的求职信。

（3）打印一定要用标准的纸张，一定要简洁、字迹清晰、设计别致，但不要过于花哨。

（4）语言组织要简练、顺畅，千万不要有错别字。

（5）必需的落款和日期一定要注明。

2. 求职履历表

写好求职履历表是求职者争取面试机会的一个至关重要的途径。求职者在应聘时应根据应聘单位的性质写一份或几份求职履历表，强调自己某一方面的特长，以符合应聘单位的要求。求职履历表一般要打印或手写。

写求职履历表时应注意以下事项：简明扼要，避免拖沓；精心设计，避免滥造；实事求是，避免浮夸；措辞恳切，避免官腔；别出新意，避免雷同。

求职履历表应包含以下内容：

（1）基本情况介绍，包括自己的姓名、性别、年龄、身高、籍贯、政治面貌、毕业学校等。

（2）学习情况介绍，包括大学期间学习的过程、学习成绩、主攻方向，需要说明的是，一定要把自己的专业课程列明。

（3）学习实践情况介绍。现代企业强调并认可实践经验和动手能力。因此，履历表中应该把自己在企业及各种组织的实践情况表现出来。

（4）特长爱好情况介绍。选择有说服力，尤其是针对企业需求的自己擅长的技能，但一定不能弄虚作假。

（5）在校任职情况。

（6）学历及获奖情况。一般包括下列内容：毕业证书、各类资格证书；“三好学生”、“优秀学生干部”、“优秀团员”、“优秀毕业生”等荣誉证书；外语、计算机等级证书；各类奖学金等；在正式出版物上发表过的作品、科研论文等；其他有关自己特长的证明材料。

（7）个人联系方式，包括通信地址、邮政编码、联系电话、手机号码和电子邮箱。

3. **推荐表**

推荐表是指毕业生就业推荐表，是学校向用人单位推荐毕业生的书面材料，表中所填内容反映了学生个人信息、学习成绩、奖惩情况、社会实践经历等方面的情况。推荐表由各学校统一规定模式，再交由学生根据自己实际情况填写表格内信息，经学校盖章方为有效。

4. **成绩单**

成绩单同样由各学校统一规定模式，记录学生在校期间各门功课的成绩，并由学校盖章。求职过程中一般使用成绩单复印件。

二、面试中的礼仪

1. **面试时的行为举止**

举止体现着一个人的修养和风度，粗俗习气的行为举止会使一个人失去亲和力，而稳重大方则会受到人们的普遍欢迎。在主考人面前，坐、立、行等动作姿势正确雅观、成熟庄重，不仅可以反映出青年人特有的气质，而且能给人以有教养、有知识、有礼貌的印象，从而获得别人的认可。具体说来，应注意以下几点。

(1)“动有动态”。走动时应当身体直立，两眼平视前方，两腿有节奏地交替向前迈步，并大致走在一条等宽的直线上。两臂在身体两侧自然摆动，摆动幅度不要过大。应控制脚步声，不要两脚擦地而行。如果走路时身体有前俯、后仰或左右摇晃的习惯，或者两个脚尖同时向里侧或外侧呈八字形走步，是不规范、不雅观的举止。

(2)“站有站相”。站立时身形应当挺直，头、颈、身躯和双腿应与地面垂直，两肩相平，两臂和手在身体两侧自然下垂，两眼平视正前方，嘴自然闭合；双脚对齐，脚尖分开的距离以不超过一脚为宜，如果叉得太开是不雅观的，不应把手插在裤袋里或交叉在胸前。

(3)“坐有坐相”。坐姿要端正。应坐在主考人员指定的座位上，不要挪动已经安排好的椅子的位置。在身后没有任何依靠时，上身应挺直稍向前倾(这样既可发声响亮、中气足，令人觉得有朝气，又可表现出自己对主考人感兴趣、尊敬)，头平正，目光平视；两膝并拢，两臂贴身自然下垂，两手随意放在腿上，两脚自然着地。背后有依靠时，也不能随意地把头向后仰靠，显得很懒散的样子。就座以后，不能两边摇晃，或者把一条腿放在另一条腿上。双腿要自然并拢，不宜把腿分得很开，女性尤其要注意。

(4)“手势宜少不宜多”，避免一些不必要的小动作。身体各部分的小动作往往令主考人分心，甚至令其反感。下面这些动作都是要避免的：玩弄衣带、发辫、打火机、香烟盒、笔、纸片、手帕等分散注意力的物品；抠指甲；抓头发；挠头皮；抠鼻子；跷起“二郎腿”乱抖；用脚敲踏地面；双手托下巴；说话时用手掩着口；摇摆小腿；摆弄手指等。

2. **面试时应注意的问题**

不讲究文明礼貌是面试失败的重要原因之一。基本的礼节是必不可少的，文明礼貌、讲究礼节是一个人素质的反映、人格的象征。因此，面试时应注意以下几点。

(1)在开始面试之前肯定有一段等候的时间，切忌在等待面试时到处走动，更不能擅自到考场外面向里观望。应试者之间的交谈也应尽可能地降低音量，避免影响他人应试或思考。

(2)切忌贸然闯入面试室。应试者一定要先轻轻敲门,得到主考官的许可后方可入室。入室时不要先把头探进去张望,而应整个身体一同进去。

(3)走进室内之后,背对考官,将房门轻轻关上,然后缓慢转身面对主考官。

(4)向主考人员微笑致意,并说"你们好"之类的招呼语,在主考人员和自己之间创造和谐的气氛。

(5)若非主考人员先伸手,自己切勿伸手向前欲和对方握手;如果主考人主动伸出手,就回以坚定而温和的手。

(6)在主考人员没有请自己坐下时切勿急于坐下。请自己坐下时,切勿保持沉默,应说"谢谢"。

(7)尽可能记住每位主考者的姓名和称呼,不要弄错。

(8)面谈时要真诚地注视对方,表示对他的话感兴趣,绝不可东张西望、心不在焉,不要不停地看手表;要注意和考官的目光接触。

(9)回答问题要口齿清晰,声音大小适度,但不要太突然,答句要完整,不可犹豫,不可用口头禅。

(10)说话时目光要与主考人员接触。若主考人不止一位,要看首席或中间的那一位,同时也要兼顾其他主考人员。

(11)注意用敬语,如"您"、"请"等,要尽量避免用俗语。

(12)不要随便打断主考人的说话,或就某一个问题与主考人争辩,除非有极充分的理由。

(13)口中不要含东西,更不要吸烟。

(14)不要在结束面试前表现出浮躁不安、急欲离去或另赴约会的样子。

(15)主考人示意面试结束时,应微笑、起立、道谢,说一声"再见",无须主动伸出手与主考人握手。

(16)推门或拉门时,要转身正面面对主考人,再说一声"谢谢,再见",才出门,然后轻轻关上门。

(17)如果在进入面试房间之前,有秘书或接待员接待自己,在离去时也应向其致谢告辞。

3. 面试的方法与技巧

在面试过程中把自己最优秀的方面展现给主考官,争取在面试中取胜。

(1)在参加面试时,如果想有出色的表现,可借鉴以下几个步骤。

第一步,事先对招聘企业进行调查和研究。特别要了解企业认同的文化,这样在面试时就可以避免一些价值认同方面的冲突。

第二步,把自己最符合企业招聘岗位的特点展现出来。

第三步,准备一些面试题目进行预演,做到有备无患,这样在面对具体问题时就会胸有成竹。

(2)面试结束时进行回顾和总结。当面试结束的时候,应聘者还应该做好以下几方面的工作。

① 面试结束后应向主考官表示感谢,感谢主考官给自己机会。

② 面试结束后,应该对在面试时遇到的困难进行回顾。重新考虑一下,如果他们再次向自己提问时,该如何更好地回答这些问题。

③ 尽量把参加面试的所有细节都记下来。一定要记下面试时与自己交谈人的名字和职位。

案例讨论

在一次外企面试中,双方交谈得很投机。接近尾声时,考官提问:“可不可以邀请你一同共进晚餐?”这是一道深藏陷阱的考题。如果求职者痛快地欣然接受,则有巴结、应酬考官的嫌疑;如干脆拒绝,又显得不礼貌。

问题讨论:

假如你是求职者,那么该如何回答才不失礼?

三、面试后的礼仪

1. **表达谢意**

参加面试后的2~3天,可以主动给面试单位发一份感谢函,旨在加深面试单位对自己的印象,增加求职成功的可能性。

2. **询问结果**

如果打电话询问面试结果,也应先有礼貌地表示感谢,再询问结果。主动地与面试单位取得联系,既表明自己对面试单位提供面试机会的感谢,同时也表达了自己对“希望被录用”的强烈愿望。但无论是写感谢信还是打电话查询,均以表明自己的态度即可,切不可追问得过急。

案例讨论

这是某学生的一个应聘过程的案例。此同学应聘企业管理岗位,聘者不小心把应聘者的简历放在了市场营销类里,下面是聘者与应聘者的一段对话:

应聘者:杨先生,我应聘企业管理岗位,但怎么被安排到市场营销部门这里面试?

聘者:啊,真对不起,是我的疏忽,把你的简历放错了。那么,我想问你,你应聘企业管理的哪个岗位?

应聘者:办公室管理或者行政管理,你看怎么样?

聘者:请问你了解办公室工作或行政工作吗?

应聘者:行政工作就是进行企业管理工作,请问咱们公司的办公室的工作都有哪些方面的内容?

聘者:办公室工作细密琐碎,主要是为各部门和员工服务的一个部门,很辛苦,当然还不一定显出成绩,你觉得你愿意从事这样的工作吗?

应聘者:那么,你们公司的市场营销的工作怎么样?我可以试一试吗?

聘者:你觉得你从事市场营销工作有什么优势吗?

应聘者:我善于交往,善于处理各种人际关系。我的演讲才能也不错,你也许能从我的交谈中感觉出来。再者,我的学习能力十分强,这是知识经济时代中人才竞争的本质。

聘者:那么,你告诉我什么叫市场营销?

应聘者:市场营销比销售范围大,市场营销还要涉及研究、开发、生产、销售等方面。

聘者:还有吗?

应聘者:市场营销比销售高级。

聘者:你能告诉我市场营销的"4P战略"是什么吗?并告诉我4P的英文。

应聘者:产品 products、渠道 place、价格 price、推销……

聘者:你能告诉我市场营销与推销的出发点有何不同吗?

应聘者:推销是往外卖出产品,而市场营销是有组织、有计划地销售自己的产品。

聘者:No,很抱歉,我不能给你机会,因为你出错的地方太多了。

应聘者:您能不能再问一些问题,跟我再谈一谈?

聘者:No。

问题讨论:

(1)应聘的时候应注意哪些问题?

(2)本案例中应聘者的失误表现在哪些方面?

知识链接一

面试中常见问题的考察方向:

1. 自我介绍。(考察仪表、仪态、表达能力)
2. 为什么应聘这个岗位?(考察求职动机、愿望以及对企业、岗位的认识)
3. 怎样看待自己的专业?印象、态度如何?(考察职业取向和业务水平)
4. 你学过哪些与应聘岗位相关的专业知识?(考察专业素质)
5. 你认为自己最大的长处和短处是什么?(考察自我认识能力)
6. 你与同学、同事相处得如何?(考察团队精神)
7. 你最喜欢和最不喜欢的人是谁?(考察个人价值取向)
8. 在过去的学习、工作中,你解决过什么样的问题?取得过什么样的成就?(考察解决具体问题能力)
9. 对这项工作,你认为有哪些可预见的困难?(考察分析能力以及对此工作的态度)
10. 你希望的薪酬是多少?(考察对自身职业价值的期望值)

知识链接二

1. 眼观六路:眼神的交流

交流中,目光要不时地注视着对方。某些礼仪书上往往精确到"要看到对方鼻梁上某个位置或眼镜下多少毫米",这有点过于精准,笼统地说"看着对方的眼部"即可。但是千万不可目光呆滞地盯着别人看,这样会让对方以为自己对他"满怀深情",或是和他有"深仇大恨",让对方感到很不舒服。如果不止一个人在场,自己说话的时候要经常用目光扫视其他人,以示尊重和平等。

2. 耳听八方:主动积极的聆听者

最优秀的销售人员往往不是说话滔滔不绝,而是积极地聆听。考官不希望面试者像木头桩子一样故作深沉、面无表情。面试者在听对方说话时，要不时作出点头同意状，表示自己听明白了或正在注意听。同时还要面带微笑，当然也不宜笑得太僵硬，要发自内心。在面试中如果招聘经理多说话，说明他对自己感兴趣，愿意向自己介绍情况，热情交流。但许多学生误认为只有自己说话才是最好的销售，往往会抢着说话，或打断对方的讲话，这些都是很不懂礼貌的表现，会使自己陷于被动，言多必失。

3. 稳如“泰山”：只坐2/3

面试时的坐姿有两种极端不可取。一是全身瘫倒在椅背上，二是战战兢兢地只坐椅边。正如花有花语，坐也有坐意。仰坐表明轻视、无关紧要；少坐意味着紧张、如坐针毡；端坐意味着重视、聚精会神。

面试时，不要紧贴着椅背坐，也不要坐满，坐下后身体要略向前倾。一是表明自己坐得很稳，有自信，不会因为稍向前倾就失去重心；二是证明自己没有过于放松地全身靠到椅背上，但也不宜坐得太少。只坐椅子的1/5意味着自己几乎要靠双腿支撑住自己的体重。这是一种极度紧张的表现，也会把面试官的注意力吸引过去。一般以坐满椅子的2/3为宜，这样既可以让自己腾出精力轻松应对考官的提问，也不至让自己过于放松而忘了自己的目的。建议多接触社会，观察沉稳人士的坐姿，并加以练习，改善坐姿。

一般在面试时，别人会给自己用塑料杯或纸杯倒一杯水。这些杯子比较轻，而且倒的水也不会太多，加上自己面试时往往会比较紧张，不小心碰倒杯子的情况难免发生。水杯放的位置不合适，自己就很容易把水弄洒。一旦洒了水，自己不是语无伦次就是手忙脚乱，很长一段时间都调整不好。虽然对方通常会表现得很大度，但也会留下自己慌张、局促不安的印象，所以要非常小心，应把杯子放得远一点，是否喝水都没有关系。有些人临走前，看到满满一杯水没动，觉得不好意思，就喝上几大口，这也没有必要。

学习任务2 办公室礼仪

办公室既是公共场所也是公共场合，工作人员在日常工作中必须遵守办公室的礼仪规范。就时间而论，办公室礼仪适用于一切上班时间；就地点而论，办公室礼仪则适用于一切办公地点。

一、办公室的关系礼仪

（一）上下级之间相处的礼仪

在任何一个单位中，上级与下级的关系是最基本的关系。这个基本关系处理得好与否，对一个职员的前途和发展至关重要。因此，讲究上下级之间的礼仪对搞好上下级的关系是非常重要的。搞好上下级关系的礼仪技巧有以下几点。

1. 相互尊重

作为单位的领导，一般具有较深的资历、较高的威望和能力，有很强的自尊心。作为下属应当维护领导的威望和自尊，充分尊重领导。在领导面前，应态度谦虚，不能顶撞领导，特别是在公共场合，即使与领导的意见相反，也应在私下与领导说明。

上级要礼遇下属，尤其对于比自己年长的下级，要尊敬有加、虚心请教。对下级提出的要求，应尽力设法帮助和解决。如果确有困难，应说明情况。当请求下级协助时，应该用商量的口吻，切忌颐指气使、盛气凌人。

2. 听从指挥

领导对下属有工作知道权，下属要忠诚于领导、支持领导。对领导在工作方面的安排、指挥必须服从，即便有意见或不同想法也应执行，对领导指挥中的错误可事后提出意见，或者在执行中提出建议。

3. 摆正位置，保持距离

这是搞好上下级关系的前提，作为下级，如果过于傲慢，则会把关系搞僵；过于自卑，则不能建立正常的关系；过于俗套，则易把关系弄成钱权关系；过于暧昧，易让人生厌。因此，对上级既热情又不要过火，既大度相处又不要缩手缩脚；既不有意“套近乎”、“溜须拍马”，也不要自视清高，不把上级放在眼里。不卑不亢是最恰当的方法。

应与上级保持应有的距离。在单位中，应忌讳有意宣传与上级关系过分亲密的做法。不管自己与上司的私人关系如何，在工作中都要公私分明。对上级自己可以了解他的性格、作风和习惯，但不可私探领导的个人隐私；可以了解领导的意图和主张，却不必事无巨细地了解每个细节。

4. **不要求全责备**

下级要理解上级，体恤上情。对上级的工作应多出主意，帮助领导干好工作。不要轻信传言，不要在同事之间随便议论领导或搬弄是非，更不能指责领导。当然对个别品德很差、违法乱纪的领导，则另当别论。上级对下级要用人所长、容人所短，要体恤下情，多为下属考虑。

（二）同事之间相处的礼仪

步入职场，每一个人都要长时间地与同事相处，相处能否和谐、融洽，对工作是否可以轻松、愉快、顺利地进行有着很大的影响。同事之间的相处讲究礼仪，对处理好相互直接的关系显得尤为重要。同事之间相处的礼仪技巧主要有以下几点。

1. **真诚合作**

一份工作需要多方合作方能做好，同事间一定要同心协力、相互支持。若属于自己的工作一定不要推卸责任；需要帮忙时，应与同事商量，切勿强求；对方需要帮助时，则应尽力去做。要把同事关系建立在平等互助的基础上。

2. **互相尊重**

尊重同事也包括尊重同事的工作。当同事工作出色时，应予以肯定和祝贺；当同事遇到不顺心的事情时，应予以同情和关心；协作时，应注意不要越俎代庖，以免产生误会，引起不快。

3. **公平竞争**

同事之间存在竞争是正常的。自己可以毛遂自荐，通过努力超过别人，但不可不择手段、弄虚作假，或贬低别人来抬高自己，或是踩着别人的肩膀往上"爬"。

4. **宽以待人**

"人非圣贤，孰能无过"，要勇挑重担，工作不要"挑肥拣瘦"；与同事合作取得成绩时，要多讲同事的功劳；出现失误时，要主动承担责任，不要揽功推过；和同事发生分歧和矛盾时，要及时地、开诚布公地交换意见，宽以待人，以诚心和真心对待同事。对同事要先看长处，多看长处，多学习他人的长处。

（三）异性同事之间相处的礼仪

现代职场，与异性同处在一个办公室在所难免。但如果男女同事之间的关系处理不当，不仅会给自己和对方带来麻烦，还会对单位造成一定的影响，因此，办公室异性同事交往需要把握好礼仪尺度。

1. 保持适当的空间距离

根据美国心理学家霍尔的研究，人与人之间存在一定的距离，如果男女间相距46厘米以内，就要被视为关系非常密切；50~60厘米是私人的空间距离，相当于自我活动的“小天地”；60厘米以外才是与人交往的正常距离。鉴于此，男女同事之间的距离应控制在60厘米以外，以不感受到对方呼吸的快慢、皮肤肌理及颜色的细微变化为标准。

2. 交往不要超出友谊的范畴

办公室里男女之间的关系首先是同事关系，如果是关系好的同事可以多交流，但最好不要把自己的私生活带入办公室。关系再好的同事，情感也应到“友谊”为止，应当在工作上更好地配合，多给对方提出良好的建议。因此要注意把握自己和异性同事交往时的分寸，对异性同事不宜过多倾诉。

3. 谈话不要超出工作范畴

在办公室，男女同事之间的话题应该是工作，工作以外的话题最好少涉及，尤其不要让对方帮助自己解决生活上的一些私事。

在办公室，异性同事要注意交谈的分寸。男人不爱听嗲声，女人不爱听脏话，因此，男性要收起脏话，这是对女性的尊重；女性要收起嗲声，这是对自己的尊重。男女之间开玩笑只要无伤大雅，不伤及自尊，不必放在心上。但玩笑应适可而止，不文明的玩笑是不允许在办公室中发生的，尤其是有女同事在场时，这是对她们的侵犯。

4. 衣着避免短、露、透

办公室不是约会场所，不是家中居室，更不是显示个性魅力的地方。如果男性把衬衫敞开，穿着短裤，是对在场女性的不尊重。女性更要注意自己的穿着，不能在办公室穿太露、太短、太透的衣服。

（四）处理办公室冲突的礼仪

办公室里不能乱说话

办公室冲突显然触动了人类情绪的“死角”，该不该道歉，要不要握手言和，都不是白纸黑字的规则或是通过革职的惩戒可以解决的。即便是两个经历过严重冲突的人，为了工作有时也不得不压抑着心头的不快巧妙化解，设法解决问题，让同事彼此间的关系变得更明朗化。当然偶尔做一次“刺猬”，也是职场制胜的奇招。解决冲突靠的不仅是智商，更是情商。

1. 发生冲突时的礼仪

长时间共处一个办公室，人与人之间会因为升迁、考绩、沟通等而产生一些不愉快。在办公室内，是否可以发脾气、与人发生争执？答案是，有时候可以，但必须是在合理的范围内。

一般人大多把在办公室内的争吵视为禁忌，凡是愤怒、喧闹、轻佻、悲痛、焦虑、哭泣等这些情绪化的反应，都不应出现在工作场所。因为发脾气或许很有效，但是也很危险，它可能为自己树立更多的敌人。办公室应该是冷静、理智的地方，那些情绪容易激动的人不应该出现在办公室。但如果观察，就很容易可以感受到工作上所遭受的压力、挫折、误会、争论、沟通不良等负面情绪是随时存在的，并且潜藏在工作场所的每一个角落。事实上，冲突乃人之常情，教导上班族“千万别哭”、“千万别发怒”，并不能解决问题。人际沟通专家认为，争执虽然是一种冒险，但是，如果彼此能充分掌握表达愤怒的技巧，就是一个学习沟通的好机会，可以帮助双方了解错误，改进关系。

2. 发生冲突之后的礼仪

职场中，同事间的吵架或隔膜经常发生，当自己不知如何与同事言归于好的时候，如果遵循以下轨迹，就能挽救曾经拥有的友谊。

(1)弄清吵架的原因。假如争辩十分滑稽可笑，它很可能自然而然地过去。更多的时候，不是任何人的错，或是两个人都有错，或是没人能真正搞清是谁的错，不去细究才是言归于好的办法。

(2)寻找和尝试言归于好的办法。吵架后，同事彼此之间会出现一种心境——担心。大多数人最担心的是遭到拒绝。深呼吸，让自己轻松一下，这偶然的行为会帮助自己和同事驱散紧张的气氛。

(3)迈出第一步。一旦告别恐惧和担心，那么和同事的交谈就会更容易。别等同事来找自己，尽管他能迈出这第一步是至关重要的，但是谁先迈出第一步真的那么重要吗？如果自己让争吵恶化，那么两个人会一起失去友谊。如果言归于好，两人就都是胜利者。不要等待别人解决问题，而是自己应负起责任。时间不等人，越快越好。

(4)循序渐进。不能假装什么事都没有发生过，需主动去尝试，用积极的态度唤起彼此的信心。不妨带着真诚的微笑与对方说话。

(5)倾听彼此的心声。假如双方都坚信自己是正确的，那么很难听进对方的倾诉。但是如何了解同事的感受呢？自己可开诚布公地说：“我想听听你的意见，告诉我你是如何想的好吗？”而且当对方谈话时，不要打断对方或是与其争辩，让对方感到自己尊重她，也许矛盾就会容易解决。

3. 做一次“刺猬”

在职场上偶尔做一次“刺猬”，不会主动伤人，可是一旦遇到危险，就会展开尖锐的刺。有时候这是一种有效的自我保护的方式，让“小人”不敢轻易伤害自己。

4. **办公室争吵法则**

当冲突无法避免时,不妨制定办公室"争吵法则"。

(1)任何争端都事出有因,不能借题发挥,故意制造事端。

(2)不能和任何人发生肢体冲突,除非出于自卫,否则绝对是不好的行为。

(3)不要碰触他人最敏感的话题。

(4)不要透露自己在某方面根深蒂固的偏见或意识形态,如种族好恶、性别歧视等,通常这类争执会让自己成为众矢之的。

二、办公室的着装礼仪

如果希望在职场建立良好的形象,那就需要全方位地注重自己的仪表,从衣着、发式、妆容到饰物、仪态甚至指甲都是自己要关心的。其中着装是最为重要的,衣着从某种意义上表明了自己对工作、对生活的态度。衣着对外表影响非常大,大多数人对另一个人的认识可说是从其衣着开始的。衣着本身就是一种武器,它反映出个人的气质、性格甚至内心世界。上班时穿得体的正装,胜过千言万语的表达。

(一)办公室的着装要求

办公室着装方面的基本要求为庄重保守。办公室既是工作场所也是公共场合,着装宜穿套装、套裙及制服,还可以考虑选择长裤、长裙、长袖衫。切忌暴露过多,或衣着不整、品位低俗。在非常重要的场合,短袖衫不适宜作为正装;无领无袖的衣服、衬衫、牛仔装则与办公室的严肃气氛不和谐,穿拖鞋和赤脚穿凉鞋更是没有礼貌的表现。

办公室的着装要注意以下几方面的禁忌。

（1）过分杂乱。指不按照正式场合的规范要求着装，给人留下不良的印象。例如，有制服不穿制服，穿制服不像制服；领带拉开一半；衬衫下摆及保暖内衣露在外面；歪戴帽子斜穿衣等。

（2）过分鲜艳。指在正式场合的着装色彩较为繁杂，过分耀眼。

（3）过于暴露。在正式的商务场合通常不能穿无袖装、小背心、吊带裙、太阳装、露背装等。

（4）过于透视。着装过分透视，有失于对别人的尊重。

（5）过分短小，在办公室不可以穿短裙、超短裙等过分短小的衣服。

（二）办公室的个人仪容要求

办公室工作人员的仪容应以所在群体为标准，结合职业特点，以端庄、稳重、干净、整洁为基本原则。办公室的个人仪容最基本的要求是卫生、洁净。

1. 保持个人仪容整洁

勤洗理是一个人干净的基础。要做到身体干净清爽，就要养成坚持不懈、勤于洗理的好习惯。每天都要定时清洁面容、保持口腔卫生、勤修指甲。勤洗理能使人仪容常新、光彩照人、活力大增。

2. 认真修饰自己的仪容

（1）面部修饰。仪容中最重要的部位是脸部。女士要适当进行面部化妆，恰到好处的化妆能使人容光焕发、神采奕奕，但尽量不要显露修饰痕迹，不宜浓妆。化妆应以自己面部的客观条件为基础，适当强化和美化，不可以失真。化妆还应和服饰相协调。男士要干净清爽，不要蓄留胡须。

（2）发型修饰。办公室人员的发型风格以简洁、明快、大方、朴素为佳，头发干净整齐，要表现出端庄、优雅的感觉；也可以做得稍微时尚一点，但不能怪异和过于前卫。

三、办公室公共区域内的礼仪

(一)办公室用餐的礼仪

在办公室工作的员工,为方便起见,会经常在办公室中用餐。在办公室用餐需注意一些细节,以维护自己在同事中的形象。

(1)及时清理餐具。用完餐后,应及时清洗干净餐具;如使用一次性餐具,应在用完餐后及时清理干净,不宜长时间摆在桌子上或茶几上。

(2)开口的饮料罐应尽快扔掉。长时间摆在桌上有损办公室雅观,如果不想马上扔掉,或者想等会再喝,则应该把它摆在不被人注意的地方。

(3)最好不吃容易乱溅及发出很大响声的食物,会影响他人。

(4)随时捡起、收集掉在地上的食物。餐后将桌面和地板打扫干净是必须做的事情。

(5)尽量不带有强烈气味的食品到办公室。即使喜欢,也会有人不习惯。

(6)在办公室吃饭的时间不宜过长。他人可能要即时进入工作,也可能有客人来访,双方都会感觉尴尬。

(二)上下楼梯的礼仪

一般上下楼梯时,应遵循"单行右行"的规则,以免阻挡他人。若为他人带路,应走在前头;与尊长、女士同行,若楼梯过陡,下楼时应主动走在前面;上楼时应主动走在后面。不要站在楼梯上或楼梯拐角处久谈。上下楼梯既要注意安全,又要注意与身前、身后的人保持距离,以防碰撞。

（三）进出电梯的礼仪

陪同他人乘坐电梯时，若无人操作，陪同者应先进后出，以便操纵电梯，若有人操作，陪同者应后进先出。乘坐无人值守的电梯时，按键操作是晚辈或下属该做的事情。等候电梯时，应面向电梯在右侧等候。留出左边给从电梯里出来的人，以不妨碍电梯内的人出来为宜。进电梯时应等电梯里的乘客走出之后再按先后顺序走进电梯，伴随客人或长辈进入无人值守的电梯时则先行进入，并操作电梯，礼貌地请客人或长辈进入电梯。在自己的目的地楼层快到时，应尽早地等候在电梯门旁，不应等电梯门打开后，才匆匆忙忙出来；陪同客人或尊长者时，则亲手操作电梯按钮，请客人或尊长者先走出电梯。

（四）使用公共设备的礼仪

单位里的一切公共设施都是为了方便工作，以提高工作效率。使用公共物品要注意公共观念，爱惜公共设施和物品。要杜绝野蛮对待、挪为私用的行为。例如将办公室的物品拿回家使用，用单位邮资寄送私人的信件，开着公车办理私人的事情，对其造成损失和破坏却不敢承认。

1. 使用电话的礼仪

不要用单位电话打私人的电话尤其是长途电话。不要在办公室里打电话聊天，以免影响他人工作。

2. 使用计算机的礼仪

要正确使用计算机，如果不会使用可以请别人帮助。不要自行拆装，以免损坏计算机。要注意保养计算机，每次使用之前，若有时间，可进行计算机杀毒，使大家都有一个安全的使用环境。要注意文件的保密，不要偷看别人的资料。不要占用他人的存储空间或软盘。不要在工作期间在计算机上玩游戏，或做私人的事情。

3. **使用复印机的礼仪**

(1)使用的先后问题。复印机是单位里使用频率较高的办公设备,容易与同事在使用时间上发生冲突。因此要遵循先来后到的原则,但是如果后来的人复印的数量比较少,可让其先复印。当先来的人已花费了不少的时间做准备工作,那后来者可以等一会再来。

(2)不要使用办公室的设备复印私人的资料。

(3)如果碰到需要更换碳粉或处理卡纸等问题,不知道如何处理时,可以请别人帮忙,不要把问题留给下一个同事,否则会让人觉得自己不为别人着想,遇到困难和责任不敢承担。

(4)使用完毕后,不要忘记将原件拿走,否则容易丢失原稿或走漏信息,给自己带来不便。使用完后,要将复印机设定在节能待机状态。

(五)办公室物品布置的礼仪

办公室的布置有一定的规定和要求,以保证办公环境的整洁和舒适。

1. **空间布置的基本要求**

办公用品、花木、桌面文件资料、名牌等要摆放整齐,字画、牌匾、图表等悬挂应得体美观;文件资料柜要贴墙摆放;物品摆放部位要体现顺手、方便的特点,有利于提高工作效率;室内不得摆放与办公无关的杂物、私人生活用品等。整个摆设外观上要做到整齐、美观、舒适、大方,要充分体现合理、规范、方便、文明的要求。

2. **办公桌面物品摆放的基本规范**

办公桌面物品摆设较规范的是,中上侧摆放电话、台历或水杯等;右侧摆放文件筐(盒)、等待处理的管理资料;中下侧摆放需马上处理的业务资料;左侧摆放有关业务资料。文件资料的摆放要合理、整齐,各类资料最好编号摆放在相对固定的位置。工作椅最好能活动,以便人离开办公室时可推入桌下,这样可以节省空间。

知识巩固

1. 求职前应做好哪些准备工作?
2. 办公室的关系礼仪主要包括哪些内容?

案例讨论

1996年的夏天，我攥着打工4年攒下的钱加上从数家亲戚朋友那里东拼西借的8万元钱，开了一家小快递公司。它不是特快专递，那得有强大的资金实力和不一般的邮政背景。我的公司不过是替人送牛奶、送报纸、送广告、送水、换煤气罐一类的工作，公司的规模很小，总共才十五六个人，每个人都不同程度地承担了送货的任务，包括我自己在内，每天晚上下班回家和早晨上班都会顺路送一部分货品。销售商往往把我们的利润压得最低，因为工作简单、可替代性强，这也是没有办法的事。所以，我不得不普遍采用二手单车，不得不拼命压低工人的工资。即便如此，公司开业半年多也仅仅是勉强持平而已。总算业务在慢慢增长着，我也打算再招聘几个更年轻力壮的人，可以多做些活，效率也高得多。1997年春节过后不久，一个叫唐明的中专生前来面试，长得白白净净，还戴着一副眼镜，怎么看也不像一个踩单车送货的人。"我们这里最好的工人每天也只能跑300多个客户，一个月也才600多元钱，而且无论多么恶劣的天气，你都得把定额部分完成。你可要想清楚了，不要硬着头皮上，到时落下一身病，我可承担不起。"我不无怀疑地看着眼前的年轻人，想着赶紧把他打发走。"我可以不要底薪，全部按件计酬。即使做得不好，您也不会有任何损失。给我一个机会吧，一个月就行。如果业绩太差，我马上就走。"唐明态度非常诚恳地说。

也许是他恳请的眼神打动了我，我破例留下了他，就像他说的一样，反正也没损失。第一个月，唐明的业绩比我想象的略好一些，平均一天可以跑200个左右的客户。他被留下了。第二个月，他的业绩已经是全公司最好的，平均每天可以跑500个客户，当然收入也是全公司最高的。我简直不敢相信。看一副手无缚鸡之力的书生样，凭着一辆破旧不堪的单车，又是如何作出如此骄人的业绩？"告诉我，你究竟是怎么做的？"我把唐明叫到办公室。"其实很简单。我把所有属于我的团队的客户按居住地划分成好几个片区，然后对路线运用运筹学理论进行规划，就可以大大提高效率。然后，我每天抽出一定的时间拜访客户，他们中的许多人都和我成了朋友，当然也就会向他们的邻居推销我们公司的产品，于是，我的客户一天比一天多，而且越来越集中，当然业绩也就成倍地上升了。"我再一次看看面前的这个中专生，还是一副书生气实足的样子，但他眼神中的有些东西却是我不熟悉的。"你是学什么专业的？"我突然想起了这个问题，因为只是送货，之前我从来没有考虑过工人的学历。"会计。""会计？"我一愣，他是学会计的？那怎么会找一份送货的工作？他大概也看出了我的疑惑，于是微笑着解释道："现在学会计的越来越多，连大专生找一份工作都困难，更何况我们中专生呢？我找了两个月的工作，也没有哪家公司愿意让一个中专生做会计，还是要感谢你收留了我。其实有一碗饭吃已是幸运，也无所谓专业对口。"后来，唐明成了公司的会计，并且给了我很多有效的建议。公司规模越来越大，渐渐地有了第一家加盟店，然后是第二家、第三家……在开了第十家加盟店之后，唐明通过自考拿到了本科毕业证书，离开公司去了一家更大的民营企业。我没有阻拦他，因为我不想阻碍了他美好的前程。

问题讨论：

1. 求职的心态是非常重要的，本案例对你有何启示？

2. 在职场中应当怎样拼搏？唐明的成功得益于哪些方面？

实训设计

1. 同学们分组谈谈自己未来的就业观念和职业理想。

2. 在面试前，我们该做好哪些准备？个人形象怎么准备，心理素质怎么锻炼，我们都准备好了吗？

学习项目7　通信礼仪

学习要求

1. 了解书信的构成、写法和电话交谈的艺术。
2. 掌握接听电话的礼仪规范和禁忌。
3. 掌握使用电子邮件的过程中要遵守的礼仪规范。
4. 掌握传真通信的相关礼仪。

案例导引

甲、乙两家公司进行谈判,谈判进行得很顺利。可是到了最后,甲公司的代表无所顾忌地接了几个电话,在接电话的时候也不注意言辞,让乙公司的代表很失望。后来谈判没有成功。事后,甲公司多方打听,终于明白了其中的原因。原来乙公司代表认为,甲公司代表在打电话的时候完全不考虑他们的感受,态度又比较傲慢,让他们觉得以后的合作很可能不顺利。

案例评析

使用手机要注意礼节,知道礼仪无小事。接电话也能反映出一个人,甚至一个公司的形象。所以要尽量避免在正式的谈判等活动中使用手机,如果必须要使用,应先向周围的人致歉。

现代社会是一个信息的社会。对于广大商界人士而言,信息就是资源、财富、生命,所以大家都非常重视信息。目前多种多样的现代化通信工具层出不穷。它们的出现为人们获取信息、传递信息、利用信息,提供了越来越多的选择。通信一般有其特定的含义。它是指人们利用一定的电信设备,进行信息的传递。被传递的信息既可以是文字、符号,也可以是表格、图像。通信礼仪通常即指在利用上述各种通信手段时,所应遵守的礼仪规范。

学习任务1 书信礼仪

我国历史文化悠久,是有名的礼仪之邦,人们的社会交往和思想感情交流,大多通过一定的礼仪形式和文化活动方式来进行。在实际生活中,每个人都会经常使用到一系列的应用文,如传统的书信、名片、请柬、启事、题诗题词、对联等,现代的如电报、传真、特快专递、电子邮件等。这些应用写作包含丰富的礼仪内容,具有中华民族浓厚的文化色彩。

一、书信概述

书信是一种向特定对象传递信息、交流思想感情的应用文书。“信”在古文中有音讯、消息之义,如“阳气极於上,阴信萌乎下”(扬雄,《太玄经·应》);另外,“信”也有托人所传之言可信的意思,不论是托人捎的口信,还是通过邮差邮递的书信,以及邮寄录音带、录像带、电子邮件等都具有这种含义。

用语言文字向特定对象传递信息和进行思想感情交流的信,一是具备运用文字述说事情原委和表达自己思想感情的能力;二是具备相应的书写工具;三是有人进行传递。亲自给亲戚朋友写信,不仅可以传达自己的思想感情,而且能给受信人以“见字如见面”的亲切感。随着科技的不断进步,电话、电报、邮寄录音带、录像带、电子邮件等交流信息的手段也出现了,可以预见,未来电子邮件这一新兴的手段会被越来越多的人运用。

二、书信的构成

书信由笺文和封文两部分构成。

笺文即写在信笺上的文字，也就是寄信人对收信人的招呼、问候、对话、祝颂等。笺文是书信内容的主体，书信的繁简、俗雅及其他方面的风格特征，几乎都由笺文决定。

封文即写在信封上的文字，也就是收信人的地址、姓名和寄信人的地址、姓名等。封文是写给邮递人员看的，使邮递人员知道信从哪里来，寄往哪里去；若投递找不到收信人，还能将信退给寄信人。

完整的书信应该是笺文、封文俱全，并且将笺文装入写好封文的信封内，然后将口封好付寄的。

三、书心的写法

现在通常使用的信笺有横、竖两种款式。

竖式信笺又称中式信笺，是我国传统的信笺款式。竖式信笺的选用有日渐减少的趋势，尤其在青少年中已很少使用，但是在年长者的书信往来中还常常使用，在我国香港、台湾等地区及海外侨胞的中文书信中，竖式信笺的使用仍很普遍。

横式信笺又称"西式"信签，是今天常用的款式。

笺文实际上是一种书面谈话，既然是谈话，就要先向谈话对象打招呼，打招呼要讲礼貌；接着要说两句对对方表示尊重的话；接下来要有几句应酬语以便自然地引出谈话的正题；再接下来才是正文；正文结束之后，还要说几句结束谈话的应酬语；然后向受信人报自称并署名；最后写明谈话的时间。总体来讲，笺文的结构如下表所示。

笔文的结构

笺文结构	首部	1. 称谓
		·提称语
		·启事敬语
		·开头寒暄语
	中部	2. 正文
	尾部	3. 结尾应酬和敬语
		4. 问候祝颂
		5. 自称、署名、礼告敬辞、时间（也可加上写信地点）
		6. 附候与补述

笺文写作的注意事项包括以下几点。

（1）避免俗话、套话。态度端正，立意诚恳，述实在之事，多肺腑之言，少虚饰，勿卖弄。

(2)措辞得体。准确把握双方之间的关系,恰当地运用称谓及各种礼貌语言,语气要合乎身份,语言风格要适合对象特点。

(3)注意书写形式。抬头是在行文中对提及的人、事、物表示尊敬的一种书写形式。常用的抬头形式有两种,即平抬与挪抬。

平抬,即在行文过程中,遇有须表示尊敬的词语抬至与各行开头齐平的位置另行接写。但若行文中平抬过多,往往造成笺文形式上的零乱感,所以人们又创造了挪抬的形式。

挪抬,即将要表示尊敬的词语,在原行中与上文空一格写。

在行文中,对抬头的处理应酌情而定,其使用原则有两个:一是考虑有无必要。二是照顾笺文的整齐美观。一般说来,抬头不宜过多,要避免一行中有两次以上的挪抬;平抬更应尽量减少,平抬过多,笺文会显得头重脚轻,令人觉得虚浮。

侧书是用来表示谦逊的一种书写形式,在书信行文中,凡写到自称或与自称有关的事物时,想表示提及这些内容时的谦逊态度,则将有关这些内容的词语作侧书处理。侧书即不正书,以表示不敢居正之意,竖行的侧书写在行中右侧,字略小于上下文字;横行的侧书写在行间的上侧,字略小于前后文字。

当然随着社会的发展,人与社会的关系也在进行重新建构,书信的运用除传统用法,即公函、私函之外,一个新的发展动向便是原先私函类中因为个人需要而向政府机构、企事业单位、知名学者等所发送的事务性的信件,这一类信件的使用量逐渐增多,我们将其称为个人公文。

这一类信件同传统信件中的私信有很大不同,它不是亲友之间的通信,与受信人很可能不认识,通信的目的不是告之性的而是事务性的;它同事务性公函也不同,公函是机构之间的通信,个人公文的发信人与公函主体不一样。同时在某一类公函中,有时也不以公函名义发信,而往往以私人名义进行联系和沟通,待取得一致之后,才进入公文运行程序。例如,某公司有可能同另外一家公司进行某种合作,但两家公司在此之前从未打过交道,彼此也互不认识。在这种情况下,如果直接以公司名义进行联系,往往会显得唐突和冒昧,在没有更好的联系办法的情况下,先以公司经理的名义与对方经理进行联系,再决定下一步的取舍,是比较恰当的选择。

就个人而言,假如他的专业知识对某公司的某种产品可以制定出切实可行的技术升级方案,这也存在一个如何取得联系、如何进行沟通接洽的过程,这时候所运用的就是事务性的信件。

个人公文的写作与信件和公函的写作有密切的关系,但不同之处也是明显的。其结构与书信结构相同。

知识链接

在我国古代书信有别,书指函札,信指使人。泛称书札为书信则是后来的事。换句话说,现代所说的书信在古代通称为“书”。著名的书信有司马迁的《报任安书》。在现代汉语中,“书”仍保留了“书信”的意思,如“家书”等。现将古代书信的别称介绍如下。

1. 简

在没有发明造纸术之前,我国曾将削成狭长的竹片作为书写材料,人们把这种竹片称为简。用于写信的竹片便称为竹简。

2. 牍

古代书写用的薄而小的木片称为牍，汉代对简和牍串起来写字时，诏书律令宽不超过 3 尺（1 尺 = 1/3 米），一般书信宽不过 1 尺，故将书信称为尺牍。

3. 柬

在古代，柬与简通用，是信件、名片、帖子之类的统称，如请柬、贺柬、书柬等。

4. 素

古代称白绢为素。用白绢（或绸）写成的书信称为尺素，后来"素"成为书信的代称。

5. 笺

笺原是精美的小竹片，供人们题诗或作画用。一般信纸也叫笺，后引申为书信的代称。

6. 函

函原指信的封套。古代寄信用木匣子邮递，件为函，如函件、来函、公函等。

学习任务 2　电话礼仪

在所有电子通信手段中，电话出现得最早。迄今为止，它也是使用最广泛的。因此，电话礼仪是人们所要掌握的重点。对于人们而言，电话不仅仅是一种传递信息、获取信息、保持联络的工具，而且也是人们所在单位或个人形象的一个载体。

在社交活动中，掌握电话交谈的艺术十分重要，它包括两方面的内容：一是打电话，二是接电话。

一、电话交谈的礼仪

电话在社交活动中使用频率非常高，掌握电话礼仪十分重要。日本著名企业家松下幸之助说:“不管是在公司,还是在家里,凭这个人打电话的方式,就可以基本上判断其教养的水准。我每天除了收到好多预约讲演的信件,还接到很多委托讲演的电话。我凭着对方在电话里的说话方式,就能判断其教养如何。凭对方在电话里说的第一句话,就可以基本决定我是去讲,还是不去。”因为从电话礼仪可基本看出教养如何,是例行公事还是真诚相邀。

(一)打电话的礼仪

打电话的人作为主动行为者,应该考虑到被动接听者的感受。

1. 不打无准备的电话

打电话应该是有目的的,不能随便拨号。这关系到对他人尊重与否的问题,因为你打的电话毕竟打扰了对方,占用了人家的时间。打电话时要有良好的精神状态,不要躺着,或歪靠在沙发上。除非在极为特殊的情况下,否则不要在气喘吁吁时就打电话,更不能边吃东西边打电话。

拿起听筒前,应明白接通电话后该说什么,思路要清晰。尤其给陌生者、尊者、上司打电话,更应该有备而谈。如果要谈的内容比较多,应征求对方是否有空,或以商量的口吻另约时间。

2. 选择适当的通话时间

原则是尽量不打扰对方的作息。一般而言,三餐时间,即早 7 点(假日 8 点)以前以及晚 10 点以后;或对方临出门上班时、临下班要回家时,在这些时段给人家打电话就是添乱,给对方造成麻烦。除非事故发生等万不得已的特殊情况,切忌半夜三更打电话,以免惊扰对方及其家人。拨号后要有耐心,如果对方一时未接,也要等到铃响六七次后才能放下话筒。通话时间也要控制,尽量长话短说。

3. 注意说话礼貌

话筒传声与面谈显然有别,因此,传到对方的声音及语气、语调显得尤为重要。话筒既不能贴得太近，也不可离得太远。音量要适中，以对方听得清晰为准。相对平时说话，语速要稍缓，语气应平和，必要时，亦可用适当升调向对方致意，给对方以亲切感，但不可拿腔拿调、装腔作势。

一般而言，接通电话后，应立即作简要的问候、自我介绍并说出要求通话的人。

当接通电话，对方答应你“稍候”时，你就应握着话筒静候，假如对方告诉你要找的人不在场，你如果不想交代什么，也应道声“谢谢”，最好说“打扰了，谢谢！”，切忌粗鲁地将电话挂断。

打电话要尽量用礼貌语。常用的有：“您好！…我说明白了吗？”“谢谢！”、“再见！”、“晚安！”

（二）接电话的礼仪

接电话的礼貌体现自身的教养、家庭或单位的风貌，不得不注意。

1. **把握好接电话的时间**

一般要求在铃响三声内接，最好第二声后提起话筒。如果在第一响后就接，显得仓促，精神上准备不够，影响话音质量；如果你处在比较从容的状态中，那在第一声响后接电话则更好。若是在五六声响声后接，一般要向对方说明、致歉。

2. **热情接听，认真处理**

拿起话筒，首先以礼貌用语通报自己的单位名称，如“您好！（这儿是）长江学院”，这样，一方面做到了礼节性的问候，又能让对方听清楚你的单位，一举两得。若是在家中或个人办公室，由于自己的身份明确，打电话者一般是熟悉的人，接电话时一声“您好”式的简洁问候，对方就可回音了，若有必要，接着再作自我介绍。

如果对方要传呼某人，接听者应该热情地告诉对方，如“好的，请稍候”，然后用手捂住受话孔，或去请或直接把话筒递给某人。如果传呼某人需要一会儿时间，应告知对方，以免对方因久不闻回音而误会、焦急。

如果某人不在场，接听者应该告知某人的去处，并委婉地说“需要转告吗？”、“可以留下您的电话吗？”切忌以一声“不在”、“没看到”即挂断。在电话机旁要备好纸和笔，以便随时记下对方的留言。记录应认真，可将其中的重点内容再复述一遍，以证实是否有误。同时尽快予以转告。

接到打错的电话也不要发火，仍然要亲切地说：“对不起，您打错了。”

3. 结束通话

当电话交谈结束时，可询问对方“还有什么事？”这既是尊重对方也是提醒对方，最后以“再见”之类的礼貌语结束。

放下话筒的动作不可草率。如果话音刚落，你就“啪”的一声扣上听筒，可能会使你前面的礼貌前功尽弃。一般是让尊者方先放下话筒。

（三）使用移动电话的礼仪

现在的移动电话即手机，它使用相当普遍，几乎人手一部，与之相应的是关于手机礼仪的问题。在美国，公共场合使用手机就像在公共场合吸烟一样，备受公众的谴责，甚至手机生产商也支持礼貌使用手机的倡议。2000 年 7 月，世界第一大手机制造商诺基亚公司就在加利福尼亚州的圣迭戈发起了一个“手机礼貌”运动，建议人们在使用手机时多为别人着想。虽然在公共场合禁用手机难以办到，但“手机礼貌”是可以遵行的，应给予高度重视。

手机礼仪既有电话礼仪的共性要求，还有其特殊的规范。

1. 该开则开，该关则关

开机为通话之本，关机为礼仪之本。你既然配有手机，就不要让那些急于想同你联系的人干着急。因此，在一般的情况下，要让手机处在开机状态。在特殊场合，比如在飞机上，或正在开车、开会、动手术、讲课、表演、会谈时，不能随意使用手机。这是为自己及别人的安全着想，也是礼仪的起码要求。

2. 不该响时，绝不让它响

在某些场合，包括会场、课堂、影剧院、葬礼上、音乐厅、图书馆、宾馆大堂……不能旁若无人地打手机，最好是关机，或把手机调到蜂鸣震动状态，绝不让它发出噪音。

3. 及时接听和回音

手机的一大优点是通信便捷，可贴身跟随。开机时，手机就要随身带，或放在容易拿到的地方，以便及时接听，不让对方焦急等待，也不让远离主人的手机吵烦他人。在不便及时接听的情况下，一有机会，就要及时回音并说明原因和致以歉意。

4. 长话短说、顾及他人

打手机应特别注意说话简洁，节约通话时间。如果对方正在路上或在办事或处在不宜多说话的场合，就更应长话短说。用手机通话时，最好要通报一下所在的方位，以便对方判断各自的处境。现在的手机功能越来越多，但不要利用它发送垃圾信息给你的熟人，不可以开庸俗的玩笑。

5. 潇洒大度，助人为乐

当你正与他人谈话而不得不接听手机时，应向谈话对象致歉后再打开手机。

当你接到一个拨错号码者的电话时，也要保持彬彬有礼的风度，不应该出言不逊。

手机的基本特点在于移动性，可能把噪音带到任何场所。因此，手机使用者要特别注意顾及他人。

学习任务3 电子邮件礼仪

随着网络的日益普及，人与人之间的距离逐渐缩短。网络已成为新颖、便捷、常用的人际交往工具，网络礼仪应运而生。网络礼仪英文叫做 Netiquette，由“网络（net）+礼仪（etiquette）”两个词汇复合而成，是网络生活中为交往更方便，网路更畅通，要求人们遵循的行为规范。

（一）基本原则

1. 真诚

真诚是做人的基本道德准则，在上网礼仪中则有特殊的意义。网络的显著特点在于虚拟性，可以在未见其人，未闻其声，未知其真名，未看其笔迹的情况下进行交流。因此在网络生活中真诚待人，更能体现一个人的品格。当然在不伤害他人的前提下，利用虚拟的网络生活，隐去自己真实身份，适当幽默，未尝不可。

2. 公平

公平是法律生活的基本准则，在网络礼仪中也同样适用。网络世界给人最大的发表言论自由，但决不意味着可以肆无忌惮、为所欲为，还是要牢记己所不欲，勿施于人。你希望别人怎样待你，首先必须怎样对待他人。不能只顾自己发泄，不管他人感受。

3. 慎独

慎独是古人强调的君子品格，在网络礼仪中显得尤为重要。网络生活的多样性、虚拟性和隐蔽性，容易使人想入非非，进入歧途。在目不暇接、流连忘返之时，也有可能眼花缭乱、头晕目眩，一旦落入圈套就深受其害，悔之莫及。因此人们在畅游网络世界的时候，应具有较强的自律意识。电子邮件不仅具有一般书信礼仪的基本要求，而且还有其特殊的规范。

（二）电子邮件礼仪

1. 要让对方知道发信者的身份

写匿名信总给人以不够光明正大之感，有违书信礼仪，发电子邮件亦如此。虽然收件人可看到信件来自何方，但电子信箱名称往往是五花八门的，与真名并不相同。因此当发出电子邮件时，别忘了署上真实姓名，或公司、单位名称，别让对方费时、费力地去猜想。诚然如果是经常联系、彼此熟悉的人，省略署名则未尝不可。

2. 不要强加于人

正如不速之客令主人尴尬一样，不请自到的信息不受欢迎。因此，在寄信前，要想到邮件会不会给收件人带来反感，尤其是广告性的信息，少发为佳；淫秽、暴力等非法内容，决不能发。如果很有必要把邮件发送到陌生人的邮箱里，请说明缘由并标明道歉的词句。另外，发送较大的邮件要先进行压缩，以减少对他人信箱空间的占用。

3. 每天检查新邮件并尽快回复

既然你拥有了为朋友所知晓的电子信箱，那么，你就有责任经常打开信箱，最好是每天检查新邮件并尽快回复，哪怕是简短的回信也好。回复信件时适当附上原文，以便收件人能很快知道来信主旨。

4. 写电子信件应适度简洁

网络的一大特点是便捷，电子信件可顷刻达到，立即回夏。因此，简洁是写电子信件的艺术。每一封信的主题要明确、清晰，言简意赅，而不要加入过多无谓的客套词语，准确表达即可。但简洁也应有分寸。如果仅写一封只有两句话的信，没有开头、结尾、标点，也是不礼貌的行为。

5. 在信件中不能都用大写字母

如果用的是英语等外语，在信件中不能都用大写字母。这在互联网上被视为在大声喊叫，是非常不礼貌的。因为在网络上全部用大写字母写信，意味着表达一种非常强烈的观点，有咄咄逼人之意并很难阅读，伤人眼睛。如果你要强调一个词或者一句话，可以全部用大写字母，并在两端用“+”符号标记。

（三）网上聊天与小组讨论的礼仪

上网聊天，既能一对一谈心，也可以参与小组交谈；既能专题讨论，也可无主题漫谈，畅所欲言。参与者多用化名、昵称，自由自在、无所顾忌地在虚拟的社区发言，甚至发泄。因此网络上的言论五花八门、千奇百怪，低级趣味的玩笑、不堪入目的语言、肆无忌惮的怪论屡见不鲜，危害不浅。因此强调网络礼仪既是尊重他人，也是尊重自己。

1. 顾及他人的情感

要知道你交流的对象也是有血有肉的人。不要以为在虚拟的网络世界，可以不顾他人的自尊和感情。应该像当面交谈那样诚恳、亲切、慎重，顾及彼此的情感和形象。网上的言行要与日常生活中的言行一致，不说假、大、空话。一个人最好不要使用多个昵称，以免有骗人、蒙人之嫌。要尊重他人的隐私权，不要向他人提出任何涉及个人隐私的问题。要尊重他人乃至他国的风俗习惯，不要触犯他人禁忌。

2. 善于克制自己的情绪

在发表见解之前，要三思而后言，慎重使用在网上的话语权。要尊重一个专题讨论的特点与宗旨，不要轻易挑起争端。当你不愿评论或发表自己的见解时，请以微笑应之；当你不同意或反驳对方观点时，不要用过激言辞，更不宜用粗俗的谩骂语言。

3. 善于体现自己的教养

网络生活也要追求高境界，比如，与人共享彼此的专业知识，交流信息，互相帮助。原谅他人的过错，以冷静、理智的心态对待网上的交往。由于网络生活不是面对面的交谈，日常生活中的幽默语言可能被误解为挖苦、粗俗的表现。因此幽默要慎用。在必要的情况下可以使用表情符号。

4. 不要浪费他人的时间、计算机资源

不得浪费别人的时间，不宜聊起天来没完没了。别过多地占用带宽，尽量避免传送超过上兆容量的大型文件，不宜直接传送非文本模式的文件，更不能在网络上散布无用的垃圾信息。不要卷入连锁电子信件之中。这类莫名其妙的信件往往是要求在限定的时间内再传送给其他多个人，否则厄运降临等。这种信件完全是一派胡言乱语，既浪费网络资源，又侵犯他人，极为失礼，甚至犯法，切不可轻信，更不能传播。切忌在网上散布病毒或进行电子邮件“轰炸”以破坏电脑系统，或猜测别人电脑密码，或肆意公开别人的口令。这都是违法缺德的行为，更是严重有悖礼仪的行为。

知识巩固

1. 为什么说“从电话礼仪就可基本看出对方的教养如何”？
2. 网络礼仪的现实意义。

实训设计

1. 情景演练：课堂上请同学模拟打电话、接电话并进行评点。
2. 观察体验：日常生活中人们打电话、写信是否符合礼仪的要求？

学习任务4 传真礼仪

目前在商务交往中,经常需要将某些重要的文件、资料、图表即刻送达身在异地的交往对象手中。传统的邮寄书信的联络方式已难于满足这一方面的要求。在此背景之下,传真便应运而生。传真又叫作传真电报。它是利用光电效应,通过安装在普通电话网络上的传真机,对外发送或是接收外来的文件、书信、资料、图表、照片的一种现代化的通信联络的方式。现在,传真机早已普及成为不可或缺的办公设备之一。传真通信的主要优点是,操作简便,传送速度非常迅速,而且可以将包括一切复杂图案在内的文件传送出去。它的缺点主要是,发送的自动性能较差,需要专人在旁边进行操作。有些时候,难以确保它的清晰度。

在利用传真对外进行通信联络时,必须注意下述三个方面的礼仪问题。

1. 必须合法使用

国家规定:任何单位或个人在使用自备的传真设备时,均须严格按照电信部门的有关要求,认真履行必要的使用手续,否则为非法之举。具体而言,安装、使用传真设备前,须经电信部门许可,并办理相关的一切手续,不准私自安装、使用传真设备。安装、使用的传真设备必须配有电信部门正式颁发的批文和进网许可证。如欲安装、使用自国外直接带入的传真设备,必须首先前往国家所指定的部门进行登记和检测,然后方可到电信部门办理使用手续。使用自备的传真设备期间,按照规定,每个月都必须到电信部门交纳使用费用。

2. 必须得法使用

使用传真设备通信,必须在具体的操作上力求标准而规范。否则会使其效果受到一定程度的影响。自己或所在单位所用的传真机号码,应被正确无误地告之自己重要的交往对象。一般而言,在商用名片上,传真号码是必不可少的一项重要内容。对于主要交往对象的传真号码必须认真记住,为了保证万无一失,有必要在向对方发送传真前,先告知对方。这样做既提醒了对方，又不至于发错传真。发送传真时必须按规定操作，并以提高清晰度为要旨。与此同时，也要注意使其内容简明扼要，以节省费用。单位所使用的传真设备应当安排专人负责。无人在场而又有必要时，应使之处于自动接收状态。为了不影响工作，单位的传真机尽量不要同办公电话采用同一条线路。

3. 必须依礼使用

在使用传真时，必须牢记维护个人和所在单位的形象问题，必须处处不失礼仪。在发送传真时，一般不可缺少必要的问候语与致敬语。发送文件、书信、资料时，更是要谨记这一条。出差在外，有必要使用公众传真设备，即付费使用电信部门所设立在营业所内的传真机时，除了要办好手续、防止泄密之外，对于工作人员亦须以礼相待。

人们在使用传真设备时最为看重的是它的时效性。因此在收到他人的传真后，应当在第一时间内即刻采用适当的方式告知对方，以免对方惦念不已。需要办理或转交、转送他人发来的传真时，千万不可拖延时间，耽误对方的要事。

知识巩固

1. 现代礼仪文书的写作要求有哪些？
2. 接听电话的禁忌有哪些？
3. 电子邮件通信的礼仪要求有哪些？
4. 在利用传真进行对外通信联络时，必须注意哪些礼仪问题？

案例分析

现在几乎每个人都配备了手机，个性铃声五花八门，在很嘈杂的场所也可以清楚地分辨出是不是自己的电话铃声响起。但在有些场合，如参加会议、观看话剧、欣赏交响乐团表演时，这种声音就显得特别刺耳。所以，很多场所都会竖有明显标志：请勿吸烟，请关闭手机。但是有些人对此视若无睹，不愿意把手机铃声调到“振动”的状态或关机。所以大家在认真地听取会议报告、沉浸在音乐中、聚精会神地观看表演时，这些不合时宜的铃声时不时地出现会让人感到扫兴。而这些事情的始作俑者只能招来他人厌恶的目光甚至投诉。

问题讨论：

不和谐的手机铃声为什么会引起人们的反感？

学习项目 8　宴请礼仪

学习要求

1. 了解宴请种类与形式，掌握宴会准备礼仪、进行时礼仪与赴宴礼仪。
2. 掌握中餐的桌次、座次礼仪，上菜礼仪，餐具的使用和就餐礼仪。
3. 熟悉西式宴请的座次礼仪，掌握西餐的上菜礼仪，餐具的摆放、使用礼仪和就餐礼仪。
4. 熟悉安排自助餐的礼仪和享用自助餐的礼仪。
5. 能够在不同的宴会场合中正确地使用这些礼仪规范。

在社会交往中，宴请是最常见的交际活动，它可以加强双方之间的沟通，增进双方之间的感情。在宴请中，人们是通过一定的礼仪规范来表达对他人的尊重的，所以无论是宴请活动的组织者还是参与者，都应该对宴请礼仪有所了解，以便给交往对象留下良好的印象。本项目主要介绍了宴请礼仪，具体包括宴请的基本礼仪、中式宴请礼仪、西式宴请礼仪和自助餐礼仪。

案例导入

张明是新鸿贸易公司的业务经理，有一次代表公司出席一家美国公司的周年庆典。庆典活动结束后，这家美国公司的总经理 Jack 与张明在饭店吃西餐。用餐前，张明为了显示自己在餐饮方面很讲究，就用餐盘上一块"很精致的布"仔细地擦了擦自己的刀叉。Jack 看到这一幕后，先是一愣，随后马上叫来服务员，让其立即为张明更换一套餐具。在使用更换的餐具用餐前，张明又拿起那块"很精致的布"将刀叉擦了一遍，并迅速使用刀叉切割起盘里的菜肴来。Jack 便没再说什么，只是脸上有种不悦的神情，但张明并没注意到这一点。在用刀叉切割菜肴时，张明总是使刀叉和餐盘碰出声响，显得费劲又辛苦。用餐结束后，张明感觉很酣畅，觉得总算没给公司丢脸，便用那块"很精致的布"擦了把脸上的汗，并随手将其挂在椅背上。事后经人提醒，张明才意识到当天在西餐桌上出了丑，顿时感到无地自容。

问题讨论：

张明在西餐桌上有哪些失礼的行为？

学习任务 1　宴请的基本礼仪

宴请是一种重要的社交活动，是人们在交往中表示欢迎、庆祝、答谢、饯行等以增进友谊和融洽气氛的重要手段。做好宴请的各项工作，遵循宴请的礼仪规范，能促进双方之间的交往，增进双方之间的友情。

一、宴请的种类与形式

常见的宴请形式有宴会、冷餐会、酒会、茶会和工作餐。

1. 宴会

宴会是指正规、庄重的宴请活动，有国宴、正式宴会、便宴和家宴四种。

(1)国宴是规格最高的宴会，盛大隆重，礼仪严格。

(2)正式宴会在规格和标准上都低于国宴，通常是政府和团体有关部门为欢迎应邀来访的宾客，或来访的宾客答谢主人而举行的宴会。

(3)便宴指非正式宴会，常见的是午宴、晚宴，也有个别情况下的早宴。宴会形式简便，不明确排列席位，对菜肴的数量、上菜程序、餐具的使用等都没有严格的礼仪要求。

(4)家宴是指在家中以私人名义举行的宴请仪式，气氛轻松，不讲究严格的礼仪。

2. 冷餐会

冷餐会又称自助餐，是一种由客人自行挑选、自取自食的就餐形式。这种形式的特点是：方便灵活、不排列席位、不设固定的座位。常用于一般场面较大、宴请人数众多的正式活动。

自助餐上应供应的菜肴大致包括冷菜、汤、热菜、点心、甜品、水果及酒水等几大类型，为了满足就餐者的不同口味，应当尽可能地使食物在品种上丰富多彩。为方便就餐者进行选择，同一类型的食物应被集中在一处摆放。冷餐会一般安排在中午12点到下午2点，或者下午5点到7点。

3. 酒会

酒会是以酒水为主招待客人的一种宴请形式。酒会提供的酒品除一些中外名酒、地方名酒、特色酒外，还有许多用酒和软饮料调制而成的鸡尾酒，所以酒会有时也称为鸡尾酒会。酒会上还应略备一些小吃，如三明治、面包、热香肠、炸薯片等供客人食用。酒会一般不备桌椅，仅置小桌或茶几，以便客人随意走动。

4. 茶会

茶会是以茶会友的一种简便的招待形式。茶会通常在较为宽敞的厅堂、会客室举行。内设沙发、座椅、茶几，以供与会者就座品茶。茶会以茶品为主，对茶叶和茶具的选择颇为讲究。茶叶要品牌知名、质量上乘，茶具要高雅、卫生，一般采用陶瓷制作的茶杯和茶壶，而不宜用玻璃杯和热水瓶。可略备点心和风味小吃，但要便于食用。

5. 工作餐

工作餐是现代交往常用的一种非正式宴请形式，主要是利用进餐的时间，围绕工作中的问题，边吃边谈，讨论交流。通常在中午举行，一般不请家人和与工作无关的人加入。

二、宴会准备

宴请是一种重要的社交活动，作为主人的一方应在宴请前做好以下准备工作：

1. 确定宴请目的

在宴请他人之前，首先应确定宴请目的。宴请的目的可以是表示欢迎、欢送、答谢某个人或单位，也可以是表示庆祝、纪念某个节日或活动。

2. 确定宴请对象

根据宴请目的，事先确定宴请哪些人、宴请多少人，以及被宴请人的姓名、国籍、职务、称呼、习惯、爱好等，并列出详细的宴请清单，以便确定宴请的规格、形式及主陪人等。

3. 确定宴请形式

根据宴请目的和对象，确定宴请的举办形式。一般来说，设宴目的隆重、宴请范围广泛，应以正式的、高规格的宴会形式为主；日常交往、友好联谊、人数较多的，以冷餐会形式或酒会形式更适合；群众性节日活动，以茶会形式居多。

小案例

宴请不应铺张、浪费

某投资商计划到一个贫困县投资一个农业项目。县长为了表示谢意，举行了盛大晚宴招待投资商，菜品全部上的是山珍海味，政府班子成员全部作陪。晚宴结束后，投资商悄然离去。

案例分析

不合时宜、超标准的宴请规格给投资商留下了铺张、浪费的印象，宴请形式要根据活动的目的来选择，只有有助于达到商业目的的形式才是最合适的形式。

4. 确定宴请的时间

根据主客双方的具体情况确定宴请的时间。宴请的时间应避开重大节假日和双方的禁忌日，并应便于主客双方的出席。选择宴会日期，应与客方的主宾协商确定，否则是极其失礼的。

5. 确定宴请的地点

根据宴请规格和形式事先确定宴请的地点。一般而言，宴请的地点应交通便利、环境幽雅、服务周全，宴请的场所应能容纳出席宴会的全体。

小案例

宴请地点的选择

某生物制药企业听说某市环境状况特别优越，于是计划到该市创办一家制药企业。在宴请该企业负责人的宴会上，该负责人惊奇地发现，酒店居然设置有两名工作人员专门进行拍打蚊蝇的工作，结果该合作没有实现。

案例评析

小细节往往能反映最真实的情况，宴请一定要选择合适的地点。

6. 确定菜谱

根据宴请的形式，以及被宴请宾客的年龄、性别、风俗习惯、健康状况、喜好和禁忌等确定宴请的菜谱。菜谱中的菜肴应赏心悦目、富有特色并搭配合理。

7. 邀请宾客

一切具体工作都准备就绪之后,便可向宾客发出邀请。邀请的方式分为口头邀请(如口头告知或电话邀请)和书面邀请。通常,邀请宾客出席宴会应采取书面邀请方式,其具体形式为发送请柬。

请柬的内容应包括邀请人的姓名或单位名称、被邀请人的姓名及称呼、宴请的形式、地点、时间,以及出席宴请的着装要求或提示等,必要时还应注明被邀请人的座次号。请柬应提前1~2周,甚至1个月发出,特别重要的客人必须委派专人送达。请柬发出后,还应及时落实出席情况,以便安排或调整座位。

小案例

某公司给合作伙伴寄发了一份请柬,邀请合作伙伴的董事长参加一个重要的商业宴会,结果董事长没有参加宴会。

案例评析

请柬发出后一定要确认,特别重要的宴请最好采取亲自送上门的方式。

8. 安排席位

正式宴请一般均排桌次和位次,由于中餐与西餐对席位的排列有不同的要求,因此席位的排列应遵循各自的礼仪规范。

三、宴会进行程序

宴会进行程序包括迎接宾客、引领入席、准时开宴、致辞发言、席间用餐和席毕送客。

1. 迎接宾客

宴会开始前,主人应站在宴会大厅门口恭候宾客,其他陪同人员则应到门外列队迎宾。客人到达后,主人应迎上前去热情握手,相互问候,对来宾表示欢迎,不要疏忽冷落了任何一位客人。

2. 引领入席

宾客到达后,主人应引导宾客按一定顺序入席。通常应先引导主宾、女宾入席,再引导其他宾客入席。

3. 准时开宴

按约定的时间准时开宴,是宴请礼仪的基本要求。主办人必须提前到达,否则视同失礼。主办人不能因为个别客人未到场,就将开席时间推迟很久。如果主宾因特殊原因,不能及时赶到,主办人应尽快联系,采取相应的办法调整,并向已入座的客人说明情况,表示歉意。推迟开席的时间宜控制在10~15分钟以内,最迟不应超过30分钟,否则会让人觉得宴会的组织工作不力,影响宴会效果。

4. 致辞发言

一般情况下,主人应在宴会开席前致辞,并邀主要宾客讲话。致辞或讲话期间,现场全体人员应保持安静,认真聆听。

5. **席间用餐**

主人应努力使宴会气氛融洽,要不时地找话题与客人进行交谈,还要注意主宾用餐时的喜好,掌握用餐的速度。

6. **席毕送客**

宴会结束后,主宾告辞,主人应送至门口、热情话别,并与其他客人一一握手话别,表示欢送之意。

四、赴宴礼仪

参加宴会的人员在赴宴过程中应注意以下礼仪规范,以体现出良好的气质风度和礼仪修养。

1. **及时回复**

接到宴会的邀请后,应尽快明确地表明自己是否出席,以便主人掌握出席人数。接受邀请后,不要随意变动,确有意外不能前往,要提前解释,并深致歉意。主宾如果不能如期赴宴,最好亲自登门致歉。

2. **注重仪表**

出席比较正式的宴会都应提前适度修饰自己的仪表。男士要修整须发,女士要美容化妆。无论男女,都要换好既符合自己在宴请场合的身份又突出自身气质的衣服。另外,对皮鞋和袜子的搭配协调也要给予足够的重视,因为宴会上这些细节常常被人关注。

3. **准时赴宴**

赴宴者应按宴请的时间、地点及其他要求准时出席。既不要迟到,又不要过早抵达。到场太早,主人尚未做好接待准备,容易给主人添麻烦;过迟,则会使宴会受到影响,不仅会给主人带来不便,还会使其他宾客感到不悦。

4. **按位落座**

在宴会厅,要按服务员的指引和主人的安排就座,注意自己的姿态,既不过于拘谨,也不散漫随便。同桌如有长者和女士,应主动帮扶他们。

5. **文雅进餐**

取菜时,遇到自己爱吃的,不要盛得过多;不喜欢的,也不要一点不吃。正式宴会上,表示厌恶某种食物或某一道菜是不礼貌的。吃东西要文雅,要闭嘴咀嚼,不要出声,咀嚼时不要张嘴说话。喝汤时要避免发出“呼噜”的声音。在互相碰杯时,酒杯杯沿比对方略低以示尊敬,并目视对方致贺词。在宴会上最好不要边喝酒边吸烟。不要用手指或筷子剔牙,剔牙时要用餐巾或手将嘴部遮住。

6. **宴后致谢**

宴会未结束而自己已吃好,一般不可中途离席。等主人示意宴会结束,起身离席后,客人才可依次离席。离开前应向主人道谢,如“谢谢您的款待”、“您真是太好客了”、“菜肴丰盛极了”,并向其他客人告别,再握手告辞。如果客人有事要提前离席,则应向主人及同席的客人致歉。

学习任务2　中餐宴请礼仪

案例导引

王小姐是某外贸公司的总经理秘书,今天总经理交给她一个任务,让其安排宴请一位俄罗斯客人。王小姐虽然从未接受过此类事务,但是她细心地考察了来客的习俗,了解了俄罗斯人的饮食禁忌和喜好,最后确定在本地最好且最具特色的酒店设宴款待。她选择了当地有名的菜肴,并且以俄罗斯的伏特加酒点缀其间,受到了客人和上司的夸奖。

知识精讲

餐饮礼仪可谓源远流长。据文献记载可知,至少在周代,饮食礼仪已形成一套相当完善的制度,特别是经孔子的称赞推崇而成为历朝历代表现大国之貌、礼仪之邦、文明之所的重要方面。

餐饮礼仪在现代人的生活中占有非常重要的地位,用餐不单是满足基本生理需要的方法,也是重要的社交形式。为此掌握某些中式餐饮规则的知识便显得特别重要,无论是主人,抑或是客人,都必须掌握一些规则。

一、中餐概述

我国是文明古国,也是礼仪之邦,历来崇尚礼仪,在这个讲究民以食为天的国度里,饮食礼仪自然成为饮食文化的一部分。早在《礼记·礼运篇》中就有"夫礼之初,始诸饮食"之说,其中"毋抟饭"、"毋诧食"、"毋刺齿"等诸多告诫,几千年之后还是值得我们好好学习的。据文献记载,春秋战国时代就有了"食不语,寝不言"、"虽疏食菜羹,必祭,必齐如也"、"席不正,不坐"、"乡人饮酒,杖者出,斯出矣"等一系列饮食规范。可见,我国饮食礼仪由来已久,在世界饮食文化史上更是独树一帜。

我国古代的餐饮礼仪十分繁复,过去的礼仪制度显然不完全适用于当代社会。中式饮食礼仪随着历史的发展一直在演进,在继承传统与参考国外礼仪的基础上终于形成今天大家普遍接受的一套饮食进餐礼仪。人们在餐饮活动中重视礼节、礼貌,几千年来形成的餐饮传统中所表现出的一些伦理美、形式美的规律也一直沿用至今。目前,许多社交活动都发生在餐桌上,餐桌上的礼仪确实需要特别留意,所以说要"坐有坐相,吃有吃相","吃"应该要吃得斯文、优雅,不要出丑,更不要妨碍他人用餐。

二、中餐的餐具及使用礼仪

和西餐相比较,中餐的一大特色就是就餐餐具有所不同。下面主要介绍一下平时经常使用的餐具及使用礼仪。

1. 筷子及使用礼仪

筷子是中餐最主要的餐具。用筷子取菜、用餐的时候，要注意下面几个小问题：一是不论筷子上是否残留着食物，都不要去舔。二是和人交谈时，要暂时放下筷子，不能一边说话，一边像指挥棒似地舞着筷子。三是不要把筷子竖着插放在食物上面，因为这种插法只在祭奠死者的时候才用。四是筷子只能用来夹取食物，用来剔牙、挠痒或是用来夹取食物之外的东西都是失礼的。

2. 勺子及使用礼仪

勺子的主要作用是舀取菜肴、食物。有时，用筷子取食时，也可以用勺子来辅助。尽量不要单用勺子去取菜。用勺子取食物时，不要过满，免得溢出来弄脏餐桌或自己的衣服。在舀取食物后，可以在原处暂停片刻，确定汤汁不会再往下流时，再取回来享用。暂时不用勺子时，应放在自己的碟子上，不要把它直接放在餐桌上，或是让它在食物中"立正"。用勺子取食物后，要立即食用或放在自己碟子里，不要再把它倒回原处。如果取用的食物太烫，不可用勺子来回舀，也不要用嘴对着吹，可以先放到自己的碗里等凉了再吃，也不要把勺子塞到嘴里，或者反复吮吸、舔食。

3. **盘子及使用礼仪**

盘子主要用来盛放食物，在使用方面和碗的作用相似。盘子在餐桌上一般要保持原位，而且不要堆放在一起。需要着重介绍的是一种用途比较特殊的被称为食碟的盘子。食碟的主要作用是用来暂放从公用的菜盘里取来享用的菜肴。使用食碟时，一次不要取放过多的菜肴。不要把多种菜肴堆放在一起，否则会相互"窜味"，既不好看，也不好吃。不吃的残渣、骨头、刺不要吐在地上、桌上，而应轻轻取放在食碟前端，放的时候不能直接从嘴里吐在食碟上，要用筷子夹放到碟子旁边。如果食碟放满了，可以让服务员更换。

4. **水杯及使用礼仪**

水杯主要用来盛放清水、汽水、果汁、可乐等软饮料。不要用它来盛酒，也不要倒扣水杯。另外，喝进嘴里的东西不能再吐回水杯中。

5. 湿毛巾及使用礼仪

中餐用餐前，若比较讲究，服务员会为每位用餐者送上一块湿毛巾。它只能用来擦手。擦手后，应该将其放回盘子里，由服务员拿走。有时候，在正式宴会结束前会再送上一块湿毛巾。和前者不同的是，它只能用来擦嘴，不能擦脸、擦汗。

6. 牙签及使用礼仪

尽量不要当众剔牙。非剔牙不可时，用另一只手掩住口部。剔牙后，不要长时间叼着牙签，更不要用来扎取食物。

三、中餐礼仪与规则

1. 桌次和位次的排列规则

中餐的席位排列是我国饮食礼仪中最重要的一部分，因为这关系到来宾的身份和主人给予对方的礼遇。中餐席位的排列在不同情况下有一定的差异，可以分为桌次排列和位次排列两方面。

（1）桌次排列。在中餐宴请活动中，往往采用圆桌布置菜肴、酒水。在安排桌次时，所用餐桌的大小、形状要基本一致。除主桌可以略大外，其他餐桌都不要过大或过小。排列圆桌的礼宾礼序主要有下面两种情况。

① 双桌宴请，即由两桌组成的小型宴请。这种情况又可以分为两桌横排和两桌竖排的形式。当两桌横排时，桌次讲究以右为尊、以左为次。这里所说的左和右是由面对正门的位置来确定的。当两桌竖排时，桌次讲究以远为上、以近为下。这里所讲的远近是以距离正门的远近衡量的。

② 多桌宴请，是由三桌或三桌以上的桌数所组成的宴请。在安排多桌宴请的桌次时，首先根据“面门为上、以右为尊、以远为上、居中为尊”的规则确定主桌，其次根据距离主桌的远近来安排其他桌次。通常，距离主桌越近，桌次越高；距离主桌越远，桌次越低；与主桌距离相同时，主桌的右侧高于左侧。

为了确保在宴请时赴宴者能及时、准确地找到自己所在的桌次，可以在请柬上注明对方所在的桌次，在宴会厅入口悬挂宴会桌次排列示意图，安排引位员引导来宾按桌就座，或者在每张餐桌上摆放桌次牌。

（2）位次排列。宴请时，每张餐桌上的具体位次也有主次尊卑的分别。排列位次的基本方法有三个，它们往往会同时发挥作用。

① 主人大都应面对正门而坐，并在主桌就座。

② 举行多桌宴请时，每桌都应有一位主人的代表就座。位置一般和主桌主人同向，有时也可以面对主桌主人。

③ 各桌次的尊卑应根据距离该桌主人的远近而定，一般来说，“以近为上、以远为下、以右为上，以左为下”。

根据以上位次的排列方法，圆桌位次的具体排列可以分为两种具体情况。一是每桌只有一名主人的排列方法，即每桌只有一名主位，主宾在主人右侧就座，这时每桌只有一个谈话中心；二是每桌有两个主位的排列方法，一般是主人夫妇在同一桌就座，以男主人为第一主人，女主人为第二主人，主宾和主宾夫人分别在男女主人右侧就座。这样，每桌有两个谈话中心。如果主宾身份高于主人，为表示尊重，也可以将其安排在主人位子上就座，而请主人坐在主宾的位子上。

排列便餐的席位时，如果需要排列主次，可以参照宴请时桌次的排列进行。位次的排列可以遵循“右高左低、居中为尊、面门为上”的原则。

2. 点餐及上菜礼仪

中餐点餐应讲究色香味俱全，荤素搭配合理，菜名吉祥，主菜价值高。点菜时应重视客人的口味与忌讳和宗教习俗。点餐时客人应遵循客随主便的原则。

中餐菜是分先后次序上的。上菜的一般顺序是“先上冷菜、饮料及酒，再上热菜，然后上主食，最后上甜食和水果。上菜的基本原则是，拼盘先上，鲜嫩清淡的食品先上，名贵的食品先上，本店的名牌菜先上，易变形、走味的菜先上，时令季节性强的菜先上。如有两桌或两桌以上的宴席，上菜要看主桌，但上菜的数量和时间应大体一致，不可有厚此薄彼之嫌。

上菜时，如果上鱼、全猪、全羊等有头有尾的菜肴时，头的一边一定要朝向第一主宾的位置，表示对主宾的尊重。如果所上的菜配有作料，一定要配齐再上，一般是先上作料后上菜，也可以作料、菜一起上。

中餐上菜的方式大体有四种：把大盘菜端上，由各人自取式；餐盘分让式，服务员站在客人的左侧，右手拿叉和勺，将菜派给客人；二人合作式，将菜盘与客人的餐盘一起放在转台上，服务员用叉和勺将菜分派到客人的餐盘中；分菜台分让式，由服务员在分菜台将菜分派到客人的餐盘中。

3. **用餐礼仪**

客人入席后不要立即动手取食，也不要拿着筷子等待开餐，要等主人动筷说“请”之后方能动筷。或等主人举杯示意开始，客人才能用餐。如果酒量还能够承受，对主人敬的第一杯酒应喝干。中餐宴席进餐伊始，服务员送上的第一条毛巾是用来擦手的，上龙虾、鸡、水果时，会送上一只精美的小水盂，其中飘着玫瑰花片或柠檬片，它是洗手用的，不可饮用。

进餐时要细嚼慢咽，绝不能狼吞虎咽。不要挑食、只吃自己喜欢的菜，或者把喜欢的菜推到自己的盘子里。中国人一向以热情好客闻名于世，主人会向客人介绍菜的特点，并反复向客人劝菜，希望客人多吃点。有时热情的主人还会用公筷为宾客夹菜，这是热情好客的表示，出于礼节的需要，宾客应表示感谢，并根据自己的胃口适量享用。遇到自己不喜欢吃的菜可夹一点，放在盘中，不要吃掉，当这道菜再转到自己面前时，就可以借口盘中的菜还没有吃完，而不再夹这道菜，最后应将盘中的菜全部吃掉。

一道菜上桌后，通常须等主人或主宾动手后再去取食。遇到需使用公筷或公用调羹的菜，应先用公筷将菜肴夹到自己的盘中，然后再用自己的筷子慢慢食用。夹菜时，要等到菜转到自己面前时再动筷子，不可抢在邻座前面夹菜。一次夹菜不宜过多，不要刚夹一道菜，紧跟着又夹另一道菜；也不要把夹起的菜放回菜盘中，又伸筷子夹另一道菜；菜偶尔掉一些在桌上，不要放回菜盘内，也不要放入口中。

进食时尽可能不咳嗽、打喷嚏、打哈欠、擤鼻涕，如果不能控制，要用手帕、餐巾纸等遮挡口鼻，转身，脸侧向一方。不要发出不必要的声音，如喝汤时“咕噜”、吃菜时嘴里“吧吧”作响，这些都是粗俗的表现。不要一边吃东西，一边和人聊天。嘴里的骨头和鱼刺不要吐在桌子上，可用餐巾掩口，用筷子取出来放在碟子里。不要把手伸进嘴里。用牙签剔牙时，应用手或餐巾掩住嘴。不要让餐具发出任何声响。用餐结束后，可用餐巾、餐巾纸或服务员送来的小毛巾擦嘴，但不宜擦头颈。

对有些人而言，餐桌上的许多行为举止往往习惯成自然，但是在一个开放的社会，国际往来非常密切，每个人都要懂得尊重别人，不能一味地自行其是。或许在家中有些习惯无所谓，但在正式的宴会上，同样的饮食习惯与动作就会被视为冒犯别人或没有教养。下面就列举一些在餐桌上经常发生，而且被认为是致命错误的行为：

- 大声叫喊“服务员”、颐指气使。
- 用牙咬开啤酒瓶盖。
- 用餐时经常东张西望，起身走动。
- 吃东西或喝汤时，发出难听的声音。
- 吃喝得又快又急，狼吞虎咽。
- 容忍小孩在餐厅里乱跑乱叫，打扰别的客人用餐。
- 在餐桌上梳头、补妆。
- 在餐厅里高谈阔论，而且声音很大。
- 随地吐痰，随地丢弃果皮、纸屑。
- 在餐桌上张大嘴打哈欠或打饱嗝。
- 用餐巾擦皮包、皮鞋。

- 边吃饭边抽烟。
- 边吃饭边把鞋脱掉甚至摩擦双脚。
- 说话时叼着牙签或用牙签时不加遮掩。

总之，生活中我们要注意个人的行为举止，尤其要在吃饭时稍微用心，多加注意，以得体的用餐礼仪进餐，让别人在享受美食的同时，也能欣赏到自己优雅的进餐举止。

四、饮酒礼仪

（一）斟酒

主人为了表示对来宾的敬重、友好，会亲自为其斟酒。主人斟酒时要注意以下三点：① 白酒与啤酒均可斟满，而其他洋酒则无此讲究。② 斟酒应做到对在座的就餐者一视同仁，而不可挑拣着进行。③ 斟酒可以按照先职位高者、后职位低者或先年长者、后年少者进行，也可以从自己所坐之处依顺时针方向进行。

客人在侍者为其斟酒时，要向侍者道谢，但不必拿起酒杯。但在主人亲自来斟酒时，则必须端起酒杯致谢；必要时，还须起身站立或欠身点头致意。

（二）敬酒

敬酒也就是祝酒，是指在正式宴会上，由男主人向来宾提议，提出某个事由而饮酒。在饮酒时，通常要讲一些祝愿、祝福类的话，甚至主人和主宾还要发表一篇专门的祝酒词。祝酒词内容越短越好。敬酒可以随时在饮酒的过程中进行，频频举杯祝酒会使现场氛围热烈而欢快。

一般来说，敬酒者应该把自己的酒喝干，这样才能表达自己的诚意。如果对方的酒量不错，可以提议干杯，若对方酒量尚浅，则不必勉强对方喝干，可以说“我干了，你随意”，更不能勉强长者。

（三）拒酒

在宴请过程中，不会喝酒或不打算喝酒的人，可以婉言谢绝他人的劝酒。例如说明自己不能饮酒的客观原因，或主动以其他饮料代酒。

谢绝饮酒时，不能在他人为自己斟酒时又躲又藏、乱推酒瓶、倒扣酒杯或将自己杯中的酒偷偷倒掉，更不能把自己喝了一点的酒倒入别人杯中。

（四）餐后礼

作为一个有礼貌人，吃完饭后不应推开饭碗后就离开桌子，而是要有礼貌地离开座位，并帮助主人做一些力所能及的工作。用完餐后，要轻轻放下碗筷，用餐纸或餐巾擦嘴。如果自己先吃完，要与父母或其他长辈打一个招呼再离开座位。例如，“爸爸，您慢慢吃”，或“大家请慢慢吃”等。待大家都用餐完毕，应帮助家长一同收拾碗筷，擦净桌面，洗刷碗筷。不可放下碗筷即扬长而去，或坐在一边任由家人忙碌，自己无动于衷，这是不礼貌、不懂事的表现。

案例讨论

小王为答谢好友李先生一家，他们夫妻两人在家设宴。女主人的手艺不错，做了清蒸鱼、炖排骨、烧鸡翅……李先生一家吃得津津有味。这时，有肉丝钻进了李先生的牙缝。于是，李先生拿起桌上的牙签，当众剔出滞留在牙缝中的肉，还将剔出来的肉丝吐在烟灰缸里。看着烟灰缸里的肉丝，小王夫妇一点胃口也没有了。

问题讨论：

1. 李先生不文明行为表现在哪里？
2. 假如是你，应该如何处理？

知识链接

1. 宴会

宴会通常指的是以用餐为形式的社交聚会，可以分为正式宴会和非正式宴会两种类型。正式宴会是一种隆重而正规的宴请。它往往是为宴请专人而精心安排的，在比较高档的饭店或是其他特定的地点举行的，讲究排场、气氛的大型聚餐活动。对于到场人数、穿着打扮、席位排列、菜肴数目、音乐演奏、宾主致词等，往往都有十分严谨的要求和讲究。非正式宴会也称为便宴，也运用于正式的人际交往中，但多见于日常交往中。它的形式从简，偏重于人际交往，而不注重规模、档次。一般来说，它只安排相关人员参加，不邀请配偶，对穿着打扮、席位排列、菜肴数目往往不作出过高要求，而且也不安排音乐演奏和宾主致词。

2. 家宴

家宴也就是在家里举行的宴会。相对于正式宴会而言，家宴最重要的是：要制造亲切、友好、自然的气氛，使赴宴的宾主双方轻松、自然、随意，彼此增进交流，加深了解，促进信任。通常家宴在礼仪上往往不会作出特殊要求。为了使来宾感受到主人的重视和友好，基本上要由女主人亲自下厨烹饪，男主人充当服务员；或男主人下厨，女主人充当服务员来共同招待客人，使客人产生宾至如归的感觉。如果要参加宴会，那么就需要注意，首先必须把自己打扮得整齐大方，这是对别人也是对自己的尊重。另外还要按主人邀请的时间准时赴宴。如果宴会没有结束，但自己已用好餐，也不要随意离席，要等主人和主宾餐毕先起身离席，其他客人才能依次离席。

3. 便餐

便餐也就是家常便饭。用便餐的地点往往不同，礼仪讲究也最少。只要用餐者讲究公德，注意卫生、环境和秩序，在其他方面就不用介意太多。

4. 工作餐

工作餐是在商务交往中具有业务关系的合作伙伴，为进行接触、保持联系、交换信息或洽谈生意而以用餐的形式进行的商务聚会。它不同于正式的工作餐、正式宴会和亲友们的会餐，而是重在一种氛围，意在以餐会友，创造出有利于进一步进行接触的轻松、愉快、和睦、融洽的氛围，是借用餐的形式继续进行的商务活动，把餐桌充当会议桌或谈判桌。工作餐一般规模较小，通常在中午举行，主人不用发正式请柬，客人不用提前向主人进行正式答复，时间、地点可以临时选择。出于卫生方面的考虑，最好采取分餐制或公筷制的方式。

5. 自助餐

自助餐是近年来借鉴西方的现代用餐方式。它不安排席位，也不安排统一的菜单，而是把能提供的全部主食、菜肴、酒水陈列在一起，根据自己的个人爱好，自己选择、加工、享用。这种方式可以节省费用，而且礼仪讲究不多，方便宾主；用餐的时候每个人都比较随意。在举行大型活动，招待为数众多的来宾时，这样安排用餐也是最明智的选择。

学习任务3 西餐礼仪

西餐是一种迥然不同于我国饮食文化的舶来品。随着中西文化交流的深入发展,西餐已经逐渐进入人们的生活。在现代社会交往中,不论人们对其喜爱程度与否,都有可能与之"相逢",但不知是否对这种复杂而讲究的饮食文化"知根问底"呢?因此了解和掌握有关西餐的基本常识和礼仪是很有必要的。

一、西餐概述

西餐是我国人民和其他部分东方国家和地区的人民对西方国家菜点的统称,从广义上讲,是对西方餐饮文化的统称。我们所说的"西方"习惯上是指"欧洲国家和地区,以及以这些国家和地区为主要移民的北美洲、南美洲和大洋洲的广大区域",因此西餐主要指代的便是以上区域的餐饮文化。西餐一般以刀叉为餐具,以面包为主食,多用长形桌台。西餐的主要特点是主料突出、形色美观、口味鲜美、营养丰富、供应方便等。

实际上,西方各国的餐饮文化都有各自的特点,各个国家的菜式也都不尽相同。近年来,随着东西方文化的不断撞击、渗透与交融,东方人已经逐渐了解了西餐中各个菜式的不同特点,并开始区别对待。一些高级饭店也分别开设了法式餐厅、意式餐厅等,西餐作为一个笼统的概念逐渐趋于淡化,但西方餐饮文化作为一个整体概念还是会继续存在的。

二、西餐分类

虽然西方各国的菜点各有不同的风味特点,但由于各国或是地理位置相邻,或是历史渊源很深,在文化上也有千丝万缕的联系,因此在菜点制作方法上有很多共同之处。影响较大的西餐有法国菜、意大利菜、英国菜、美国菜、俄罗斯菜等。不同国家的人有着不同的饮食习惯,有一种说法非常形象,即"法国人夸奖着厨师的记忆吃,英国人注意着礼节吃,德国人考虑着营养吃,意大利人痛痛快快地吃……"以下先介绍几种主要的西餐菜系。

1. 法国菜

法国菜是西餐中最有地位的菜,是西方饮食文化中的一颗"明珠"。法国人一向以善于吃并精于吃而闻名,法式大餐至今仍名列世界西菜之首。法国菜的特点是选料广泛、用料新鲜、滋味鲜美,讲究色、香、味、形的配合,花式品种繁多,重用牛肉、蔬菜、禽类、海鲜和水果,特别是蜗牛、黑菌、蘑菇、龙虾、洋百合和芦笋;法式菜还比较讲究吃半熟食品或生食,如牛排、羊腿以半熟鲜嫩为特点,烧野鸭一般六成熟即可食用等;法式菜肴重视调味,调味品种类多样。法国人喜欢用酒来调味,什么样的菜选用什么酒都有严格的规定,如清汤选用葡萄酒、海味品选用白兰地酒、甜品选用各式甜酒或白兰地等。法国人十分喜爱吃奶酪、水果和各种新鲜蔬菜。

法国美食食用新鲜的季节性材料,加上厨师个人的独特调理,完成独一无二的艺术佳肴极品,无论在视觉上、嗅觉上、味觉上,还是在触感、交感神经上,都达到了无与伦比的境界。而在食物的品质、服务水准、用餐气氛上,更要求精致化的整体表现。

法式菜肴的名菜有法式焗蜗牛、鹅肝酱、沙福罗鸡、牡蛎杯、马赛鱼羹、巴黎龙虾、马令古鸡、沙朗牛排等。

2. **意大利菜**

意大利民族是一个美食家的民族，他们在饮食方面有着悠久历史。意大利美食典雅高贵，且浓重朴实，讲究原汁原味。意大利菜系非常丰富，菜品成千上万，除了大家耳熟能详的比萨饼和意大利面外，它的海鲜和甜品也闻名遐迩。源远流长的意大利餐对欧美国家的餐饮产生了深远影响，并发展出包括法餐、美国餐在内的多种派系，故有“西餐之母”的美誉。

意大利菜肴最为注重原料的本质、本色，成品力求保持原汁原味。在烹煮过程中非常喜欢用蒜、葱、西红柿酱、干酪，讲究制作沙司。烹调方法以炒、煎、烤、红烩、红焖等居多。通常将主要材料或裹或腌，或煎或烤，再与配料一起烹煮，从而使菜肴的口味异常出色，缔造出层次分明的多重口感。意大利菜肴对火候极为讲究，很多菜肴要求烹制成六七成熟，而有的则要求鲜嫩带血，如罗马式炸鸡、安格斯嫩牛抓。米饭、面条和通心粉则要求有一定硬度。

意大利人喜爱面食，做法、吃法甚多。其制作面条有独到之处，各种形状、颜色、味道的面条至少有十几种，如字母形面条、贝壳形面条、实心面条、通心面条等。意大利人还喜食意式馄饨、意式饺子等。

意式菜肴的名菜有通心粉素菜汤、意式馄饨汤、火腿起司牛排、奶酪焗通心粉、红炖白豆牛肚、米兰小牛胫肉、提拉米苏等。

3. **英国菜**

英国菜相对来说简单一些，英国人也常自嘲不精于烹调，虽然如此，英国菜仍是西餐文化中非常重要的分支。

英国由于其本身的粮食及畜牧产品均不能自给自足，需要依赖进口，因此，在料理烹调上受到外来文化的影响。英国菜选料比较简单，英国虽是岛国、海域辽阔，可是受地理条件所限，浴场不太好，所以英国人不讲究吃海鲜，比较偏爱牛肉、羊肉、禽类等。英式菜肴的特点是口味清淡、原汁原味。简单而有效地使用优质原料，并尽可能保持其原有的质地和风味是英国菜的重要特色。英国的饮食有“家庭美肴”之称，即英国烹饪法植根于家常菜肴，因此认为只有原料是家生、家养、家制时，菜肴才能达到满意的效果。英国菜的烹调对原料的取舍不多，一般选用单一的原料制作，要求厨师不加配料，要保持菜式的原汁原味。英国菜的烹调相对来说比较简单，配菜也比较简单，香草与酒的使用较少，调味品大都放在餐台上由客人自己选用。英式菜肴的烹调方法多以烹、煮、烩、烤、熏见长。

英式的代表菜肴有鸡丁沙拉、牛肉腰子派、烤大虾苏夫力、薯烩牛肉、炸鱼排、烤羊马鞍、冬至布丁、皇家奶油鸡、明治排等。

4. **美国菜**

美国菜是在英国菜的基础上发展起来的，继承了英式菜简单、清淡的特点，口味咸中带甜。美国人一般对辣味不感兴趣，喜欢铁扒类的菜肴。美国盛产水果，美式菜的沙拉中水果用得最多。例如，用香蕉、苹果、梨等做沙拉最为普遍。另外，在热菜中也常食用水果，如菠萝煽火腿、苹果烤火鸡、炸香蕉等。另外，美国素食和生食比较盛行，喜欢吃各种新鲜熟菜和各式水果。美国人对饮食要求并不高，只要求营养、快捷。

在烹调方面，美国菜所使用的方法主要有煮、蒸、烤、铁扒等。典型的美国菜有苹果黄瓜沙拉、西冷牛排、化道尔夫沙拉、美式花旗大虾、美式螃蟹杯、美式煮鱼、烤火鸡等。

5. 俄罗斯菜

沙皇俄国时代的上层人士非常崇拜法国，贵族不仅以讲法语为荣，而且饮食和烹饪技术也主要学习法国。但经过多年的演变，特别是俄罗斯地寒，食物讲究热量高的品种，逐渐形成了自己的烹调特色。传统的俄式菜一般油性较大，口味也较浓重，而且酸、甜、咸、辣味俱全。俄罗斯因气候原因，饮食中肉类占有较大比例，因此其烹调方法以烤、焖、煎、炸、熏见长。

俄罗斯人喜食热食，讲究小吃，擅做菜汤。俄式小吃主要是指各种冷菜，其特点是生鲜、味酸甜，如鱼子酱、酸黄瓜、冷酸鱼等。俄式小吃品种之多、花样之全、风味之独特，是其他国家无可比拟的。俄罗斯人还喜欢做菜汤，他们的每日膳食中必有用肉、鲜白菜、酸白菜及其他多种蔬菜和调料制成的菜汤。常见的菜汤有60多种，鱼汤的款式也很多，其中莫斯科红菜汤就颇具盛名。

俄式菜肴的名菜有什锦冷盘、鱼子酱、莫斯科红菜汤、莫斯科式烤鱼、红烩牛肉、鱼肉包子、黄油鸡卷等。

三、西餐礼仪规则

西餐礼仪是西餐礼仪式的统称，是一套约定俗成的带有浓厚的西方民族文化背景的饮食习俗。它由一系列具有西方民族特色的具体礼节构成，是一个表现礼貌的系统而完整的过程，是一个人内在修养和素质的外在表现，也是西方国家人际交往中的一种艺术。西餐非常讲究食品的健康、合理搭配，什么样的主菜搭配什么养的副菜并搭配什么样的饮料、酒水都是有较严格的规定的。做客也好，请客也好，既要懂菜单，也要懂饮料知识、饮料器具用途等。

案例分析

袁小姐目前在一家外贸公司的财务部实习。日前，为替在武汉的外国客户庆祝“洋节”，公司举办了大型的西式自助餐会，邀请了不少洋客户及公司的全体员工。餐会一开始，袁小姐就端起面前的盘子去取菜，之后却发现那是装食物残渣的盘子；为节省取食的路途，袁小姐从距离自己最近的水果沙拉开始吃，而此时同事们都在吃冷菜，袁小姐只得开玩笑地说自己“减肥”；走到餐桌前，袁小姐推开桌椅，从右边走进餐桌坐下；吃到一半，袁小姐放下刀叉稍微休息，这时服务员走过来将没有吃完的菜给收走了……

案例评析：

袁小姐因为不懂相关的西餐礼仪，不仅出了错，而且也令自己吃得不自在。所以，现代人需要了解一些基本的西餐宴会的礼仪。

1. 5M原则

如何品味西餐文化，研究西餐的学者经过长期的探讨和总结认为，吃西餐应讲究以下五个“M”。

(1) meeting(会面)。meeting指的是邀请哪些方面的人士出席，请多少人出席，以及选择主宾双方都适宜的宴请时间。吃西餐的伙伴最好是亲朋好友或趣味相投的人。所以在西餐厅内，氛围一般都很温馨，少有面红耳赤的场面出现。

(2)menu(菜单)。当走进咖啡馆或西餐馆时,服务人员会先领自己入座,待就座后,首先送上来的便是菜单。菜单被视为餐馆的门面,老板也一向对此较重视,会采用最好的材料作为菜单的封面,有的甚至用软羊皮打上各种美丽的花纹,显得格外典雅精致。菜单上以店名命名的菜单相当于中餐厅的"招牌菜",是餐厅下工夫做的菜。

另外要特别说明的是,不要以吃中餐的习惯来对待西餐的点菜问题,即不要对菜单置之不理,不要让服务员为自己点菜。因为看菜单、点菜已成了吃西餐的一个必不可少的程序,是一种优雅生活方式的表现。

(3)media(环境)。西餐更讲究氛围。西餐进餐氛围追求严谨,富于审美情趣,讲究环境雅致,气氛和谐。进餐时一定要有音乐相伴,桌台整洁干净,所有餐具一定要洁净。豪华高级的西餐厅通常会有乐队演奏一些柔和的乐曲,一般的西餐厅也会播放一些美妙典雅的乐曲。但是,这里最讲究的是乐声的"可闻度",即声音要达到"似听到而又听不到"的程度,就是说,要集中精力和友人谈话就听不到,在休息放松时就听得到,这个火候要掌握好。如遇晚餐,灯光要暗淡,桌上要有红色蜡烛,营造出一种浪漫、迷人、淡雅的气氛。

(4)manner(举止)。manner 指的是"吃相"和"吃态",吃西餐就应遵循西方的习俗。要注意餐桌上的语言举止,让菜不劝菜,祝酒不劝酒,吃东西时不发出声音,不满桌满地乱吐,不在餐桌上整理妆容。

(5)money(费用)。在费用方面国际交往要强调节俭、务实,宴请的人数少而精,反对铺张浪费,没有必要每种必吃、大吃大喝。尤其是商务宴请中不要给人以铺张浪费的感觉。

2. 西餐座次安排

西餐一般都使用长桌,桌次高低以距离主桌位置远近而定;女士优先,在排西餐座次时,主位请女主人就座,而男主人位居第二位;在排座次时,以右为尊;面对正门者为上座,背对正门者为下座;男女交叉排列,生人与熟人交叉排列。西餐排座次还有一个规矩,即每个人入座或离座均应从坐椅的左侧进出。礼宾次序是排定座位的主要依据,同时也要考虑客人的政治倾向、人事关系等,适当对座次作出相应的调整。当椅子被拉开后,身体在几乎要碰到位者会把椅子推进来,腿弯碰到后面的椅子时,就可以臂和背部要靠到椅背,腹部和桌子保持约一个拳头的距离的坐姿。

3. 西餐用餐顺序

西餐菜单上有几大分类,分别是开胃菜、汤、沙拉、海鲜、肉类、点心等。

应先决定主菜。主菜如果是鱼,开胃菜就选择肉类,这样在口味上就比较富有变化。如果食量不是特别大,一般只要开胃菜和主菜各一道,再加一份甜点就足够了。可以不要汤,或者省去开胃菜,这也是很理想的组合。值得注意的是,在意大利菜中,意大利面被看成汤,所以原则上意大利面和汤不一起点。

正式的全套餐点的上菜顺序如下。

(1)头盘。西餐的第一道菜是头盘,又称为开胃品。开胃品的内容一般有冷头鱼和热头鱼之分,常见的品种有鱼子酱、鹅肝酱、熏鲑鱼、鸡尾杯、奶油鸡酥盒、焗蜗牛等。因为要开胃,所以开胃菜一般都有特色风味,味道以咸和酸为主,而且数量少、质量较高。

(2)汤。和中餐不同的是,西餐的第二道菜是汤。西餐的汤大致可分为清汤、奶油汤、蔬菜汤和冷汤四类。品种有牛尾清汤、各式奶油汤、海鲜汤、美式蛤蜊汤、意式蔬菜汤、俄式罗宋汤、法式焗葱头汤。冷汤的品种较少，有德式冷汤、俄式冷汤等。

偕夫人的场合：

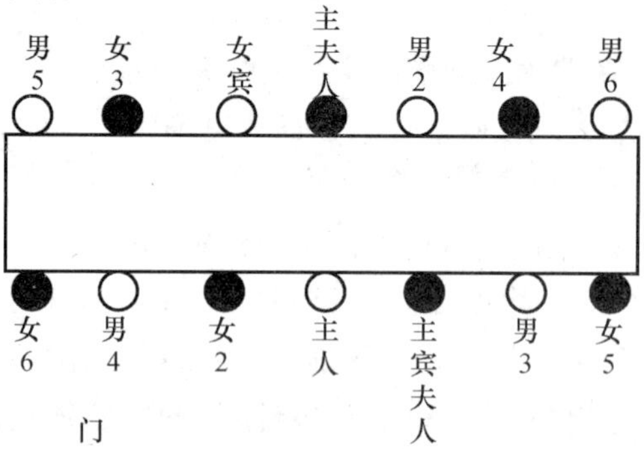

不偕夫人的场合：

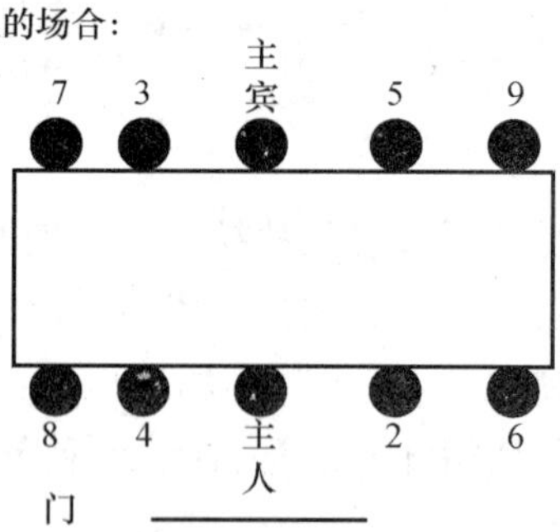

（3）副菜。鱼类菜肴一般作为西餐的第三道菜，又称为副菜。品种包括各种淡水和海水鱼类、贝类及软体动物类。通常水产类菜肴和蛋类、面包类、酥盒菜肴品都被称为副菜。因为鱼类等菜肴的肉质鲜嫩，比较容易消化，所以放在肉类菜肴的前面，叫法上也和肉类菜肴有区别。西餐吃鱼类菜肴讲究使用专用的调味汁，品种有鞑靼汁、荷兰汁、酒店汁、白奶油汁、大主教汁、美国汁和水手鱼汁等。

（4）主菜。肉、禽类菜式西餐的第四道菜又称为主菜。肉类菜肴的原料取自牛、羊、猪等各个部位的肉，其中最有代表性的菜是牛肉和牛排。牛排按其部位又可分为西冷牛排、“T”骨形牛排、菲力牛排、薄牛排等。其烹调的方法常用煎、烤、铁扒等。肉类菜肴配用的调味汁主要有西班牙汁、浓烧汁精、蘑菇汁、白尼斯汁等。

禽类菜肴的原料取自鸡、鸭、鹅，通常将兔肉和鹿肉等野味也归入禽类菜肴。禽类菜肴品种最多的是鸡，有竹鸡、山鸡、火鸡，可煮、炸、烤、焖，主要的调味汁有黄肉汁、咖喱汁、奶油汁等。

（5）蔬菜式菜肴。蔬菜类菜肴可上蔬菜沙拉，以安排在肉类菜肴之后，也可以和肉类菜肴同时上桌，所以可以算为一道菜或称为一种配菜。蔬菜类菜肴在西餐中称为沙拉。和主菜同时上的沙拉称为蔬菜沙拉，一般用生菜、西红柿、黄瓜、芦笋等制作。沙拉的主要调味汁有醋油汁、千岛汁、奶酪沙拉汁等。

沙拉除了蔬菜之外，还有另一类是用鱼、肉、蛋类制作的，这类沙拉一般不加调味汁，在进餐顺序上可以作为头盘。还有一些蔬菜是熟的，如花椰菜、煮菠菜、炸土豆条。熟食的蔬菜通常和主菜的肉食类菜肴一同摆放在餐盘中上桌，称为配菜。

（6）甜品。西餐的甜品是在主菜后食用的，可以算作第六道菜。从真正意义上讲，它包括所有主菜后的食物，如布丁、煎饼、奶酪、水果等。

（7）咖啡、茶。西餐的最后一道是上饮料、咖啡或茶。喝咖啡时可以加糖和淡奶粉。茶可以加香桃片和糖。

四、西餐餐具的摆放和使用礼仪

西餐餐具一般包括刀、叉、匙、盘、杯和餐巾。其中，刀分为肉刀、鱼刀、甜点刀、黄油刀等，叉分为肉叉、鱼叉、甜点叉、沙拉叉等，匙分为汤匙、甜品匙、茶匙或咖啡匙等，盘分为垫盘（用于切割或盛放食物的盘）和甜点盘，杯分为红葡萄酒杯、白葡萄酒杯和水杯。

(一)西餐餐具的摆放礼仪

西餐餐具的种类和数量较多,摆放的位置也十分讲究。通常,每套餐具的摆法如下。

垫盘放在餐位的正中间。垫盘的正中心放叠好餐巾,其左侧纵向放叉,叉齿向上,右侧纵向放刀和汤匙,刀刃朝向垫盘,匙心向上;叉的左侧纵向放甜点盘和黄油刀,刀刃朝向垫盘;垫盘的正前方横向放甜品匙和甜点叉,匙柄朝右,叉柄朝左;垫盘的右前方斜向放3只杯子,通常,杯子从右到左依次为白葡萄酒杯、红葡萄酒杯和水杯(有时也为香槟酒杯、葡萄酒杯和水杯)。整套餐具的摆放应如下图所示。

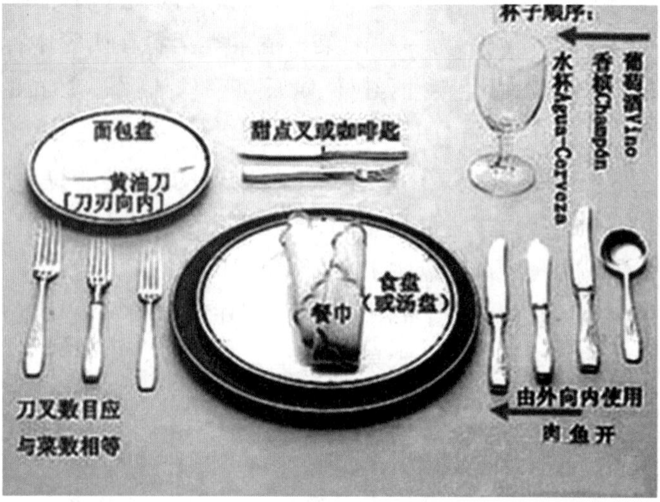

(二)西餐餐具的使用礼仪

用刀、叉进餐是西餐的重要特征之一。除此之外,西餐的主要餐具还有餐匙、餐巾和杯子,用法也有特殊之处。至于西餐桌上的盘、碟、水盂、牙签等餐具,其基本用法同中餐相似,可参照之。

1. 刀叉的使用

① 使用刀叉时,应从外侧向内侧取用,左手拿叉,叉齿向下,右手拿刀,刀刃向下。切割食物时,拿叉按住食物,用刀切成小块,被切成小块的食物应刚好适合一次性放入口中,如下图所示。在切割食物时,要双肘下沉,不要左右开弓,更不要弄出声响。

② 进餐途中需要休息时，可使叉在左、刀在右，叉齿向下，刀刃向内，二者呈“八”字形摆在餐盘中央，以表示此菜尚未用完。就餐完毕，可将刀叉平行放在餐盘的同一侧。这时，即使盘里还有东西，服务员也会明白你已经用完餐了，会在适当的时候把盘子收走。

③ 在进餐途中的任何时候，都不要将刀或叉的一端放在盘上，另一端放在桌上。

2. 餐匙的使用

西餐中的主要指汤匙、甜品匙或茶匙，汤匙、甜品匙、茶匙分别用于饮汤、取甜品、搅拌茶或咖啡，三者不可混用，不可用汤匙和甜品匙舀取其他任何主食或菜肴，也不可用茶匙舀取茶水或咖啡。

3. 餐巾的使用

用餐前，通常应将餐巾打开，沿对角线折成三角形状或平行对折成长方形，平铺在双腿上，并将折口朝外，以便拿起来擦拭嘴巴，如下图所示。切勿将餐巾围在脖子上、掖在裤腰上或放在其他地方。不能用餐巾擦汗、擦脸或擦鼻涕，更不能用其擦拭餐具或餐桌。

用餐期间暂时离席时，应将餐巾放在自己的座位上，以示稍后会继续用餐，切勿把餐巾揉成一团挂在椅背上或放在餐桌上。用餐结束后，则可将餐巾放在餐桌上，以示停止用餐。

4. 杯子的使用

西餐中的三只杯子用于盛装不同的饮品，可从外侧向内侧依次使用，也可以跟随女主人的选择来使用。在使用高脚的葡萄酒杯品酒时，应手持杯柱部分饮酒，而不能用手捧住杯腹，以免手温破坏酒的口感。女士在使用酒杯时，不能在杯口上留下口红印，否则是有失礼仪的。

5. 西餐用餐规范

西餐的具体吃法和中餐有很大区别。

（1）面包的吃法。一般应将面包掰成小块送入口中，不要拿着整块面包吃。抹黄油和果酱时也要先将面包掰成小块再抹，抹一块，吃一块。掰面包、涂奶油须在盘中进行，不要拿在手中。

吃三明治时，小的三明治和烤面包是用手拿着吃的，大点的在吃前先切开。配卤汁吃的热三明治需要用刀和叉。

（2）肉类的吃法。西方人吃的肉（指的是牛排、羊排、猪排）一般都是大块的。吃的时候用刀、叉把肉切成一小块，大小刚好是一口。可以吃一块，切一块，也可以全切好，再慢慢品尝。但一定不要用叉子把整块肉叉到嘴边，边咬、边咀嚼、边吞咽。

吃牛肉（牛排）的场合，由于可以按自己的喜好决定生熟的程度，预定时，服务人员或主人会询问自己生熟的程度。

吃有骨头的肉，如吃鸡的时候，是不能用手撕的，要用叉子把整片肉固定，再用刀沿骨头插入，把肉切开，边切边吃。如果骨肉很小，可以用叉子把它放进嘴里，在嘴里把肉和骨头分开后，再用餐巾盖住嘴，把它吐到叉子上然后放进碟子里。不过需要直接“动手”的肉，洗手水往往会和肉同时端上，一定要时常用餐巾擦干手和嘴。

通常西餐中的鱼都是去掉刺后煎煮鱼肉的。有时也会上整条鱼，吃鱼时先用专门的刀子把鱼头切掉，不要把鱼翻过，吃完上层后用刀叉踢掉鱼骨后再吃下层。

（3）沙拉的吃法。西餐中，沙拉往往出现在这样的场合里：作为主菜的配菜，如蔬菜沙拉，这是常见的；作为间隔菜，如在主菜和甜点之间；作为第一道菜，如鸡肉沙拉。如果沙拉是一大盘端上来的，就需要使用沙拉叉，如果和主菜放在一起则要用主菜叉吃。如果沙拉是间隔菜，通常要和奶酪、炸玉米片等一起食用。先取一两片面包放在沙拉盘上，再取两三片玉米片。奶酪和沙拉要用叉子吃，而玉米片可以用手拿着吃。如果主菜沙拉配有沙拉酱，可以先把沙拉酱浇在一部分沙拉上，吃完这部分后再加酱。直到加到碗底的生菜叶部分，这样浇汁就容易了。沙拉的习惯吃法是，将大片的生菜叶用叉子切成小片，如果不好切可以刀叉并用。一次只切一块，吃完再切。

（4）汤的喝法。喝汤应用汤匙。不要舔嘴唇或咂嘴发出声音。即使汤菜再热也不要用嘴吹冷却，这是一种不良的用餐习惯。而是要用汤匙从里向外舀，汤盘里的汤快喝完时，可以用左手将汤盘的外侧稍稍翘起，用汤匙舀净即可，同时应牢记不要刮碗底或弄出其他声响。吃完后，将汤匙留在汤盘里，匙把指向自己。

（5）意大利面的吃法。吃意大利面时，要用叉子慢慢地卷起面条，每次卷四五根最方便。也可以用调羹和叉子一起吃，调羹可以帮助叉子控制面条。不能直接用嘴吸，否则容易把汁溅得到处都是。吃意大利面最注意的是不要让面条挂在嘴边,也不要发出“呼噜”的声音。

(6)水果的吃法。在许多国家,人们会把水果作为甜点或随甜点一起送上。通常是许多水果混合在一起做成水果沙拉,或做成水果拼盘。吃水果的关键是怎样去掉果核,不能拿着整个去咬。有刀叉的情况下应小心使用,用刀切成四瓣再去果核,用叉子叉着吃。要注意别把汁溅出。没有刀或叉时,可以用两个手指把果核从嘴里轻轻拿出,放在果盘的边上。把果核直接从嘴里吐出来是非常失礼的行为。

(7)西式快餐和小吃的吃法。汉堡面包和热狗是用手拿着吃的,但一定要用餐巾纸垫住,让酱汁流到餐巾纸上,而不是流到手上或衣服上。为防止万一,可以一只手拿餐巾纸垫住,另一只手准备一两张餐巾纸备用。

比萨饼可以用手拿着饼块,把外边转向内,防止上面的馅掉出。但一般晚餐的餐桌上是看不到比萨饼的。

玉米薄饼是一种普遍的用手拿着吃的食物,可以蘸上如土豆或番茄酱等混合酱吃。

油煎食品和薯片可以用手拿着吃,也可以用叉子叉着吃。如果在户外可以用手拿着吃。

五、咖啡礼仪

1. 拿咖啡杯的方法

在餐后饮用的咖啡一般都是用袖珍型的杯子盛的。这种杯子的杯耳较小,手指无法穿出去。但即使用较大的杯子,也不要用手指穿过杯耳再端杯子。咖啡杯的正确拿法应是拇指和食指捏住杯把再将杯子端起。

2. 给咖啡加糖的方法

给咖啡加糖时,砂糖可用咖啡匙舀取,直接加入杯内;也可先用糖夹子把方糖夹在咖啡碟的近身一侧,再用咖啡匙把方糖加在杯子里。如果直接用糖夹子或用手把方糖放入杯内,有时可能会使咖啡溅出,而弄脏衣服或台布。

3. 使用咖啡匙的方法

咖啡匙是专门用来搅咖啡的,饮用咖啡时应当把它取出。不要用咖啡匙舀着咖啡一匙一匙地慢慢喝,也不要用咖啡匙捣碎杯中的方糖。

4. **咖啡太热的方法**

刚刚煮好的咖啡太热，可以用咖啡匙在杯中轻轻搅拌使之冷却。或者等待其自然冷却，然后再饮用。用嘴试图去把咖啡吹凉是很不文雅的动作。

5. **使用杯碟的方法**

盛放咖啡的杯碟都是特制的。它们应当放在饮用者的正面或者右侧。饮咖啡时，可以用右手拿着咖啡的杯耳，左手轻轻托着咖啡碟，慢慢移向嘴边轻啜。不宜满把握杯、大口吞咽，也不宜俯首去够咖啡杯。喝咖啡时不要发出声响，添加咖啡时，不要把咖啡杯从咖啡碟中拿起。

6. **喝咖啡与用点心的方法**

有时饮咖啡可以吃一些点心，但不要一手端着咖啡杯，一手拿着点心。吃一口喝一口地交替进行。饮咖啡时应当放下点心，吃点心时则放下咖啡杯。

7. **品咖啡的方法**

咖啡的味道有浓淡之分，所以，不能像喝茶或可乐一样，连续喝三四杯。而以正式的咖啡杯的分量最好。普通人喝咖啡以 80 ~ 100 毫升为适量。有时候若想连续喝三四杯，就应把咖啡的浓度冲淡些，或加入适量的牛奶或淡奶。不过仍然要考虑到生理上需求的程度，来加减咖啡的浓度，也就是不要造成腻或恶心的感觉。而在糖分的调配上也不妨多一些变化，使咖啡更具美味。趁热喝是品咖啡的必要条件，即使是在夏季也应饮热咖啡。

8. **喝咖啡时的方法**

(1)先喝一口冷水，让口腔保持清洁。

(2)趁热喝咖啡，因为咖啡中的丹宁酸更容易在冷却的过程中发生变化，使口味变酸，影响咖啡的风味。

(3)喝一口“黑咖啡”。咖啡树是经过五年生长才能够开花结果的，经过采收、烘焙等繁复程序，再加上由煮咖啡的人悉心调制而成。所以，先趁热喝一口不加糖与奶精的“黑咖啡”，感受一下咖啡在未施脂粉前的风味。然后加入适量的糖再喝一口，最后再加入奶精。

(4)正式开始喝咖啡之前，先喝一口冰水。冰水能使咖啡味道更明显，让舌头上的每一颗味蕾都充分做好感受咖啡美味的准备。

(5)适量地饮用。咖啡中含有咖啡因所以喝时要适量。

依照上述的过程享受一杯好咖啡，不仅能体会咖啡不同层次的口感，而且更有助于提升鉴赏咖啡的能力。

知识巩固

1. 列举中餐餐桌礼仪规范。
2. 西餐中的吃面包、喝汤分别有何讲究？

案例分析

一位刘小姐和一位姓张的男士在一家西餐厅就餐，小张点了海鲜大餐，刘小姐则点了烤羊排。主菜上桌后，两人的话匣子也打开了，小张一边听刘小姐聊童年往事，一边吃着海鲜，心情愉快极了。正在陶醉时，他发现有一根鱼骨头塞在牙缝中，让他感觉不舒服。小张心想，用手去掏太不雅了，所以就用舌头舔，舔不出来，还发出了声音，好不容易将它舔吐出来，就随手放在餐巾上了。之后他在吃虾时又在餐巾上吐了几口虾壳。刘小姐对这些不太计较，可这时男士想打喷嚏，拉起餐巾遮嘴，用力打了一声喷嚏，餐巾上的鱼刺、虾壳随着"风势"飞了出去，其中的一些正好飞落在刘小姐的烤羊排上。这下刘小姐有点不高兴了。接下来，刘小姐话也少了许多，饭也没怎么吃。

问题讨论：

指出本案例中小张的失礼之处。

实训设计

1. 模拟中餐宴会场景：由学生分别扮演来宾和客人，并分派有不同职位，模拟演示座位的安排、宴会接待程序和赴宴就餐礼仪，之后相互点评，互换角色。

2. 如条件许可，组织学生到西餐厅就餐，席间由教师进行现场演示，强化西餐就餐礼仪要求。

学习任务4　自助餐会礼仪

自助餐有时亦称冷餐会，它是目前国际上所通行的一种非正式的西式宴会，在大型的商务活动中尤为多见。它的具体做法是，不预备正餐，而由就餐者自行在用餐时自行选择食物、饮料，然后或立或坐，自由地与他人在一起或是独自一人地用餐。

自助餐之所以称为自助餐，主要是因其可以在用餐时调动用餐者的主观能动性，而由其自己动手，自己帮助自己，自己在既定的范围之内安排选用菜肴。至于它又被叫作冷餐会，则主要是因其提供的食物以冷食为主。当然，适量地提供一些热菜，或者提供一些半成品由用餐者自己进行加工，也是允许的。一般而言，自助餐具有如下几条明显的长处。其一，是它可以免排座次。正规的自助餐，往往不固定用餐者的座次，甚至不为其提供座椅。这样一来，既可免除座次排列之劳，而且还可以便于用餐者自由地进行交际。其二，是它可以节省费用。因为自助餐多以冷食为主，不提正餐，不上高档的菜肴、酒水，故可大大地节约主办者的开支，并避免了浪费。其三，是它可以各取所需。参加自助餐时，用餐者碰上自己偏爱的菜肴。只管自行取用就是了，完全不必担心他人会为此而嘲笑自己。其四，是它可以招待多人。每逢需要为众多的人士提供饮食时，自助餐不失为一种首选。它不仅可用以款待数量较多的来宾，而且还可以较好地处理众口难调的问题。

自助餐礼仪，泛指人们安排或享用自助餐时所需要遵守的基本礼仪规范。具体来讲，自助餐礼仪又分为安排自助餐的礼仪与享用自助餐等两个主要的部分。以下对其分别予以介绍。

一、安排自助餐的礼仪

安排自助餐的礼仪，指的是自助餐的主办者在筹办自助餐时规范性作法，一般而言，它又包括备餐的时间、就餐的地点、食物的准备、客人的招待等四个方面的问题。

1. 备餐的时间

在商务交往之中，依照惯例，自助餐大都被安排在各种正式的商务活动之后，作为其附属的环节之一，而极少独立出来，单独成为一项活动。也就是说，商界的自助餐多见于各种正式活动之后，用招待来宾的项目之一，而不宜以此作为一种正规的商务活动的形式。因为自助餐多在正式的商务活动之后举行，故而其举行的具体时间受到正式的商务活动的限制。不过，它很少被安排在晚间举行，而且每次用餐的时间不宜长于一个小时。

根据惯例，自助餐的用餐时间不必进行正式的限定。在整个用餐期间，用餐者可以随到随吃，大可不必非要在主人宣布用餐开始之前到场恭候。在用自助餐时，也不像正式的宴会那样，必须统一退场，不允许“半途而废”。用餐者只要自己觉得吃好了，在与主人打过招呼之后，随时都可以离去。通常，自助餐是无人出面正式宣告其结束的。

一般来讲，主办单位假如预备以自助餐对来宾进行招待，最好事先以适当的方式对其进行通报。同时，必须注意一视同仁，即不要安排一部分来宾用自助餐，而安排另外一部分来宾去参加正式的宴请。

2. 就餐的地点

选择自助餐的就餐地点，大可不必如同宴会那般较真。重要的是，它既能容纳下全部就餐之人，又能为其提供足够的交际空间。按照正常的情况，自助餐安排在室内外进行皆可。通常它大多选择在主办单位所拥有的大型餐厅、露天花园之内进行。有时，亦可外租、外借与此相类似的场地。

(1)在选择、布置自助餐的就餐地点时应注意，要为用餐者提供一定的活动空间。除了摆放菜肴的区域之外，在自助餐的就餐地点还应划出一块明显的用餐区域。这一区域，不要显得过于狭小。考虑到实际就餐的人数往往具有一定的弹性，实际就餐的人数难以确定，所以用餐区域的面积应划得大一些。

(2)要提供数量足够使用的餐桌与座椅。尽管真正的自助餐所提倡的，是就餐者自由走动，立而不坐。但是在实际上，有不少的就餐者，尤其是其中的年老体弱者，还是期望在其就餐期间，能有一个暂时的歇脚之处。因此，在就餐地点应当预先摆放好一定数量的桌椅。供就餐者自由使用。在室外就餐时,提供适量的遮阳伞,往往也是必要的。

(3)要使就餐者感觉到就餐地点环境宜人。在选定就餐地点,不只要注意面积、费用问题,还须兼顾安全、卫生、温湿度诸问题。要是用餐期间就餐者感到异味扑鼻、过冷过热、空气不畅,或者过于拥挤,显然都会影响到对方对此次自助餐的整体评价。

3. 食物的准备

在自助餐上,为就餐者所提供的食物,既有其共性,又有其个性。它的共性在于,为了便于就餐,以提供冷食为主;为了满足就餐者的不同口味,应当尽可能地使食物在品种上丰富而多采;为了方便就餐者进行选择,同一类型的食物应被集中在一处摆放。它的个性则在于,在不同的时间或是款待不同的客人时,食物可在具体品种上有所侧重。有时,它以冷菜为主;有时,它以甜品为主;有时,它以茶点主;有时,它还可以酒水为主。除此之外,还可酌情安排一些时令菜肴或特色菜肴。

一般而言,自助餐上所备的食物在品种上应当多多益善。具体来讲,一般的自助餐上所供应的菜肴大致应当包括冷菜、汤、热菜、点心、甜品、水果以及酒水等几大类型。

二、享用自助餐的礼仪

享用自助餐的礼仪主要是指以就餐者的身份参加自助餐会时所需遵循的礼仪规范,其主要涉及以下几个方面。

1. 排队礼让,按序取食

若用餐的人较多,则必须自觉地排队取食,切忌乱挤、乱抢或插队。取食时,应使用公用的餐具将食物装入食盘内,不要用自己的餐具或直接用手取食。取食后迅速离去,不要在众多食物面前犹豫不决或者在取食时挑挑拣拣,让身后的就餐人员久等。在取用菜肴前,一定要事先了解一下菜品情况,然后可按照冷菜、汤、热菜、点心、甜品和水果的先后顺序,有所选择地取用。

2. 少取多次,量力而行

在自助餐会上,食物的品种和数量是保证供应的,就餐者可以自由取用自己喜爱的食物。但是,在自助餐上浪费食物是绝对不允许的。因此,就餐者在取用食物时,应量力而行,做到每次少取,吃完再取,切忌一次性取出大量的食物,再因力不从心而导致食物的浪费。

3. 积极交际

在商务自助餐会上,吃东西属于次要之事,与他人进行适当的交际活动才是主要任务。因此,每位就餐者都应当主动寻找机会,积极地进行交际活动,而不能只顾享用美食,而不与其他在场者进行任何形式的正面接触。

在自助餐上,交际的主要形式是几个人聚在一起进行交谈。创造交谈机会的具体方法有如下三种:① 请求主人引见。② 毛遂自荐,自己介绍自己加入陌生的交际圈。③ 寻找机会加入交际圈。

4. 避免外带

无论是由主人亲自操办的自助餐,还是专营店所经营的自助餐,都是不允许就餐人员往外

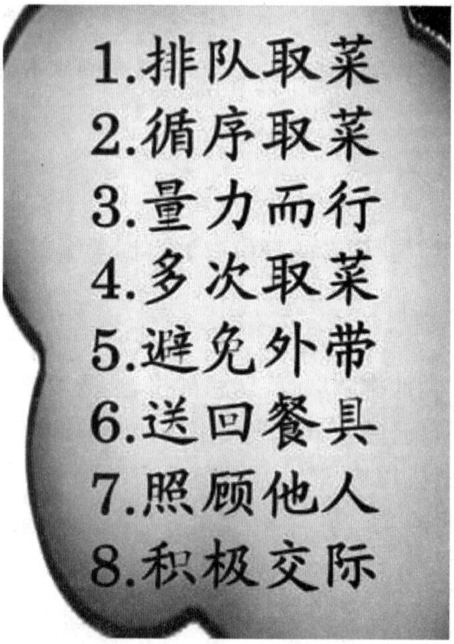

带食物的。商务人员在参加自助餐会时，一定要牢记这一规则，千万不要有“打包”的想法和做法，否则会很失礼的。

5. **送回餐具**

自助餐强调用餐自助，那么就餐人员除了应在取菜时自助以外，还应在用餐结束后，自觉地将餐具稍加收拾并送到指定之处，切不可使之一片狼藉。

知识巩固

选择题

1. 关于中式宴请中的座次排列说法正确的是(　　)。

A. 座次的排列一般应遵循面门为尊、右尊左卑、远尊近卑的原则

B. 在单主人的情况下，主人右侧的第一个位置为第一主宾位置

C. 在同性双主人的情况下,第二主人右侧的第一个位置为第四主宾位置

D. 在异性双主人的情况下,第一主人(男主人)右侧的第一个位置为第三主宾位置

2. 在中式宴请中,上菜的一般顺序为(　　)。

A. 冷盘—主菜—热炒—汤—点心—果盘

B. 主菜—冷盘—热炒—汤—点心—果盘

C. 冷盘—主菜—热炒—点心—汤—果盘

D. 冷盘—热炒—主菜—汤—点心—果盘

3. 下列选项关于中餐餐具的使用说法正确的是(　　)。

A. 夹菜时,举着筷子在菜盘上犹豫不决地巡探

B. 用勺子在食物中舀来荡去,以助食物快速降温

C. 在漂有玫瑰花瓣或柠檬片的水盂里洗手

D. 将用牙签剔出的东西弹在地上

4. 下列选项关于中餐就餐礼仪说法正确的是(　　)。

A. 进餐前,可将长外套直接披在椅背上

B. 进餐时,对于不方便夹取或离自己较远的菜肴可起身甚至离座去取

C. 为他人斟酒时,可以从自己所坐之处依顺时针方向进行

D. 在谢绝饮酒时,可倒扣酒杯或将自己杯中的酒偷偷倒掉

5. 下列选项关于西式宴请的桌次和座次礼仪说法错误的是(　　)。

A. 主桌以外的餐桌的排列应遵循居中为尊原则或右桌尊于左桌(以面向宴会大厅正门的视角为基准)原则

B. 桌次的排列中,离主桌越近,则桌次越高,离主桌越远,则桌次越低

C. 男女主人居中坐于餐桌的两边或两端,客人坐于主人的两侧,且男女座位各占一边

D. 以主人为基准,右座尊于左座,近座尊于远座

6. 在西式宴请中,上菜顺序一般为(　　)。

A. 汤—头盘—副菜—沙拉—主菜—热饮—甜品

B. 汤—头盘—主菜—副菜—沙拉—甜品—热饮

C. 头盘—汤—主菜—副菜—甜品—沙拉—热饮

D. 头盘—汤—副菜—主菜—沙拉—甜品—热饮

7. 下列选项关于西餐餐具的摆放礼仪说法正确的是(　　)。

A. 甜品匙和甜点叉横向放在垫盘的正前方,匙柄朝右,叉柄朝左

B. 摆在最外侧的杯子为红葡萄酒杯

C. 垫盘最左侧的叉是鱼叉

D. 垫盘最右侧的刀是肉刀

8. 下列选项关于西餐餐具的使用礼仪说法正确的是(　　)。

A. 用餐结束时,可使叉左刀右、叉齿向下、刀口向内,二者呈“八”字形摆在餐盘中央,以表示此菜已用完

B. 用餐途中需要休息时,可将刀或叉的一端放在盘上,另一端放在桌上

C. 用汤匙舀汤时,应从汤盘的中心部位向外侧舀,然后再送到嘴边饮尽

D. 使用高脚的葡萄酒杯品酒时,应用手捧住杯腹

9. 下列选项关于西餐就餐礼仪说法错误的是(　　)。

A. 当女士入座时,男士应走上前去将她们的坐椅稍向后搬,待其将要坐下时,再将椅子稍向前推

B. 吃全鱼时,宜先使用刀叉将鱼的头、尾、鳍切除,再吃鱼肉

C. 当盘中的汤不多时,可用手将盘略微倾斜后,再用汤匙取汤饮用,切勿端盘喝汤

D. 喝酒时,应先轻轻摇动酒杯,闻一闻酒的醇香,然后一饮而尽

10. 下列选项关于自助餐礼仪说法正确的是(　　)。

A. 自助餐的就餐地点应环境宜人,但无需提供餐桌和座椅

B. 取食时,不要在众多食物面前犹豫不决,更不要在取食时挑挑拣拣

C. 取食时应注意每次多取一点,争取少取几次

D. 吃自助餐时,可以尽情地享用美食,无需与其他在场者进行任何形式的正面接触

学习项目9　仪式礼仪

学习要求

1. 掌握签字仪式的准备和基本程序。
2. 掌握签字仪式的座次礼仪。
3. 掌握开业仪式的准备、具体形式及其程序。
4. 掌握剪彩仪式的准备、程序和基本礼仪。

案例导引

7月15日是某电力公司与美国某公司在多次谈判后达成协议，准备正式签字的日期。该电力公司负责签字仪式的现场准备工作，将公司总部十楼的大会议室作为签字现场，在会计室摆放了鲜花，长方形签字桌上临时铺设了深绿色的台呢布，摆放了中美两国的国旗：美国国旗放在签字桌左侧，我国国旗放在右侧，签字文本一式两份放在黑色塑料的文件夹内，签字笔、吸墨器文具分别放置在两边，会议室空调温度控制在20℃。办公室陈主任检查了签字现场，觉得一切安排妥当。他让办公室张小姐通知公司董事长、总经理等己方签字人员在会议室等待，自己到楼下准备迎接客商。上午九点，美方总经理一行乘坐一辆汽车准时驶入该电力公司总部办公楼。司机将车停在楼前，陈主任在门口迎候，他见副驾驶坐上是一位女宾，就以先为前排女宾打开车门，并做好护顶姿势，同时礼貌地问候对方。紧接着，陈主任迅速走到右后门，准备以同样动作迎接后排客人，不料前排女宾已经先于他打开了后门，迎候后排男宾。陈主任急忙上前问候，但明显感觉女宾和后排男宾有不悦之色。陈主任一边引导客人进入大厅，来到电梯口，一边告知客人，董事长在会议室等待。电梯到达十楼后，陈主任按住电梯控制开关，请客商先出，自己后出。然后引导客人到会议室，在会议室等待的签字人员在客人进入会议室时，马上起立鼓掌欢迎。刘董事长急忙从座位上站起，主动向对方客人握手。不料美方客人在扫视了会议室后，似乎非常不满，不肯就座，好像临时改变了主意，不想签字了。

问题讨论：

1. 该电力公司安排的这次签字活动有不当之处吗？请对其进行评判。
2. 陈主任在迎接礼仪的安排和自己的迎送过程中是否有不到之处？
3. 外方客人不悦和临时变卦的主要原因是什么？

知识精讲

仪式活动是现代社会的重要社交方式，也是组织方对内营造和谐氛围、增加凝聚力；对外协调关系、扩大宣传、塑造形象的有效手段。仪式活动包括婚礼、开业、剪彩、签字、庆典、升旗、白事等。不论哪种仪式，都是非常郑重的社交活动，气氛要么隆重，要么庄严，要么神圣，要么肃穆。无论是主办方还是参加者，都必须遵守一定的流程、礼仪惯例、举止和言行，这就是仪式礼仪。仪式礼仪是仪式活动取得成功的重要保障。仪式礼仪常见的种类很多，包括开业礼仪、竣工礼仪、奠基礼仪、通车礼仪、剪彩礼仪、签约仪式及庆典礼仪等。本学习单元介绍了商务活动中的一些礼仪规范，主要包括开业仪式礼仪、剪彩仪式礼仪、庆典仪式礼仪及签约仪式礼仪等，在商务交往中要运用技巧，遵守礼仪，互惠互利。

学习任务1 签字仪式礼仪

签字仪式是指业务双方或多方正式签署合同或协议时所举行的一种仪式。它是商务谈判或洽谈的后续程序，是对谈判或洽谈成果的一种公开化和固定化。签字仪式礼仪是指各方人员在举行签字仪式时应遵守的礼仪程序和规范。

一、签字仪式的准备

仪式礼仪规定，为了使有关各方重视合同、遵守合同，在签署合同时，应举行郑重其事的签字仪式，此即签约。在商务交往中，人们在签署合同之前，通常会竭力做好以下几个步骤的准备工作。

1. 文本定稿

按照商业惯例，在谈判或洽谈结束后，签约各方应指定专人共同审定合同中的各项具体条款及其表述，并核对与合同相关的附件、批文、证明等材料的真实性、完整性和准确性，最终使合同文本定稿。若对上述文本存在争议，则各方应再次谈判或商议，直到达成一致意见。

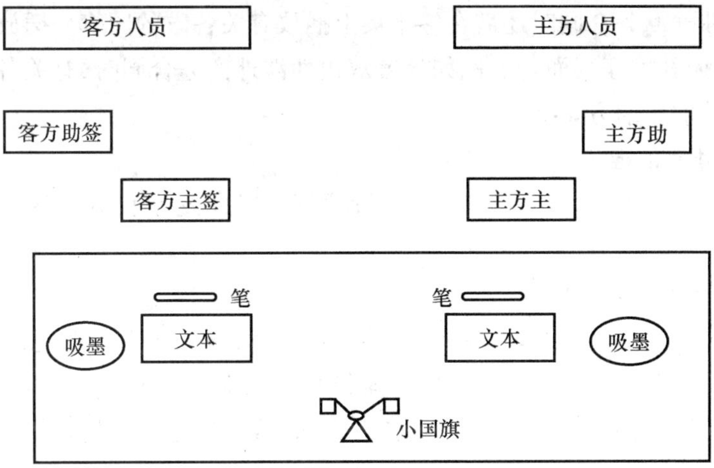

2. **确定语言文字类型**

签约业务方不涉外时，签字文本通常使用汉语言文字撰写。签约业务方涉外时，则通常按照国际惯例确定文本的语言文字，具体情况有如下两种：

① 双边签约的签字文本应同时使用双方法定的官方语言文字撰写，必要时还可以使用国际通行的第三方文字，如英文、法文。

② 多边签约的签字文本应使用经各方协商确定的语言文字撰写。

3. **确定正本和副本**

通常合同的正式文本分为正本和副本。正本即签字文本，其数量通常与签约方的数量一致，正本签字后由签约各方保存或由专门的机构保存。副本是为了方便工作而按照正本制作的，其内容与正本相同，其效力、印制数量和各方保存的份数由签约各方协商确定。一般情况下，副本不用签字、盖章，或者只盖章、不签字。

4. **文本盖章**

为了保证合同在签字仪式上一经签字即生效，签约各方通常在举行签字仪式前，在待签文本上盖上各自的公章。

5. **文本装订**

待签文本应用 A4 规格的高档白纸印刷并装订成册，再配以高档材料的封皮，以示郑重。文本的装订通常由主办签字仪式的签约方（以下简称“主方”）代办。

6. **要布置好签字厅**

签字厅有常设专用的，也有临时以会议厅、会客室来代替的。布置签字厅的总原则是庄重、整洁、清静。

一间标准的签字厅应当在室内铺满地毯，除了必要的签字用桌椅外，其他一切陈设都不需要。正规的签字桌应为长桌，其上最好铺设深绿色的台呢。按照仪式礼仪的规范，签字桌应当横放于室内。在其后可摆放适量的座椅。签署双边性合同时，可放置两张座椅，供签字人就座。签署多边性合同时，可以仅放一张座椅，供各方签字人签字时轮流就座；也可以为每位签字人各自提供一张座椅。签字人在就座时一般应当面对正门。在签字桌上，循例应事先安放好待签的合同文本及签字笔、吸墨器等签字时所用的文具。

与外商签署涉外商务合同时还需在签字桌上插放有关各方的国旗。插放国旗时在其位置与顺序上，必须按照礼宾序列而行。例如签署双边性涉外商务合同时，有关各方的国旗须插放在该方签字人座椅的正前方。

7. 香槟酒及酒杯的准备

主方还应事先准备好一定数量的香槟酒和酒杯，以便签字仪式结束后，签约各方举杯庆贺。

8. 要规范好签字人员的服饰

按照规定，签字人、助签人及随员在出席签字仪式时，应当穿着具有礼服性质的深色西装套装、中山装套装或西装套裙，并且配以白色衬衫与深色皮鞋。男士还必须系上单色领带，以示正规。礼仪人员、接待人员可以穿自己的工作制服，或是旗袍一类的礼仪性服装。

二、签字仪式座次礼仪

在正式签署合同时，各方代表对于礼遇均非常在意，因而商务人员对于在签字仪式上最能体现礼遇高低的座次问题应当认真对待。签字仪式的座次排列通常有并列式、相对式和主席式三种。

1. 并列式座次排列

并列式座次排列主要适用于双边签字仪式，其基本规则如下：

(1)签约双方的主签人与其随席人员并列位于签字桌的一侧。

(2)双方的主签人按照以右为尊(以室内面向正门的视角为基准)的惯例居中、面门而坐，客方居右，主方居左。

(3)双方的助签人站在各自主签人的外侧。

(4)双方的随席人员分别站在己方主签人的座位后面，并按照职位高低、由中间向两侧依次排开。

(5)若是涉外双边签字仪式，则还应将签约双方的国旗分别插放在主签人的正前方，并与双方的主签人相对应，即客方国旗居右，主方国旗居左。如下图所示。

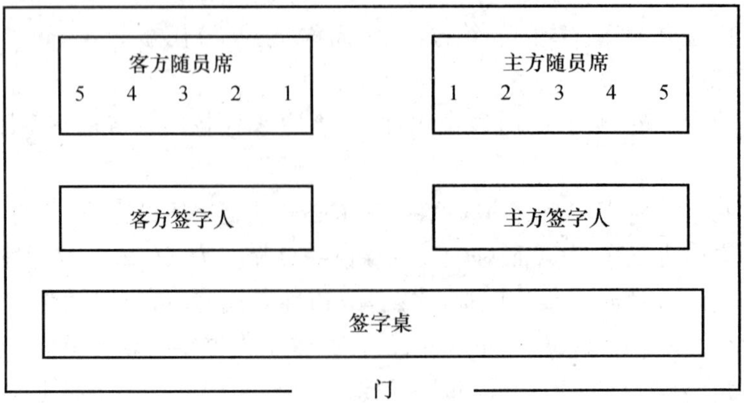

并列式签字排位

2. 相对式座次排列

相对式座次排列与并列式的座次排列基本相同，二者唯一的差别在于：相对式座次排列将签约双方的随席人员移到了主签人的对面，如下图所示。

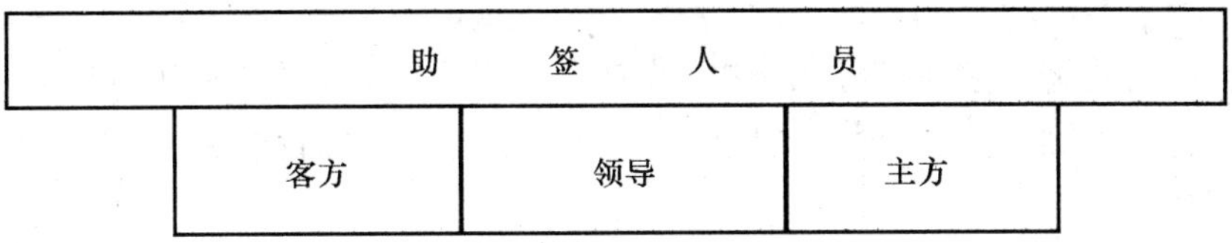

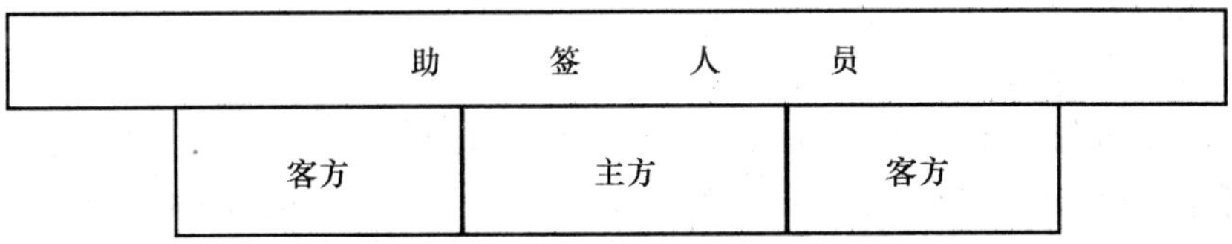

3. 主席式座次排列

主席式座次排列主要适用于多边签字仪式，其基本规则如下：

(1)签字桌前只设一张签字椅，签约各方的主签人按照各方事先同意的顺序(如按国家英文名称首字母的先后顺序等)站在签字椅后面、面向签字桌，其中，排在第一顺序的主签人居中，其他主签人按照先右后左的顺序向两侧由近及远地依次排开。

(2)签约各方的随席人员背对正门、面向签字桌就座于主签人的对面，并按照职位高低从前往后依次排开，通常，每一方随席人员的位置与其主签人的位置相对应。

(3)签字时，各方主签人按照签约各方事先同意的先后顺序依次入座签字，各方的助签人则随其所在方的主签人上前助签，并按照以右为尊的原则站立在主签人的左侧。

(4)若是涉外多边签字仪式，则还应在会标与主签人之间插放签约各方的国旗，国旗的插放顺序应与各方主签人的位置相对应。需要注意的是，这种情况下只签一份正本。

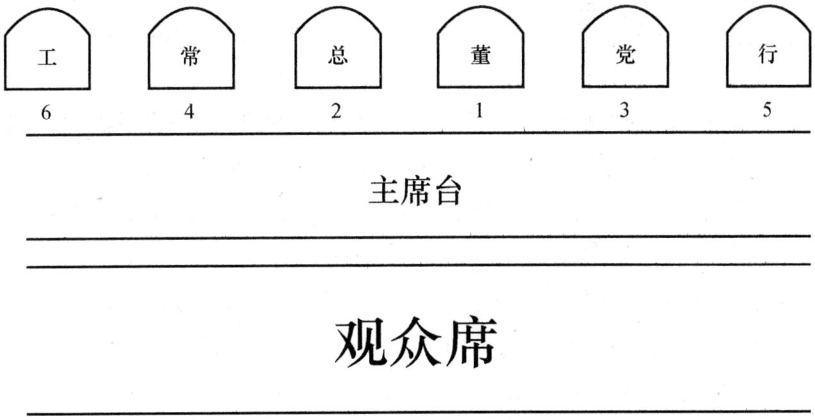

学习任务2 签约仪式礼仪

签约即合同的签署。它在商务交往中,被视为一项标志着有关各方的相互关系取得更大的进展,以及为消除彼此之间的误会或抵触而达成一致性见解的重大的成果。因此它极受商界人士的重视。

一、熟悉合同

在商务交往的实践中,尽管君子协定、口头承诺、“说话算数”在一定程度上起着作用,但是更有效地取信于人、让交往对象心安的则是“口说无凭,立此为据”的文字性合同。

商务合同是指有关各方之间在进行某种商务合作时,为了确定各自的权利和义务,而正式依法订立的、并且经过公证的、必须共同遵守的条文。在许多情况下,合同又叫作合约。而在另外一些时候,人们所说的合约则是指条文比较简单的合同。在商务往来中,带有先决条件的合同,如等待律师审查、有待正式签字、需要落实许可证的合同被叫作准合同。严格地说,准合同是合同的前身,也是最终达成合同的一个步骤。

在一般场合,商界人士往往将合同、合约与准合同混为一谈,统统把它们叫作合同。这样做虽不甚精确,但也有助于大家“删繁就简”,减少麻烦。

根据仪式礼仪的规定:对签署合同这一类称得上有关各方的关系发展史上“里程碑”式的重大事件,应当严格地依照规范,讲究礼仪,应用礼仪。为郑重起见,在具体签署合同之际,往往在现实生活中,商界人士所接触到的商务合同的种类繁多。常见的就有购销合同、借贷合同、租赁合同、协作合同、加工合同、基建合同、仓保合同、保险合同、货运合同、责任合同等等。

从格式上讲,合同的写作有一定的规定。它的要求是目的要明确,内容要具体,用词要标准,数据要精确,项目要完整,书面要整洁。违返了上述各项要求中的任何一点,都有可能会给自己带来损失。

从具体的写法上来说,合同大体上有条款式与表格式两类。所谓条款式合同,指的是以条款形式出现的合同。所谓表格式合同,则是指以表格形式出现的合同。

条款式合同与表格式合同在写法上都有各自的具体规范,对此在实践中只能够遵守,不可以明知故犯。一般来说,标的、费用与期限被称作合同内容的三大要素。在任何一项合同中,三者都应当齐备,缺一不可。如果从具体的条款撰写上来讲,则一项合同至少需要具备标的、数量或质量、价款或酬金、履约的期限与地点及其方式,违约责任等五大基本内容。对于这种规范,商界人士必须自觉地遵照执行。

在草拟合同时,除了在格式上要求标准、规范之外,同时还必须注意遵守法律、符合常识、顾及对手等四个方面的关键问题。

(1)草拟合同必须遵守法律。在商务交往中,所有正式的合同都具有法律约束力。合同一旦订立,任何一方都不可擅自变更或解除。因此,商务人员必须熟悉国家的有关法律与法规,以便充分地运用法律来维护自身的正当权益。

从操作中的实际状况来看,商务人员在拟定合同时,必须遵守的有关法律、法规,主要涉及商品生产、技术管理、外汇管制、税收政策及商检科目等五个方面。

在草拟涉外商务合同时,还必须遵循我国法律与国际条法。遵循我国法律是国家主权原则的体现,也是为了不损害我国的社会公共利益。遵循国际条文法则是为了在对外交往中更好地与国际社会接轨,在国际经济合作中少走弯路。

(2)草拟合同必须符合惯例。在草拟合同时,必须优先遵守法律、法规,尤其是必须优先遵守我国的法律、法规。遇上有关法律、法规尚未规定的,则可采用举世公认的国际惯例。所谓商务交往中的国际惯例,是指那些为国际社会所普遍接受的、约定俗成的常规做法。例如,在商务交往中,政治与经济应当分开,不允许借商务往来之便干涉他国的内部事务,或是伺机影响他方的内政。又如买方在签署合同后,应当按照合同规定的期限,向银行开立信用证。开立信用证时,应填写申请书,当银行同意接受后,将依据交易金额收取一定比例的开证费,并根据客户的资信收取一定数额的押金,然后按进口方的要求向出口方开出信用证。信用证一经开出,对方往往会要求进行某种程度的改动。只有确系开证时有疏漏之处,方可同意修改。反之,是不宜贸然应允的。

一般而言,国际惯例是维系商务交往正常化的一大基石,所以商界人士在草拟合同时,是应当以它来协调自己的行动的。对此不甚了解而贸然行事,必定会吃大亏。

(3)草拟合同必须合乎常识。在草拟合同时,商界人士有必要使合同的一切条款合乎常识,坚决不要犯常识性错误。

商界人士在草拟合同时应当具备的常识,是指与其业务有关的专业技术方面的基本知识,它们包括商品知识、金融知识、运输知识、保险知识和商业知识等等。

商品知识其实是一个整体性的概念。它包括产品的生产过程和管理及产品本身的一切知识。金融知识是指与货币的发行、流通、回笼有关的一切知识,具体来说,它主要是指货币、汇率、信贷等知识。运输知识包括运输具体方式的选择、运输中商品形态的具体要求、运输的特殊条件及运输的责任方等知识,它们与仓储一样,都是必须考虑的。保险知识包括险别、选择及办理程序等知识,它们对商务方面的交易是意义重大的保证。商业知识是指与商品流通各环节有关的知识,它对合同的草拟也有一定的帮助。

具备上述各方面的常识,将有助于商界人士在工作中得心应手,并且更好地为交往对象所敬重。在商务交往中,没有知识就等于没有实力。

因此商务人员在草拟合同的具体条款时,切身利益,又要替对方着想,顾全对方的面子,既要“以己为中心”,优先考虑自己的并且尽可能照顾他方的利益,这是促使合同为对方所接受的最佳途径。在进行与合同有关的谈判时,在具体条款上,商务人员不仅要讲原则性,也要讲灵活性。在坚持根本利益的前提下,应灵活地变通、适当地让步。

二、签约礼仪

签字仪式的基本程序主要包括仪式开始、签署文本、交换文本、举杯庆贺、合影留念和退场这六个环节。

1. 仪式开始

签约各方的全体出席人员进入签字厅，按照礼仪顺序在指定的座位入座。

2. 签署文本

主签人正式签署文本。主签人签署文本时应采用“轮换制”的方式进行，即需签署多份正本文本时，各方主签人应先签署由己方保存的合同文本，并将名字列于首位（即签字处的最上方），然后将合同文本交由他方主签人签字，再签署由他方保存的合同文本。

“轮换制”的签署方式可以使签约各方的名字均有机会居于首位一次，能够显示出签约各方平等。

主签人签署文本时，助签人应站在相应位置协助翻揭文本并指明签字之处，待签字完毕后，应用吸墨器为合同文本吸墨。

在签署多边性合同时，一般仅设一个签字椅。各方签字人签字时，须依照有关各方事先同意的先后顺序依次上前签字。他们的助签人应随之一同上前。在助签时，依据“右高左低”的规矩，助签人应站立于签字人的左侧。与此同时，有关各方的随员应按照一定的序列，面对签字桌就座或站立。

3. 交换文本

签约各方交换已经签字完毕的文本，以便各方保留己方首签的文本。交换后，各方主签人应起身站立，热情地与他方主签人握手，并相互祝贺，同时还可以相互交换各自使用过的签字笔，以作纪念。此时，全场出席人员应热烈地鼓掌，以表祝贺。

4. 举杯庆贺

签约各方的相关人员，尤其是各方主签人应接过一杯由礼宾小姐端上来的香槟酒，与他方的主签人及相关人员一一碰杯并当场饮用，然后高举（以齐于眼部为宜）酒杯示意，相互道贺。这是国际上通用的用以增添仪式喜庆色彩的做法。

5. 合影留念

签字仪式接近尾声时，主方应邀请签约各方合影留念。一般而言，合影位次的规则如下：按照以右为尊（以面向摄影师的视角为基准）的原则，客方人员居于右侧，并按身份高低自左向右依次排列，主方人员居于左侧，并按身份的高低自右向左依次排列，主客方站成一排；若一排站不开，则可按照前排尊于后排的规则排成两排或三排。

6. 退场

签字仪式结束后，主方应先请签约各方的最高领导人退场，然后请客方人员退场，最后主方人员退场，整个仪式所用的时间以半小时为宜。

在一般情况下，商务合同在正式签署后，应提交有关方面进行公证，此后才正式生效。应该说明的是，签字仪式不一定非举办不可，尽管它可以制造声势、提高影响。但是对于签字本身却是必须郑重对待，不可草草收场的。

学习任务3 开业庆典仪式礼仪

在商界，任何一个单位的创建、开业，或是本单位所经营的某个项目、工程的完工、落成，如公司建立、商店开张、分店开业、写字楼落成、新桥通车、新船下水等，都是一项来之不易、可喜可贺的成功，故此它们一向备受有经验的商家的重视。按照惯例，在这种情况之下，当事者通常都要特意为此而专门举办一次开业仪式。

一、开业仪式

开业仪式是指在单位创建、开业，项目完工、落成，某一建筑物正式启用，或是某项工程正式开始之际，为了表示庆贺或纪念，而按照一定的程序所隆重举行的专门的仪式。有时，开业仪式亦称作开业典礼。开业仪式在商界一直颇受人们的青睐。究其原因，并不仅仅是商家只图吉利，而是因为通过它可以因势利导，对于商家自身事业的发展裨益良多。一般认为，举行开业仪式至少可以起到下述五个方面的作用。

(1)它有助于塑造本单位的良好形象，提高自己的知名度与美誉度。

(2)它有助于扩大本单位的社会影响，吸引社会各界的重视与关心。

(3)它有助于将本单位的建立或成就“广而告之”，借以为自己招徕顾客。

(4)它有助于让支持过自己的社会各界与自己一同分享成功的喜悦，进而为日后的进一步合作奠定良好的基础。

(5)它有助于增强本单位全体员工的自豪感与责任心，从而为自己创造出一个良好的开端，或是开创一个新的起点。

二、开业礼仪

开业礼仪一般指的是在开业仪式筹备与运作的具体过程中所应当遵从的礼仪惯例。

开业仪式尽管进行的时间极其短暂，但要营造出现场的热烈气氛，取得彻底的成功，却绝非一桩易事。由于它牵涉面甚广，影响面巨大，不能不对其进行认真的筹备。筹备工作认真、充分与否，往往决定着一次开业仪式能否真正取得成功。主办单位对于此点务必要给予高度重视。

筹备开业仪式时，首先在指导思想上要遵循"热烈"、"节俭"与"缜密"三原则。所谓"热烈"，是指要想方设法在开业仪式上营造欢快、喜庆、隆重而令人激动的氛围，而不应令其过于沉闷、乏味。有一位曾在商界叱咤风云多年的人士说过："开业仪式理应删繁就简，但却不可以缺少热烈、隆重。与其平平淡淡、草草了事，或者偃旗息鼓走一个过场，反倒不如索性将其略去不举办。"所谓"节俭"，是要求主办单位勤俭持家，在举办开业仪式及为其进行筹备工作的整个过程中，在经费的支出方面量力而行，节制、俭省。反对铺张浪费、暴殄天物。所谓"缜密"，则是指主办单位在筹备开业仪式时，既要遵循礼仪惯例，又要具体情况具体分析，认真策划，注重细节，分工负责，一丝不苟。力求周密、细致，严防百密一疏，临场出错。

具体而论，筹备开业仪式时，对于舆论宣传、来宾邀请、场地布置、接待服务、礼品馈赠、程序拟定等六个方面的工作，尤其需要事先做好认真安排。

(1)要做好舆论宣传工作。既然举办开业仪式的主旨在于塑造本单位的良好形象，那么就要对其进行必不可少的舆论宣传，以吸引社会各界对自己的注意，争取社会公众对自己的认可或接受。

(2)要做好来宾邀请工作。开业仪式影响的大小，实际上往往取决于来宾的身份的高低与其数量的多少。在力所能及的条件下，要力争多邀请一些来宾参加开业仪式。地方领导、上级主管部门与地方职能管理部门的领导、合作单位与同行单位的领导、社会团体的负责人、社会贤达、媒体人员，都是邀请时应予优先考虑的重点。为慎重起见，用以邀请来宾的请柬应认真书写，并装入精美的信封，由专人提前送达对方手中，以便对方早做安排。

(3)要做好场地布置工作。开业仪式多在开业现场举行，其场地可以是正门之外的广场，也可以是正门之内的大厅。按惯例，举行开业仪式时宾主一律站立，故一般不布置主席台或座椅。为显示隆重与敬客，可在来宾尤其是贵宾站立之处铺设红色地毯，并在场地四周悬挂横幅、标语、气球、彩带、宫灯。此外还应当在醒目之处摆放来宾赠送的花篮、牌匾。来宾的签到簿、本单位的宣传材料、待客的饮料等亦须提前备好。对于音响、照明设备，以及开业仪式举行之时所需使用的用具、设备，必须事先认真进行检查、调试，以防其在使用时出现差错。

(4)要做好接待服务工作。在举行开业仪式的现场，一定要有专人负责来宾的接待服务工作。除了要教育本单位的全体员工在来宾面前，人人都要以主人翁的身份热情待客、有求必应、主动相助之外，更重要的是分工负责、各尽其职。

(5)要做好礼品馈赠工作。举行开业仪式时赠予来宾的礼品，一般属于宣传性传播媒介的范畴之内。若能选择得当，必定会产生良好的效果。根据常规向来宾赠送的礼品应具有如下三大特征。其一，是宣传性。可选用本单位的产品，也可在礼品及其外包装上印有本单位的企业标志、广告用语、产品图案、开业日期等等。其二，荣誉性。要使之具有一定的纪念意义，并且使拥有者对其珍惜、重视，并为之感到光荣和自豪。其三，独特性。它应当与众不同，具有本单位的鲜明特色，使人一目了然，并且可以令人过目不忘。

(6)要做好程序拟定工作。从总体上来看，开业仪式大都由开场、过程、结局三大基本程序所构成。开场即奏乐，邀请来宾就位，宣布仪式正式开始，介绍主要来宾。过程是开业仪式的核心内容，它通常包括本单位负责人讲话、来宾代表致词、启动某项开业标志等等。结局则包括开业仪式结束后，宾主一道进行现场参观、联欢、座谈等。它是开业仪式必不可少的尾声。为使开业仪式顺利进行，在筹备时，必须认真草拟具体的程序，并选定好称职的仪式主持人。

案例讨论

1998年8月8日，是某新建大酒店隆重开业的日子。这一天，酒店上空彩球高悬，四周彩旗飘扬。身着鲜艳旗袍的礼仪小姐站立在店门两侧，她们的身后摆放着整齐的鲜花、花篮，所有员工精神焕发，服饰焕然一新，整个酒店沉浸在喜庆的气氛中。开业典礼在店前广场举行。上午11时许，应邀前来参加庆典的有关领导、各界友人、新闻记者陆续到齐。正在举行剪彩之际，天空突然下起了倾盆大雨，典礼只好移至厅内，一时间大厅内聚满了参加庆典的人员和避雨的行人。典礼仪式在音乐和雨声中隆重举行，整个厅内灯光齐亮，使得庆典别具一番特色。

典礼完毕，雨仍在下着，厅内避雨的行人在短时间内根本无法离去，许多人焦急地盯着厅外。于是酒店经理当众宣布："今天能聚集到我们酒店的都是我们的嘉宾，这是天意，希望大家能同敝店共享今天的喜庆，我代表酒店真诚邀请诸位到餐厅共进午餐，当然一切全部免费。"霎时间，大厅内响起雷鸣般的掌声。虽然酒店开业额外多花了一笔午餐费，但酒店的名字在新闻媒体及众多顾客的渲染下却迅速传播开，接下来酒店的生意格外红火。

问题讨论：

阅读本案例后你有何感想？

三、剪彩仪式礼仪

剪彩仪式，严格地讲，指的是商界的有关单位，为了庆贺公司的设立、企业的开工、宾馆的落成、商店的开张，银行的开业、大型建筑物的启用、道路或航线的开通、展销会或博览会的开幕等，而隆重举行的一项礼仪性程序。因其主要活动内容是约请专人使用剪刀剪断被称为"彩"的红色缎带，故此被人们称为剪彩。

(一)剪彩仪式

剪彩在从一次偶发的"事故"发展为一项重要的活动程序，再进而演化为一项隆重而热烈的仪式的过程之中，其自身也在不断地吐故纳新，有所发展，有所变化。例如剪彩者先是由专人牵着一条小狗来充当，让小狗故意去碰落店门上所拴着的布带子。接下来，改由儿童担任，让他单独去撞断门上所拴着的一条丝线。再后来剪彩者又变成了女士。她的标准动作就是要当众撞落拴在门口上的大红缎带。到了最后，也就是现在，剪彩则被定型为邀请社会贤达和领导，持剪刀剪断众多女士手中所持的大红缎带。

从剪彩的发展过程中可以看到，它最初只不过是人们用以促销的一种手段，到了后来，它才渐渐地演变为商务活动中的一项重要的仪式。一般情况下，在各式各样的开业仪式中，剪彩都是一项极其重要的、不可或缺的程序。尽管它往往也可以被单独地分离出来，独立成项，但是在更多的时候，它是附属于开业仪式的。这是剪彩仪式的重要特征之一。

剪彩仪式上有众多的惯例、规则必须遵守，其具体的程序亦有一定的要求。剪彩的礼仪就是对此所进行的基本规范。

目前，虽有不少人对剪彩提出非议，认为它是“劳民伤财”的“多此一举”，而剪彩自身在内容、形式、步骤等方面也在不断地日趋简化，并逐渐地得以革新。但是在实际的商务活动之中，绝大多数商界人士却依旧坚持认为，剪彩是不宜被取消，不能被替代的。

具体而言，剪彩一直长盛不衰并且仍然被业内人士所看好，主要是基于如下三个方面的原因。

(1)剪彩活动热闹、热烈，既能给主人带来喜悦，又能令人产生吉祥如意之感。

(2)剪彩不仅是对主人既往成绩的肯定和庆贺，而且也可以对其进行鞭策与激励，促使其再接再厉，继续进取。

(3)剪彩可借自己的活动良机，向社会各界通报自己的“问世”，以吸引各界人士对自己的关注。

在上述三条原因之中，最后一条至关重要。正因为如此，商界人士才可以对外界解释说：规模适度的剪彩其实是一种业务宣传活动，而并非只是铺张浪费，毫无任何收益。在剪彩活动中，量力而行地进行适当的投入，绝对是得大于失的。

当然，在组织剪彩仪式时，没有必要一味地求新、求异、求轰动，而脱离了自己的实际能力。勤俭持家无论何时何地都是商界人士所必须铭记在心的。

知识链接

在美国的一个乡间小镇上,有一家商店的商主从一次偶然发生的事故中得到启迪,以它为模式开一代风气之先,为商家创立了一种崭新的庆贺仪式——剪彩仪式。

事情的原委是这样的:当时,这家商店即将开业,店主为了阻止闻讯之后蜂拥而至的顾客在正式营业前耐不住性子,争先恐后地闯入店内,将用以优惠顾客的货物争购一空,而使守时而来的人们得不到公平的待遇,便随便找来一条布带子拴在门框上。不曾想这项临时性的措施竟然更加激发起了挤在店门之外的人们的好奇心,促使他们更想早一点进入店内,对行将出售的商品先睹为快。恰在此时,正当店门之外的人们的好奇心上升到极点,显得有些迫不及待的时候,店主的小女儿牵着一条小狗突然从店里跑了出来,那条小狗将拴在店门上的布带子碰落在地。店外不明真相的人们误以为这是该店为了开张贺喜所搞的"新把戏",于是立即一拥而入,大肆抢购。让店主转怒为喜的是,他的这家小店在开业之日的生意居然特别红火。他便追根溯源地对此进行了一番"反思",最后他认定,自己的好运气全是由那条被小女儿的小狗碰落在地的布带子所带来的。因此,此后在他旗下的几家"连锁店"陆续开业时,他便如法炮制。久而久之,他的小女儿和小狗无意之中的"发明创造",经过他和后人不断地"提炼升华",逐渐成为一整套的仪式。它先是在全美国,后是在全世界广为流传开。在流传的过程中,它自己也被人们赋予了一个名字——剪彩。

(二)剪彩礼仪

从操作的角度进行探讨,目前所通行的剪彩的礼仪主要包括剪彩的准备、剪彩的人员、剪彩的程序、剪彩的做法等四个方面的内容。以下就分别择其要点进行介绍。

1. 剪彩的准备必须一丝不苟

与举行其他仪式相同,剪彩仪式也有大量的准备工作需要做好。其中主要涉及场地的布置、环境的卫生、灯光与音响的准备、媒体的邀请、人员的培训等等。在准备这些方面时,必须认真细致、精益求精。

除此之外,尤须对剪彩仪式上所需使用的某些特殊用具,如红色缎带、新剪刀、白色薄纱手套、托盘及红色地毯,仔细地进行选择与准备。

(1)红色缎带,亦即剪彩仪式之中的"彩"。作为"主角",它自然是受万众瞩目之处。按照传统做法,它应当由一整匹未曾使用过的红色绸缎在中间结成数朵花团而成。目前,有些单位为了厉行节约,而代之以长度为两米左右的细窄的红色缎带,或者以红布条、红线绳、红纸条为其变通,也是可行的。一般来说,红色缎带上所结的花团不仅要生动、硕大、醒目,而且其具体数目往往还同现场剪彩者的人数直接相关。循例,红色缎带上所结的花团的具体数目有两类模式可依。其一,花团的数目较现场剪彩者的人数多一个。其二,花团的数目较现场剪彩者的人数少一个。前者可使每位剪彩者总是处于两朵花团之间,尤显正式。后者则不同常规,亦有新意。

(2)新剪刀,是专供剪彩者在剪彩仪式上正式剪彩时所使用的。每位现场剪彩者必须人手一把,而且必须崭新、锋利和顺手。事先一定要逐把检查将被用以剪彩的剪刀是否已经开刃,是否好用。务必要确保剪彩者在正式剪彩时,可以"手起刀落"一举成功,而切勿一再补刀。在剪彩仪式结束后,主办方可将每位剪彩者所使用的剪刀经过包装之后,送给对方以资纪念。

(3)白色薄纱手套,是专为剪彩者所准备的。在正式的剪彩仪式上,剪彩者在剪彩时最好每人戴一副白色薄纱手套,以示郑重其事。在准备白色薄纱手套时,除了要确保其数量充足之外,还须使之大小适度、崭新平整、洁白无瑕。有时,亦可不准备白色薄纱手套。

(4)托盘,在剪彩仪式上是托在礼仪小姐手中,用作盛放红色缎带、剪刀、白色薄纱手套的。在剪彩仪式上所使用的托盘最好是崭新、洁净的。它通常首选银色的不锈钢制品。为了显示正规,可在使用时铺上红色绒布或绸布。就其数量而论,在剪彩时,可以用一只托盘依次向各位剪彩者提供剪刀与手套,并同时盛放红色缎带;也可以为每一位剪彩者配置一个专为其服务的托盘,同时使红色缎带专由一个托盘盛放。后一种方法显得更加正式。

(5)红色地毯,主要用于铺设在剪彩者正式剪彩时的站立之处。其长度可视剪彩者人数的多寡而定,其宽度则不应在1米以下。在剪彩现场铺设红色地毯,主要是为了提升其档次,并营造一种喜庆的气氛。有时,亦可不予铺设。

2. 剪彩的人员必须审慎选定

在剪彩仪式上,最为活跃的,当然是人而不是物。因此,对剪彩人员必须认真进行选择,并于事先进行必要的培训。

除主持人之外,剪彩的人员主要是由剪彩者与助剪者等两个主要部分的人员所构成的。以下就分别来介绍一下对于他们的主要礼仪性要求。

在剪彩仪式上担任剪彩者是一种很高的荣誉。剪彩仪式档次的高低往往也同剪彩者的身份密切相关。因此,在选定剪彩人员时,最重要的是要把剪彩者选好。

(1)剪彩者,即在剪彩仪式上持剪刀剪彩之人。根据惯例,剪彩者可以是一个人,也可以是几个人,但是一般不应多于五人。通常,剪彩者多由上级领导、合作伙伴、社会名流、员工代表或客户代表所担任。

确定剪彩者名单,必须是在剪彩仪式正式举行之前。名单一经确定,即应尽早告知对方,使其有所准备。在一般情况下,确定剪彩者时,必须尊重对方个人的意见,切勿勉强对方。需要由数人同时担任剪彩者时,应分别告知每位剪彩者届时他将与何人同担此任,这是对剪彩者的一种尊重。千万不要"临阵磨枪",在剪彩开始前方才"强拉硬拽",临时找人凑数。若剪彩者仅为一人,则其剪彩时居中而立即可。若剪彩者不止一人时,则其同时上场剪彩时位次的尊卑就必须予以重视。一般的规矩是,中间高于两侧,右侧高于左侧,距离中间站立者越远位次便越低,即主剪者应居于中央的位置。需要说明的是,之所以规定剪彩者的位次"右侧高于左侧",主要是因为这是一项国际惯例,剪彩仪式理当遵守。其实,若剪彩仪式并无外宾参加时,执行我国"左侧高于右侧"的传统做法亦无不可。

(2)助剪者,指的是在剪彩者剪彩的一系列过程中从旁为其提供帮助的人员。一般而言,助剪者多由东道主一方的女职员担任。现在,人们对她们的常规称呼是礼仪小姐。具体而言,在剪彩仪式上服务的礼仪小姐,又可以分为迎宾者、引导者、服务者、拉彩者、捧花者、托盘者。迎宾者的任务是在活动现场负责迎来送往。引导者的任务是在进行剪彩时负责带领剪彩者登台或退场。服务者的任务是为来宾尤其是剪彩者提供饮料,安排休息之处。拉彩者的任务是在剪彩时展开、拉直红色缎带。捧花者的任务是在剪彩时手托花团。托盘者的任务则是为剪彩者提供剪刀、手套等剪彩用品。

在一般情况下，迎宾者与服务者应不止一人。引导者既可以是一个人，也可以为每位剪彩者各配一人。拉彩者通常应为两人。捧花者的人数则需要视花团的具体数目而定，一般应为一花一人。托盘者可以为一人，亦可为每位剪彩者各配一人。有时礼仪小姐亦可身兼数职。

礼仪小姐的基本条件是，相貌姣好、身材颀长、年轻健康、气质高雅、音色甜美、反应敏捷、机智灵活、善于交际。礼仪小姐的最佳装束应为，化淡妆，盘起头发，穿款式、面料、色彩统一的单色旗袍，配肉色连裤丝袜、黑色高跟皮鞋。除戒指、耳环或耳钉外，不应佩戴其他任何首饰。有时，礼仪小姐身穿深色或单色的套裙亦可。但是她们的穿着打扮必须尽可能地整齐划一。必要时可向外单位临时聘请礼仪小姐。

3. 剪彩的程序必须有条不紊

在正常情况下，剪彩仪式应在行将启用的建筑、工程或者展销会、博览会的现场举行。正门外的广场、室内的大厅，都是可予优先考虑的。在活动现场可略进行装饰。在剪彩之处悬挂写有剪彩仪式的具体名称的大型横幅更是必不可少的。

一般来说，剪彩仪式宜紧凑，忌拖沓，在所耗时间上越短越好。短则15分钟即可，长则不宜超过一个小时。

按照惯例，剪彩既可以是开业仪式中的一项具体程序，也可以独立出来，由其自身的一系列程序所组成。剪彩仪式通常应包含如下六项基本的程序。

(1)请来宾就位。在剪彩仪式上，通常只为剪彩者、来宾和本单位的负责人安排坐席。在剪彩仪式开始时，即应敬请大家在已排好顺序的座位上就座。在一般情况下，剪彩者应就坐于前排。若其不止一人时，则应使之按照剪彩时的具体顺序就座。

(2)宣布仪式正式开始。在主持人宣布仪式开始后，乐队应演奏音乐，现场可燃放鞭炮，全体到场者应热烈鼓掌。此后，主持人应向全体到场者介绍到场的重要来宾。

(3)奏国歌。此刻须全场起立。必要时，亦可随之演奏本单位标志性歌曲。

(4)进行发言。发言者依次应为东道主单位的代表、上级主管部门的代表、地方政府的代表、合作单位的代表等。其内容应言简意赅，每人不超过3分钟，重点应分别为介绍、道谢与致贺。

(5)进行剪彩。全体应热烈鼓掌，必要时还可奏乐或燃放鞭炮。在剪彩前，须向全体到场者介绍剪彩者。

(6)进行参观。剪彩之后，主人应陪同来宾参观被剪彩之物。仪式至此宣告结束。随后，东道主单位可向来宾赠送纪念性礼品，并以自助餐款待全体来宾。

4. 剪彩的做法必须标准无误

进行正式剪彩时，剪彩者与助剪者的具体做法必须合乎规范，否则就会使其效果大受影响。当主持人宣布进行剪彩之后，礼仪小姐即应率先登场。在上场时，礼仪小姐应排成一行行进，从两侧同时登台，或是从右侧登台均可。登台之后，拉彩者与捧花者应当站成一行，拉彩者处于两端拉直红色缎带，捧花者各自双手手捧一朵花团。托盘者须站立在拉彩者与捧花者身后1米左右，并且自成一行。

在剪彩者登台时，引导者应在其左前方进行引导，使之各就各位。剪彩者登台时，宜从右侧出场。当剪彩者均已到达既定位置之后，托盘者应前行一步，到达前者的右后侧，以便为其递上剪刀、手套。

剪彩者若不止一人,则其登台时亦应排列成一行,并且使主剪者行进在前。在主持人向全体到场者介绍剪彩者时,后者应面含微笑向大家欠身或点头致意。

剪彩者行至既定位置之后,应向拉彩者、捧花者含笑致意。当托盘者递上剪刀、手套时,亦应微笑着向对方道谢。

在正式剪彩前,剪彩者应首先向拉彩者、捧花者示意,待其有所准备后,再集中精力,右手手持剪刀,表情庄重地将红色缎带一刀剪断。若多名剪彩者同时剪彩时,其他剪彩者应注意主剪者的动作,主动与其协调一致,力争同时将红色缎带剪断。

按照惯例,剪彩以后,红色花团应准确无误地落入托盘者手中的托盘里,而切勿使之坠地。为此,需要捧花者与托盘者的合作。剪彩者在剪彩成功后,可以右手举起剪刀,面向全体到场者致敬。然后将剪刀、手套放于托盘之内,举手鼓掌。接下来,可依次与主人握手道喜,并列队在引导者的引导下退场。退场时,一般宜从右侧下台。待剪彩者退场后,其他礼仪小姐方可列队由右侧退场。

课堂讨论

某公司举行新项目开工剪彩仪式,邀请了张市长和当地各界名流嘉宾参加并请他们坐在主席台上。仪式开始时,主持人宣布:“请张市长下台剪彩!”却见张市长端坐没动。主持人很奇怪,重复了一遍:“请张市长下台剪彩!”张市长还是端坐没动,脸上还露出一丝恼怒。主持人又宣布了一遍:“请张市长剪彩!”张市长才很不情愿地勉强起来去剪彩。

问题讨论:

指出本案例中的失礼之处。

四、庆典仪式礼仪

(一)庆典仪式

庆典是各种庆祝仪式的统称。在商务活动中,商务人员参加庆祝仪式的机会很多,既有可能奉命为本单位组织一次庆祝仪式,也有可能应邀出席外单位的某一次庆祝仪式。就内容而论,在商界所举行的庆祝仪式大致可以分为四类:第一类,本单位成立周年庆典。通常,它都是逢五、逢十进行的。即在本单位成立五周年、十周年及它们的倍数时进行。第二类,本单位荣获某项荣誉的庆典。当单位本身荣获了某项荣誉称号、单位的“拳头产品”在国内外重大展评中获奖之后,这类庆典基本上均会举行。第三类,本单位取得重大业绩的庆典,如千日无生产事故、生产某种产品的数量突破10万台、经销某种商品的销售额达到1亿元等,这些来之不易的成绩往往都是要庆祝的。第四类,本单位取得显著发展的庆典。当本单位建立集团、确定新的合作伙伴、兼并其他单位、分公司或连锁店不断发展时,自然都值得庆祝一番。

就形式而论,商界各单位所举行的各类庆祝仪式都有一个最大的特色,那就是要务实而不务虚。若能由此而增强本单位全体员工的凝聚力与荣誉感,并且使社会各界对本单位重新认识、刮目相看,那么大张旗鼓地举行庆典,多进行一些人、财、物的投入,任何理智、精明的商家都会对此在所不惜。反之,若是对于宣传本单位的新形象、增强本单位全体员工的自豪感无益,那么举行一次庆典费用花费不多,也没有必要好大喜功、非要举行不可。

（二）庆典礼仪

对商界人士来讲,组织庆典与参加庆典时,往往会有多方面的不同要求。庆典的礼仪即有关庆典的礼仪规范,就是由组织庆典的礼仪与参加庆典的礼仪等两项基本内容所组成的。以下分别对其予以介绍。

组织筹备一次庆典,如同进行生产和销售一样,先要对它作出一个总体的计划。商务人员如果受命完成这一任务,需要记住两大要点:其一,要体现出庆典的特色;其二,要安排好庆典的具体内容。

庆典所具有的热烈、欢快、隆重的特色,应当在其具体内容的安排上得到全面的体现。如果站在组织者的角度来考虑,庆典的内容安排至少要注意出席者的确定、来宾的接待、环境的布置及庆典的程序等四大问题。

1. 应当精心确定好庆典的出席人员名单

庆典的出席者不应当滥竽充数,或是让对方勉为其难。确定庆典的出席者名单时,始终应当以庆典的宗旨为指导思想。一般来说,庆典的出席者通常应包括如下人士。

(1)上级领导。地方党政领导、上级主管部门的领导大都对单位的发展给予过关心、指导。邀请他们参加主要是为了表示感激之心。

(2)社会名流。根据“名人效应”原理,社会各界的名人对于公众最有吸引力,能够邀请到他们,将有助于更好地提高本单位的知名度。

(3)大众传媒。在现代社会中,报纸、杂志、电视、广播等大众媒介,被称为仅次于立法、行政、司法三权的社会“第四权力”。邀请它们,并主动与它们合作,将有助于它们公正地介绍本单位的成就,进而有助于加深社会对本单位的了解和认同。

(4)合作伙伴。在商务活动中,合作伙伴经常是彼此同呼吸、共命运的。邀请他们与自己一起分享成功的喜悦是完全应该的,而且也是绝对必要的。

(5)社区关系。它们是指那些与本单位共居于同一区域、对本单位具有种种制约作用的社会实体,如本单位周围的居民委员会、街道办事处、医院、学校、幼儿园、养老院、商店及其他单位等。请它们参加本单位的庆典,会使对方进一步了解本单位、尊重本单位、支持本单位,或是给予本单位更多的方便。

(6)单位员工。员工是本单位的主人,本单位每一项成就的取得都离不开他们的兢兢业业和努力奋斗。所以在组织庆典时,是不容许将他们完全“置之度外”的。

以上人员的具体名单一旦确定,就应尽早发出邀请或通知。鉴于庆典的出席人员甚多、牵涉面极广,故不到万不得已,均不许将庆典取消、改期或延期。

2. 应当精心安排好来宾的接待工作

与一般的商务交往中来宾的接待相比,对出席庆祝仪式的来宾的接待,更应突出礼仪性的特点。不但应当热心细致地照顾好全体来宾,而且还应当通过主方的接待工作,使来宾感受到主人真挚的尊重与敬意,并且想方设法使每位来宾都能心情舒畅。

最好的办法是庆典一经决定举行,即成立对此全权负责的筹备组。筹备组成员通常应当由各方面的有关人士组成,他们应当是能办事、会办事、办实事的人。

3. 应当精心布置好举行庆祝仪式的现场

举行庆祝仪式的现场是庆典活动的中心地点。对它的安排、布置是否恰如其分,往往会直接关系到庆典留给全体出席者的印象的好坏。依据仪式礼仪的有关规范,商务人员在布置举行庆典的现场时,需要通盘思考的主要问题有以下三个。

(1)地点的选择。在选择具体地点时,应结合庆典的规模、影响力及本单位的实际情况来决定。本单位的礼堂、会议厅,本单位内部或门前的广场,以及外借的大厅,等等,均可予以选择。不过在室外举行庆典时,切勿因地点选择不慎,从而制造噪声、妨碍交通或治安、顾此而失彼。

(2)环境的美化。在反对铺张浪费的同时,应当量力而行,着力美化庆典举行现场的环境。为了烘托出热烈、隆重、喜庆的气氛,可在现场张灯结彩,悬挂彩灯、彩带,张贴一些宣传标语,并且张挂标明庆典具体内容的大型横幅。如果有能力,还可以邀请由本单位员工组成的乐队、锣鼓队届时演奏音乐或敲锣打鼓。但是这类活动应当适度,不要热闹过头,成为“胡闹”,或者“喧宾夺主”。

(3)音响的准备。在举行庆典之前,务必要把音响准备好。尤其是供来宾们讲话时使用的麦克风和传声设备,在关键时刻,绝不允许临阵“罢工”。在举行庆典前后,可播放一些喜庆、欢快的乐曲,只要不抢占“主角”的位置,通常是可以的。

4. 应当精心拟定好庆典的具体程序

一次庆典举行的成功与否与其具体的程序不无关系。仪式礼仪规定,拟定庆典的程序时有两条原则必须坚持:① 时间宜短不宜长,大体上讲,它应以一个小时为其极限。这既是为了确保其效果良好,也是为了尊重全体出席者,尤其是为了尊重来宾。② 程序宜少不宜多,程序过多,不仅会加长时间,而且还会分散出席者的注意力,并给人以庆典内容过于凌乱之感。

依照常规,一次庆典大致上应包括下述几项程序。

预备:请来宾就座,出席者应保持安静,介绍嘉宾。

第一项,宣布庆典正式开始,全体起立,奏国歌,唱本单位之歌。

第二项,本单位主要负责人致辞。其内容是向来宾表示感谢,介绍此次庆典的缘由,等等。其重点应是报捷及庆典的可“庆”之处。

第三项,邀请嘉宾讲话。大体上讲,出席此次的上级主要领导、协作单位及社区关系单位,均应有代表讲话或致贺词。不过应当提前约定好,不要当场当众推脱。对外来的贺电、贺信等可不必一一宣读,但对其署名单位或个人应当公布。在进行公布时,可依照其“先来后到”的顺序,或是按照其具体名称的汉字笔画的多少进行排列。

第四项,安排文艺演出。这项程序可有可无,如果准备安排,应当慎选内容,注意不要有悖于庆典的主旨。

第五项,邀请来宾进行参观。如有可能,可安排来宾参观本单位的有关展览或车间等。当然,此项程序有时亦可省略。

在以上几项程序中,前三项必不可少,后两项则可以酌情省去。

参加庆典时,不论是主办单位的人员还是外单位的人员,均应注意自己临场之际的举止表现。其中,主办单位人员的表现尤为重要。

知识巩固

1. 开业仪式礼仪应做好哪些方面的筹备工作?
2. 庆典仪式的程序在内容安排上须注意哪几个问题?
3. 整个剪彩过程中剪彩者应注意哪些事项?
4. 签字仪式前应注意哪些方面的准备工作?

实训设计

1. 在教师的指导下模拟签约仪式,要求学生掌握签约仪式礼仪,特别是在布置签字现场时须掌握的座位安排要求。

2. 假设一家即将开业的公司邀请你为他们进行剪彩仪式策划,你打算怎么做?列出具体做法。

学习项目 10　校园礼仪

学习要求

1. 掌握课堂礼仪和办公室的礼仪。
2. 熟悉宿舍礼仪、同学间借用钱物的礼仪和异性交往的礼仪。
3. 掌握升国旗、大会或典礼礼仪。
4. 掌握图书馆、自习室、食堂礼仪。

案例导引

场景一:某日清晨,上课铃声刚刚响过,一位同学左手拿着面包,右手拿着酸奶,疾步走进教室,准备在课堂上吃早餐。而此时在教室一角,一位同学拿着包子吃得正香。教室里弥漫着一股包子味、煎饼味、油条味……

场景二:某节课上,全班同学正在认真听讲,一人突然推开前门走入教室,顺手关门,门"砰"的一声。只见那同学慢悠悠地寻找合适的位置,却不知他已严重影响了课堂秩序,因为此时已经上课近十分钟了。

场景三:某班正在上课,突然教室中响起了"喂,有电话了,喂,有电话了,"搞怪的童声立即引起了哄堂大笑。

场景四:在夏季的课堂上,我们常常能发现一些同学穿着背心、短裤加上一双拖鞋,心安理得地坐在讲台下。他们认为,"穿衣服是我自己的事儿,不会妨碍别人。"

场景五:课堂上,老师正用幻灯片进行讲解,内容丰富,形式多样,但这种方式并没有吸引学生,台下的学生各做各的事情,有的同学睡觉,有的同学看杂志,有的同学玩手机……

思考问题:

请运用所学知识分析上述学生的行为是否恰当?

校园礼仪是在校学生的行为规范，是约束学生行为的准则。学习和遵守校园礼仪对于提高学生的个人素质修养、构建和谐校园、展示学校形象、净化社会风气、促进整个民族的文明，都将具有重要意义。

学习任务 1　与教师交往的礼仪

一、课堂礼仪

课堂是教师对学生传授知识的场所。而遵守课堂礼仪是学生最基本的礼貌，它有助于促进教师与学生的沟通，提高教学质量。

（一）师生的仪表礼仪

1. **教师的仪表要求**

教师是学校教学工作的主体，不仅是科学文化知识的传播者，也是学生思想道德的教育者。教师在传播知识的同时，要以自己的言行举止、礼仪礼貌对学生进行潜移默化的影响，以此对学生的言谈举止发生作用。

教师仪表的基本要求是整洁。教师要有良好的卫生习惯，面要净，发要理，牙要洁。一般来说，男教师不宜留胡须，满脸不加修饰的络腮胡子容易给人懒散邋遢的感觉。对女教师来说，不宜浓妆艳抹，应以淡雅的妆容为宜。在发型上要注意端庄大方，最好体现为人师表的庄重特点，教师着装应以文雅、朴素为主，既不呆板，又不矫揉造作。着装要整洁，穿着要大方。不穿奇装异服和过分紧小、暴露的衣服。不佩戴与教师身份不符的饰物。

2. **学生的仪表要求**

学生仪表应该符合学生的身份，使自己的外在形象整洁、大方。男学生不蓄长发长须，不染彩色头发，不戴耳环；女学生不化浓妆，不留怪异发型，并尽量束发，刘海不过眉，不宜染发、烫发。不留长指甲，不彩绘指甲。男女学生都不得穿拖鞋、吊带背心、短裤进入校园。

（二）上课前的礼仪

1. **做好课前准备**

（1）仪容着装准备

学生进入教室要保持仪容整洁、大方，男同学不要胡子拉碴、发型怪异；女同学不要穿奇装异服。夏天不能穿背心、拖鞋到教室。

（2）上课材料准备

学生上课前应带好上课所需要的书籍、笔记本和其他文具进入教室，做好上课准备。这既是尊重别人，也是尊重整个班级的表现，所有的学生都不能因为个人的准备工作尚未做好而影响整个班级的上课。

2. 提前进入教室

上课前2分钟，学生必须进入教室，做好准备工作，静候老师的到来，这是对老师的尊重和礼貌。如果在铃声响过多时才进教室，或是在老师已经开始讲课时才气喘吁吁地跑来，这不仅是自己的失礼，而且还干扰和打断了老师的讲课。

3. 入座礼让同学

上课前，同学之间应该相互礼让，对视力差的同学在座位上应给予照顾，不应争先恐后的争抢座位。

4. 礼貌问候老师

当老师走向讲台时，班长应喊"起立"，全体同学要迅速起立，向老师行注目礼或问好，等老师答礼后方可坐下。

（三）迟到时的礼仪

学生如果由于特殊原因而迟到了，要特别注意举止的文明和礼仪的周到，注意做到以下几点：

（1）学生应该在教室门口先停下脚步喊"报告"。如果教室门关着，就应先轻轻敲门，在得到老师的允许后才能进入教室。

（2）当老师询问到迟到的原因时，要实事求是地报告给老师。如果受到老师的批评，应诚恳地承认错误，接受批评。得到老师的谅解和允许后，方可入座。如果老师误会了，一般不要当场解释，争辩，更不能当众反驳，顶撞，而应该等到课后，平心静气地当面向老师解释清楚，也可以写书面材料交给老师，或在事后寻找合适的时机加以说明，消除误会。

（3）在走向自己的座位时，速度要快，脚步要轻，动作幅度要小，应尽量减少对课堂秩序的干扰。

一般来说，老师上课应该准时，不应迟到。但在生活中也会遇到一些特殊情况，而不能准时到达教室。此时，老师必须在正式上课前向学生做出歉意性的解释或说明，以求得学生的谅解。

（四）课堂中的礼仪

1. 精神饱满

在课堂上，要注意力集中，认真听老师讲解，做好笔记。不要心不在焉，打哈欠、打瞌睡；不要和同学说悄悄话或看其他书报；更不要玩手机或者玩游戏。关掉所有的通讯工具。无论如何请不要在课上接听电话。即使手机铃声再好听、再个性化、再值得炫耀，也一定不要让它突然在课堂上响起。

2. 言行得体

当老师提问时，应该先举手，待老师点到名字时才可站起来回答。不能坐在座位上就七嘴八舌地发言，或在老师未点到自己名字时就抢先发言，也不能随意打断他人的发言。发言时，身体要立正、落落大方，声音要清晰响亮。同学发言出错时，忌哄笑挖苦。若回答不出老师所提的问题，也要先站起来，再用抱歉的语调向老师解释清楚。

如果听课中遇到问题，应先举手示意，待老师同意后，才可以发问。提问的时候，态度要谦虚，若与老师的观点不同，可以用征询语气委婉说出自己想法，谦虚地与老师探讨。

(五)下课时的礼仪

下课铃响时,若老师还未宣布下课,学生应继续安心听讲,等待老师宣布。不要忙着收拾书本,或把桌子弄得乒乓作响或离开教室,这是对老师的不尊重。

课间休息的时候,应主动为老师擦黑板,但别忘了先征求老师的意见。

二、办公室礼仪

(一)出入办公室的礼仪

办公室是老师工作和休息的地方,同学有事进出办公室要有礼貌,应当注意以下礼仪规范:

(1)学生进老师办公室一定要敲门或喊"报告",得到允许时方可进入。如果见到老师正在休息,自己并没有紧急的事,就不要打扰老师。

(2)进入办公室后轻关门,看到其他老师应问好。

(3)老师请学生坐下,学生才可以坐下并致谢。

(4)如果找的老师不在,应礼貌地询问一下办公室的其他老师,可根据情况说明自己的姓名或所在班级,有什么事,何时再联系等,之后道谢再走。

(5)在办公室里,不能乱动桌上的材料物品。老师办公桌上或抽屉里都放满了教科书、参考书、备课本、作业本、考试卷等,被翻乱后,教学工作就会受到影响。

(6)事情办完,立即离开办公室并礼貌与老师告别。例如说"谢谢老师,再见!"若老师起立目送,应请老师坐下;若老师举步相送,应请老师留步。

(7)在老师办公室里说话要小声,出入要注意不发出声响,尽量不影响其他老师的正常工作。离开办公室时,轻轻地把门关上。

(二)与老师交谈的礼仪

与老师交谈时需要注意以下礼仪:

(1)与老师交谈要直截了当意思要明确;而不要含含糊糊、转弯抹角。

(2)与老师交谈时,距离适中,一般为1.5米左右,太近和太远都是不礼貌的。

(3)不要随便打断老师谈话,如果有急事需要先离开,应向老师打招呼表示歉意。

(4)当不赞成老师的观点时,不要直接顶撞,更不要反问和质问老师,应婉转地表示自己的看法。如可说"这个问题值得我考虑一下,不过我认为似乎……"等。

(三)在校园内遇到教师需注意的礼仪

学生在校园里见到教师,应由学生首先主动向教师问候,道:"老师好。"教师随之面带微笑回答:"你好。"学生在校园内进出或上下楼梯时与教师相遇,应主动向教师行礼问好。侧身停留片刻,请教师先行。青年教师与学生年纪相差不大,容易和学生相处。但是作为学生,也应该尊重青年教师,虽然关系很好,也不能直呼教师的名字,这是很不礼貌的。毕业后遇到教师,仍应该热情主动地向教师问好,并向教师汇报自己的情况,而不应该假装不认识。

知识巩固

1. 在校园内,教师和学生的仪容、仪表分别有哪些要求?
2. 课堂上应注意哪些礼仪?
3. 进入教师办公室应该怎样做?
4. 校园里见到教师时须注意的礼仪有哪些?

案例讨论

唐太宗李世民是唐代的开国皇帝,是我国历史上一位少有的明君。他懂得国家要兴旺发达、长治久安,教育子女是非常重要的,他给几个儿子选择的老师都是德高望重、学问渊博的人,而且一再告诫子女要尊重老师。太子的老师李纲因患脚疾,不能走路,怎么办呢?在封建社会,后宫里除了皇帝和他的后妃、子女可以坐轿之外,其他任何人不要说坐轿,连出入皇宫也是诚惶诚恐。后来李世民特许李纲坐轿进宫教学,并叫子女亲自迎接老师。有一次李世民听说他的四子魏王对老师不尊敬,便十分生气,他当着魏王老师王圭的面批评儿子:"以后你见到老师王圭,如同见到我一样,应该尊重老师,不能有半点松懈。"从此魏王见到老师王圭,总是礼貌相待，听课也十分认真了。由于唐太宗家教很严，他的几个儿子对老师都非常尊重，从不失礼，唐太宗教子尊师的行为也被后人传为佳话。

问题思考：

听完这个故事，你有什么想法？

学习任务2 与同学交往的礼仪

案例导引

李明在谈起大专时的好友宋峰时都后悔当初不该那么决绝，致使两人在毕业后就再无联系。李明常常想起宋峰，总是想“不知道他现在过得好不好”。两人在高中就是形影不离的好朋友，无论是在学习上还是在生活上，两个人都总是互相帮助。由于他们的学习成绩不相上下，因此两个人也在暗中较劲，随着毕业的临近，两人的战斗也愈加激烈。在一次重要的技能比赛中，李明获得了第一名，宋峰由于比赛时过分紧张而失利了，也许是一时难受，宋峰逐渐与李明疏远了，李明也憋着一口气，“你不理我，我也不理你”。转眼间，毕业实习单位落实了，李明顺利进入了一家理想的企业，并得到了领导和同事的认可。宋峰在工作中不是很顺利，心情郁闷的宋峰当着李明的面说了一些伤人的话，李明十分恼火决心不再与宋峰联系。转眼三年过去了，两个昔日的好友再也没有了联系。

问题讨论：

如果你是李明，遇到这样的情况，你会如何处理呢？

同学之间的友情是最纯洁、最真挚的，人生拥有了真挚的友谊和知己将会是人生最有意义的事情。就像马克思说的：友谊需要用忠诚去播种，用热情去灌溉，用原则去培养，用谅解去护理。所以让我们用自己最真诚的心去灌溉同学之间最纯洁的友情吧！

一、校园中同学之间相处要注意的礼仪

1. 同学之间的深厚友谊是生活中的一种团结友爱的力量。有些学生认为，同学之间长期相处，友谊日深，亲密无间，不必以礼相待，其实这是一种误解。同学之间的感情是在互相尊重、互相帮助、互相爱护的基础上形成的，越是如此，就越应该珍惜这种感情，绝不能轻易地破坏它。注意同学之间的礼仪、礼貌，是你获得良好的同学关系的基本要求。同学之间可彼此直呼其名，但不能用“喂”、“哎”等不礼貌用语称呼同学。

2. 在有求于同学时，须用“请”、“谢谢”、“麻烦你”等礼貌用语。

3. 借用学习和生活用品时，应先征得同意后再拿，用后应及时归还，并要致谢。

4. 对于同学遭遇的不幸、偶尔的失败、学习上暂时的落后等，不应嘲笑、冷笑、歧视，而应

该给予热情的帮助。对同学的相貌、体态、衣着不能品头论足，也不能给同学起带侮辱性的绰号，绝对不能嘲笑同学的生理缺陷。

5. 在这些事关自尊的问题一定要细心地加以尊重，同学忌讳的话题不要去谈，不要随便议论同学的不是。

6. 要有集体意识。在集体生活中要顾全大局、遵守制度，不可我行我素。

7. 学会换位思考，多替他人着想，尽量不给别人造成困难，甚至带来麻烦。

二、宿舍礼仪

宿舍是大学生共同生活的场所，学生除了上课和就餐，其他的时间大都是在宿舍里。所以在这里生活得怎样，直接影响同学之间的人际关系状况及学习状况。宿舍是学生共同的家，也是反映学生精神文明和礼仪修养的一个窗口，一定要格外重视。具体来说，学生在宿舍中要注意如下几个方面的礼仪：

（一）宿舍生活

1. 遵守纪律

住集体宿舍要遵守宿舍纪律，如在学习、用餐、起床、就寝、熄灯等方面，都应自觉遵守学校规定的时间和宿舍的规章制度。按时起床，按时熄灯就寝。需早起时要向室友们打招呼，起床时要动作轻柔，尽量不出声响，并尽快离开宿舍。如果因事迟归，要努力把惊扰程度降到最小。

2. 言谈文明

学生在宿舍里待人要谦恭和气，谈吐要文明有礼，而不要出言不逊、粗话连篇。有的同学在宿舍里稍遇到不满意的事情，就说脏话，辱骂他人，这样容易激化学生之间的矛盾，导致冲突发生。因此学生在宿舍里要坚持使用文明礼貌的语言，这样同学之间才能相处得更加融洽。

3. 注重私密

在集体生活中，每位同学都要尊重别人的隐私权，不要随便使用同学的用具，不要翻看同学的笔记、书籍和物品，更不能将同学的东西据为己有；不能翻看同学的日记，不能私拆、私藏同学信件；不可打探同学的隐私；同学有亲友来访，谈一些私事时，其他同学要适当回避，决不要在一旁偷听，更不要插嘴询问。

4. 互谅互让

在日常生活中，难免会发生一些矛盾和不愉快的事情，大家要克制自己，在日常生活中，宽以待人，互相谅解。即使是原则问题，也应心平气和地说明道理。当别人发生争吵时，不要袖手旁观，更不能火上浇油，应耐心劝解，帮助解决矛盾，搞好团结。

5. 友爱互助

当同学生病时，最需要同宿舍同学的关心和照顾。这时要主动关心，热情相助，如陪同看病、上食堂买饭、打开水等，尽可能帮助病人处理一些力所能及的事情。同时，要保持宿舍的安静，并给病人以精神安慰，促使他尽快恢复健康。另外，遇到同学在生活上、经济上发生困难请求帮助时，要尽量帮助，缓解一时之急。

6. 相互信任

在宿舍里，东西丢失了，不要无依据的猜测，以免影响同学之间的关系。产生隔阂时，应主动交流，进行沟通，减少误会。

（二）宿舍卫生

住集体宿舍要注意清洁卫生，自觉搞好个人卫生。衣服被褥要勤洗，早上起床后铺位要打扫干净，被褥要铺叠整齐，洗漱用具、衣服鞋袜要放好。在搞好个人卫生的同时，还要自觉遵守值日制度，主动搞好宿舍卫生，保持宿舍内没有杂物、纸屑，门窗洁净，桌凳及公用物品摆放整齐。

小案例

一屋不扫何以扫天下

东汉时期，有个叫陈蕃的人，他年轻的时候很想干一番大事业，立志要"扫除天下"。可是他又很懒，从来都不肯动手把家里的环境打扫干净。当时就有人批评他说："一屋不扫，何以扫天下？"意思是说：屋里的卫生都懒得打扫的人，怎能治理天下？

这则故事警示后人立大志者要从修身做起，从小事做起，不要光说大话、空话，不干实事。同样，作为一名大学生也应该从小事做起，从宿舍的卫生做起，养成良好的个人卫生习惯，提高大学生的文明修养。

（三）宿舍安全

注意公共安全，严禁私安、私接电源和使用超功率灯泡、电烙铁、电炉、热得快、电热水器等。任何时候都严禁在宿舍炒菜做饭。当宿舍内的电气设施出现故障时，不要自行处理，应及时报修。

（四）宿舍串门和接待

通常在有同学相邀，或在得到该寝室其他同学允许时，才可以串门。进门应主动向其他同学打招呼，并且只能坐在邀请你的同学的铺位上，不能随处乱坐，更不能乱用别人物品，乱翻动别人东西。讲话声要轻，时间要短，不能坐得太久，以免影响其他同学的正常作息。

三、同学间借钱、物的礼仪

在日常生活中，同学之间可能有相互借钱、借物等物质上的往来，但切忌马虎，每一项都应记得清楚明白，即使是小的款项，也应记在备忘录上，以提醒自己及时归还，以免遗忘，引起误会。具体来说，应注意以下几点：

1. 不轻易借钱或贵重物品

日常生活中常用的物品，自己要备齐。假如自己暂时没有，需要向同学借用，要向物主说明情况，待允许后再用。使用时要爱惜物品，用后要及时归还，并向物主致谢，请物主验收。物主不在房间时，不要自行拿用。如果自己有急用，而且与物主关系密切，可向在场的其他人打招呼，并说明借用物品的数量及完好程度，用后再向物主解释并致歉意。

借用别人东西时要注意：与物主不太熟悉的，不要去借；贵重物品不要去借；物主心爱的东西不要去借。否则，会使物主为难，这也是不礼貌的表现。

2. 不能及时归还应说明情况

所借用的钱、物应及时归还，如果不能及时归还，应每隔一段时间向对方说明一下情况，并承诺下次归还的日期。也可以先归还一部分，总之，“好借好还，再借不难”。在物质利益方面无论是有意或者无意地占对方的便宜，都会在对方的心理上引起不快，从而降低自己在对方心目中的人格。

四、异性交往礼仪

在大学校园里，男女同学相处一定要十分注意礼仪修养，双方之间的交往要积极健康地进行，这不仅有利于提高大学生人际交往能力，而且对于稳定学校教学、教育秩序、活跃气氛、避免意外事故的发生，都有积极的意义。

1. 互尊互助

男女同学之间的交往应平等相处、相互尊重、相互学习、相互帮助。男同学应尊重和照顾女同学。例如，从事体力劳动和打扫卫生时，男生应多照顾女生；上下车时，应让女生先上、先坐；遇到脏、累、苦、重和危险的工作时，男生要积极主动地去做。而女同学则一定要自尊、自爱、自重，不要将男同学的帮助和照顾看作是理所当然的。甚至连一些自己该做的事情也懒得动手，等着男同学来做，这是不对的。男生、女生应该分工合作，互帮互助，这样男女同学的交往才能更加融洽。

2. 把握分寸

异性同学交往，不可在阴暗、偏僻的场所，而应在公共场所；不可在晚上单独交往；到异性宿舍，应得到准许，且不应停留过长时间，免得引起别人议论。男女学生接触，应注意保持一定距离，这也是一种礼貌。遵循这些原则就能使男女异性同学之间的交往保持文明、积极的氛围，并能避免一些不当行为的出现。

案例讨论

荀巨伯是东汉时期的一位义士。有一次,他去探望远方生病的朋友,当时正逢北方匈奴军队的攻打,朋友害怕连累荀巨伯,劝他快点离开。荀巨伯却怎么也不愿离开病重的朋友。当匈奴部队攻打过来时,所有的人都逃走了,可是荀巨伯却陪伴生病的朋友留在了城里。匈奴人觉得很奇怪,便问他留下来的原因。荀巨伯向匈奴人提出请求:"我的朋友现在正在生病,我宁愿用自己的生命去换我好朋友的生命!"匈奴人觉得荀巨伯不仅在危难关头没有选择离开好朋友,反而为了好朋友甘愿付出自己的生命,是个仁义之士,于是他们选择了撤离,最终使这座城市得以保全。

问题讨论:

这个故事告诉我们朋友之间应该如何相处?

学习任务3 校园公共场所礼仪

一、图书馆礼仪

学校图书馆是知识的海洋和科学的殿堂。学生们进入图书馆,在丰富知识的同时,也能有效地历练其礼仪修养。

1. **保持安静**

在图书馆里讲究礼貌公德体现出一个人的文化知识素养。在馆内走动时脚步要轻,避免将桌椅弄出声响;阅读时不要出声;遇见同学或熟人,轻轻点头或挥手示意即可,尽可能少说话,更不能高声谈笑、大声喧哗。手机等通信工具要关掉或调至振动状态,如需通话,应到阅览室外。

2. **不抢占座位**

进入图书阅览室,自己找个座位就行,不应为别人占座位。如果临时走开,回来时发现自己的座位被他人占据,此时不妨轻声商量,互相谅解。要知道图书馆作为公共场所,有空位人皆可坐。

3. **逐册取阅**

对开架图书应逐册取阅,不要同时占用多本,这样可以让更多的同学查阅到想要的资料。阅读后应立即放回原处,以免影响其他人阅读。离馆时,要把书刊放回原处,不能随便放在桌子上。废弃的纸张应扔到馆内的垃圾篓或带到馆外扔到垃圾箱内,把桌椅复归到原位。借出阅读的图书读完后要及时归还。

4. **爱护书籍**

看书以前,最好能洗一洗手,以保持书的整洁。看书时,不要在书上圈点、批注、折角或作各种标记,更不能把自己认为有用的资料、图片撕下来,这些行为都是不礼貌、不道德的。现在多数图书馆已提供了复印服务,如果确实需要某种资料,可征得工作人员同意后,到指定处复印。

二、食堂礼仪

1. **遵守秩序**

按规定时间就餐,遵守秩序,互相礼让,自觉按先后次序排队购买饭菜,不要硬挤或插队,更不应打闹、起哄或出现其他不文明行为。工作人员繁忙时,要耐心等待,不要敲柜台、餐具。

轮到自己打饭时，要尊重工作人员、客气地讲话。打饭后，应礼貌地说声“谢谢”。

2. 礼貌入座

买好饭菜后寻找空座位入座，不要争抢座位。如果餐桌上已有先到的同学，应先礼貌地问一声：“请问，这里可以坐吗？”在得到肯定的答复后才可坐下。入座时，抽出座椅的动作要轻，不要乱拉乱拖，乒乓作响。

3. 互谅互让

端菜的时候要小心避让，不要弄撒了饭菜。如果同学之间不小心碰撞，把饭菜撒到别的同学身上，要礼貌地说声“对不起”。如果别的同学不小心将饭菜弄到自己身上，也不要大动肝火不饶人。

4. 文明进餐

就餐时应注意动作优雅，具体应做到以下几点：

(1)用餐的动作要文雅，夹菜时不要碰到邻座，不要把盘里的菜拨到桌上，不要把汤打翻。

(2)食物送入嘴中应该闭口咀嚼，要把咀嚼食物的声音限制在最低程度内。咀嚼较坚硬的食物时，要特别注意，若不闭口就会发出较大的咀嚼声，不仅显得吃相不雅，还会影响别人进食的情绪。

(3)如果汤菜太热，可以用汤匙在碗里慢慢搅动，但不要用嘴对着汤吹，既不礼貌也不文雅。

(4)用餐过程中，有些东西需要吐出来，如吃鱼吐刺，应用筷子从口中取出，放在自己前面的桌面上或专用的容器里，而不能低下头，嘴对着桌子直接吐出。

(5)每次送进口中的食物量要适当。如果将过量的食物填入口中，以致把两腮胀得鼓鼓的，不仅不利于消化，而且吃相也十分不雅。

5. 节约粮食

进餐时应注意节约粮食，所购买的饭菜，以吃饱为度，不要超量购买，以免吃不完造成浪费。

6. 讲究卫生

不要把饭菜撒到桌面上。如有骨、刺及无法吃的其他东西，不要随地乱吐，可暂时放到一边或吐到食堂准备的其他盛具里。吃完饭，应将自己桌面的垃圾收拾起来，连同吃剩的汤、饭、菜倒进指定的泔水桶里，不能倒入洗手池里。使用公用消毒餐具的，餐毕应自觉将餐具送至指定的回收处，不得私自带走，也不要遗弃在餐桌上，影响他人进餐。

7. 礼貌退席

和师长、同学及熟悉的人一起吃饭，先吃完时要说“大家慢慢吃”。离开的时候，注意动作要轻，不要妨碍他人。不要一边剔牙一边走，尽量控制一下饱嗝。

三、大会或典礼礼仪

学校会定期或不定期的举办一些活动，如表彰大会、开学典礼、毕业典礼、校庆典礼等，要格外注意大会或典礼的礼仪，保持良好秩序。

1. **准时到场**

学生应衣着整洁、仪表大方，准时有序地进入会场，不要拖拖拉拉。入场时，不要勾肩搭背、大声谈笑、东张西望或寻人打招呼。入场后要在指定地点入座，如事先没有指定座位，也要听从会议组织者的安排，迅速就座。

2. **举止文明**

大会或典礼期间，不要随意进出，不要交头接耳、看报纸杂志、吃零食、打瞌睡，更不能接听手机或收发短信，应认真聆听大会发言，必要时给予掌声。无特殊原因，不要提前离场。当发言人走上讲台或者讲到精彩之处时，都应热烈鼓掌。而在发言结束时，则应给与长时间的掌声，以表示对发言人的谢意。

3. **礼貌退场**

大会结束，应安静有序地退场，挪动座椅时动作要轻，不要发出刺耳的声音。

四、自习室内礼仪

自习课要保持良好的环境，以提高学习效率。

1. 按时进入教室，动作要轻，与同学对视时可点头示意，切忌用语言问候、交流。

2. 自习课是课堂教学的延续，任何与学习内容不相干的事情都不要在自习课上进行。

3. 说话、下座、打闹、搞小动作都是失礼行为。

4. 自习课尽量不要走动，有特殊情况出教室，需要坐在外边的同学起立让座时，应向其表示歉意并致谢。

5. 有问题需要问别人时，交谈一定要压低声音，不要影响别人。

6. 下自习时，不要大声喧哗，出教室门时，不要拥挤。

知识巩固

1. 上课前____分钟，学生必须进入教室，学生如果由于特殊原因而迟到了，应得到老师允许方可进入。如果听课中遇到问题，应先得到老师同意，才可以发问。

2. 与老师交谈时，距离应适中，一般为____。上课前要做好准备工作，静候老师的到来。

不定项选择

1. 未经(　　)同意不要随便动用他人物品，也不要随便翻阅别人的书籍、作业、日记。

A. 老师　　B. 本人　　C. 家长

2. 在图书馆和阅览室阅览完毕后，应将书籍、报刊(　　)。

A. 随便放　　B. 放回原处　　C. 放在桌子上

3. 师生交往的礼仪是不可少的。下列做法不妥的是(　　)。

A. 见到老师主动问好

B. 进老师的办公室先敲门

C. 跟老师关系好，从背后突然拍打老师

D. 不同的场合选择不同的交往策略

4. 有关课堂礼仪，下面说法正确的有（　　）。
A. 上课迟到或进办公室喊“报告”，经允许后方可入室
B. 课堂上不要和同学说悄悄话或看其他书报
C. 上课前应将手机调成振动
D. 老师提问时，应该先举手，待老师点到你的名字时才可站起来回答
5. 参加会议应注意以下哪些礼仪（　　）。
A. 准时到会
B. 注意倾听别人发言，并在适当时候用鼓掌表示感谢或鼓励
C. 不喧哗、不交头接耳
D. 有事需要离开，应向有关人员说明并轻轻离开
6. 在下列（　　）场合应关闭手机，不准使用。
A. 考场　　B. 乘坐飞机　　C. 食堂　　D. 图书馆

案例导入

小丽是某高校女生，她和宿舍里的同学关系处得不好。有一天晚上熄灯后，小丽在用台灯看书，一位室友提醒她早点睡，明天还要上课，小丽就熄了灯。第二天早上，这个室友起得很早，小丽认为她是在报复，就提醒她说话小声点，结果两人吵了起来。这件事小丽并不觉得自己有错。这件事使她完全被大家孤立起来了。宿舍里的矛盾影响到了她的心理健康，她认为自己做人很失败，与人相处都相处不好，更不用说其他的事了。

问题讨论：

1. 你认为影响宿舍同学之间关系的因素有哪些？如果你是小丽，该怎么做才能和大家相处融洽？

2. 与同学相处遇到问题时，你是怎么处理的？

学习项目11　涉外礼仪

学习要求

1. 掌握涉外礼仪通则的基本要求和对外交往的技巧。
2. 掌握礼宾次序的基本要求，学会正确的涉外称呼。
3. 掌握接待和宴请外宾的礼仪。
4. 掌握多元化世界礼仪文化风俗和禁忌，促进国际间交流的和谐。

知识解析

因为民族、信仰的不同，各地往往有不同的习俗。交往中，熟悉并灵活运用习俗礼仪，不仅是对交往对象的理解和尊重，更能给对方留下深刻的良好印象，使交往效果事半功倍。

知识精讲

通过学习涉外礼仪，能够了解涉外礼仪的特点、国际礼仪通则、涉外日常社交礼仪、常见的国际礼宾活动、各国的特殊礼俗及宗教礼仪常识等，在对外交往中能够根据各国的不同礼仪，尊重各国各民族的风俗习惯，更好地促进与外国友人之间的交流与合作。涉外礼仪是指对外交际中，逐渐形成的用以维护自身形象、对交往对象表示尊敬与友好的约定俗成的做法。它强调交往中的规范性、对象性、技巧性。随着全球化的不断加深，学习涉外商务礼仪，对于提高个人修养和专业素质，促进涉外活动的顺利进行有重要的意义。

学习任务1　涉外礼仪概述

一、涉外礼仪的含义

涉外礼仪是指在国家、组织或个人在对外交往和涉外工作中，在维护国家、组织及个人形象的前提下，所执行的向交往国、组织或个人表示尊重、友好与礼貌的礼仪规范。涉外礼仪是在长期的国际交往中逐步形成的，属于国际通行的一种专用性礼仪规范。涉外礼仪按主体不同可分为以下三个层次。

(1)国与国之间的外交礼仪，即外交活动中一整套交往的礼仪标准与程序和行为的礼仪规范和准则。其礼仪规范要求最严、最细，在礼节、礼貌各方面的要求也最高。其中，外交官是具体礼仪规范的实施者和代表者。外交礼仪的主要作用是维护每一个独立国家或地区的发言权和自由生活的权利。

(2)国际公共关系界的交流与合作活动的礼仪。国际公共关系礼仪可以表现为国家公众的交往礼仪、国际商务礼仪、接待礼仪、谈判礼仪、营销礼仪等多样的礼仪内容。国家交往关系在协调和处理组织与国际公众之间的复杂关系中发挥着积极的作用，运用礼仪手段创造组织的声誉和形象，开拓和占领国际公共关系市场，求得组织的新发展。

(3)对外交流实物活动中的礼仪。指涉外人员或我国公民在进行涉外交往、涉外活动中须知、必备的礼仪，包括涉外迎送礼仪、涉外会见礼仪、涉外交谈礼仪、涉外娱乐礼仪等接待礼仪及主要禁忌等常识，主要集中在衣、食、住、行、访、购等日常生活上。掌握在对外交往中能正确应对各种情况的技能，可以达到促进友谊、扩大往来、共同发展的目的。

二、涉外礼仪通则

“十里不同风，百里不同俗”，东西方文化有着重大的差异。随着现代交通和通信手段的发展，以及我国改革开放的深入，国与国之间的交往越来越频繁。尤其是随着经济全球化进程的加快，中国在国际社会中扮演着越来越重要的角色，国人与外宾交往的机会越来越多。作为一名现代中国人，不仅要了解本国优秀的礼仪文化，还需要了解国际通行的礼仪规范。在对外交往过程中，以礼仪为桥梁，不仅有助于增进友谊，促进合作，还有助于维护自身形象和国家尊严，体现我“礼仪之邦”的风采。

涉外礼仪是指在对外交往或涉外工作中，用以维护自身形象、企业形象和本国形象，并向外宾表示尊重、友好、礼貌的各种礼节、仪式及其惯用形式。它是在长期的国际交往中逐步形成的，是国际通用的礼仪规范。

涉外礼仪的原则，是根据礼仪通则与涉外交往活动实践，从整体性、普遍性角度加以概括形成的，对涉外交际具有普遍指导意义的一些原则。常言道“小是小非讲风格，大是大非讲原则”。周总理说过：“外交无小事。”凡从事对外交往或涉外工作的人员，必须在实际操作中认真贯彻以下原则。

1. 不卑不亢，注重国格

我国是一个文明古国，素有“礼仪之邦”的美誉，热情好客是中华民族的优良传统之一。

作为涉外人员，在对外交往中，应时刻不忘祖国的利益高于一切，热爱祖国和人民，在尊重他国利益和尊严的基础上，遵照规范、得体的方式塑造自己的个人形象，维护自己国家、民族、企业的形象。因此，在涉外活动中，每名相关人员不仅要特别注重国格、人格，维护国家利益、民族尊严以及自己所在单位或企业的权益，而且要注意热情有度，内外有别，保守国家和企业商业秘密。

中国人待人接物一般讲究含蓄和委婉，还特别客套。相反，西方人外向且讲究实事求是。因此，在涉外交往中，我们不仅要热情友好，还要把握好热情友好的分寸，使对方感到亲切、自然，否则，事与愿违，过犹不及。对外交往虽不能自吹自擂、自我标榜，却也不必妄自菲薄、自我贬低。过度地谦虚客套，容易让人怀疑你的真实能力。尊重别人的前提就是要学会自尊，要敢于和善于对自己进行正确的评价和肯定，在言行举止方面做到不卑不亢、从容得体。

小案例

一位英国老妇到中国旅游观光，对接待她的导游小姐评价颇好，认为她服务态度好，语言水平也很高，便夸奖该导游小姐说："你的英语讲得好极了！"导游小姐按照中国人的习惯，于是谦虚地回应说："我的英语说得不好。"英国老妇一听生气了，心想："英语是我的母语，难道我都不知道英语该怎么讲？"她越想越气，第二天坚决要求旅行社给她换导游。这件事在旅游行业乃至所有的窗口行业引起极大反响。其实，面对外宾的表扬，最得体的回答就是不卑不亢地说声"谢谢！"。

2. 平等相待，礼尚往来

在涉外交往过程中，我们应该特别注意对任何交往对象要一视同仁，给予平等的尊重与友好，不要对大国小国、强国弱国、富国穷国亲疏有别，区别对待。因为不论贫富，人们在人格和国格上都是平等的。也不应对大人物和普通人有薄有厚，古语"上交不谄，下交不渎"，就是告诫人们不能以权取人，如果谁位高权重就巴结逢迎谁，谁位卑无权就瞧不起谁，这种做法是非常庸俗和失礼的。除此之外，还应做到不以貌取人，不根据对方的外貌与衣着来决定自己的态度。

人与人之间，企业与企业之间，国与国之间只有共同努力、平等相待才能相互理解，消除误会，从而建立起稳定良好的关系，达到双赢的效果。如果只有单方面的热情，另一方反应冷淡，唯我独尊，不予理睬，甚至冷嘲热讽，是非常失礼的表现，严重的还有可能致使双方断交或产生敌对情绪。所以孔子曰："来而不往非礼也，往而不来亦非礼也，礼尚往来。"

在对外交往过程中，作为主人，理应热情好客，待客要彬彬有礼，讲究规格。当发现我们的接待方式不适应客人时，可适当地采用对方习惯的礼节，让客人感觉舒服自在，有"宾至如归"的感觉。而当我们作为客人去参加涉外活动时，却不能一味地我行我素，给主人增添麻烦，或让主人无所适从。相反，应跟从主人的礼节礼仪行事，做到"入乡随俗"。

由于世界各国的社会制度、文化背景各不相同，礼仪习俗存在一定程度的差异。在对外交往时，应理解对方、尊重对方。特别对于那些并无恶意但观点、立场、态度与自己不同的人，要做到和平共处、求同存异，做到"不伤主人之雅，不损客人之尊"，要有宽广的胸怀和外交家的风度。既要遵守国际通行的礼仪惯例，也要尊重交往对象所在国的特殊礼仪与习俗。

3. **表态慎重,信守约定**

古今中外人士都一致推崇做人应该“言必信,信必果”。特别是在对外交往过程中,言行一定要谨慎,表态要慎重。西方人常常把信誉、商誉和荣誉连在一起,做事很认真很有计划性,一旦做出决策,不轻易改变。商业约会也特别准时,而且常常提前赶到,但只在主人门前等待,直到时间到了才按门铃。超过5分钟是对方等待的极限。如果预计超过5分钟就得事先设法通知对方,而且通知得越早越好,否则会被认为极度失礼。在社交场合有两种人是最不受欢迎的,第一种就是那些答应了要参加但未到达并且也不事先打招呼的人。在西方的上流社会,这种人不大可能被再次邀请;第二种人就是那些不守时的人,尤其是常常迟到的人,他们不尊重别人的时间,没有礼貌,所以也不受欢迎。

三、涉外礼仪基本要求

当今世界,尽管各国社会形态各不相同,经济发展水平各不相等,民族人口有多寡之别,国家有大小之分,但是有一点是共同的,即文明民族,都很注重礼貌礼节。一个文明程度越高的国家或民族,其国民或族人就越讲礼貌懂礼节,其国际形象就越佳。

(一)注重形象,仪表得体

在国际交往中,人们普遍对交往对象的个人形象倍加关注,不仅因为个人形象真实地体现着个人的教养和品位,精神风貌和生活态度,还因为个人的形象总是与国家形象、民族形象、企业形象密切相关,通过个人形象可以如实地体现出对交往对象的重视程度。在对外交往中,一般的外国人对中国的了解和看法,主要来自他有机会接触到的中国人。因此,在对外交往中,要是不注意维护自身形象,从某种程度上,就有可能会损害中国的国际形象和整个中华民族的形象。

在日常生活中,服装是“人的第二肌肤”。每个人穿着的服装不仅会给人以深刻的印象,而且也被视为其身份、地位、修养与品位的客观体现。在涉外交往中,这一点表现得尤其突出。

在与外国人打交道时,对于每一名涉外人员衣着的基本礼仪要求是得体而应景。涉外人员应当懂得依照自己所处的具体场合,而选择与其相适应的服装。

在公务场合,涉外人员的着装应当既端庄大方、又严守传统,重点突出“庄重保守”的风格,不可太强调个性。具体而言,男士最好是选择身着藏蓝色、灰色的西服套装或中山装套装,内穿白色衬衫,脚穿深色袜子和黑色皮鞋。穿西装套装时,务必要打领带。女士的最佳衣着则是,身穿单一色彩的西服套裙,内穿白色衬衫,脚穿肉色长筒丝袜和黑色高跟皮鞋。有时,穿着单一色彩的连衣裙亦可,但是尽量不要选择以长裤为下装的套装。在公务场合,不得身穿夹克衫、牛仔装、运动装、健美裤、背心、短裤、旅游鞋和凉鞋等休闲装。尤其应避免穿着过于时髦、过于随便、过于暴露、过于透视、过于短小、过于紧身的服装。

在观看演出、出席宴会、参加舞会、登门拜访、参与聚会等最常见的社交场合,涉外人员的着装就可以重点突出“时尚个性”的风格。最为常见的主要有时装、礼服、具有本民族特色的服装以及个人缝制的服装。在西方国家,最正规的大礼服,男士的是黑色的燕尾服,女士的则是袒胸、露背、拖地的单色连衣裙式服装。

目前，我国的具体做法是，在需要穿着礼服的场合，男士穿着深色的中山装套装或西装套装，女士则穿着单色的旗袍或下摆长于膝部的连衣裙。其中，尤其以深色中山装套装与单色旗袍最具有中国特色，并且应用最为广泛。在社交场合，最好不要穿制服或便装。若非职业军人或公、检、法人员，则切勿身穿军服或公、检、法专用的制服，前去参加有外国人参加的社交活动。

在居家休息、健身运动、游览观光、街市漫步、商场购物等休闲场合，涉外人员的着装应当穿出"舒适自然"的风格，并且男女之间在这种场合的穿着没有明显的分界。牛仔装、运动装、夹克衫、T恤衫、短袖衬衫、短裤等是休闲场合着装首选。

（二）以礼待人，称呼得当

称呼，指的是人们交谈时用以表示彼此关系的名称。有时，它亦被称为称谓。在对外交往过程中，人们碰到的头一个问题就是怎样称呼对方才合乎礼仪。无论是面对面、写信、打电话、发传真，首先都要表明彼此之间的关系，称呼是否得体，既直接影响交往效果，又反映出一个人的文明程度和道德修养水平。在对外交往中，应该严格遵循国际上通行的称呼习惯，不能有丝毫大意。在国外，男子通称"先生"，未婚女子称为"小姐"，已婚女子称为"夫人"，对不了解其婚姻状况的女子可称为"小姐"。在外交场合，女子都可以被通称为"女士"。对军人可以军衔相称，对医生、律师、法官以及有学问的人可以职称或学位相称。总之，涉外称呼一定要符合礼仪要求，否则，容易伤害对方的感情，或者被对方认为缺乏教养。

与外国人交往应酬时，尤其是在比较正式的场合，应当选用的称呼主要有如下几种。

1. 尊称

它几乎适用于任何场合，主要包括"先生"、"小姐"、"夫人"、"女士"。应当强调的是，在称呼一位妇女时，最好根据其婚否，分别以"小姐"或"夫人"相称。若一时难以判断，则可称之为"女士"。在有的国家，"阁下"这一泛尊称也可以使用。

许多时候，泛尊称可与姓名、姓氏或行业性称呼分别组合在一起使用。例如"比尔·克林顿先生"、"玛格丽特·撒切尔夫人"、"史密斯小姐"、"议员先生"、"秘书小姐"等等。它们一般用于较为正式的场合，或是初次交往应酬之时。

2. 荣誉性称呼

在人际交往中，若交往对象拥有在社会上备受重视的学位、学术性头衔、专业技术性头衔、军衔、爵位，例如，"博士"、"教授"、"医生"、"律师"、"法官"、"工程师"、"将军"、"公爵"等，均可用作称呼。有时，这类荣誉性称呼还可以与姓氏、姓名分别组合在一起使用。例如"乔治·马歇尔教授"、"黑格将军"等。

3. 公务性称呼

在公务活动中，一般可以直接以对方的职务相称。例如可称其为"部长"、"经理"、"总裁"、"科长"、"主任"等。不过，有的国家并不习惯采用此类称呼。

4. 一般性称呼

它适用普通场合，即直接称呼他人的姓氏或姓名。例如"普京"、"麦当娜"、"塞缪尔·亨廷顿"、"亨利·米勒"等。

5. **特殊性称呼**

它主要是指对于王室成员或神职人员的专门称呼。例如“陛下”、“殿下”、“教皇”、“大主教”、“神父”、“牧师”、“拉比”等。

（三）知书识礼，遵纪守法

1. **尊重妇女，礼让有节**

尊重妇女是国际社会公认的一条重要的礼仪原则，也是衡量男士是否具有文明教养与礼仪风度的重要标准。在西方社会，日常生活中讲究“女士优先”，是一位男士风度高雅的前提。

尊重妇女的具体表现是：一位男士，在日常生活的任何时候，任何情况下，在行动上从各个方面要尊重妇女，照顾妇女，保护妇女，体谅妇女，关心妇女，并尽心竭力地去为妇女排忧解难。比如在社交场合做介绍时，先把男士介绍给女士；参加社交聚会时，宾客见到站在一起的男女主人时，也总是应先与女主人打招呼；而女士进入聚会场所时，先到的男士应站起来迎接；当介绍来宾时，应先把男士介绍给女士；当男女双方握手时，也只有等女士伸出手之后，男士方可与之相握；在上下车、上下楼梯、进出电梯，均让女士先行，并主动予以照顾；在旅途中，遇到携带行李的女士，男士应帮助提携并放好行李；如果男女并排行走，男士应当自觉请女士走在人行道的内侧，自己走在外侧；在同时需要称呼多人时，合乎礼仪的称呼方法是“女士们，先生们”，而不允许颠倒这一顺序；男士不得当着女士的面讲粗话、脏话或开低级下流的玩笑，应言辞必恭文明高雅，表达分寸得当等。在西方国家中，人们都认为尊重妇女，就是尊重人类的母亲，这是一个文明人所应有的教养。

2. **入乡随俗，谨言慎行**

对外交往中，人们总认为语言不通是交往时的唯一障碍，其实在某些时候，对交往对象所在国的风尚习俗不了解才是最大的障碍。当你欲往国外访问、经商、探亲或旅游观光时；当你要在国内接待外宾、与外宾洽谈生意或共同工作时,事先了解对方的习俗礼仪显得尤为重要,正所谓“知己知彼,百战不殆”。你若预先了解了对方的习惯禁忌,你就可以尽量避免犯忌,从而成为一个彬彬有礼、受人欢迎的客人或是一个知书识礼、体贴周到的主人。

当前,国际礼仪强调以人为本,要求尊重个人隐私,维护人格尊严,并将尊重个人隐私与否视为一个人在待人接物方面有无教养,能否尊重和体谅交往对象的重要标志之一。对于西方人来讲,凡涉及经历、收入、年龄、婚恋、健康状况、政治见解等均属于个人隐私,别人不应查问。西方人特别是妇女,一般不把自己的年龄告诉别人。如果询问年龄,冒失问异性婚否,会让人觉得讨厌,也是失礼的行为。另外,西方人不喜欢随便给人留自己的家庭住址,也不随便请人到家里做客,不愿透露个人的收入情况。

3. **注意环保,讲究卫生**

环境,通常是指人类生存的外部条件,是人类社会赖以生存和发展的基础,与人类的生活质量息息相关。爱惜和保护环境,从本质上讲,就是对整个人类的爱惜和保护。注重环保作为涉外礼仪的主要原则之一,是国际舞台上备受关注的焦点话题,在日常生活里,能否以实际行动“爱护环境”,已被视为一个人有没有教养、讲不讲社会公德的重要标志之一。过去,由于我们对环境保护不够重视,沙尘暴、水污染、大气污染、珍贵的野生动物濒临灭绝、自然资源越来越少,这些都是大自然给我们提出的严重警告。近几年来,中国人的环保意识已逐步增强,政府也采取了一些环保方面的有力措施,破坏环境、污染环境、虐待动物的情况大大减少。但是,有的人在环保问题方面,仍不以为然,自行其是。

学习任务 2 涉外接待礼仪

一、礼宾次序礼仪

礼宾次序就是依照国际惯例,对出席国际交往活动的国家团体和个人按某些规则和惯例排列出先后的次序。一般来说,礼宾次序体现了东道国对各国宾客所给予的一种礼遇,在一些国际性的活动上则表示各国主权平等的地位。礼宾次序排列不当或不符合国际惯例会引起不必要的争执,甚至影响国家之间的关系。礼宾次序的排列要符合国际惯例,常见的礼宾次序有以下几种排列方法。

1. **按身份与职位高低顺序排列**

在一般的官方活动中,通常都按照参加活动者的身份和职务的高低安排礼宾次序。由于各国的国家体制不同,对职务的设立和高低的排序不尽相同,安排礼宾次序时就要根据各国的具体情况按照相应的级别和官衔进行,将各国提交的正式名单或正式通知作为确定职务高低的主要依据。

2. **按参加国的国名字母顺序排列**

在国际会议和体育比赛及一些多边活动中,通常都采取按国名的字母顺序进行排列的方法。一般来说都是以英文字母的顺序排列,有时也根据其他语种的字母排列。通常情况下,东道主都安排在最后,以表示谦虚和对其他参加国的欢迎。

3. 按派遣国通知代表团组成的日期先后排列

对身份、规格大体相等的各国代表团,东道主通常采用按派遣国通知代表团组成的日期进行排列。有时还可以按照各国代表团到达活动地点的时间先后来排列礼宾次序。无论采用何种排列方法,东道主都要在邀请函中加以明确地说明。

礼宾次序所体现的是东道国对各国来宾的礼貌和尊重,它是一个极为敏感的问题。国家不论大小、强弱、穷富都要一视同仁、平等尊重,所以在涉外工作中考虑接待问题时,必须反复对此加以推敲,往往会同时采用集中方法交叉排列;如果代表团的级别相同,则按照派遣国通知代表团组成的日期先后进行排列;对同等级别和同时收到通知的代表团,则按照国名的字母顺序排列。在安排礼宾次序时,还要考虑一些其他的因素,包括国家所在的地区、国家之间的关系、活动的性质、参加者对活动的贡献大小、威望和资历等。例如通常将来自同一集团、同一地区、同一宗教信仰、同一语言体系或关系特殊的国家代表团安排在一起。对同一级别的人员,常将威望高、资历深、年长者安排在前面。

二、迎送礼仪

迎送,顾名思义,就是迎来送往或迎接送别,这是一种常见的社交礼仪。在国际交往中,对外国来访的客人,通常视其身份和访问的性质以及两国关系等情况,安排相应的迎接送别活动,称为"涉外迎送"。

(一)迎送规格

1. 迎送类别

在一般情况下,对外国国家元首、政府首脑和军方首领的正式访问,各国一般都要举行隆重的迎送仪式,如安排检阅仪仗队等。对一般代表团和人员的访问,一般不举行正式欢迎仪式。但是对于应邀前来访问者，无论官方人士、专业代表团还是民间团体、知名人士，在他们抵达或离开时，都应安排相应身份的人员前往机场、车站或码头迎送。对长期在本国工作的外国人士和外交使节、专家等离任时，有关方面也应安排相应身份的人员前往机场、车站或码头迎送。

2. 迎送原则

一般按照国际礼宾惯例的，迎送规格依照“对等原则”，主要迎送人员应与来宾的身份相当。当然，有时也需适当考虑两国之间的关系，灵活变通，综合平衡。如果由于各种原因而不可能完全对等时，可由职位相当的人士或副职出面，并向对方做出解释。

（二）迎送事项

1. 迎送前的准备工作

在客人到达之前，主人应该做好各方面的准备工作，如对来客名单的研究，对来客的称呼，接待客人怎样穿着才得体，接送规格、计划活动的安排等。

2. 要掌握抵达及离开时间

迎送人员必须准确掌握外宾乘坐的飞机（火车、船舶）抵达及离开的时间，在来宾抵达之前或离行前抵达到机场（车站、码头）迎接或送行，不可迟到、早退。在迎候外宾的整个过程中，迎候人员应始终面带微笑，以表示欢迎之意。在为外宾送行时，送行人员应在外宾临上飞机（火车、船舶）之前，按一定顺序同外宾一一握手告别。飞机起飞（火车、船舶开动）之后，送行人员应向外宾挥手致意，直至飞机（火车、船舶）在视野里消失时方可离去。

3. 献花

献花是常见的迎送外宾时用来表达敬意的礼仪之一。一般在参加迎送的主要领导人与客人握手后，由女青年或儿童将花献上，也有的由女主人向女宾献花。献花须用鲜花，并注意保持花束整洁、鲜艳，一般忌用菊花、杜鹃花、石竹花以及黄色花卉（黄色具有“断交”之意）等。

4. 介绍

迎送外宾时，宾主双方要互相介绍、引见。一般由礼宾人员或我方迎候人员中身份最高者，率先将我方迎候人员按一定顺序一一介绍给客人，然后再由客人中身份最高者，将客人按一定顺序一一介绍给主人。若宾主早已相识，则不必介绍，双方直接行见面礼即可。

5. 陪车

外宾抵达后，从机场(车站、码头)到住地，或访问途中，或访问结束后，由住地到机场(车站、码头)，主人都应陪车。

知识链接：

主人在陪车时，应注意请外宾从右侧门上车，坐于后排座右侧；主人从左侧门上车。要避免从外宾座前穿过。如是二排座，译员应坐在司机旁边；如是三排座，译员则坐在主人前面的加座上。代表团9人以上乘大轿车时，原则上低位者先上车，下车顺序相反。大轿车以前排为尊位，自右而左按序排列。如果外宾先上车，坐到了主人坐的左侧座位上时，则不要再请外宾移动位置。

三、会谈与签约礼仪

会谈以及必要的签约是涉外活动中的核心内容，应予以格外重视。

(一)会谈礼仪

会谈是指双方或多方，就某些重大的政治、经济、文化、军事问题，以及其他共同关心的问题交换意见。会谈也可以是指洽谈公务，或就具体业务进行谈判。会谈一般说来内容较为正式，政治性或专业性较强。

会谈如果是双边会谈一般用长方形；多边会谈用椭圆形桌子；小范围的会谈，也可不用长桌，只放沙发。会谈时宾主相对而坐，以正门为准，主人坐背对正门一侧，客人面向正门。如会谈的长桌，一端朝向正门，则以入门方向为准，右为客方，左为主方。主谈人居中，我国习惯把译员安排在主谈人右侧，但有的国家亦让译员坐在后面，一般应尊重主人的安排。其他人员按礼宾顺序左右排列。记录员可安排在后面，如参加会谈人数少，也可安排在会谈桌就座。

（二）会见、会谈中的几项具体工作

1. 会见要求方

作为会见要求的一方，应将要求会见人的姓名、职务以及要求会见什么人，以及会见的目的告知对方。接见一方，应及早给予明确答复，约定时间。如因故不能接见，应婉言解释。

2. 接见方

作为接见一方的安排者，应主动将会见、会谈的时间、地点、主方出席人、其他具体安排及有关注意事项通知对方。作为前往会见一方的安排者，应主动询问对方、了解上述情况，并通知有关出席人员。

3. 及早通知会见会谈时间、地点及双方参加人员名单

掌握会见、会谈的时间、地点和双方参加人员的名单，及早通知有关人员和有关单位做好必要安排、主人应提前到达。

4. 会见、会谈场所安排

会见、会谈的场所，应安排好足够的座位。如双方人数较多，厅室面积大，则需要安装扩音设备。会谈如用长桌，需事先安排好座位图，现场放置中外文座位卡，卡片上的字迹应工整、清晰。

5. 合影安排

如有合影，事先安排好合影人员位置图，人数多时还应准备好阶梯架，合影时主人主宾居中，按礼宾次序，主、客双方间隔排列。第一排人员既要考虑人员身份，也要考虑场地的大小，看其是否被摄入镜头。一般说来，两端均安排主方人员。

6. 会见、会谈应安排迎送

客人到达时，主人一般在门口迎候，也可以在大楼的正门或会客厅门口迎接。如果主人不到大楼门口迎候，则应由工作人员在大楼门口迎接，引入会客厅，如有合影，宜安排在宾主见面握手之后，合影完再入席。会见结束时，主人应送客至车前或门口握手告别，目送客人离去后再退回室内。

7. 旁人应回避

重要领导人之间的会见或会谈，除陪见人员和必要的译员、记录员外，其他工作人员在工作安排就绪后均应退出。如允许记者采访，也只是在正式谈话开始前几分钟，然后全部离开。会见、会谈过程中，旁人不得随意进出。

8. 会见、会谈招待饮料安排

会见、会谈时招待用的饮料，国际上没有统一的惯例。我国一般只备茶水和软性饮料。如会谈时间过长，应准备供应咖啡。

一般官员、民间人士的会见、安排大体与上述相同，也要事先申明来意，约妥会见、会谈的时间、地点，告知来人身份和人数，准时赴约。礼节性的会见，一般不宜逗留过久，半小时左右即可告辞，除非主人特意挽留，客人来访，一般应予回访。如果客人为祝贺生日、节日等喜庆日来访,则不必专门回访,一般可在对方节日、生日时前往,表示祝贺。

(三)签约礼仪

国家之间(团体、各级组织)通过谈判,就政治、经济、技术、文化、军事等各领域内的相互关系达成协议,缔结条约、协定或公约时,一般都要举行签约仪式。签约人视文件的性质,由缔约各方确定,由国家领导人出面签约或政府有关部门的负责人出面签署,但双方签约人的身份通常是对等的。一国领导人出访他国,经过双方商定,发表联合公报或声明,有时要举行签字仪式。各国业务部门之间,通过会谈达成专业性协议时,也常要举行这类签字仪式。

1. **事前做好文本的准备**

有关部门需按时做好文本的定稿、翻译、校对、印刷、装订、盖火漆印等项工作,同时准备好签约仪式上所需使用的文具、国旗等物品以及安排好场地、时间,与对方商定好助签人员和双方助签人员洽谈的有关细节。

2. **出席人员**

出席签约仪式的基本上是双方参加会谈的全体人员。如一方要求让某些未参加会谈的人员出席,另一方应予同意,但双方人数最好大体相等。不少国家为了对签约仪式表示重视,往往由更多更高层的领导人出席签字仪式。

3. **签约场所安排**

我国举行签约仪式,一般在签约厅内举行。签约厅内设置长方桌一张,作为签字桌。桌面上覆盖着深色台呢,桌后放两把椅子为双方签约人员的座位,主左客右。桌上摆的是各自保存的文本,上端分别放置签字文具,中间摆放一旗架,悬挂签字双方的国旗。

4. **签约仪式**

签字人员入座后,其他人员分宾主各一方,按身份顺序排列于各自签约人员之后。双方助签人员,分别站立在各自签约人员的外侧,协助翻文本,指明签约处。在本国保存的文本上签毕后,由助签人员相互传达文本,再在对方保存的文本上签字,然后由双方签约人交换第二次文本、相互握手致意。此时,服务人员用托盘端上香槟酒,供宾、主双方全体出席签约仪式的人员举杯庆贺。

各国签约仪式的安排不尽相同。有的国家安排的仪式,设置两张方桌为签字桌,双方签字人员各坐一桌,小国旗分别悬挂在各自的签字桌上,参加仪式的人员坐在签约桌对面。

有的国家安排一张长方桌为签约桌,但双方参加签约仪式的人员,坐在签约桌前方的两旁,双方国旗挂在签字桌的后面。

如有多个国家缔结条约,其签约仪式与上述相仿,只是需要相应增添签约人员的座位、国旗、文具等用品。至于签约多边公约,通常只设一个座位,先由公约保存国代表先带头签字,然后由各国代表依一定顺序轮流在公约文本上签字。

四、涉外宴请礼仪

(一)涉外宴请的形式

涉外宴请,是指在国际交往中出于某种需要而设宴招待客人的礼仪活动。它是最常见的交际形式之一。各国宴请都有本国和本民族的特点和习惯。在国际上,通行的宴请形式有宴会、招待会、茶会、工作餐四种。

1. **宴会**

宴会,是指在正餐时间举行的宴请活动。宴会必须坐下进食,由服务员依次上菜。宴会大体上分为国宴、正式宴会、便宴和家宴四种。另外,根据举行时间的不同,宴会又有早宴(共进早餐)、午宴和晚宴之分。一般来讲,晚宴比白天的宴请较为隆重和正式。

(1)国宴。国宴是国家元首或政府首脑为国家的庆典,或为外国元首、政府首脑来访而举行的正式宴会,规格最高。宴会厅内悬挂国旗,安排乐队演奏国歌及席间乐(一般为两国民族乐曲)。席间要致祝词或致祝酒词。

(2)正式宴会。正式宴会与国宴的安排大体相同,只是不挂国旗、不奏国歌以及出席规格有所不同。有时也安排乐队演奏席间乐。宾主均按身份排位就座。对餐具、酒水、菜肴道数、陈设以及服务员的装束、仪态的要求都很严格。通常菜肴包括冷盘、汤和几道热菜(中餐一般用4~5道,西餐多用2~3道),最后上点心、甜食和水果。国外宴会前还要加上开胃酒,席间佐餐用酒,一般多用红、白葡萄酒,很少用烈性酒,尤其是白酒。餐后在休息室上一小杯烈性酒,通常为白兰地。我国在这方面做法简单,餐前一般在会客室稍作叙谈,通常只上茶和饮料,也可直接入席。席间一般用两种酒,一种甜酒,一种烈酒。餐后不再回会客室,也不必上餐后酒。

(3)便宴。便宴,是指非正式宴会。常见的有午宴和晚宴,也有共进早餐的。这类宴会形式简便,可以不排座次,不作正式讲话,菜肴道数也较少。西方人的午宴有时不上汤,不上烈性酒。便宴亲切、自然,宜用于日常交往。

(4)家宴。家宴,是指在家中设便宴招待客人。西方人喜欢采用这种形式,以示亲切友好。家宴往往由主妇亲自下厨烹饪,家人共同招待。

2. **招待会**

招待会是不备正餐、较为灵活的宴请方式,备有食物、酒水,通常不排座次,可以自由走动。常见的招待会形式为冷餐会和酒会。

3. **茶会**

茶会就是指请客人品茶,是一种简便的招待形式。举行的时间一般在下午4时左右(亦有上午10时的)。茶会通常设在客厅,厅内设茶几、椅子,不排座次。若为某贵宾举行的活动,入座时应有意识地将主宾同主人安排坐到一起,其他人随意就座。茶会对茶叶、茶具的选择比较讲究,应具地方特色,一般用陶瓷器皿和地方名茶。外国人一般用红茶,略备点心和风味小吃。

4. **工作进餐**

工作进餐一般分为工作早餐、工作午餐、工作晚餐,是现代国际交往中常用的一种非正式宴请形式,常因日程安排不开而采用这种形式,利用进餐时间,边用餐边谈工作。此类活动只请与工作有关的人员,不请配偶。双边工作进餐往往排席位,并用长桌,以便于谈话。如用长桌,其座位排法与会谈席位安排相似。

（二）涉外宴请的程序

1. 确定宴请目的、对象、范围与形式

宴请的目的可为某人，也可为某事，主人在确定邀请对象时应考虑主、宾身份对等。凡正式、规格高、人数少的以宴会为宜，而人数多则以冷餐会或酒会更为合适，妇女活动多用茶会。

2. 确定时间、地点

注意宴请的时间不要选择双方的重大节假日和有重大活动的日子。宴请时应选择双方都合适的时间。如果是官方正式隆重的活动，宴请一般安排在政府、议会大厦或宾馆内举行，其余则按活动性质、规模和主人意愿及实际情况而定。

3. 发邀请信和请柬

宴请活动，一般均发请柬，这既是礼貌，也供客人备忘用。便宴约定后，也可不发请柬。工作进餐一般不发请柬。有些国家，邀请最高领导人作为主宾参加活动，需单独发邀请信，其他宾客发请柬。

请柬格式与行文书面，中外文本的差异较大，但请柬内容大致都是相同的。主要包括活动时间及地点、形式、主人姓名，国际上习惯对夫妇俩人发一张请柬。请柬一般提前一周至两周发出，请柬发出后，应及时落实出席情况，准确记载，以便调整席位。请柬可以印刷也可手写，手写字迹要美观、清晰。

4. 订菜

宴请的酒菜根据活动形式和规格，在规定的费用标准以内安排，选菜主要考虑主宾的喜好和禁忌。如个别人有特殊需要，也可以单独为其上菜，菜肴道数和分量都要适宜。无论哪一种宴请，事先均应开列菜单，并征求主要负责人的同意。宴会可印制或书写菜单，菜单一般一桌两三份，至少一份。

5. 席位安排

按照“以右为尊”国际惯例，桌次高低以离主桌位置远近而定，右高左低。桌数较多时，要摆桌次卡。同一桌上，座次高低以离主人的座位远近而定，男女穿插安排，以女主人为准，主宾在女主人右上方。两桌以上的宴会，其他各桌第一主人的位置可以与主桌主人位置同向，也可面对主桌的位置为主位。在具体安排座次时，可以把身份大体相同、使用同一语言者，或属同一专业的，排在一起。翻译一般安排在主人的右侧。在许多国家，翻译不上席，只安排坐在主人和主宾的背后，以便工作。

知识链接：

如遇主宾身份高于主人，为表示对他的尊重，也可以把主宾摆在主人的位置上，而主人则坐在主宾位置上，第二主人坐在主宾的左侧。如果本国出席人员有身份高于主人者，可以由身份高者坐主位，主人坐身份高者左侧。主宾有夫人，而主人的夫人又不能出席，通常可请其他身份相当的妇女作为第二主人。如无适当身份的妇女出席，也可把主宾夫妇安排在主人的左右两侧。座次排妥后着手写座签。如是中方举行宴会，中文写在上面，外文写在下面。

（三）做一个热情体贴的主人

1. 礼宾人员应提前到现场检查落实准备工作

如是正式宴会，事先将座签及菜单摆好。座签置于酒杯前或平摆于餐具前方，不能放在餐盘内。菜单放在餐具右侧。

2. 宴会前，一般双方事先交换讲稿

举办宴会的一方先提供讲稿。代表团访问，欢迎宴会，东道国先提供讲稿；回请时则由代表团先提供讲稿。

3. 当宴会快开始时，主人应在门口迎接客人

主人与客人握手后，由工作人员引进餐前休息室，或者直接进入宴会厅。休息室内有相应身份的人员照料客人。主宾到达后，由主人陪同进入休息室与其他客人见面。然后准时进入宴会厅，全体客人就座，宴会正式开始。

4. 正式宴会一般要致辞

可由主人在用甜食前先讲话，再由客人讲。一般宴会可在客人入席后即致辞。

5. 外国人的日常宴请在女主人为第一主人时，往往以她的行为为准

入席时女主人先坐下，并由女主人招呼客人开始就餐。餐毕，女主人请全体女宾一起退出宴会厅，然后男宾起立，尾随进入休息室。男女宾客在休息室会齐，再上茶（咖啡）等饮料。主宾告辞，主人应送至门口，然后与其他客人握别。

五、组织外方人员参观游览礼仪

组织外方人员参观游览，是指外国客人在访问或旅游期间对一些风景名胜、单位设施等进行实地浏览、观看和欣赏。为了让来访的外国人对我国的现代化建设有更具体的了解，一般情况下接待方会组织一些参观游览活动。

1. 制定项目

选择参观游览项目，应根据访问目的、性质和客人的意愿、兴趣、特点以及我方当地实际条件来确定。一般来说，对身份高的代表团，事前可了解其要求；对一般代表团，可在其到达后，提出方案，共同商定。对于外国政府官员、大财团、大企业家，通常安排参观反映我方经济发展情况的部门单位和经济开发区，以及重点招商项目。对于一般的企业家、商人和有关专业人员，可安排其参观与其有关的部门、单位，同时安排一些有地方特色的游览项目。对方提出的要求，在可能情况下尽量给予满足，如果确有困难，可如实告知，并作适当解释。

2. 安排日程

当参观游览项目确定后，应制定详细活动计划和日程，包括参观线路、座谈内容、交通工具等，并及时通知有关接待单位和人员，以便于各方密切配合。在出发之前，要及时检查车况，分析行车路线，预先安排好用餐。路远的还要预先安排好中途休息室，要把出发、集合和用餐的时间和地点及时通知客人及全体工作人员。如果参观地有不能摄影处，应事先说明，现场要竖中英文“禁止摄影”标志牌。

3. **陪同参观**

按国际惯例,外宾前往参观时,一般都安排相应身份的精干人员出面接待陪同,切忌前呼后拥。如有身份高的主人陪同,宜提前通知对方。

参观游览的重头戏是解说介绍。如参观单位部门,可先全面介绍其概况,借机宣传我国改革开放政策和投资环境。有条件的可播放一段有关情况录像片,这样既可节省时间,又可事先让客人对情况略有所知,经过实地参观,效果会更好。陪同、解说员和导游应对有关情况有所准备,介绍情况要实事求是,运用材料、数据要确切,不可一问三不知,也不可含糊其辞。确实回答不了的,可表示自己不清楚,待咨询有关人员后再答复。遇较大团组,宜用扩音话筒。另外,遇有保密部位的,则不能介绍,如客人提出要求,应予婉拒。

知识巩固

1. 在社交场合与公务场合,涉外人员为什么要特别注重仪表服饰?
2. 接待外宾为什么要热情有度?

实训设计

1. 情景演练:模拟涉外交际场合,对不同身份的外宾打招呼情景。
2. 观察体验:留意观察电视上接待外宾的系列场景,再对照教材以加深印象。

六、国旗悬挂礼仪

国旗是国家法律规定的、具有特定形式和格式的、代表国家的旗帜,是一个国家的标志,也是一个国家主权的象征。悬挂国旗在任何一个国家都是非常严肃的事情,很多国家对此都制定了相关的法律加以规范。在国际社会上已经形成了悬挂国旗的公认的一些惯例。

1. 可以悬挂外国国旗的场合

在一个主权国家的领土上，不能随意悬挂外国国旗，只有在以下场合可以悬挂。

（1）外国的国家元首、政府首脑来访，在其住所及交通工具上有权悬挂自己国家的国旗。

（2）东道主在迎接来访的国家元首、政府首脑时，可以在其下榻的宾馆、乘坐的交通工具及隆重的场合悬挂对方的国旗，以表示对来宾的礼遇。

（3）外交使团的驻地、官邸及交通工具上可以悬挂自己国家的国旗。

（4）国际性的会议、文化体育活动、展览会等，可以悬挂有关国家的国旗。

（5）国际条约和重要协议的签字仪式，可以悬挂有关国家的国旗。

2. 悬挂国旗的基本原则

在我国境内，悬挂我国国旗、外国国旗及同时悬挂多国国旗，要注意以下基本原则。

（1）在建筑物上或室外悬挂国旗时，一般应日出升旗、日落降旗。升降国旗时，要面向国旗立正，脱帽行注目礼，不能随意走动。

（2）升旗时，国旗一定要升至旗杆，在特定的致哀日或重要人物去世需降半旗时，也应先将国旗升至旗杆顶，然后再降下。另外，不能使用破损或有污渍的国旗。

（3）在正式场合悬挂国旗时，应将正面面对观众，国旗严禁倒挂，也不能随意地竖挂或反挂。有些国家的国旗由于文字和图案的原因，不能竖挂或反挂，需要另外制旗。例如，朝鲜民主主义共和国国旗在竖挂时，五角星的星尖依然朝上。

（4）悬挂双方国旗时，应遵循国际上“右高左低”的惯例，以旗身面向为准，将客方国旗挂在右侧，主方国旗挂在左侧。所谓的主客，不以活动举办所在国为依据，而是以举办活动的主人为依据。在我国，凡是由我方主办的活动，外国国旗都应挂在右侧；但是由对方举办的一些活动，如答谢宴会等，就应该将我国国旗悬挂在右侧。

（5）并列升挂国旗时，旗杆的高度应该一致。根据联合国规定，和平时期，在国际场合，任何一个国家的国旗不能高过其他国家的国旗，并且同一旗杆上不能升挂多个国家的国旗。

（6）在我国境内悬挂多国国旗时，我国国旗应位于显著的位置。当一行并排悬挂多国国旗时，应将我国国旗置于最右侧；单列并排时，我国国旗应置于最前方；若呈弧形或从中间往两侧排列时，应将我国国旗置于中心。其他国家的国旗按事先确定的礼宾次序进行排列。

案例讨论

20世纪90年代中期，国内的一名中学生应邀前往一个国家参加民间外交活动。有一天，当他前去出席在该国家所举行的一次国际性会议时，发现在会场周围所悬挂的各与会国国旗之中竟然缺少我国国旗，便当即向会议的组织者指出了这一问题，并且严肃地表示：“不悬挂我国国旗，就是缺乏对我国的尊重，假如不马上改正，我将拒绝出席这次会议，并且立即回国。”经过据理力争，我国国旗终于飘扬在会场的上空。在会议的组织者再三地表示了歉意之后，那位中学生才终于步入会场出席会议。在他入场时，有不少与会者主动起立向他热烈地鼓掌表示欢迎。当地的报纸事后为此发表评论说：“连一名中学生都具有那么强烈的民族自尊心，中国人的确是值得尊重的。”那位中学生之所以受到人们的尊重，主要是因为他能够在涉外交往中表现得不卑不亢。

问题讨论：

1. 对本案例的中学生你有何评价？

2. 悬挂国旗有哪些礼仪要求？

学习任务3 出国礼仪

人类进入了信息社会的今天，“世界变大了，地球变小了”。而中国在实行改革开放，深化市场经济改革以后，迈出国门进行公务访问、商务活动、学术交往以及观光旅游的人越来越多。众所周知，出国要办一系列手续，并且不同国家，不同民族，因为文化背景的不同，人们的语言、举止、习惯和礼仪都不太一致。每一个出国者都要了解这些规矩，并在自己境外的生活和工作中体现出来，才能使出国行程顺畅。

一、办理出国手续礼仪

办理出国手续，不仅要遵循一般的礼仪规范，还要遵守必要的出境规矩及国际惯例。

（一）有效证件

每一位出国者都必须持有各国政府为其公民颁发的出国证。否则，就是非法出境。

1. 护照

护照是一国主管机关发给本国公民出国或在国外居留的证件，出国人员必须持有护照，以备检查，证明其国籍和身份。在中国，外交护照、公务护照、因公普通护照、前往港澳通行证由外交部或者外交部授权的地方外事部门颁发。因私普通护照、中华人民共和国出入境通行证等由公安部或者公安部授权的地方公安机关颁发。

2. 签证

签证是一国主管机构对本国和外国公民出入国境或在本国停留、居住的许可证明。出国人员有了护照，还要认真、实事求是地准备必要的申请材料，提交前往国使领馆办理签证。申请前往国签证，一般是向该国驻我国的使领馆申请办理。签证的等级分为外交、公务和普通签证。签证的有效期不等，获得签证者必须在有效期内前往国外出访、旅游。超过有效期，签证不再有效，仍在国外停留就有非法移民之嫌，有可能会被遣送回国。

3. 卫生检疫

无论是出访还是出国旅游，健康的身体是出行顺利的基本条件。因此启程前最好做一次全面的身体检查。如果到一些世界卫生组织指定为疫区的国家，则一定要接受预防针注射，入境人员必须携带注射某种疫苗的证书，否则不准入境。因此，出国人员出发前应到指定医院注射疫苗，领取预防针证明书（黄皮书）。

（二）海关手续

接受海关边防检查是每一个出入境者的义务，也是对国家主权和他人安全权利的尊重。海关边检在我国是由公安部主管，在许多国家是由移民局或外侨警察局负责。出入境人员应在接受边防检查前自行填写出入境登记卡。登记卡的内容包括班机号，来自何处，姓名以及出生日期和地点、职业、国籍、护照号码等，入境时将登记卡连同本人的护照证件、签证等一起交由边检站检验无误后方可通行，边防检查对旅客及所携带的行李物品一般不做检查，但在特殊情况下，也可进行人身检查和行李物品的重点检查，过境人员都要充分理解，积极配合。出入境时还要如实填写《旅客行李申请单》，如申报不实或隐匿不报，海关将依法处理。

知识链接：

我国禁止进口的物品有：各种武器、弹药及爆炸物品；伪造货币及伪造的有价证券；对我国政治、经济、文化、道德有害的印刷品、音像制品；烈性毒药、各种毒品；带有危险性病菌、害虫的动植物及其制品；有碍人畜健康、来自疫区的能传播疾病的食品、药品等。

我国禁止出口的物品有：列入禁止出境范围的所有物品；内容涉及国家秘密的手稿、印刷品、音像制品；珍贵文物，珍贵动植物及其标本、种子等。另外，海关还对一些物品规定限制进出口的数量。

二、国外食宿礼仪

一般来说，出访或出国旅游都有相关组织或旅行社统一安排食宿和旅行事项，但有一些常识需要出访人和出国旅游者了解。

1. 住宿

散客到国外旅游，最好事先预订好房间，国外各航空公司都可以提供办理预订饭店的手续。很多国家的酒店旅馆一般不提供拖鞋、盥洗用品和开水，有的旅馆房间设有冰箱，摆有酒水等各种饮料，如饮用则需付款，而且价格很高，有的旅馆饮料一拿出冰箱后就无法放回，即自动记账。

2. **一般用餐**

在国外旅行要特别注意饮食卫生，防止病从口入。如果不习惯顿顿吃西餐，也别担心，许多国外的城市都有唐人街，唐人街的中国菜馆物美价廉，菜肴花样多，比较适合我国出访和出国旅游者的口味。

3. **付小费**

国外许多地方有付小费的习惯，无论在机场、旅馆，还是乘出租汽车，在饭店吃饭，都要付小费。付小费要讲究礼貌：在餐厅可以把小费放在盘子下面；在门童帮助提拿行李后，可以把小费放在他们手里；可以把出租车司机找回的零钱留给他们作小费；对机场车站旅馆的搬运工，则公开付小费。小费到底该付多少，各国情况不一，应根据当地习惯和各种具体情况来决定。

4. **保密防盗**

无论是出访还是出国旅游者都一定要注意保密防盗。防止失密、泄密是出国人员应该遵守的纪律。在境外，遇有身份不明的陌生人主动接触时，也应有礼有节，不要有问必答，不要透露工作单位、出国任务、政治面貌、下榻地址及对外交往单位人员名称等情况。国(境)外的娱乐场所情况也非常复杂，如有人邀请去可疑的娱乐场所，可用“兴趣不同”、“工作紧张”或“劳累”等适当理由婉拒。

三、涉外馈赠礼仪

馈赠是人际交往中表达友情、敬重和感激的一种普遍形式。出访时给外国朋友赠送礼物是礼貌和友好的表示，但如果不懂其规矩，则往往弄巧成拙，适得其反。因此，涉外馈赠除了要明了基本的送礼常识外，还要掌握其特殊要求。

(一)送礼

1. **选择合适的礼物**

有些人送礼喜欢送价值昂贵的礼物。其实送礼物花的钱多，并不能表明心意就越浓。而且在许多国家里，都不提倡赠送过于贵重的礼品，否则很可能让受礼者为难，让他们产生受贿之感。最好按照主人的文化、教育、爱好挑选礼物，注意因人而异，礼物应易于携带。体积大、分量重和容易破碎的礼物不易携带。礼物最好要有中国特色和有纪念意义。比如中国的丝巾、剪纸、茶叶、二胡、笛子等。也可以送中国字画，但要解说给外国朋友听或预先准备好解说文。中国传统字画，没有框也可以挂，但要教他们怎样卷、怎样挂。对那些不能挂的字画，一定要裱好才送。切忌送受礼人所忌讳的物品(宗教禁忌、民族禁忌、个人禁忌)；更不得送涉及国家机密和商业秘密的物品等。

2. 注重礼品的包装

中国人送礼一般只重视礼品本身，而不注重包装。在国外人们普遍认为包装和礼品一样重要，它能表达出你对这份心意的重视。因此，我们在给外国朋友赠送礼物时，一定要意识到礼品的包装是礼物的有机组成部分之一，是礼品的外衣，送礼时不可或缺。否则就会被视为随便应付受礼人，甚至还会导致礼物本身“贬值”。因此送给外国朋友的礼物，一定要事先精心地包装，并且对包装所用的材料要择优而用，在其色彩、图案、形状等方面都要尊重受礼人的风俗习惯。

（二）受礼

在涉外交往过程中，外国朋友也喜欢送礼物给中国人。按“礼尚往来”规矩，可接受其礼物，但要注意与我们传统礼仪观念还略有不同的礼貌要求。

1. 大方接受

当外国朋友向自己赠送礼物时，一般情况下，应该大方接受并含笑表示谢意。

2. 当面打开礼物并表示赞赏

当着送礼人的面打开礼物，然后认真地对礼品进行欣赏，再对礼品恰当地赞赏和表达自己的喜爱。这是国际社会通行的受礼人在接受礼物时必须讲究的一种礼貌。

3. 拒绝有方

如果对方送的是违法违禁的、或价格过于昂贵的、或有辱我方国格人格的、或有可能致使双方产生误会的礼物都应该加以拒绝，并当即说明原因。如果对方没有恶意，在退还或拒绝礼物时，还应该对对方表示感谢。

四、境外参观旅游礼仪

1. 参观礼仪

因公务或商务出访时，一般国外的有关组织都会接待安排。如果我方有参观的需要，对方也会尽量给予满足：在商议参观内容和参观过程中，需要注意如下礼貌。

出访人员、团组要求参观，可通过书面、电话或面谈方式向接待方提出，经允许后方能成行。参观内容，要符合访问目的和实际，要注意客随主便，不要强人所难。在商定之后，要核实时间、地点和路线。参观过程中，应专心听取介绍，不可因介绍枯燥或不对胃口而显露出不耐烦和漫不经心状，这是极不礼貌的。同时应广泛接触、交谈，以增进了解，加强友谊。注意尊重对方的风俗和宗教习俗，如要摄影，事先向外国朋友了解有无禁止摄影的规定。参观游览，对服装要求不严格，不必穿礼服，穿西装可以不打领带，但应注意清洁整齐，仪容亦宜修整。参观完毕，应向主人表示感谢，上车离开时应在车上向主人挥手道别。

2. 旅游礼仪

出国前了解旅游目的国的风俗民情，在国外访问旅行中，遵照《中国公民出境旅游文明行为指南》行为处世，不仅维护了自尊、使得自己的出国旅游更愉快更顺畅，还维护了国家形象。

知识链接

中国公民出境旅游文明行为指南

中国公民,出境旅游。
讲究卫生,爱护环境。
尊老爱幼,助人为乐。
出行办事,遵守时间。
文明住宿,不损用品。
健康娱乐,有益身心。
参观游览,遵守规定。
遇有疑难,咨询领馆。
注重礼仪,保持尊严。
衣着得体,请勿喧哗。
女士优先,礼貌谦让。
排队有序,不越黄线。
安静用餐,请勿浪费。
赌博色情,坚决拒绝。
习俗禁忌,切勿冒犯。
文明出行,一路平安。

学习任务4 一些国家的习俗与禁忌

案例导引

"纯丝手帕"引起的风波

国内某家专门接待外国游客的旅行社,有一次准备在接待来华的意大利游客时送每人一件小礼品。于是,该旅行社订购制作了一批纯丝手帕,是杭州名产,每块手帕上绣着花草图案,十分美观大方。手帕装在特制的纸盒内,盒上又有旅行社社徽,看上去是很精致的小礼品。中国丝织品闻名于世,想来会受到客人的喜欢。旅游接待人员带着盒装的纯丝手帕,到机场迎接来自意大利的游客。在车上,他代表旅行社赠送给每位游客一盒手帕,作为礼品。没想到车上顿时一片哗然,议论纷纷,游客显出很不高兴的样子。特别是一位夫人,大声叫喊,表现得极为气愤,还有些伤感。旅游接待人员心慌了:好心好意送人家礼物,不但得不到感谢,还出现了这般景象。

案例评析

在意大利等国家有这样的习俗:亲朋好友相聚一段时间,告别时才送手帕,这意味着要

“擦掉离别的眼泪”。在本案例中，意大利游客兴冲冲地刚刚踏上中国大地，准备开始愉快的旅行，就让人家“擦掉离别的眼泪”，他们当然会不高兴。那位极为气愤的夫人，是因为她得到的手帕上绣着菊花图案。菊花在中国是高雅的花卉，但在意大利则是祭奠亡灵的。

由此可见，涉外商务礼仪在人们的交往过程中具有重要的作用。不同的国家有着不同的礼仪和习俗，在涉外交际场合，要了解和尊重外国人的宗教信仰和风俗习惯。涉外礼仪是指对外交际中，逐渐形成的用以维护自身形象、对交往对象表示尊敬与友好的约定俗成的做法。它强调交往中的规范性、对象性、技巧性。随着全球化的不断加深，学习涉外商务礼仪，对于提高个人修养和专业素质，促进涉外活动的顺利进行有重要的意义。

亚洲部分国家的习俗与禁忌

一、韩国的习俗与禁忌

1. 韩国的习俗

韩国人崇尚儒教，尊重长者，长者进屋时大家都要起立。和长者谈话时要摘去墨镜。早晨起床和饭后都要向父母问安；父母外出回来，子女都要迎接。吃饭时应先为老人或长辈盛饭上菜，老人动筷后，其他人才能吃。乘车时，要让位给老年人。

韩国人见面时的传统礼节是鞠躬，晚辈、下级遇到长辈或上级应鞠躬、问候，站在一旁，让其先行，以示敬意。和韩国官员打交道一般可以握手或是轻轻点头。女人一般不与人握手。

在社会活动和宴会中，男女分开进行社交活动，甚至在家里或餐馆里也是如此。在韩国，如有人邀请自己到家里吃饭或赴宴，应带小礼品前去，最好挑选包装好的食品。席间敬酒时，要用右手拿酒瓶,左手托瓶底,然后鞠躬致祝辞,最后再倒酒,且要连喝三杯。敬酒人应把自己的酒杯举得低一些,用自己杯子的杯沿去碰对方杯子的杯身。敬完酒后再鞠一个躬才能离开。做客时主人不会让自己参观房子的全貌,因此不要随意到处逛。要离去时,主人会送自己到门口,甚至送到门外,然后说再见。若有拜访必须预先约定。韩国人很重视交往中的接待,宴请一般在饭店或酒吧举行,夫人很少在场。

韩国人用双手接礼物,但不会当着客人的面打开。不宜送外国香烟给韩国友人。酒是送给韩国男人最好的礼品,但不能送酒给妇女,除非说清楚这酒是送给她丈夫的。在赠送韩国人礼品时应注意,韩国男性多喜欢名牌纺织品、领带、打火机、电动剃须刀等,女性喜欢化妆品、提包、手套、围巾类物品和厨房里用的调料,孩子则喜欢食品。如果送钱,应放在信封内。

2. 韩国的禁忌

韩国人逢年过节相互见面时,不能说不吉利的话,更不能生气、吵架;农历正月前三天不能倒垃圾、扫地,更不能杀鸡宰猪;寒食节忌生火;渔民吃鱼不许翻面,因忌翻船;忌到别人家里剪指甲;吃饭时忌戴帽子;睡觉时忌枕书;忌杀正月里生的狗等。

与年长者同坐时,坐姿要端正。由于韩国人的餐桌是矮腿小桌,放在地炕上,用餐时,宾主都应席地盘腿而坐。若是在长辈面前应跪坐在自己的脚底板上,无论是谁,绝对不能把双腿伸直或叉开,否则会被认为不懂礼貌或侮辱人。未征得同意前,不能在上级、长辈面前抽烟,不能向其借火或接火。吃饭时不要随便发出声响。进入家庭住宅或韩式饭店应脱鞋。在大街上吃东西、在人面前擤鼻涕,都被认为是粗鲁的。

照相在韩国受到严格限制,军事设施、机场、水库、地铁、国立博物馆及娱乐场所都是禁照对象,在空中和高层建筑拍照也都在被禁之列。

二、日本的习俗与禁忌

1. 日本的习俗

日本人初次见面时对互换名片极为重视。若初次相见不带名片,不仅失礼而且对方会认为自己不善于交往。互赠名片时,要先行鞠躬礼,并双手递接名片。接到对方名片后,要认真阅读,看清对方的身份、职务、公司,用点头动作表示已清楚对方的身份。日本人认为名片是一个人的代表,对待名片就像对待他们自己一样。如果接过名片后,不看就随手放入口袋,被视为失礼。如果是去参加一个商业谈判,就必须向房间里的每一个人递送名片,并接受他们的名片,不能遗漏任何一个人,尽管这需要花费不少时间,但这是表示相互友好和尊敬的一种方式。

到日本人家里做客,要预先和主人约定时间,进门前先按门铃通报姓名。如果这家住宅未安装门铃,绝对不要敲门,而是打开门上的拉门,询问一声:“借光,里面有人吗?”。进门后要穿上备用的拖鞋,并把带来的礼品送给主人。当自己在屋内就座时,背对着门坐是有礼貌的表现,只有在主人的劝说下,才可以移向尊贵位置(指摆着各种艺术品和装饰品的壁龛前的座位,是专为贵宾准备的)。进餐时,如果不清楚某种饭菜的吃法,要向主人请教,夹菜时要把自己的筷子掉过头来使用。告别时,客人要先提出,并向主人表示感谢。回到自己的住所要打电话告诉对方,表示已安全返回,并再次感谢。过一段时间后再遇到主人时,仍不要忘记表达感激之情。日本人设宴时,传统的敬酒方式是在桌子中间摆放一只装满清水的碗,并在每人面前放一块干净的白纱布。斟酒前,主人先将酒杯在清水中涮一下,杯口朝下在纱布上按一按,使水珠被纱布吸干,再斟满酒用双手递给客人。客人饮完酒后,也要同样做,以示主宾之间的友谊和亲密。

日本人无论是访亲问友还是出席宴会都要带礼品,认为送一件礼物要比说一声“谢谢”的意义大得多,因为它把感激之情用实际行动表达出来了。给日本人送礼要掌握好“价值分寸”,礼品既不能过重,也不能过轻。若过重,他会认为对方有求于自己,若过轻,则会认为对方轻视他。去日本人家进行一般性拜访,带上包装食品是比较合适的,但不要赠花,因为有些花是人们表达爱意或办丧事时使用的。日本人讲究对礼品进行包装,礼品要包上几层,再系上一条漂亮的缎带或纸绳。日本人认为,绳结之处有人的灵魂,标志着送礼人的诚意。接受礼品的人一般要回赠礼品。日本人不当着客人的面打开礼品,这主要是为了避免因礼品的不适而使客人感到窘迫。对自己没用的礼品可以转赠给别人,日本人对此并不介意。

2. 日本的禁忌

日本人不习惯让客人参观自己的住房,所以不要提出这个请求。日本特别忌讳男子闯入厨房。上厕所也要征得主人的同意。日本人送礼一般不用偶数,这是因为偶数中的“4”在日语中与“死”同音,为了避开晦气,诸多场合都不用“4”,久而久之,就不送“2”、“4”、“6”等偶数的礼品了。他们爱送单数的礼品,尤其是“3”、“5”、“7”这三个单数的礼品。但“9”也要避免,因为“9”与“苦”在日语中发音相同。

三、泰国的习俗与禁忌

1. 泰国的习俗

泰国是一个礼仪之邦,被誉为“微笑的国度”。泰国人性情温和,待人热情,有礼貌。泰国

人见面时通常双手合十于胸前,互致问候。合十后可不再握手。随着社会的发展,在外交和一些正式场合,泰国人也按照国际习惯握手致意,但常人不能与僧侣握手。

泰国商人十分注重人际关系,在他们看来,与其争斗、费尽心思才获得一些利益,不如把这些利益让给那些诚实而富于人性的对手。对于商品,他们重视质量甚于牌子,只要商品货真价实,即使是名不见经传的产品,也能获得他们的认可。此外,他们很重视面子,十分重视别人对自己的看法,如能让对方获得心理上的满足,无疑可以使洽谈在十分融洽的气氛中进行。

泰国人对着装比较讲究,衣服均要熨烫。正式场合和庄重的仪式上,男士均穿西装,妇女穿裙装,忌穿长裤。商界人士见面着衬衫、打领带即可。拜访须先预约,准时赴约是一种礼貌。

泰国人不是按姓来称呼对方的,如"陈先生"、"李先生"、"张女士",而是称"建国先生"、"章达先生"、"秀兰女士"。到泰国人家做客,进屋时先脱鞋。在和泰国人的交往中,可以送一些纪念品,送的礼物事先应包装好。送鲜花也很合适。

2. 泰国的禁忌

在泰国,在众目睽睽之下与人发生争执、咄咄逼人,会被泰国人认为是最可耻的行为。由于左手被视为不洁净的手,所以交换名片、接受物品都必须使用右手。

泰国人非常重视人的头部,而轻视两脚,认为头是灵魂所在,是神圣不可侵犯的,切记勿触摸别人的头,即使是摸小孩的头也不行(我国人常常因为喜爱孩子才去摸他们的头)。泰国人认为头部被他人触摸是奇耻大辱。又如长辈在座,晚辈必须坐在地下,或者蹲跪,以免高于长辈的头部,否则就是对长辈的不敬。坐着的人也忌讳他人拿着东西从自己头上经过。泰国人睡觉时不能头朝西,因为日落西方象征死亡。泰国人死后才将头部朝西停放。因此,泰国人盖房子时习惯正面朝北,这样睡觉时便可头向南边。

泰国人特别尊崇佛祖和国王,佛祖和国王在泰国人心目中是至高无上的,切不可当着泰国人面对佛祖和国王说轻率的话。

在泰国人面前,盘腿而坐或以鞋底对着人是不礼貌的。无论是坐着还是站着,不要让泰国人明显地看到自己的鞋底。在坐下时,千万别把鞋底露出来,因为这在泰国被认为是极不礼貌、极不友好的表示。脚除了走路之外,不可作为其他用途。例如,用脚踢门会受到当地人的唾弃;用脚给人指东西,也是失礼的行为。从进入寺庙的门口开始,就得赤腿而行。到当地人家做客,如果发现室内设有佛坛,自己得马上脱掉脚上穿的鞋和袜子,戴帽子的人也必须立刻脱去帽子。

四、印度的习俗与禁忌

印度的礼节仪式是合十礼,晚辈对长辈行礼是弯腰摸长辈的脚,男人和女人不能握手,在行双手合十礼或鞠躬礼时男人不能碰女人。如为一般关系,男人和女人不能单独谈话。印度人用摇头表示赞同,而用点头表示不同意。

1. 印度的习俗

印度人极喜爱鲜花。他们尤其喜欢将花环戴在贵宾、新婚夫妇、过生日者的脖子上。花环大小根据客人的身份决定,献给一般客人的花环仅到胸前,献给贵宾的花环要超过膝盖,既粗又长。印度人用摇头表示赞同,用点头表示不同意。人们用手抓耳朵表示自责;召唤某人的动作是将手掌向下摆手指,但不能只用一个手指头;指人时也要用整个手掌,不能用一两个手指头。

2. 印度的禁忌

到印度庙宇或家庭做客,进门时必须脱鞋。妻子送丈夫出远门,最高礼节是摸脚跟和吻脚。到印度家庭做客时,可以带水果和糖果作为礼物,或给主人的孩子们送点礼品。

印度有多种宗教,教徒对其所信仰的宗教皆十分虔诚。

五、新加坡习俗和禁忌

被誉为“花园之国”的新加坡，华侨人口约占70%以上，所以是一个名副其实的华裔之国。这里华侨的乡土观念和团体意识比较强烈，工作刻苦、能干、勤奋向上，而且顾全面子、讲究信义。与新加坡人交往应坦诚守信，注重友情。特别是与新加坡人做生意，要遵守契约，说话算数，不可信口开河，随随便便，更不能背信弃义。至于风俗人。情，既有中国传统礼仪的习惯，又融入了国际礼仪的内容，因而与他们在一起，不会有太多的陌生感和拘谨感，只要遵守国际、国内的礼仪规范即可应对自如。

六、菲律宾习俗和禁忌

菲律宾人天性和蔼可亲、善于交际、为人大方。为此，他们经常聚会，而且大多在家中举行，以创造浓厚、热烈、温情、友好的家庭气氛，以便于交流感情、增进友谊。组织正式的聚会时，菲律宾人格外看重礼节，请柬上还特别注明“必须穿着无尾礼服等正装”。所以，参加他们的聚会，一定要遵守时间，讲究服饰。倘若没有礼服，则可以穿当地的正装——香蕉纤维织成的开襟衬衫式衣服，以示对对方的礼貌和尊重。

七、印度尼西亚习俗和禁忌

印尼人大多使用马来语，并且 90% 的人信奉伊斯兰教。印尼人很有礼貌，从不说三道四、说别人的坏话，强调互助精神。不过要想成为推心置腹的朋友，在印尼也绝非一件易事。喜欢客人来家里拜访，是印尼人的一个特点，而且无论何时访问皆可。针对这一特点，中国人如想与他们建立友情的话，可选择拜访这种人际交往的形式，并且礼貌相待，但要记住对双方以外的第三者不可议论，以免使对方不快。

另外，印尼人认为头部是人体最高和最神圣的部位，触摸此处是一种侮辱。印尼人理发时，理发师需要先对顾客道一声“对不起”，然后才能用手拿剪刀接触对方头部开始理发。如果中国人遇到这种情况，应顺其自然、入乡随俗。

八、与阿拉伯人交往

信仰伊斯兰教的阿拉伯人一向慷慨大方、热情好客，但由于受地理、宗教、民俗等问题的影响，与阿拉伯人交往，一定要入乡随俗、注重礼节。

欧美国家的习俗与禁忌

一、与美国人交往

从历史的角度来看,美国是一个年轻的国家,但其发展十分迅速,世界电影名城好莱坞就诞生在美国洛杉矶。这里开放程度较高,而且充满现代意识。由于美国拥有众多民族,移民较多,流动性较大,因而没有世袭贵族,人们生存比较自由,不受权威和传统观念的支配。这种社会文化历史背景培养了美国人强烈的创新意识、竞争意识和进取精神。美国人有句格言:“允许失败,但不允许不创新。”

美国人的特点:性格外露,坦率热情,真挚自信,办事果断干净,喜欢直奔主题,注重实际效率,追求物质利益。与美国人交往,不必过分谦虚礼让、含蓄委婉,应坦诚相见、有话直说。

美国人在交往中非常注重法律。一切诉诸法律,对他们来说,是十分自然和习惯的事情。这是由于美国属于工商业文明,其特点是人口不断流动,无法建立稳固持久的关系。所以,人们只能用不以人际关系为转移的契约作为保障生存和利益的有效手段。美国人进行商务谈判,很重视法律、合同,并且看重对方所说的话。与美国人做生意,尤其要慎重严谨,说一不二,不可含糊其辞、模棱两可。同时讲究时间效率,不可拖泥带水、没完没了。美国人工作节奏快,决策速度也快,而且耐心不足。一旦成交,立刻签约。

美国人相互见面采取的是握手礼，比较熟识的妇女之间或男女之间可亲吻面颊。与美国人交谈时，不可询问对方的收入情况，但可以涉及其优越的居住条件。另外，双方交谈时，要注意不要谈起第三者。即使提及，也不要说些批评、指责、贬低第三者的话题，以免伤害他人的人格，遭到对方蔑视。

美国人在交往中也有送礼的习俗。如在圣诞节，亲朋好友和家庭成员之间都可互赠礼品，如酒、蛋糕、巧克力等。业务往来以及工作关系也可赠送礼物，如文具、工艺美术品、月历等。但作为男士，不要给美国妇女送香水、衣物（头巾和手帕除外）和化妆品，因为只有情侣之间才送这类物品。

给美国人送礼应注意场合。业务交往中的礼物不要见面就送，应等会谈时再送。比较好的时机是午宴或酒会；朋友之间送礼，不要选择公开场合。如几人同行去美国朋友家做客，要注意其他客人是否有礼物。如只有一人带礼物，则会令其他客人十分尴尬。应邀去美国人家做客时，还应为女主人带去一束鲜花或盆花。至于送花品种和颜色应参照欧洲人的习惯。如到美国访问、考察，拜访美国朋友，初次见面或离开美国时，可为主人带去家乡礼品，如工艺美术品、针织品、酒等。与给日本人送礼相似的是，给美国人送礼也不能过于昂贵或过于廉价。当然，同样也不能送印有公司标志的礼品。对方还礼的时机，常常会选择在对方回国之际。有时也常以请吃饭、喝酒、共度周末等作为送礼方式。

二、加拿大的习俗与禁忌

加拿大人性格开朗，不保守，重实惠，自由观念较强，行动上比较随便，不太注重礼节。但他们在生活起居方面比较讲究，住房要求整洁、舒适，卫生设备齐全。在生活习俗上受宗教的影响也较大。

1. 加拿大的习俗

加拿大人喜欢过圣诞节。节日中，火鸡和丁香是他们不可缺少的菜肴，节日活动的内容则与欧洲其他国家相似。加拿大人不像美国人那样随便，大部分招待会在饭店和俱乐部举行。如果应邀去加拿大人家里做客，可以事先或随身携带一束鲜花送给女主人。

按照加拿大商务礼仪，男士宜穿保守式样西装。一般而言，加拿大商人颇保守，自己销售产品宜在上班时间以正式方式提出，态度应谨慎。在魁北克省，与法裔加拿大人谈生意，如能说几句法语，会有意想不到的好处。有人称加拿大为人种的“大熔炉”，整个加拿大所发行的报纸有40种语言之多，由此可见一斑。

2. 加拿大的禁忌

在加拿大，赠送鲜花时不要送白色的百合花，因为白色的百合花只有在葬礼上才用。加拿大人不喜欢外来人把他们的国家和美国进行比较。加拿大人喜欢外来人谈有关他们的国家和人民的长处。他们通常都很忌讳“13”这个数。在他们举行的宴会上，一般都是双数的席次。

三、与英国人交往

人们常用“绅士风度”来形容英国人。因此，善于交际、讲究礼仪、对人友善、易于相处就成为了英国人普遍的特点。他们在日常生活中很注重自己的修养和风度，自然也十分看重对方的仪表仪态。如果能在交际中显出自己很有教养和风度，就会赢得对方的尊重。

由于英国是一个君主立宪制国家，至今保留女王制度和世袭头衔，因此在与英国人交谈时，应注意不要涉及政治、宗教以及皇家的小道消息。涉及女王时不能称“英格兰女王”，而要说“女王”或正规地说“大不列颠及北爱尔兰联合王国女王”，称呼对方时应注意带上其荣誉的头衔（如爵士、公爵、子爵等）爵位称号。

英国人下班之后一向不谈公事，如就餐时讨论公事会令他们感到非常讨厌。另外，英国人一般不系戴条纹的领带，以免与英国各学校的制服领带相仿，因为只有在这些学校学习的学生才有资格用学校的制服和领带。

在手势语方面，英国也有与其他国家不同的地方。例如：跷起大拇指是搭车的意思；伸出食指、中指，同时手心向内，则是侮辱对方之意。

英国人送礼有其独特的方式，他们常以请客吃饭、饮酒、观看文娱演出代替送礼。如送礼品，可选择高级朱古力、名酒和鲜菜，并在请人用完晚餐或在剧院观看演出之后送给对方。

四、与法国人交往

谈起法国，人们会很自然地联想起巴黎时装和凡尔赛宫。法兰西民族在社会科学、文学以及经济技术等方面都有卓越成就，民族自豪感很强，同时也形成了独特的礼仪习俗。

1. **珍惜假期**

法国人十分珍惜假期。每年 8 月，大部分法国人都会放下手中的工作去旅游度假。为了尽情玩乐，他们会毫不吝惜地把一年辛辛苦苦挣来的钱在假期中花光。因此，与法国人做生意或拜访法国人，要尽量避开这个时期，以免打乱对方的日程安排。

2. **讲究衣着**

法国时装引导世界潮流。法国人比较注重衣着打扮。在他们看来，时装代表一个人的修养、身份和地位。因此与法国人交往时必须注意服饰穿戴，从而以整洁得体的外表给对方留下良好的第一印象。

3. **坚持说法语**

法国人的英语一般说得很好，但他们在许多场合坚持说法语。他们认为法语是世界上最高贵的语言，而且只有他们自己才能说标准的法语。如果听到一些蹩脚的法语，就像有人把他们的国旗踩在脚下那样反感，甚至伤害其民族自尊心。故在一般情况下与法国人交谈，最好使用英语。

4. **顾全面子**

法国人在社交场合中比较顾全对方面子。如果对方不慎做错了事，只要有可能，法国人会想尽办法巧妙遮掩，不使对方难堪。

5. **尊重隐私**

与其他一些国家相同，法国人也不喜欢在公共场合和谈判时涉及家庭私事，更不打探对方生意得好坏。所以，在法国人面前，要避免谈及个人问题以及收入情况。不过有趣的是，法国人对自己的烹调技术津津乐道。如果参加法国人的宴会，可以对每一道菜表示赞赏，这样会令对方感到高兴。不过客人在饭前最好不要喝苏格兰威士忌和马丁尼酒,因为法国人认为酒会影响人对美味菜肴的判断力和鉴赏力。如果喝了酒又去赞美法国人的烹调技术,则会令对方感到反感,认为是虚伪的捧场和应付。

另外,法国人大都有早起早睡的习惯。拜访法国人要注意选择恰当时间。不过,法国人的时间观念不是很强,有身份的人出席宴会时,常常会有意推迟到达时间,以显示身份。

到法国人家做客或参加法国人的正式宴会,忌谈生意。因为在他们看来,这种形式纯粹是感情的一种交流。假如涉及生意或交易事宜,会使对方感到不快,误认为是想利用交际来促成商业交易的顺利实施。这样,他们会毫不客气地加以拒绝。

法国人一般喜爱体现文化素质的礼品,如唱片、磁带、艺术画册以及书等。对于有关名人传记、回忆录、民族文化、政治评论、历史等书籍尤为偏爱。而对带有喜鹊图案的物品非常讨厌,他们将喜鹊喻为惯偷。所以给法国人送礼,要精心选择,巧于安排。

五、与德国人交往

德国人素以思维具有系统性和逻辑性而著称。他们性格倔强、稳重,但缺乏灵活性和妥协性。一切想要做的一项工作,德国人都会不动声色、坚韧不拔、千方百计、想尽办法去完成,这一点在与德国人交往时尤其要注意。特别是在与德国人进行商业交易时,事先一定要充分准备、一丝不苟、详细具体、周到完整,以免使对方感到反感。

德国人具有严谨苛刻的性格特性,因而他们很注重合同,对条款项目的执行相当严格。与他们打交道,务必严格遵守合同,履行责任和义务。唯此,才能深得对方好评,获得尊重。

在日常交往中,德国人还十分重视体面、讲究形式、注重礼节。拜访他们,要在称呼、见面礼等细小方面加以注意。如对有头衔的人,称呼时要带上其官衔。见面和离开时,要与对方握手。双方交谈时,议论的话题可以选择些德国的原野、个人的业余爱好以及足球之类的内容,而避免谈论有关打垒球、篮球或美国式橄榄球等话题。

由于德国人十分看重礼貌，故此对礼品是否适当要特别注意，礼品包装要尽善尽美。朋友往来送花时，不能送红玫瑰花。因为红玫瑰花象征爱情，带有浪漫色彩，只有情人之间才可以赠送，但菊花也不能送给朋友，菊花在葬礼上才被使用。为感谢德国朋友或增进双方友情，可邀请对方郊游。在德国人的心目中，能够到市区之外的地方游览玩乐，是令人心旷神怡的。不过，要对郊游作细心周到的安排，因为德国人追求完美。

六、与东欧人交往

捷克斯洛伐克、波兰、匈牙利、罗马尼亚、保加利亚、南斯拉夫、俄罗斯等，因其位于欧洲东部，故统称为东欧。

东欧国家近些年来与中国交往比较频繁，特别是俄罗斯和中国边境地区的贸易往来日益增多。一些俄罗斯姑娘应聘到中国餐馆打工，而许多中国商人又将俄罗斯紧缺的物品送到那里。随着双方接触机会的增多，掌握一定的礼仪知识也是十分必要的。

东欧国家民族文化各有特点。从性格来看，有的性格开朗，甚至急躁，常常直抒己见；有的性格沉稳、彬彬有礼、行事适度。俄罗斯人则直率、热情、易激动、好表现，并且常常爱喝烈性酒，伏特加酒更是俄罗斯人餐桌上不可缺少的。遇到情绪热烈高涨时，便手舞足蹈、尽情宣泄。服饰打扮上，他们也十分讲究。尽管西伯利亚的寒流不断袭击俄国大部分地区，但他们着衣单薄、毫不臃肿、耐寒耐冻，不过皮毛大衣仍是他们出门必需的服装。

对于礼品来说，俄罗斯及东欧其他几国有着自己的偏爱。他们比较喜欢时装、鞋袜、羊毛衫、名酒以及其他实用物品。若将这些作为送礼物品，对方将大加赞赏，爱不释手。

在国外，付小费是十分普遍的，东欧也不例外。小费，英文称为“tips”，源于英国。18世纪，在伦敦的一家酒店的餐桌上放着一只碗，上面写着：只要顾客将一些零钱放入碗内，就会得到侍者热情而周到的服务。久而久之，付小费在世界各国就流行开来了。特别是出入宾馆、酒店、机场，以及乘坐出租汽车时，小费是必须要付的。

过去一些年里，由于社会制度的原因，东欧几国在交往中，多以同志相称，目前也都采用国际通行的称呼，以“先生”、“太太”、“夫人”、“小姐”相称。不过称女性时，忌讳带“老”字，在西欧各国更是如此。中国以“尊老”为美德，以“老”字为尊称，称呼对方时常带上“老”字，如“老先生”、“老大娘”，以示尊敬。而在国外，老人讲究独立，不愿别人称自己老，或做不必要的搀扶、照顾，更不愿依靠子女生活，或恭维自己高寿。对此区别，应予特别注意，免得双方尴尬。

七、与北欧人交往

处于欧洲北部的挪威、丹麦、瑞典、芬兰和冰岛被称为北欧。北欧是一块美丽而神奇的土地。丹麦著名作家安徒生的童话传遍世界各地，瑞典则是诺贝尔奖发起者的故乡。北欧人有着相似的性格特征，如自立性强、态度平和、谦恭坦率、朴素亲切、沉稳内向。这些性格特征使北欧人在社会交往中容易得到理解和信任，赢得友谊和朋友。这五国也有其不同之处。挪威人善思考，富于创造性，比较注重理论，并形成了体系；瑞典人则是能工巧匠，善于应用，精于产业化；丹麦人善于推销，在商业销售方面堪称一流水平。北欧人总的特点和生活习俗有以下几点：

1. 坦诚积极，固执规矩

由于北欧人的性格特征，使得他们在商务交易中平易近人、坦诚积极。但又因其岛国环境的经济特征，使得北欧人看问题比较固执，一旦形成了自己的见解，就很难被说服。因而，谈判时需采取灵活政策，感化对方。不妨先以建立感情为基础，将经济利益放在第二位。如此，交易成功的把握性则较大。同时，北欧人属于务实型。工作按部就班，办事规规矩矩，所以办事速度相对较慢。与他们交往，需保持一定的耐心。

2. 喜爱桑拿浴

桑拿浴是北欧人生活中不可缺少的重要内容。假若北欧人在中国旅游观光、访问考察，请他们洗桑拿浴，那将使对方乐不可支。北欧人如果邀请中国人到桑拿浴室，则是对方对中国人的友好之举。抓住这一爱好是与北欧人建立友谊、缩短心理距离的一个好形式。

3. 普遍饮酒

饮酒的习惯在北欧是十分普遍的，也许这是由于那里的气候环境所致，那里的名酒价格非常昂贵。如果与北欧人交朋友，送礼时以名酒相赠，会使对方欣喜若狂、感激万分。不过，北欧几国也制定了比较严厉的饮酒法，以保障公众利益。

4. 宴请少而朴素

北欧的瑞典和挪威，公众交际较少，而且很少去外国的餐馆宴请，宴请一般选择在晚间，通过家庭宴请来表明友谊深厚或业务重要。如去大饭店宴请的话，北欧人也反对铺张浪费，提倡朴素实惠，从不豪华奢侈、讲排场。

5. 珍惜假期

北欧地区冬季时间较长，所以对阳光特别珍惜。他们对于充满阳光的假期从不放弃享受。在假期期间，所有公司的业务几乎都处于停顿状态。因此，与北欧人做交易要赶到休假之前办妥，以免影响对方正常休假。不过，也可以以休假临近为借口来催促对方成交。

八、与拉丁美洲人交往

拉丁美洲人一向以其性格开朗、活泼、易冲动、好表现自己而闻名于世。世界上流域面积最大的亚马孙河又铸造了拉丁美洲的热情好客、豪爽慷慨、感情外露的禀性。与他们交朋结友大可不必掩饰感情、欲言又止。但拉丁美洲人在礼仪方面也有其约定俗成的内容，尤其是在赠送礼品方面。了解这些，对于增进双方友谊很有帮助。

与拉丁美洲人交往，不管彼此关系如何，赠送礼品时首先应考虑受礼人的需要。拉丁美洲人比较看重礼品是否符合他们的需要，而不太关注礼品的价值。一般带有民族特色的工艺品比较受拉丁美洲人欢迎。男人给拉丁美洲妇女送香水也是正常的，但要注意不要送手帕和刀子，因为拉丁美洲民间认为手帕是用来擦眼泪的，忌讳用手帕做礼品，以免给受礼人带来伤感。刀子意味着断绝关系，即使送民族工艺品的刀子也会令对方产生误会。

给拉丁美洲人送礼,还要讲究包装。如在墨西哥,人们崇尚白色,认为白色可以避邪。黄色意味着死亡,红色会给人带来晦气。因而礼物的包装纸千万不要使用黄、红这两种颜色。另外,拉丁美洲人也忌用黑色和紫色。这两种颜色表示阴沉的天气,故礼品包装纸也要避开黑、紫两色。

倘若是去拉丁美洲访问、考察、洽谈业务,一般不送礼。对方如设宴款待,可在午饭时送礼以回赠,公事交往不必送礼,如关系密切可另当别论。若去私人家做客,则一定要带上礼物,特别是别忘了给对方家的小孩带点礼物,那样会使大人欣喜异常。外国妇女给拉丁美洲男人送礼要格外谨慎。即使是一件普通礼品,也会令对方胡乱猜想送礼者对自己有特殊的好感。

九、与澳大利亚人交往

地处大洋洲的澳大利亚,近年来与中国的友好往来逐日增多。不少中国学生把留学的目标放在澳大利亚,以谋求更快发展。由于地广人稀,澳大利亚人十分重视办事效率,不喜欢拖拖拉拉,极不愿意把时间空耗在没完没了的空谈和讨价还价之中。所以,他们采购货物常以招标方式以提高工作效率。与澳大利亚人做生意,应加强时间观念,果断、干脆、利落、速战速决。澳大利亚人一般以沉着稳重型居多,喜欢安定的生活。工作起来态度认真,责任心强。如在那里谋到一份职业,应尽心尽力做好,否则就有被“炒鱿鱼”的危险。其实这些要求在其他国家也是同样如此。

澳大利亚人热情好客,待人毫不拘束,也乐于接受招待。需要注意的是,他们公私分明,即使在一起喝酒非常痛快,玩得十分尽兴,也不意味着就可以公私不分。在他们看来,招待客人是另一回事,与生意毫无关系。若想以喝酒、送礼拉拢关系,恐怕是难以奏效的。因此,与澳大利亚人交朋友,切忌把工作和吃饭联系在一起,餐桌上避免涉及生意问题,这样就会赢得对方的好感和信任。

与澳大利亚同处一洲的新西兰,是一个农业国,但国民福利相当高,人们过着充裕而满足的生活。新西兰人和澳大利亚人一样，工作积极、责任心强，同时注重信誉，讲究产品质量，因而对于外国进口货物也要求严格。与新西兰人做交易，如以次充好是逃不过新西兰人的眼睛的。倒不如实实在在，把产品质量放在首位，这样既减少不必要的浪费，又扩大了双方贸易，同时还增进了彼此的友谊。

十、与西班牙人交往

位于欧洲西南部伊比利亚半岛上的西班牙，有着悠久而骄傲的历史。那里气候干燥，夏热冬寒。西班牙人天性开朗而温顺，并因地理位置的差异而形成了不同的性格。西部居民朴实而稳健，南部居民则因自古从事商业活动，而精明能干。与西班牙人交往，除应根据不同地域、不同对象、不同性格而区别对待之外，还要注重以下几点：

1. 绝不说“不”

按照一般常理，在业务洽谈上，如果不同意对方意见，应当明确表示或予以否定，但是西班牙人不同。他们认为，在社交场合，拒绝某人是失礼的行为，因此轻易不说“不”字。即使有不同看法，西班牙人也会使用别的字眼代替“不”，这样不至于使对方难堪。与西班牙人做生意或交谈时，千万别采取诱导式的问句，如：“您肯定认为这种旅游不合适吧？”或者说“依我看，您是不会赞成这种价格的吧？”如此这样询问，带有一定的强迫性，似乎是逼迫对方说出“不”。即使会得到肯定的答复，也可能长久杳无音信，没有下文。

2. 工作缺乏计划性

未雨绸缪、计划周到，是工作的必有程序，但有趣的是西班牙人不看重计划。他们认为，编排计划只是纸上谈兵，毫无价值，桌子上的数字也都是假的。相反，他们相信运气，认为事业的成功是运气好；反之，则是运气不佳。鉴于这种观念的影响，他们工作起来常常只考虑现实问题和效果，而很少顾及长远利益的影响。

3. **不喜欢共进晚餐**

虽然西班牙人也有公关之类的交际,但彼此之间共进晚餐的机会极少,交往甚密之后则变成以家族为单位的交往,双方关系也就非同一般了。因而,与西班牙人交朋友尽量少提出与对方共进晚餐的邀请,以免对方既不能说“不”,又无法接受,造成双方尴尬。

4. **不爱公开道歉**

西班牙人还有一个特点,就是做错事后,一般不肯承认自己的错误并向对方致歉,比较固执和爱面子。假若他们成为自己的朋友,又不慎做错事情,就不必为对方不肯道歉而耿耿于怀。只要对方意识到自己的过错,并在行动上有所表示,也就可以原谅了。

十一、与意大利人交往

欧洲南部的意大利曾经是文艺复兴的发源地之一。意大利的首都罗马是一座古城堡,至今仍保留着过去时代庞大的斗兽场。意大利人和法国人有许多共同之处,如注重服饰仪表、顾及身份,且时间观念较弱等。他们也有其独特的性格特征。

1. **重视商人个人作用**

较之法国,意大利在做生意方面更重视商人的个人作用。凡公司派出与他方洽谈的职员,大多工作经验丰富,业务能力较强,且有相当大的决断权。一旦协议达成,主谈判人即有权签字决定一切,不必再请示公司最高领导。所以与意大利人进行商业贸易谈判时,与对手相处得好坏是决定的因素之一。因此不妨多将关注的目光放在主谈人身上,赢得了主谈人的好感和信任,事情基本上就大功告成了。

2. **善于社交**

意大利人在杜交方面可谓是不厌其烦。他们热情、好客,并且爽快、坦诚、很容易接近。与意大利人交朋友,不是一件困难的事。但如果认为谈话十分投机就意味着生意十拿九稳,那就大错特错了。千万不要被其爽快的作风迷惑而疏于防范,因为意大利人在做生意时是绝对不会马虎的。

3. **喜爱声乐艺术**

声乐艺术中的美声唱法源于意大利。这种演唱音色优美、发音自如,具有花腔装饰、平滑匀净的特点。也许由于这个原因,意大利歌唱艺术较之其他各国,有着更为深厚的基础和造诣,因而意大利人欣赏水平颇高。如邀请意大利人到歌剧院听音乐,对方会欣然接受,选择美声唱法这个话题作为交谈内容之一,也是可行的。因为通过它既显示了对对方国家文化的热爱,同时也表现了自己对这方面的关注和研究,还能提高对方的自豪感,可以说是一举三得。

4. **爱护动物**

意大利人爱护动物的做法深得世界人民好评。在意大利的米兰城市中心广场上,到处是飞翔在空中或着地觅食的鸽子,行人对它们倍加喜爱,鸟儿对过往行人也毫不惧怕,大胆地走来晃去。有些意大利人喜欢钓鱼,每逢假日,不少人拿着渔竿到郊外的河中寻求钓鱼的无限乐趣。有意思的是,费了九牛二虎之力钓上来的鱼,意大利人却不将其装入鱼篓,而是痛痛快快地放回河中,而只品味钓鱼过程中的闲情逸致,并不注意结果。

知识巩固

1. 与东南亚人交往时应注意哪些问题?
2. 与北欧人在交往时有哪些禁忌?

实训设计

1. 情景演练:模拟涉外交往活动中交换礼品的场景。

2. 观察体验:观察你身边的人,谁在学习、生活、工作和旅游中特别注意文明礼貌细节?他(她)的哪些行为举止为何让你倍感温暖?

3. 用心思考:在涉外活动中,个人的言谈举止与国家形象的关系。

4. 思辨讨论:在涉外旅游活动中,展示中国人的文明礼仪素养有何重要性?

学习项目12　习俗礼仪

学习要求

1. 掌握人生礼仪的意义。
2. 重点掌握家庭礼俗的基本内涵及作用。
3. 了解中华民族传统节庆的主要形式和内容。
4. 掌握节庆民俗礼仪的意义，做到入乡随俗，避免犯忌。

习俗礼仪是一定地区或特定团体的民众为生活有序而约定俗成的行为习惯和规则，具有自发性、自在性、随习性、传承性。中华民族五千年文明之所以生生不息，代代相传，得益于我们民族的凝聚力与亲和力。这种亲和力在很大程度上是靠我们的民族习俗维系起来，绵延不息。民俗是无形的、自发的情感，这种情感在关键时候往往产生凝聚人心的巨大力量。

中国是一个地域辽阔、民族众多的国家，不同的地区、不同的民族孕育了不同的习俗、不同的礼仪。所谓"十里不同风、百里不同俗"讲的就是这种现象。中国是一个礼仪之邦，礼曾经深入到了社会生活的每一个角落，可谓无时不在、无处不有。由于生活习惯的差异和思想认识能力的局限，我国民间产生了不少禁忌。因此，要"入国问禁，入境问俗"，了解习俗以避免社交活动中无谓的麻烦，尊重习俗以拉近人际心理距离，利用习俗以拓展社交活动领域。

学习任务1　人生礼俗

人生礼俗是人生习俗中最重要的活动，它贯穿一个人从生到死的整个旅途，为平淡的人生增添了色彩，是人生旅途中的里程碑，体现了民族文化的特色。中华民族是一个重血缘宗亲及天伦之乐的民族。人们特别看重生老病死、婚丧嫁娶的礼仪，以表达丰富多彩的情感，并且通过红白喜事等活动，增强天伦之乐、慎终追远的情感，体现互相帮助、礼尚往来的情谊，巩固亲朋好友的关系。

在这里主要讲述汉民族的人生礼俗。但民俗总是千姿百态、异彩缤纷的，汉族的人生礼俗也是古今有别、各地有异。

一、诞生礼俗

诞生礼俗可分为生育礼俗和生日(寿诞)礼俗。

(一)生育礼俗

诞生是人生的开始,诞生给家庭带来生机、活力和希望。家庭、家族乃至整个社会对人的诞生都非常重视。

1. 优生优育

我国“表兄妹结婚亲上加亲”的说法流传很广,这显然是古人认识片面所致。而“姓别婚姻”;“同姓不婚”则是中国古代姓氏学的基本原则。诚然,姓氏经千百年变迁已发生很大变化,同姓不同宗的现象也很多。因此,“同姓不婚”已不可能,也没必要。现代《婚姻法》只是禁止“直系血亲和三代以内的旁系血亲结婚”,这显然是法律的底线。为了下一代的健康,在恋爱时就要注意“避亲取远”!

我国古代就重视“胎教”,现代更重视“从零岁开始的教育”。对孕妇而言,遵循古人“非礼勿视,非礼勿听,非礼勿言,非礼勿动”之说,多看思想性、知识性、趣味性俱佳的文章、影视,而不看恐怖凶杀之类的作品;多听优美动听的轻音乐,而远离刺耳的噪声;不动怒不生气而保持身心愉悦。

2. 传统生育礼俗

(1)报喜。婴儿的出生是一件非常重大的事情,要立即向娘舅家报喜。报喜的礼品往往是一只鸡,如果生男孩就送一只公鸡;如果生女孩,就送一只母鸡。也有的地方送蛋,单数为男,双数为女;广东、广西等地则送荔枝、龙眼等。报喜的目的除了表示与亲戚分享得子的喜悦外,同时含有便于娘舅家备办婴儿衣帽等日常用品的意思。

(2)洗三。洗三又叫“贺三朝”,是家庭、家族、亲朋好友庆贺添丁进口的仪式。在某些地方婴儿出生三天时,主人会请一位福寿双全的老太太主持洗三仪式,用艾叶、花椒、槐枝等草药熬成热汤,趁着水冒热气,前来祝贺的亲朋好友,将带来的铜钱、红枣、花生、莲子、鸡蛋等投入水中;然后,由主洗的老太太为婴儿洗身,一边洗,一边念诵祝福的喜歌。洗浴完毕,主人备酒菜或汤面招待亲朋好友,俗称“汤饼筵”,也叫“吃三朝酒”,亲朋好友则说一些长命百岁、升官发财之类的吉利话。“洗三”仪式的举行意味着人生的开始,并得到社会的正式认可。

(a)

(b)

(c)

(3)满月。又叫满月礼。顾名思义,在婴儿出生满一个月时举行。许多地方由舅父主持仪式,剃掉婴儿的胎发和眉毛。据说这样可以使婴儿的头发和眉毛长得更加浓密粗黑。同时由舅父抱着婴儿出见亲朋好友,据说可以壮大婴儿胆量,将来不怯生人。娘舅家则要给婴儿送来衣服和鞋袜,家庭条件好的,春夏秋冬四季衣服样样齐全;家庭条件差的,也要送一套当季衣服。亲朋好友则送一些婴儿的日常用品。

(4)抓周。抓周又称周晬、周岁礼。此时的婴儿已能学语、学步,即将步入一个新的人生阶段,于是便有了“拈周试晬”的习俗,这一天,家长以文房四宝、算盘、农具、秤尺、剪刀、玩具、糕点等放在桌子上,用以预卜孩子将来的发展。如抓到文房四宝,则预示孩子将来一定会读书;抓到算盘,一定会经商;抓到农具(纸做)一定会耕田种地;抓到玩具,预示着贪玩;抓到糕点,预示着好吃。不过,无论抓到什么,客人们都会借题发挥,夸赞孩子聪明伶俐,前程无量,好让主人高兴。

小案例：

《红楼梦》第二回里，描写了贾宝玉抓周的情节："周岁时，政老爹便要试他将来的志向，便将世上所有之物摆了无数，与他抓取。谁知他一概不取，伸手只把些脂粉钗环抓来。政老爹便大怒了，说：'将来酒色之徒耳！'因此便大不喜悦。"

3. 现代诞生礼仪

现代的生育礼仪远没有传统生育礼仪那么复杂。然而一个新生命来到人世间，毕竟是一件重大的事情，所以一般人对于满月和百日还是要举行一定的仪式。亲朋好友知道一个生命呱呱坠地后，也会携带衣服、食品、水果、玩具等礼品陆续去看望产妇和婴儿；在满月那一天，部分家庭会摆上满月酒宴，恭请亲朋好友光临，感谢亲朋好友送来的礼物和祝福；在百日那天，部分地区仍然盛行给婴儿打制长寿锁或手足镯子等仪式；在周岁时，外公外婆还会送来衣服、玩具之类的礼物。

在举行上述仪式时，人们往往还拍照、摄像纪念，把照片放在《宝宝成长相册》中并附上一些文字。也可将影像刻成光盘或存入电脑长期保存，既有长远的纪念意义，又增添许多生活乐趣。

（二）生日礼仪

1. 青少年的生日礼仪

生日是纪念一个人来到这个世界的日子。我国先人把生日称为"父忧母难日"。母亲在十月怀胎时小心翼翼、辛苦备尝；而在分娩的那一天正是母亲最痛苦、最艰难的日子，也是父亲最着急的日子。婴儿出生后，父母一口饭一口水的将孩子养大，花费了无数心血，度过无数难眠之夜，这叫养育之恩！对成长阶段的青少年，一般在每年的生日那天举行一定的仪式，提醒过生日者又长大一岁，不忘父母养育之恩，要更加懂事、更有责任感、更快进步。

按传统方式，过生日者要吃一碗太平面，有的家庭备办一桌较丰盛的饭菜，全家老小和亲朋好友围桌而坐，共同祝愿孩子（过生日者）健康成长、学业有成。现在，由于受西方生日礼俗的影响，多数家庭往往买一个生日蛋糕，由至亲好友或小孩的同学朋友欢聚一堂，然后举行吹蜡烛仪式。孩子几岁，就点几根蜡烛，点燃蜡烛后，亲友齐唱生日歌，唱歌完毕，即由过生日的孩子一口气吹灭所有蜡烛，在热烈的掌声中，大家共祝生日快乐，健康成长。

2. **中老年的寿诞礼仪**

一般中老年者，皆已成家立业，过生日往往会不无感慨地回顾人生、展望未来，注重的是健康、荣誉与天伦之乐。老人对逢十的生日看得较重，特别是对 60、70、80 等寿诞看得更重。在民间还有“十全为满、满则招损”的说法，因而采取虚年做寿的方式，60、70、80 虚岁生日时做寿等就属此种习俗。

古代为老人庆寿比较慎重，仪式较复杂。寿星身着体面的服装，接受晚辈的跪拜祝寿；吃太平面并摆寿席，宴请亲朋好友并接受庆贺。

现代日常生活中，中老年人最注重的就是 60 大寿、80 大寿和 90 大寿，生日的隆重程度也依顺序相应扩大。通常寿礼都是由子女和其他晚辈亲友出面筹划并操办的，不能由寿星自己出面操办。给老年人举办寿宴要特别注重一些礼仪规范。

二、祝寿准备

祝寿的准备工作主要包括发送请柬、准备食物和布置寿堂。

1. **发送请柬**

现代做寿，一般由做寿者家属发大红请柬，通知寿期，请亲朋好友届时来吃寿酒。请柬最迟在寿礼前半月发出，也有的不发请柬，直接口头邀请，直系亲属一般不发请柬。

2. 准备食物

祝寿的食物包括招待宾朋的菜肴、酒水，给老人做寿的寿面、寿桃和寿糕等。寿面多为挂面做成，叫长寿面；寿桃是用精致白面粉做成的，蒸熟后涂上红绿食色；寿糕是用白面和红枣蒸制的多层枣馍，或用生日蛋糕代替。

3. 布置寿堂

若寿宴设在宾馆或酒店，举行寿宴的厅堂自然成了寿堂。在大餐厅的正面墙壁上，挂上大红的“寿”字，两边是寿联，有时还摆上案桌，供上寿烛和寿香。寿堂中间则摆上数桌或数十桌酒席。若寿宴设在家中，客厅就是祝寿时的寿堂。一般在寿堂的正面墙壁上挂一个很大的寿字或百寿图，中堂图画寿星，男寿星多为南极仙翁，女寿星多为瑶池王母。中堂两边为“福如东海长流水，寿比南山不老松”等祝福语句的对联。墙下放礼桌，桌上陈寿桃、寿糕、寿酒等，两边摆放两支红蜡烛。

三、祝寿仪式礼仪

如果寿宴在饭店、酒楼举行，做寿者家属会聘请专业主持人主持。入口处有一位或两位寿星的子孙辈代表寿星迎接客人，接受礼品。一般情况下，完整的仪式程序包括以下几项：

(1)宣布某人多少岁寿庆仪式开始。

(2)请寿星就位。在祝寿典礼开始之时，首先要请寿星出堂，最好是由儿孙辈中的最小者或儿孙辈中最受寿星钟爱者在旁边搀扶着，坐于寿堂正中的椅子上。

(3)奏乐，同唱《祝你生日快乐》歌。

(4)寿星的子孙们给寿星献花，行鞠躬礼。

(5)如果来宾中有比较重要的人物，而大家又不太熟悉的话，主持人则向大家进行介绍。如果到场的来宾送来的贺词、贺信、寿联等比较多，可以选择其中有代表性者由主持人当场宣读。

(6)主持人简要介绍寿星的经历以及对社会、家庭的贡献，表示对来宾的感谢。

(7)向寿星献祝寿辞，顺序一般是：先是寿星晚辈，后是有关亲戚，最后是朋友、同事等。祝寿辞都不长，为了慎重，一般都事先写好。有的地方在祝寿时，晚辈要行三鞠躬礼，其余的可以灵活掌握，可以是一鞠躬。

(8)寿星的晚辈代表答谢讲话。一般在这种场合，寿星本人不作正式的答谢，这种做法叫“避寿”，表示自己不愿意有劳大家前来为自己祝寿，以示谦虚。现在也有的寿星致答词，谈些平生感受，并向大家表示谢意。

(9)歌手唱歌，或推荐来宾演唱至席散。有的寿典还安排别的仪式，如寿星点蜡烛、吹蜡烛等。

四、参加祝寿的礼仪

在为老人祝寿时，主要是为了让老人开心，所以参加祝寿的人员要注意以下礼仪：

为老人祝寿时，家庭所有成员必须全部参加。平时年轻人工作忙，很难服侍在老人身边，趁祝寿的机会，回家为老人庆贺，定会使老人心花怒放。

参加个人祝寿活动，都要携带些礼品。礼品以实用、有一定价值的东西为宜，如衣服、鞋帽、手杖，寿面、寿桃或生日蛋糕，还有写有祝寿字句的寿幛、寿联、寿屏和寿匾等。需要注意的是寿礼不能送钟，因为“送钟”与“送终”谐音。

参加寿礼活动的服饰宜选择色调明快的衣服，不要穿全黑或全白的服饰。

参加老人的祝寿活动，要以祝贺、颂扬为主，如“福同海阔，寿与天齐”、“福如东海长流水，寿比南山不老松”、“松鹤延年、高风亮节”等。宴饮要节制，不能酗酒，以防失态失礼。带小孩的人要注意关照，不要让小孩乱动乱跑，以免打碎杯、碗，也不要让小孩啼哭，因为这些都被民间视为不吉利。

知识链接：

常见的年寿代称语

总角、垂髫：指代童年、幼儿。

豆蔻、及笄、花季：分别指代 13～14 岁、15 岁和 16 岁的少女。

弱冠：指代男子 20 岁，已成年。

花信：20 岁左右女子。

而立：指代 30 岁，常言“三十而立”。

不惑：指代 40 岁，或者专指男子 40 岁。

知命：指代 50 岁，常言“五十而知天命。”

花甲、耳顺：指代 60 岁。

古稀：为 70 岁。

耄耋：指代八九十岁的老年人。

期颐：100 岁老人。

弄璋：男孩诞生日。

弄瓦：女孩诞生日。

华诞：指代生日，男女通用。

五、成年礼

成年礼是为青年男女取得进入社会的能力和资格而举行的礼仪。

（一）古代成年礼

古代男子成年礼称为“冠礼”，女子成年礼称为“笄礼”，合称冠笄之礼，是汉民族及兄弟民族人生四大礼俗之一，现已不太流行。

1. 冠礼

古代男子 20 岁就进入“弱冠之年”，要行加冠礼。冠礼又称“三加礼”，在我国朝鲜族保留得较完整。初加时，给受礼的男子结发髻，加网巾，加冠；几天以后，选择吉日再加，此时将初加时的冠巾取下，换上纱帽；三加时，加上幞头。行三加礼时，主持人口念颂词，冠礼结束后，加冠者到祠堂向长辈施礼。

2. **笄礼**

古代女子到了15岁左右，就要举行笄礼。“笄”即簪子，一种绾头发的装饰物。笄礼即把头发盘到头顶上梳成发髻，用簪子插住，表示此女已成年。“冠礼”、“笄礼”合称冠笄之礼。后来将此礼与婚礼结合在一起。婚前一天，男子穿新衣服到宗庙或家堂，叩见祖先长辈，由长辈加冠并赐以成人之字；女子则在婚前一天，用簪子束发，叫“上头”，用丝线绞去脸上汗毛，叫“开脸”，这种将冠礼与婚礼有机结合的方式至今在某些地区仍然存在。

（二）现代成年礼

现代人不论男女，到了18岁，就算成年。成年礼就是为认可年轻人具有进入社会生活的能力和资格而举行的人生仪礼。有的学校为18岁的学生举办成年仪式，在此仪式上宣誓自己成年，明确自己的权利与义务，以增强生活的自信心和对社会的责任感。

六、婚礼

婚姻是人生的一桩大事，也是阖家大事。《礼记·昏义》上说："昏礼者，将合二姓之好，上以事宗庙，而下以继后世也，故君子重之。"此言深刻地道出了婚姻的社会意义，同时也可以看出家庭和社会对婚姻的重视。

（一）古代婚姻"六礼"

中国古代婚姻的典范程序是"六礼"：一是"纳采"，提亲说媒的意思；二是"问名"，即了解对方的出生年月和时辰；三是"纳吉"，就是正式提亲；四是"纳征"就是送给女方彩礼；五是"请期"，指选择娶亲吉日；六是"亲迎"，就是娶亲。

（二）现代婚姻礼仪

新中国成立以后，广大城乡居民实现了恋爱自由、婚姻自主。

1. 恋爱礼仪

为了终身幸福，在恋爱阶段就要理智、慎重、有礼。恋爱一般由相识、约会、求爱、热恋和求婚五个阶段组成。相识的时候要注意的礼节是，把自己的真实情况告诉对方，同时要摸清对方的真实情况，切不可弄虚作假或自欺欺人。相识的青年男女如有好感即可约会，约会要热情而不轻浮，大方而不大手大脚，按时赶到约会地点。约会后，一方爱上了对方，即向对方展开求爱的攻势，以获得对方的爱情。求爱的时候要做到感情热烈、风度翩翩、善解人意、知己知彼。求爱成功后即将进入热恋阶段。热恋阶段的男女会感到一切都是美好的，甚至包括对方的缺点。此时要注意的礼仪是尊重对方、关心对方、爱护对方，不能让对方的身心受到任何的伤害。恋爱的最后一关是求婚。求婚要求胆大心细，找到对方最能接受的表达方式和最佳时机。婚姻是人生中的一件大事，人们特别重视这一礼仪。在现代，更多的新人结婚时倾向于举行隆重的仪式，并设宴款待前来祝贺的朋友。为了把婚宴办得喜庆和热闹，无论是婚礼举办方还是婚礼参加方都应该遵循一定的礼仪规范。

2. 结婚礼仪

（1）婚前准备

婚前准备大致可包含商定婚期、发送请柬、布置新房和婚礼服饰准备四个方面。

① 商定婚期

现在婚期往往由双方共同确定。婚期的选择一般有以下几种情形：

- 选在节假日，如"五一"、"十一"、"元旦"，既喜庆，也方便亲朋好友抽出时间参加婚礼。
- 一般选公历和农历都逢双的日子，意在成双成对。
- 取谐音图吉利，选"六六"（六六大顺）、"八八"（发发）、"九九"（天长地久）等。

• 由于受封建迷信思想影响,也有找人专门择日子的。

② 发送请柬

把结婚的时间、地点和形式通知亲友,是婚礼前的重要工作之一。告之婚期的方法主要有以下三种:一是电话告知。这种方法便捷,但显得不够慎重,而且有的被邀请对象无法通过电话联系。二是登门邀请。这种方式对远道的亲朋不适用。三是送发请柬,礼节周到而庄重,是最适宜的办法。对近处的亲友,新郎、新娘可登门邀请并呈上请柬。对于远方的亲友,请柬提前用挂号信等方式发送出去,确保被邀请人能在婚礼前收到。

请柬的内容一般包括邀请的对象、婚礼举行的时间、地点和形式等。

③ 布置新房

新房可以布置出各样的情调,但是一定要充满喜庆气氛。门窗家具上要贴上红色"双喜"字,正门上要贴婚联。婚床的铺设、婚被的缝合,均是请贤能的已婚已育妇女帮忙,缝被一般用红色线。

④ 婚礼服饰准备

婚礼服饰因各地风俗不同而有所差别。通常情况下,新娘需至少为婚宴准备两套衣服:一套婚纱和一套中式的旗袍或格格装。新郎服饰要与新娘搭配,一般也准备两套。在婚礼当天的早上,新娘应在自己的家里或酒店换上婚纱,等待新郎接亲的到来。这身婚纱,一般从接亲开始穿到婚礼仪式的结束。婚礼仪式结束后,新娘到酒店的化妆间去换已经准备好的中式服装,然后给来宾敬酒,一直到婚宴结束。

3. 婚礼仪式的流程

婚礼仪式的流程没有统一的规定,可繁可简,通常由婚礼主持人事先与相关的主要当事人商定。婚礼仪式一般有如下几项程序:

(1)嘉宾到齐后,婚礼司仪宣布结婚典礼开始。

(2)奏《结婚进行曲》,新郎新娘在鞭炮乐曲声中步入宴会厅。

(3)司仪介绍新郎、新娘的情况和相识过程。

(4)证婚人为新郎新娘颁发结婚证书并作证婚讲话。

(5)贵宾或新郎、新娘双方领导上台简短致贺词。

(6)父母双方讲话。

(7)举行鞠躬仪式。首先向父母及尊长鞠躬;然后向来宾鞠躬;最后夫妻互相行鞠躬礼。

(8)新郎、新娘交换信物。

(9)开香槟酒、切结婚蛋糕、喝交杯酒。

(10)新婚夫妇讲话(主要说感谢来宾之词)。

宴会开始。新郎新娘从主桌开始,逐席向来宾敬酒一轮。宴会之后,可进行小型的娱乐活动以助兴,有的地方还请亲友参观新房或"闹洞房"。

4. 新郎、新娘礼仪

结婚正日是女方被娶到男方举行典礼的那一天,这一天非常热闹。新郎当天首要的事是到新娘家迎娶新娘。新郎应做到准时、守约。女方也要宽容谅解,不要一味强调迎亲仪式的隆重。这一天,新郎新娘在接待亲友宾客时要特别注意以下几点:

(1)礼貌。结婚当日,许多亲友前来道贺,街坊邻里前来观瞻,来人多而杂。作为主角的新郎新娘不论与谁接触都要面带笑容,彬彬有礼;对人都要亲切招呼,不可疏漏,更不可傲慢无礼或冷淡别人,客人临走,要热情礼貌送别。

(2)耐心。大喜之曰,也是大忙之时。遇事不能急躁,也不能埋怨,新郎新娘互相体贴,不可赌气或发脾气。

(3)大方。新郎新娘在婚礼上要大方、自然。对于闹新房时客人的说笑不要露出嫌烦之色,以免使亲友扫兴。

(4)周到。对于携带小孩前来祝贺的宾客,新郎新娘不要因为紧张忙碌而忽略了对孩子的热情关照,如可抓一些糖果给小孩。对于请来的厨师、司机等人最好也要当面致谢,甚至在吃饭的时候去敬杯酒。

知识链接

回　门

按照我国婚俗习惯,结婚三天回门,这是一种必不可少的礼节。新娘便要偕同新郎一起回娘家,也称"回门"。新娘家老人心里非常重视三天回门,因此新郎事先无论是从思想上还是在礼品上都要有所准备,争取给岳父岳母留下好印象。礼品事先备齐,应准备新娘家老人喜欢的礼品,礼品一般有四件。回到娘家,新郎新娘首先要问候老人。这时,新郎就应改口,跟新娘一样称岳父母为爸爸妈妈,要叫得自然、亲切。对待亲友和邻居也应表现出亲切热忱,彬彬有礼,见人先打招呼,以礼相待。就餐时,新娘要陪着新郎,一一向父母、亲友和邻里敬酒,感谢大家对自己新婚的祝福。饭后,不要急于回家,应再陪父母聊一会儿,听听他们的教诲,然后再告辞。应主动邀请二位老人和兄弟姐妹到自己家里做客,也可邀请亲友、邻里。

5. 宾客参加婚礼的礼仪

被邀请出席婚礼和宴会的朋友应注意以下礼仪,以免影响婚礼的喜庆气氛。

参加婚礼者应适当注重自己的仪表,就服饰而言,最好着较为正式的礼服。女性一般不穿全身大红的衣裙,以免与新娘服饰相同;男宾最好着西装,显得大方得体。值得注意的是:礼服的颜色最好避开黑色,防止让对方联想到丧礼,以破坏喜庆的气氛。

参加婚礼一般要带点礼,可送礼金,也可送礼物。礼金用红纸包好,写好送礼人姓名及祝贺之词。礼金包多少没有具体标准,一般来说,确定礼金数量时应考虑以下三个方面:

(1)要根据自己的经济实力、双方关系的亲密程度来确定,既不要太少,也不要"打肿脸充胖子"。

(2)礼金的数字最好是双数,意思是大吉大利、好事成双,但要跳过4这个数字,以2、5、6、8等数最受欢迎。当然,666、888之类的更好。

(3)假如你打算带家属去喝喜酒,记得多添点礼金,以免给别人留下小气、吝啬的印象。若要送礼物,要注意礼物的选择要恰当,要讲究美观、实用,一般以家庭陈设、床上用品、餐具茶具、厨房用品等礼品为典型,也可事先征求新婚夫妇的意见再采办。送礼金或礼物要选择时机,一般在出席婚礼前送上,假如选错时机可能会让他人觉得不懂礼节。

参加婚宴要遵守以下礼仪：

（1）进入宴席，要按照主人的引导就座，如果没有人引导，可以和熟悉的亲友坐在一起，但不要主动坐到“新人桌”或“父母桌”。

（2）席间取菜、吃食要讲究礼貌，不能失态，喝酒应适量，以免酒后狂言失礼。

（3）新郎和新娘到各席敬酒时，大家起立举杯和新人轻轻碰杯，再道“恭喜”。

（4）席间与熟人谈笑时也要注意分寸，言行举止要符合婚庆礼仪，不能因为气氛热烈而忘形失态，这是非常不礼貌的行为。

（5）带小孩的父母应关照好孩子，不要让孩子哭闹，不要打碎杯盘碗，婚礼上忌讳有人打碎东西。

（6）临行前对新郎新娘热情派发的喜糖应欣然接受，不应坚拒。在闹洞房时，可适当地打趣、开玩笑，但不要信口开河，或有意使新娘难堪。凡事过犹不及，“闹洞房”也是一个道理，千万不要无限度地借机宣泄自己的情绪，使得新郎新娘感到厌烦。

知识链接

中国传统婚礼：“一拜天地，二拜高堂，夫妻对拜”的仪式意为“感谢天地自然、感恩孝敬父母、夫妻平等互敬”。

西式婚礼:重在夫妻双方的庄严承诺。常用的问答方式是:"你愿意娶某某小姐为妻吗?不论疾病还是健康、贫穷或者富有,都与她厮

守一生,永志不渝吗?""我愿意!"

新郎新娘的结婚礼服比较讲究。要根据时令、地点以及当地的习俗挑选具有民族特色的礼服。也可按现在流行的方式,新娘穿西式婚纱,新郎可穿深色西装,配白色硬领衬衫,打领结或领带。同时,新郎新娘都戴上饰有新郎新娘字条的胸花。

知识链接

婚龄别称

1周年——纸婚	2周年——棉布婚	3周年——皮革婚
4周年——丝婚	5周年——木婚	6周年——铁婚
7周年——铜或羊毛婚	8周年——电器婚	9周年——陶器婚

10 周年——锡婚　11 周年——钢婚　12 周年——亚麻布婚
13 周年——花边婚　14 周年——象牙婚　15 周年——水晶婚
20 周年——瓷器婚　25 周年——银婚　30 周年——珍珠婚
35 周年——珊瑚婚　40 周年——红宝石婚　45 周年——蓝宝石婚
50 周年——金婚　55 周年——绿宝石婚　60 周年——钻石婚
70 周年——白金婚

七、丧葬礼俗

去世是人生的终点，人们要为他（她）举行一系列隆重的礼仪，以示对他（她）一生的总结、评价和缅怀。

传统丧礼极其繁杂，许多内容及程序已不合时宜了。下面介绍的是现代丧葬礼仪。

1. 讣告

人去世之后，一般要由治丧委员会或死者家属发布讣告，以便把死者去世的消息以及治丧的有关事宜通知死者的亲朋好友。讣告的内容主要有：死者的姓名、职衔，死亡时间、地点、原因，吊唁、开追悼会、送葬的时间、地点以及其他有关事宜。

2. 吊唁

一般在殡仪馆或灵堂举行。吊唁的礼仪有祭奠、送奠仪和慰问等。祭奠主要是在死者灵前或遗像前行鞠躬礼以示悼念；送奠礼仪主要包括送花圈、送布帛、送礼金等；除向死者亲属表示沉痛心情外，还要劝慰死者亲属节哀止悲，以免过分悲恸而发生意外，同时还应向死者亲属提供力所能及的帮助。

3. 告别仪式

伟人名人去世，大多要召开追悼会，而普通百姓去世也多举行遗体告别仪式，二者仪式大体相同。其仪程为：鸣炮、奏哀乐；向××同志遗像（遗体）致敬，默哀三分钟；献花圈或宣读献花圈单位或个人；致悼词；家属代表讲话；向××同志遗体告别（开追悼会无此项）。

诞生、成年、婚姻、去世是人生最重要的几个阶段，在不同的人生阶段，家族、社会为当事人举行不同的礼仪，以表示家族、社会对当事人的欢迎、认可、希望、祝福、思念，这是无可厚非的，也具有积极的社会意义。然而，也要清醒地认识到，传统礼仪中迷信的因素、不健康的因素和封建宗法的因素，必须予以剔除，应继承和发扬科学的、文明的、健康的礼仪精华，从而丰富社会主义精神文明的内容，促进人际关系和谐。

实训设计

1. 情景演练：为长辈祝寿；为同学过生日。
2. 观察体验：现代婚礼有哪些仪式？
3. 用心思考：人生礼仪的意义。
4. 思辨讨论：要不要举行成年礼？为什么？

学习任务2 家庭礼俗

家庭生活的和谐，是人生幸福的基础，也是社会安定的基石。几乎每个人都渴望有个温馨和谐的家，有个心灵的港湾。良好的家风是家庭和睦的前提，更是孩童健康成长的保障。“诗礼传家”是古代书香门第的优良传统，“知书识礼”即注重追求知识与教养也应成为现代家庭的基本信条。要家庭和谐，就不能不重视家庭礼仪。家庭为根，社会为本。

一、家风与家规

（一）家风

家风是家庭的氛围，是家庭成员精神风貌与行为习惯的展现。家风与家庭成员的生活质量息息相关，尤其对孩子的成长是耳濡目染、潜移默化的熏陶。因此每个家庭成员都有责任培育和谐良好的家风。

家人相处，应谦恭有礼，互相尊重，及时沟通，彼此包容，共同营造温馨氛围，和睦共处。家庭成员之间应分工合作，共同承担家务，保持居家内外环境整洁。出门说去处，回家报平安。夜必归家，因事不能归时，必先告知家人。常怀感激之情，常挂会心微笑，不吝啬“请”、“谢谢”、“对不起”之类的语言。

不要忘记各种重要节日、已故老人的祭日、每一位家庭成员的生日以及结婚、乔迁等值得纪念的日子。及时纪念,一起庆贺,共同回味难忘时光,抒发真情,共享天伦之乐。在外忙于事业的中青年,也别忘记:常回家看看!

(二)家规

要形成良好的家风,也需要有相应的家规或家训。敬爱的周总理曾订立"十条家规"严格要求他的亲属:"晚辈不准丢下工作专程来看望总理;来者一律住招待所;一律到食堂排队买饭菜;看戏以家属身份买票入场,不得用招待券;不许请客送礼;不许动用公家的汽车;凡个人生活上能做的事,不要别人代办;生活要艰苦朴素;不要说出与总理的关系,不要炫耀自己;不谋私利,不搞特殊化。"这"十条家规",体现了周总理严于律己的高风亮节和"管好自家人"的率先垂范意义,这也是周总理受到人民深切爱戴的重要因素。

家规、家训不失为简单易行、行之有效的家庭美德、家庭礼仪建设的基本要素。我国历史上有许多脍炙人口、富有哲理的名人家规、家训,留下不少格言警句,如孔子的"不学礼,无以立";诸葛亮的"非淡泊无以明志,非宁静无以致远",以及"积钱财留给子孙,子孙未必能守……不如积德留给子孙,使子孙繁荣"等古训,至今仍有现实意义。

知识链接

朱子治家格言

黎明即起,洒扫庭除,要内外整洁。

一粥一饭,当思来处不易;半丝半缕,恒念物力维艰。

勿贪意外之财,勿饮过量之酒。

与肩挑贸易,勿占便宜;见贫苦亲邻,须多温恤。

富贵而生谗容者,最可耻;遇贫穷而作骄态者,贱莫甚。

施惠勿念,受恩莫忘。凡事些留余地,得意不宜再往。人有喜庆,不可生妒忌心;人有祸患,不可生喜幸心。善欲人见,不是真善;恶恐人知,便是大恶。

二、家庭成员相处礼仪

(一)尊老

百善"孝"为先。孝敬父母、尊敬老人,是做人的本分,是天经地义的责任,也是最基本的人伦之礼。

1. 要常怀感恩之情

做儿女的应该时刻不忘父母养育之恩,尽量在物质和精神上予以报答。在父母老人眼里,儿女似乎永远都是小孩,所以即使父母老人再唠叨,也要不厌其烦。

2. 不要干涉父母老人的私事

他们也有自己的社交空间和人情往来,更有自己的感情寄托,做晚辈的不可越俎代庖。尤其是失偶老人的再婚问题,子女应将心比心,为父母晚年幸福着想,给予理解支持,切忌粗暴干涉。

3. **要在细节上体贴**

经常嘘寒问暖、问安侍奉，及时添衣备药、祝寿报喜；尽量帮父母扫扫地、刷刷碗；常常陪他们聊聊天、散散步，必要时揉揉肩、捶捶背；有条件时带父母出去观光旅游。

4. **不要做“啃老族”**

长期花父母的血汗钱，甚至把父母老人的积蓄和财产据为己有也心安理得；视父母老人为保姆，或为累赘，缺乏体恤之心和责任感……这样的人很难获得人们的尊敬，必将遭到社会的谴责。

尽孝最难的是“色难”，即子孙对父母老人能经常保持和颜悦色才是难能可贵的真“孝”。既要物质赡养，更须精神慰藉；不仅是老人生病时能多送医侍药，而且要不厌其烦并和颜悦色。父母老人即使有错，也要婉转地规劝；他们若不听从，仍要恭敬；内心忧虑，却不怨恨。父母老人为子孙操劳一生，难免迟钝老化多病，甚至固执唠叨，不讲卫生，儿女更需要理解体贴，拿出父母当年抚育婴儿那样的耐心和细致来回报他们。

（二）爱幼

我国历来有甘做“孺子牛”之说，尤其是在当今独生子家庭，十分宠爱、百般呵护孩子的现象极为普遍。孩童一旦形成唯我独宠、罔顾他人、衣来伸手、饭来张口的习惯，将来就很难与人相处，很难适应社会。父母是孩子的首任教师，要牢记“儿孙自有儿孙福，莫为儿孙做马牛”的古训，要明白大人的礼仪教养、处事作风，对孩子影响深远。

1. 率先垂范，言传身教

父母要尊敬长辈，关爱他人，不在孩子面前议论老师、长者；夫妻之间要相互谦让体谅，尽量避免在孩子面前吵架；重承诺，守信义，对孩子提出的问题，父母要给以明确答复；对满足不了孩子要求的事，大可不必勉为其难，但要及时解释清楚。

2. 多与孩子沟通，做到有礼有节

对子女既民主亲切，又注意身份距离；既关心孩子的学习生活，又不随意翻阅子女的日记、信件。在与子女交谈、活动中培育感情；要营造家庭的民主氛围，使子女了解家庭情况，重大决策也可征求孩子意见，培养孩子的自立能力。

3. 维护孩子人格自尊，讲究教育方法

对孩子也不能主观武断，强人所难。吃穿方面，不必过度喂食保暖；学习方面，不必求全责备，更不可不顾孩子的兴趣和精力，强迫子女参加各种各样的培训班，以免揠苗助长。孩子的同学、朋友到家里做客，父母要表示欢迎和尊重；在客人面前，不要讲孩子的过错；注意发现并适当表扬孩子的优点。批评孩子要讲究方法，注意时机。吃饭时不要唉声叹气，更不要训斥孩子；未弄清真相时，不要盲目训斥孩子，宁可沉默也不要冤枉孩子；不要当外人面批评孩子。

（三）夫妻“八互”

夫妻恩爱是人生幸福的基本要素。周恩来总理和邓颖超同志总结出夫妻间的“八互”，可视为夫妻生活温馨幸福的秘诀。

1. **互敬**

夫妻要“相敬如宾”，尊重对方的人格与劳动；尊重对方的志趣和意愿，不可盛气凌人，颐指气使；还要尊重对方的亲戚朋友。

2. **互爱**

夫妻间的互爱至关重要。爱情决不能只停留在恋爱和新婚阶段，爱情也要与时俱进，更新维护，每天哪怕用一分钟也好，说说情话，亲昵一番以保鲜爱情。不仅要肌肤之亲，而且要心灵之爱。

3. **互信**

夫妻间要互相信任，不要胡思乱想。互相猜疑，捕风捉影必然伤害夫妻感情；随便查看对方的手机、信笺、收入清单，无疑是心胸狭窄的不理智表现，应该允许对方有一定的社交空间。

4. **互帮**

夫妻间互帮扶持，天经地义。无论在事业、生活上，还是在处理亲友问题上，一方如果遇到麻烦事，另一方应当豁达大度，尽可能地给予帮助，家庭幸福的根基方能巩固。

5. **互慰**

人生不如意的事十之八九，夫妻间应多多交流，常常倾听对方的心声，遇到伤痛挫折时彼此安慰，共渡难关。

6. **互勉**

面临竞争激烈的社会、终身学习的时代，夫妻双方都在追求进步，需要互相勉励以增强信心，坚强地面对事业和生活。

7. **互让**

俗话说"舌头与牙齿都会相斗"，夫妻间出现矛盾或吵架也难以避免。一方动怒时，另一方要谦让些，不可针锋相对，切忌互相揭短，冷酷无情，从而矛盾升级。"事不三思终有悔，人能百忍自无忧"的古训仍有现实意义。

8. **互谅**

人非圣贤，孰能无过？夫妻一方出现错误，另一方要认真分析错误的性质和原因，只要不是原则问题，就应该宽容和体谅对方，尽快消除不愉快的气氛，不能揪住不放，不依不饶。即使错误严重导致感情破裂，也要理智友好地分手。

三、亲戚与近邻

（一）亲戚交往

重亲缘人伦是中华文化一大特色。我们要珍惜亲戚之间自然存在的宝贵缘分，即使再忙，也别忘了沟通感情。"亲戚亲戚，不走不亲"，说明亲戚关系需要走动和沟通才能巩固。但走亲戚也要看时机，亲戚家有喜当贺，有难当帮，尤其是婚丧场合，最好到场致贺或凭吊；实在不能亲临也要通过电话等方式予以致意、解释并寄上人情仪礼。但"田园日日去，亲戚淡淡走"，也说明亲戚不能走动太频繁，特别是当今社会生活节奏快，工作压力大，非喜庆等特殊日子走亲戚往往会干扰对方正常的工作和生活，不但达不到增进情谊的目的，反而令人尴尬、反感。亲戚交往还应注意：第一亲戚之间交往不可分贫贱富贵，尤其是不能冷落穷亲戚。虽有辈分的不同，也应相互尊重，平等对待。第二亲戚之间要助人为乐，互相帮助，但不要只顾亲戚情面而做出违法违纪之事。第三"亲兄弟明算账"、"投桃报李"的原则也同样适合于亲戚关系。第四切忌势利。我们可以在日常生活中注意维护亲戚关系以拓展人脉。

（二）邻里和睦

俗话说“远亲不如近邻”，搞好邻里关系显然是生活幸福的重要因素。古人云：邻里之间“出入相友，守望相助，疾病相扶持，则百姓亲睦”。新型的邻里关系应该是，既要尊重邻居的私人空间及生活习俗，保持适当的邻里距离；又不要冷漠无情，老死不相往来。

1. 见面点头笑，相逢问个好

既然低头不见抬头见，就不可形同陌路人，打个招呼与己无损，对融洽关系有益。

2. 严于律己，注意细节

尽量不干扰、不妨碍他人。要保持环境整洁，不往窗外扔垃圾、泼污水，勿将废物随意丢弃户外。隔窗不窥视，隔室不窃听，登高不呼唤。在室内睡觉、换衣服要注意拉上窗帘，有所遮掩。出入门户，上下楼梯，应步履轻缓，尤其是夜迟归来，不惊四邻。屋外停放车辆，不可妨碍交通。楼道空间不乱堆物品。

3. 宽以待人，学会礼让

对邻居要以礼相待，平易近人，不要苛求抱怨，斤斤计较。能谈得来的就多往来，谈不拢的就保持适当距离。对邻居不合理的要求和举动，也要本着“有理、有节”的原则妥善处理。

4. **相互帮助,相互体谅**

邻里之间有需要帮忙之处应热心相助,不宜冷漠拒绝,袖手旁观,切忌幸灾乐祸。对邻居装修等原因造成的不便之处,也应充分理解体谅。

在紧张工作之余,生活闲暇之时,唱唱歌,跳跳舞,自娱自乐;或邀请些亲朋好友玩玩牌,喝喝酒,热闹热闹,这是人之常情,本无可厚非。但不能干扰邻居的正常生活。因此,娱乐的时候必须把握好时间、分寸,还要将心比心地考虑到邻居的被动感受。在正常的午休、深夜睡觉时间,乃至学生温书迎考的时候,不能吹拉弹唱、喝酒猜拳,制造噪音。更不能通宵达旦打牌搓麻大呼小叫。当邻居有丧事等家难时,不宜在家歌舞娱乐,或呼朋唤友。

(三)居住环境的文明

营造安宁、温馨、美观的居住环境,是居民及管理者的共同期盼。然而要拥有祥和美好的社区或村落环境,除了街道居委会或村委会管理有方外,更重要的是居民、物业、保安之间的互相礼让,密切配合,共同维护。

1. **互相尊重**

无论是城市社区的物业管理人员和保安,还是农村的村干部,对居民及其来访客人都要彬彬有礼,认真履行职责;居民对管理者、保安也要充分尊重,不可傲慢无礼,遇见他们问声好,碰到清洁工道声辛苦，彼此关心，关系融洽。

2. **控制装修噪音**

当事人要尽量避免装修噪声过度干扰邻里的正常生活。按有关规定，上班前和下班后必须停止家装。管理部门也要协助家装当事人合理安排工期，帮助减少噪音污染。

3. **停车不乱占公共区域**

管理部门要与居民商定规则，并大力宣传，引导教育小区居民规范停车。车主也应按章办事，尤其要注意不侵占他人车位，不妨碍他人出车。居民也不得占用公共楼道、路旁乱堆杂物，以免引起“公愤”。

4. **不践踏绿地**

许多小区精心修建了一片片绿地，并设计了“通幽”的“曲径”，但不久后，草地就被踩出不少新的“捷径”，破坏了景观之美。因此，每一个居民都要强化“青草何故，践踏何忍”的意识，用心维护环境。

近年养宠物狗的家庭越来越多，社区内遛狗的情景屡见不鲜，而由宠物狗引起的纠纷事件也时有所闻。因此养宠物狗者要注意：一要讲卫生。尽量防止狗在社区随地便溺，一旦控制不了，主人应及时将其排泄物清理干净，保持社区公共场所的卫生与美观；更不能让宠物狗在社区景观水池内洗澡。

二要保安全。遛狗时，主人要牵好狗套上绳索，不要任它追逐扑咬，狂吠乱叫。遇到老人、小孩与孕妇，必须格外小心，千万别让宠物狗惊吓了他们。

三要慎用昵称。许多人把宠物当成家庭成员，对小狗也自称为“爸爸”、“妈妈”、“哥哥”、“姐姐”之类。但出了家门，可要注意不要将宠物与他人一起排辈分，尤其不要和没有养宠物的人与狗相互称呼。比如对狗说“别惊吓姐姐”、“快给阿姨道歉”之类，可能给他人带来尴尬与反感。

实训设计

1. 情景演练：到邻居家借针线。
2. 观察体验：家庭成员是否应做到“出入必告”？

3. 用心思考:应如何孝敬长辈?对待久病中的长辈应特别注意什么?

4. 思辨讨论:祭祖拜宗是迷信吗?

学习任务3 节日礼俗

节日习俗是历代祖先在长期社会生活过程中,为适应生活和生产的各种需要而创造出来,并经过不断发展而传承下来的民族习俗。同世界上许多古老的民族一样,中华民族拥有自己独特而丰富的传统节日。传统节日寄托着人们美好的希望和祝福,是祖祖辈辈传袭下来的文化遗产,是中华民族文化的载体。节日民俗可谓民族的盛典,它绝对不是简单地穿戴打扮与吃喝玩乐,更不是一个个美食节。每一个节日都有其来龙去脉,每一个节日都有一连串美丽动人的故事,每一个节日都有其深刻的文化内涵,每一个节日都体现了人们对精神的某种需求及其情感价值。传统节日承载着人们美好的希望和祝福,是中华民族文化的载体,不仅形式多样,喜闻乐见,还是各家各户乃至全民族都喜欢参与的节日,能发挥强大中华民族之根,弘扬民族之魂的作用。

一、节日内涵

传统节日是传统文化与节日形式的统一体。它有传说,有故事,比如中秋节有嫦娥奔月、吴刚砍树,端午节有屈原投江。它必须有活动和仪式,如歌舞、百戏、赛龙舟、踏青、登高、插柳、插艾、插茱萸等,包罗体育、文学、舞蹈、医药等各个方面。每一个节日都有丰富的内容,如春节、中秋节、端午节、重阳节、清明节,这些节日是与大自然相和谐的,是天人合一的,在这些节日里充分表现了中华民族的精神需求,寄予人们对生活的美好理想和祝愿,展现了中华民族优秀的文化内涵和价值取向。

（一）节日的起源

1. **天文历法**

依据天文历法确定某些特殊日子为节日，是世界上普遍现象，公历元旦就是典型。我国传统是采用阴阳历，依历法而定的节日不少。如以新年后的第一个月圆之日为元宵节；以天清月朗的秋天中月亮正圆的八月十五为中秋节；以农历24节气中第5个节气为清明节等。

2. **原始崇拜禁忌**

据说过年的“年”原是一种冬天时扰乱人们生活的一种恶兽，人们在门上贴红纸（这种恶兽怕红色）防止它进门，用爆竹声把它吓跑，久而久之形成过年习俗，成为我国民间最重要的春节；清明节、七月半鬼节则源于对祖先的崇敬。

3. **特殊纪念**

以对历史有重大影响的特殊日子作为节日来纪念，如五四青年节、端午节、国庆节。

（二）节日的特点

1. **稳定性和普遍性**

节日是历代相传的习俗，不仅标注在日历上，而且深入人们心中，令人难以忘却。传统节日形式多样，内容丰富，具有人与大自然和谐的韵味，为百姓喜闻乐见，吸引各家各户乃至全民族都参与。

2. **纪念性和警世性**

这是过节的主要宗旨。如清明节既是对祖先的纪念，又是不忘祖恩和不做不肖子孙的提醒。五四青年节既纪念五四爱国运动，又警示国人勿忘国耻，追求民主与科学。

3. **庄严性和娱乐性**

节日是寓教于乐的良好形式。过节时往往要举行某种庄严的仪式，以表纪念之意或是皆大欢喜的娱乐。

(三)节日的意义

1. 体现博大精深的文化内涵

节日体现了民族的智慧和心态。中华民族善于除凶化吉,化险为夷,以良好的心态正视逆境与困难,争取美好的生活,春节与五四青年节就说明了这一点。元宵节的各种花灯与灯谜,更是聪明智慧和出色技巧的直观反映。每一个节日都有丰富多彩的内容与形式,体现中华民族文雅、雍容、质朴、浪漫的气质。因此,要怀着虔敬之心,认真过好中华民族自己的传统节日。

2. 体现民族的文化认同感

节日植根于民族文化的土壤中,体现民族的文化认同感,乐为广大人民所接受,成为点缀生活、凝聚人心的重要方式。一些节日和习俗也是无价之宝,可以作为一种文化品牌拿到世界上去为民族争光。

3. 体现民族精神的特色

每年春运期间突增的旅客,风尘仆仆赶回家主要是与家人共享过年时的天伦之乐,体现了人们根深蒂固的乡土与家庭观念;闹元宵舞龙灯反映了龙的传人挥洒自己情感和憧憬美满生活的良好愿望;端午节划龙舟不仅是对伟大爱国诗人屈原的纪念,也抒发了中华儿女齐心协力、奋勇争先的豪迈情怀。

4. 融洽人际关系

节日期间,人们经常走亲访友,举行各种聚会,开展社交活动,从而维护人际关系和谐,增进情谊,促进事业成功。

二、中国传统重要节日

中国的传统节日不胜枚举,择其要者介绍如下:

(一)春节

百节年为首,四季春最先。春节(含除夕)是中国历史最悠久、最隆重、最富有民族特色的节日。春节又叫“过年”、“年节”。在中国历史上，上自帝王显贵，下至村野山民，家家要过年，人人要过年。在我国多民族的国度中，除藏族、白族、傣族等有自己的年历，各自过本民族的年节外，其他各民族都同汉族一道过春节。

（1）祭灶。我国的春节一般是以祭灶拉开序幕的，民间有“官三民四船家五”的说法，也就是官府在腊月二十三，一般民家在二十四，水上人家在二十五举行祭灶。祭灶这种习俗在我国民间的影响极大，流传极广，旧时几乎家家灶间都设有“灶王爷”的神位。设有灶王龛的墙上也会贴有神像。传说灶王爷是玉皇大帝封的“九天东厨司命灶王府君”，负责管理各家的灶火，被作为一家的保护神崇拜。祭灶仪式分为“送灶”和“接灶”。相传，灶王爷在上一年的除夕就一直留在家中，直到本年的腊月二十三才升天，去向玉皇大帝汇报这家一年来的善恶情况，玉帝便根据灶王所汇报的情况将这家在新的一年中应得的命运交于灶王爷手中。所以对于一个家庭来说，灶王爷所说的话至关重要，因此人们对送灶仪式是十分注重的。送灶多在入夜时举行。一家人先向灶壁神龛中的灶王爷敬香，并供上用饴糖和面做的糖瓜等食物，让他老人家甜甜嘴，再将扎好的纸马和喂牲口的草料堆在灶前，作为给其准备的坐骑和草料。也有的地方将糖涂于灶王爷嘴边，意为让他只说好话，不说坏话，然后将神像和纸马、草料一同放入灶中烧掉，使灶王爷从烟囱里和烟一起升天。接神仪式相对就简单得多，到时只要换上新灶灯，在灶龛前烧香就可以了。俗语有“男不拜月，女不接灶”的说法，所以有些地方女人是不参加祭灶的。这种活动只是对丰衣足食的美好祝愿。

（2）扫尘。举行过祭灶后，便正式地开始做迎接新年的准备。每年从农历腊月二十三日起到除夕止，我国民间把这段时间叫做“迎春日”，也叫“扫尘日”。扫尘就是年终大扫除，北方称“扫房”，南方叫“掸尘”。每逢春节来临，家家户户都要打扫卫生，清洗器具，拆洗被褥，洒扫庭院，掸拂尘垢，大江南北，到处洋溢着欢欢喜喜搞卫生、干干净净迎新春的气氛。按民间的说法，因“尘”和“陈”谐音，所以扫尘有“除旧迎新”的寓意，意思是把“晦气”、“霉气”全部扫出家门。这一习俗也寄托了人们对新生活的渴求。

(3)剪纸。在新春佳节,家家户户的窗户上都会贴上美观大方的剪纸,洋溢着喜庆欢乐的节日气氛。剪纸是我国传统的民间艺术形式之一,也叫"窗貌",它是一种用剪刀或刻刀剪刻彩色纸而成的装饰性艺术品。旧时逢年过节,我国农村家家户户用彩纸剪成各种花草、动物或人物故事的窗花、挂笺贴在窗户、门上,还用它做灯笼、喜庆花等增加节日喜庆气氛,剪纸在旧时农村里还被普遍地用做鞋花、枕花、孩子的帽花、兜肚花、大人的衣袖花、围裙花的花样,剪纸还作为刺绣、陶瓷、印染、雕花、皮影等工艺装饰的底样之用。

(4)贴年画。年画是我国的传统艺术,它的历史相当悠久,新春佳节,家家户户在居室墙上贴几张年画,以示辞旧迎新。

我国文化发达,各地年画形式多样,题材广泛,风格不一。其形式有中条、屏条、窗顶、灶画、喜幡等数十种。其题材有山水花鸟、戏曲人物、民间传说等。在艺术风格上,天津的杨柳青年画以细巧、典雅而著称,山东潍坊的杨家埠和苏州的桃花坞年画以粗壮、朴实见长,北京、西北一带的年画则以粗犷、苍劲而闻名。此外,四川的绵竹、广东的佛山、福建的泉州、山西的临汾、河南的开封、河北的武强、上海的月历牌年画等,都独具风采,各有千秋。现在,年画的内容更加丰富多彩,广大美术工作者根据“推陈出新”的方针,对年画进行了改革、创新,创作出不少具有强烈时代气息和浓厚生活情趣的新年画。

(5)贴春联。贴春联是春节的主要传统风俗之一。每年除夕,无论城乡,家家户户门上都要张贴红色春联,为节日增色。它以工整、对偶、简洁、精巧的文字描绘时代背景,抒发美好的愿望,是我国独有的富有民族文学色彩的娱乐活动。春联也称“门对”、“春帖”、“对联”、“对子”。

(6)除夕守岁。除夕之夜,我国民间有守岁的习惯,在年三十这天夜里,一家老少围坐吃团圆饭,大家终夜不睡,以待天明,称为“守岁”,除夕守岁,自古有之,古往今来,年年如此。除夕这天夜里,通宵达旦,人们有不少活动。

据传说,除夕晚上如果彻夜不眠,毫无倦意,就是预兆着来年人的精力充沛,精神焕发。现在的除夕,人们沿袭了古时许多好的习俗,在除夕虽然不再守岁了,但有的互相登门拜访远归的亲友,促膝谈心到深夜,有的团聚灯前,打扑克、下象棋、猜谜语、说笑话、讲故事,或者看电视、听广播、吃糖果。所有这些,仍是除夕活动的一大内容,充分表达了人们期望人寿年丰和盼望新春快些到来的激动心情。

(7)年夜饭。“除”取去之意,“夕”则为夜晚。除夕就是把本年中最后的一夜去掉,有除旧迎新的意思。这晚,全家人会围坐在一起,茶点瓜果放满一桌,而摆放一大盘苹果是少不了的,叫做“平平安安”。在北方,有的人家还有供一盆饭,年前做好,要供过年,叫做“隔年饭”,意为年年有剩饭,一年吃不完。

而年夜饭必不可少的就是饺子。饺子是我国具有民族特色的面食之一。饺子的“饺”与“交”谐音,“交”又有相聚之意,所以用饺子象征团聚和欢,又有“更岁交子”之意,非常吉利;此外,饺子因形似元宝,过年时吃饺子,也带有“招财进宝”的含义。除夕,全家人围坐,边包饺子边聊天,天南海北,无所不谈,不时引来欢声笑语,大有其乐无穷之意。

年夜饭还有一道必不可少的菜,就是“鱼”,取“年年有余”之意。年糕因为谐音“年高”,再加上口味丰富,成了许多家庭必备的过年食品。年糕的式样有方块状的黄、白年糕,象征着黄金、白银,寄寓新年发财的意思。

(8)压岁钱。派“红包”是新年的一种习俗,中国人喜欢红色,因为红色象征活力、愉快与好运。春节拜年时,长辈要将事先准备好的压岁钱分给晚辈,据说压岁钱可以压住邪祟,因为“岁”和“祟”谐音,晚辈得到压岁钱就可以平平安安度过一岁。压岁钱可以在晚辈拜年后当众赏给,也可以在除夕夜孩子睡着时,由家长偷偷地放在孩子的枕头底下。

(9)放爆竹。我国民间有放爆竹、点焰火欢度春节的习俗。新春佳节的夜晚,噼噼啪啪的爆竹声,一束束焰火凌空而起,有的仿佛天女散花,有的像孔雀开屏,嫣红者如牡丹盛开,金黄者如秋菊含霜。这五彩缤纷的火树银花,争相怒放,把节日的夜空似仙境,令人心驰神往,为人们增添了无限的欢乐。这瑰丽多彩的焰火,正是我国劳动人民智慧的象征图。

(10)拜年。春节早上,开门大吉,先放鞭炮,叫做"开门炮仗"。这时满街喜气洋洋,开始了春节里一项重要的活动——拜年。我国的拜年习俗由来已久。古时有拜年和贺年之分:晚辈向长辈贺岁称为拜年,平辈之间互相道贺称为贺年。现在一些单位的员工聚在一起互相祝贺称为"团拜"。古时,如果亲友住得很远,不便登门拜年,就会派人带红帖去道贺,称为"飞帖",也就是现在的贺年片、贺年卡的前身。春节期间的热闹场面要到初五、初六才会逐渐消退,但有的人家要一直闹到正月十五元宵节,度过了元宵节,才算真正过完年。

（二）元宵节

农历正月十五是我国人民的传统节日。元宵节，又称“上元节”、“元夕节”或“灯节”，是春节的最后一天。民间正月十五闹元宵，是中国民间最隆重的节日之一。

元宵节又被称为“上元节”，是因为“上元”含有一年中第一次月圆之夜的意思，而且在道教中，也有将正月十五称为上元节，七月十五为中元节，十月十五为下元节的说法。每逢上元节，民间都有张灯观赏的风俗，所以元宵节又称“灯节”。

（1）闹花灯。花灯，又称“彩灯”，也叫“灯笼”。花灯起源于汉代，盛于唐代，到了宋代遍及民间。它是中国举世无双的精美艺术品。我国民间从迎新春开始到元宵节前夕，人们就动手扎花灯。有的地方还利用本地的传统风俗举办彩灯展销会、花灯会。旧时除夕，家家户户要挂红灯，到元宵节时，便张灯结彩，供人观赏，俗称灯节。至今，老人们还常以花灯为喜事的预兆，用花灯祝福祝寿。

中国人元宵节闹花灯的习俗至今已有2000多年的历史，全国各地种类繁多，譬如，台湾花灯，俗称“鼓仔灯”，因早期制作时多形似锣鼓而得名。由于闽南语“灯”与“丁”同音，故一般将提灯、闹灯视为人丁旺盛的佳兆。台湾习俗中，妇女在元宵节穿梭于灯下，祈求来年得子、添丁。花灯在式样上有带穗的柱灯、美观的座灯、秀丽的壁灯、精巧的提灯、玲珑的走马灯等；在造型上有山水人物灯，还有鸟鱼花竹灯、绣球灯、长生灯、百花灯等，千姿百态，五彩缤纷，真是殊难枚举，美不胜收。

（2）猜灯谜。灯谜，是我国艺苑中一种独特的文艺形式，它起源于春秋战国时期。每到节日假期，尤其是从除夕到元宵节期间，是猜灯谜最盛的时候。各地的游园会、文化宫、俱乐部都少不了猜灯谜这个游艺项目。灯谜室内，男女老少，凝神而思，一经悟出谜底，顿时喜笑颜开，自有一番乐趣。猜谜，可以愉悦情怀，增加知识。对于孩子们来说，猜谜语可以启迪智慧。

（3）耍龙灯。耍龙灯也叫“龙舞”，是汉民族传统舞蹈形式之一，流行于我国很多地区。每逢喜庆节日，尤其是在元宵节期间，各地都有耍龙灯的习俗。在传统习惯中，人们把龙当做吉祥的化身。它具有呼风唤雨、消除灾疫的功能，所以古人希望得到它的庇护。由此形成了在祭祀时舞龙和在元宵节舞龙灯的习俗。

民间耍龙灯，龙的形象各有特色，一般用竹、木、纸、布扎成，节数不等，但为单数，每节内燃蜡烛的称“龙灯”，不燃蜡烛的称“布龙”。此外，还有用荷花、蝴蝶组成的“百叶龙”，用长板凳扎成的“板凳龙”等多种形式的龙灯。

如今的龙灯，一般可分为三种：

第一种是看龙；它讲究装饰，通常有13～17节，龙衣有用布绘色的，也有用绸缎加以刺镶的，特别讲究龙头，它专供观赏。

第二种是舞龙，它和看龙在形式上无多大差别，但制作远不及看龙精致，要舞龙得能上能下，左右旋转。

第三种是龙灯，也有13～17节，是用竹笼糊上透明的纸，竹笼里点燃蜡烛，在夜间起舞，犹似火龙，又像是“穿花灯”，由于没有“龙衣”牵连，耍时要求循势连贯。

（4）耍狮子。耍狮子，也叫“舞狮”或“狮子舞”，是我国优秀的民间艺术，同时，也是一种流行很广的民间体育形式。古人将狮子视为勇敢和力量的象征，认为它能够驱邪镇妖，保佑人畜平安。群众舞狮以祈求生活吉祥如意，事事平安。今天，狮子舞不但是我国传统的杂技节目，而且从两广到东北，每逢春节、元宵节，在辞旧迎新的鞭炮声中，群众都要演出精彩的耍狮子。

舞狮，一般由两人合作扮一只大狮子（有的地区称“太狮”），一人扮作一头小狮（有的地区称“少狮”），另一人扮武士，持彩球逗引。在表演上可分为“文狮”和“武狮”两种，也有叫做“熟狮”与“生狮”的。“文狮”着重于表情，动作细腻诙谐，主要表现狮子温驯、活泼的神态和善于嬉戏的性格。“武狮”着重于技巧，动作勇猛，主要表现狮子动作勇猛威武的性格。

“舞狮”在艺术创造和表演形式上形成了各方面的地方色彩和独特风格，如江西的“手摇狮”、“板凳狮”，安徽的“青狮”，广东的“醒狮”，福建的“抽狮”，四川的“高台子狮”，湖南的“武打狮”，太原的“狮子滚绣球”，北京高碑店的“单狮”和河北保定的“双狮”等。

（5）踩高跷。元宵节前后，我国民间盛行一种群众性的技艺表演——高跷。高跷，也叫“高脚”，有的地区还叫“高跷秧歌”。表演者的双腿分别绑在木棍上，木棍的中部钉有一块小踏板，脚底踩在踏板上。表演者的人数不定，少则二三人，多则七八人不等。每人手里持有扇子、棍棒、竹钱串等道具，脸上都有化妆，与舞台上的角色一样，分别扮生、旦、净、末、丑等行当。表演形式有集体对舞的大场，两三人表演的小场，并配以锣、鼓、琴、箫、笙、管、唢呐、拍板等伴奏乐器，给节日增添了欢乐的气氛。

(6)划旱船。划旱船也叫“采莲船”，是汉族民间舞蹈形式之一，流行于我国很多地区。船多用竹、木、秫秸扎成，蒙以彩布，套系在女舞者的腰间，如坐船状，另一人手持木桨，两人合舞，如同行船于水面之上。有的边歌边舞，一般表现劳动或爱情生活。

(7)扭秧歌。秧歌是汉族具有代表性的一种民间舞蹈形式，主要流行于我国北方地区。但因流传地区不同，又有陕北秧歌、晋北秧歌、东北秧歌、河北秧歌、山东胶州秧歌和鼓子秧歌等，这种秧歌各有不同的风格和特点。一般是舞者扮成各种人物，手持扇子、手帕或彩绸等起舞。在表演形式上，开始和结束为大场，中场穿插小场，大场为变换队形的大型集体舞，小场是两三人表演的带有简单情节的舞蹈或歌舞小戏。

(8)吃元宵。吃元宵是元宵节的一项重要习俗。元宵又名“汤团”、“圆子”、“浮圆子”，取其圆形，寓意全家的团圆、平安、吉利、美满之意。同时，也是人们对美好生活的一种向往。元宵通常以芝麻、白糖、枣泥、豆沙、果仁等为馅，也有以虾仁、鲜肉、火腿为馅的，用糯米粉包成球状，或用水煮，或用油炸，吃起来粉糯软滑，味美可口。

(9)走百病。元宵节除了庆祝活动外，还有信仰活动，那就是“走百病”，又称“烤百病”或“散百病”，参与者多为妇女，她们结伴而行走墙边、过桥或郊外，目的是祛病除灾。至今，很多地方还沿袭这一习俗。

(三)清明节

清明是在农历三月间或公历 4 月 5 日前后过节，以祭祖、踏青为主。清明节不仅是人们祭奠祖先、缅怀先人的日子，也是人们认祖归宗的精神纽带，还是人们亲近自然、感受生命、催护新生的大好时光。

清明节是中国汉族和壮、朝鲜、苗等数十个民族的传统节日。在每年公历的 4 月 5 日前后，是二十四节气中的一个。清明时分嫩草青青，新枝吐芽，一派蓬勃生机。它的活动主要有踏青、扫墓、放风筝等。

(1)扫墓。清明扫墓，追祭先人，由来已久。清明扫墓的大概原因是：因为冬去春来，万物萌生，人们担心祖先的坟墓遭到野兽的侵袭，或是被毁坏，所以要亲自察看。举行简单的祭祀仪式，以表示对逝者的缅怀。扫墓的习俗延续至今，已随着社会的进步而逐渐固定，表达了人们对先人的怀念之情。

(2)放风筝。放风筝是清明节时人们最爱玩的游戏。因为此时的风向最适合放风筝。清明后,风向不稳就不太适合了。风筝在我国已有2000多年的历史。古代放风筝和放晦气联系在一起,将放风筝作为一种消灾祛难的手段,所以不能去拾别人的风筝,以免沾上别人的晦气。风筝流传至今,已变成了一项人们喜欢的娱乐活动。现在每年清明节,在我国山东潍坊还要举行国际风筝节。

(四)端午节

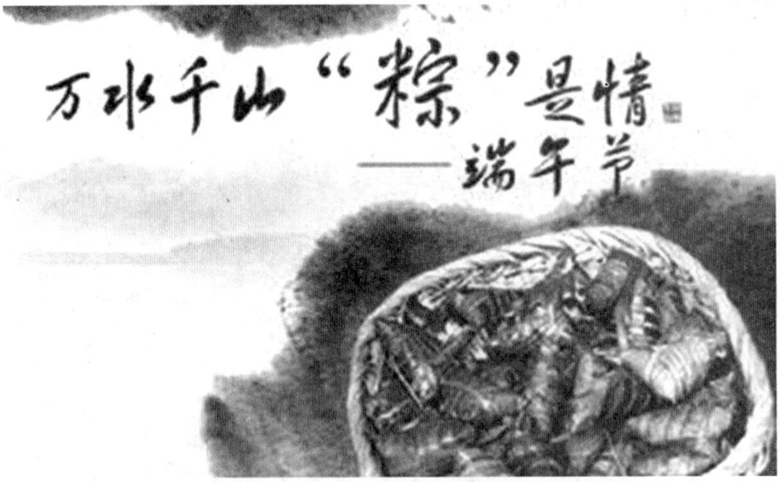

农历五月初五,是我国传统的端午节,又叫重午、端阳节。端,亦“初”,是开始的意思,农历的正月是建寅月,按地支顺序推算,五月正是“午月”,古人常把五日写成“午日”,所以“端五”也就可写成“端午”了。经近代学者考证,端午节原是古代民族的“龙子节”,这一天家家户户都要吃粽子,南方还有赛龙舟等习俗。

(1)吃粽子。粽子是我国传统的节日食品。粽子又称“角黍”、“筒粽”。角黍是因粽子形状有棱有角、内裹糯米而得名。称筒粽是因为最初的粽子用竹筒储米烧煮而成。

端午节吃粽子的风俗,在魏晋时代已经盛行。吃粽子的习俗是为了纪念屈原。时至今日,我们过端午节，几乎家家户户都要吃粽子，且花样不一，风味各异。我国的粽子有南北之别，馅则有荤素之分。江南粽子以苏州、宁波等地的最负盛名，其馅心多以糯米佐以豆沙、枣泥、咸肉、火腿、油脂等。北方以北京江米小枣粽子为佳，其馅心是以小枣、果脯等最为常见。各地粽子有三角、四角、枕头形的，还有形若小宝塔的，长及尺许；品种有桃花粽、八宝粽、火腿粽和碱水粽等。个头大者每只重约一斤，小者一两可得四只。是中国传统的象征之一。

(2)赛龙舟。划龙船又叫赛龙舟，因整条船作成龙形而称为龙船。据说屈原投汨罗江后，人们害怕鱼虾蛟龙伤害屈原的遗体，从四面八方划龙船来打捞屈原的遗体，并抛下粽子让鱼龙争抢。船之所以作成龙形，是因为鱼龙都归龙王管辖，看到龙船，他们自然不敢靠拢，于是就有了端午节吃粽子、赛龙舟的习俗。吃粽子表达了人们崇敬屈原忧国忧民精神的质朴情怀；赛龙舟则体现了齐心协力、奋勇争先的集体主义精神，成为一种强身健体的民间体育活动。

(3)挂艾蒿。端午节也是我国民间传统的卫生节。端午节一到,人们就要洒扫庭院,清腐除垢,采艾蒿悬于户上,并用艾叶、艾根把做成老虎样子的艾虎挂在门楣中央,有的把菖蒲做成剑形挂在屋檐下,有的用艾叶、菖蒲、大蒜烧水洗澡和喷洒房前屋后,墙根角落。

据说是为了驱虫辟邪,消毒杀菌,保人安康。所以,挂艾蒿这也是我国劳动人民几千年来所形成的一种卫生习惯。

(4)戴荷包以及缚五色花线。“香包襟上戴,娃娃逗人爱。”荷包又称“香包”。戴荷包缚五色花线,这是旧时民间在端午节普遍流行的习俗之一。姑娘们用彩色丝绒或多色花布缠制五彩缤纷、小巧玲珑的香包,犹如各种瓜果、花卉、五谷、鸟兽、昆虫、器皿和人物,艳丽多姿,栩栩如生。香包里装有用雄黄、苍术、细辛、白芷、丁香、甘松和香草配成的香料粉,戴在身上,能除昆虫,散浊气,驱毒保洁。

中国古代崇拜五色,认为五色为吉祥色。因此,每逢端午清晨,大人起床后第一件事便是在孩子手腕、脚腕、脖子上系上五色线。五色线不能随便丢弃,只能在端午节后第一场雨或第一次洗澡时抛到河里,据说戴五色线的孩子可以避开蛇蝎类毒虫的伤害。扔到河里,意味着河水将瘟疫、疾病冲走,儿童就可以平安健康。

(5)饮雄黄酒。此习俗在长江流域地区很盛行。古时,我国各地每逢端午家人团聚时端上桌的菜有黄豆芽、黄鱼、黄鳝、黄瓜,饮的是雄黄酒。古人认为端午使用“五黄”,可消病强身。有的地方还在屋里屋外洒雄黄酒或雄黄水,还有用雄黄在儿童的额头上画一个“王”字或涂点在耳孔、鼻孔处。

知识链接

端 午 诗

(唐)殷尧藩

少年佳节倍多情,老去谁知感慨生;
不效艾符趋习俗,但祈蒲酒话升平。
鬓丝日日添白头,榴锦年年照眼明;
千载贤愚同瞬息,几人湮没几垂名。

（五）中秋节

中秋节也叫“仲秋节”。按照语言习惯，人们把每个季度居中的那一天叫“仲”，而八月十五属秋季居中的那一天，因而，人们称之为仲秋。中秋节起源于周天子祭月的古俗，加上嫦娥奔月、吴刚折桂、玉兔捣药、唐玄宗中秋夜游广寒宫等故事渲染，民间遂形成拜月、赏月、吃月饼、喝桂花酒等习俗。

中秋节的主要活动是围绕“月亮”进行的。中秋后秋高气爽，月亮圆满，象征团圆，又叫“团圆节”。中秋月饼相传由古代祭拜月神的供品沿袭而来，代表团圆、甜蜜、平安等寓意。中秋拜月寄托家庭和睦、事事圆满的期望。拜月之后，全家人围坐一团，一边赏月一边吃月饼，月圆饼也圆，全家团圆，吉祥如意。远在他乡的游子，也不禁吟诵“但愿人长久，千里共婵娟”的名句，寄托自己对故乡和亲人的思念之情。

（六）重阳节

农历九月九日，是我国传统的重阳节。根据《易经》说法，九属阳，九月初九两九相重，故称重阳。重阳节又是体现中华民族优良传统的“老人节”、“敬老节”。老人们在这一天或登高以锻炼身体，或赏菊以陶冶情操，给桑榆晚景增添了许多生活乐趣。

重阳节还有插茱萸，饮菊花酒，吃重阳糕等习俗。茱萸，又名“越椒”或“艾子”，是一种常绿小乔木，气味辛烈，可防恶浊。菊花酒是一种药酒，据说可以治头昏、降血压、补肝气、安肠胃等。重阳糕由粉面、枣、粟、肉等原料作成，有九重高，像个小宝塔，塔上插一面红纸旗，吃糕的时候要点蜡烛灯，“灯”与“登”同音，“糕”与“高”同意，“灯糕”者，“登高”也；而红纸旗则是“茱萸”的象征。

（七）元旦

元旦是一年的首日。“元旦”这一名称，起自传说中三皇五帝之一的颛顼。他以农历正月为“元”，钢一为“旦”。“元”含有第一和开始之意，“旦”则是一轮红日从地面升起之意。“元”

和“旦”合在一起,就是要人们以蓬勃朝气来迎接崭新的一年。元旦,在我国古代指的是春节。1949年9月27日,中国人民政治协商会议第一届全体会议决议,中华人民共和国纪年采用公元纪年法,即是我们说的“阳历”。为了区别农历和阳历两个新年,又鉴于农历二十四节气中的“立春”恰在农历新年的前后,因此,便把农历正月初一改称为“春节”,阳历1月1日定为“元旦”。从此,元旦才成为全国人民的欢庆节日。这一天,我国城市和农村都张灯结彩,举行联欢活动,欢庆新年,争取新的一年迎来更大的胜利。

实训设计

1. 情景演练:春节期间给长辈拜年的仪式。
2. 观察体验:春节、端午等传统节日期间的民俗活动与人际交往。
3. 用心思考:中华民族传统节日的起源、特点和意义。
4. 思辨讨论:如何看待现实生活中人们对传统节日与外来节日的冷热状态?

知识链接

西方国家主要节日

1. 新年

新年是公历的1月1日,由于文化和习俗的不同,各国人民庆祝新年的方式和形式也有一定的差异。在西方国家,尽管圣诞节才是最大的节日,新年在人们心目中仍占有不可替代的重要地位。新年夜晚会是庆祝新年到来必不可少的活动。西方各国的人们都喜欢在欢快的乐曲和绚丽的光彩中喜气洋洋地度过一年的最后一个夜晚。此时,化装晚会特别受欢迎。来宾们把尊严和谨慎藏在面具之后,打扮得稀奇古怪。大家无拘无束,尽情玩乐,与平日的行为大相径庭。在英美两国,午夜钟声一响,参加晚会的人们还要手拉手高唱《友谊地久天长》这首著名的苏格兰民歌。

2. 圣诞节

圣诞节是耶稣基督诞生的日子,公认的日期是12月25日。圣诞节本是一个宗教性的节日,后来逐渐演变成一个具有民族风格的全民性的节日,在美国、英国、加拿大、德国、意大利、澳大利亚等西方国家,甚至非洲、东南亚一些国家都很盛行。

圣诞节指圣诞日或圣诞节节期,即12月24日至第二年1月6日这段时间。另外,人们把12月24日夜称为圣诞前夜。

圣诞树可以说是圣诞节最重要的装饰点缀物。圣诞树通常使用整棵塔形常绿树(如杉、柏等),或用松柏树枝扎成一棵塔形圣诞树。树上挂满了闪闪发光的金银纸片、用棉花制成的雪花和五颜六色的彩灯、蜡烛、玩具、礼物等装饰品。

圣诞老人是西方老幼皆知的典型形象,是圣人与神灵的结合体,是仁爱与慷慨的代名词。一般认为圣诞老人是一个留着银白胡须、和蔼可亲的老人。他头戴红色尖帽,身穿白皮领子的大红袍,腰间扎着一条宽布带。传说圣诞老人在圣诞夜驾着八只驯鹿拉着的满载着礼品的雪橇,从北方雪国来到各家,由烟囱下来,经过壁炉到房间内,把糖果、玩具等礼品装进孩子们吊在壁炉和床头上的袜子里。

按照习俗,过圣诞节时人们都互赠圣诞贺卡和圣诞礼品。贺卡可以在商店买到,也可以自制,只要写上一句祝词,写上自己的姓名就行了。不仅同事、同学、朋友之间互赠贺卡,家庭成员之间也有互赠贺卡和礼品的习惯。这是一种最普通的庆祝圣诞节的活动。

圣诞餐是圣诞节当天的主餐,有的家庭把它安排在中餐,有的把它安排在晚餐。这餐饭主要是家人聚餐,一般不邀请客人。圣诞餐主要食品为火鸡或烤鹅、布丁以及各类小甜饼等。

3. 复活节

复活节是基督教徒纪念耶稣复活的重大节日。325年,尼西亚会议决定,为纪念基督教的创始人耶稣复活,将每年的春分月圆后的第一个星期日定为复活节。所以,复活节每年的具体日期不确定。又因为复活节总是在星期天,所以它的英文说法可以是Easter/Easter Day,也可以是Easter Sunday。从复活节开始以后的一周称为复活节周。

4. 感恩节

感恩节是美国和加拿大的民间传统节日,1789年美国第一任总统华盛顿正式宣布将每年的11月26日作为庆祝感恩节的日子。1941年由美国国会通过了一项决议,将每年11月的第四个星期四作为全国统一庆祝感恩节的日子。而在加拿大则是10月的第二个星期一。

5. 愚人节

愚人节是一个比较特殊的节日。时间是每年的4月1日。按照西方国家的习俗,在愚人节这一天,人们可以任意说谎骗人,愚弄他人。骗术越高,越能得到推崇。在愚人节受到愚弄的人被称为April Fool(4月愚人)。按照他们的习惯,当一个人成功地使别人受到愚弄时,他就会笑着说出真相,这时受愚弄的人恍然大悟,也会跟着哈哈大笑。愚人节活动活跃气氛,放松心情,为人们的生活增添了一些乐趣,本不是件坏事,但是开玩笑或愚弄人应该有分寸,要适可而止,不要只是一味地追求骗术的高明,而不顾他人的承受能力,也就是说不要把自己的一时高兴建立在别人的痛苦之上。

6. 母亲节

母亲节是英美等国家为了表达对母亲的敬意而设的一个节日。日期是每年5月的第二个星期日。

母亲节起源于19世纪60年代的美国。据说当时在美国费城有一个小地方，人们之间彼此关系不十分友好，经常打架。当时有一位叫贾维斯的女士希望能改变这种状况，于是她举办了一个所谓“母亲友谊节”的活动，在母亲友谊节这一天便去看望其他人的母亲，并劝她们能和好如初。女士去世后，她的女儿安妮·贾维斯继承了她的事业，继续努力，并决心建立一个纪念母亲的节日。于是她开始给当时有影响的人写信，提出自己的建议。在她的努力下，费城于1908年5月10日第一次庆祝了母亲节。每逢母亲节，做儿女的会送给自己的母亲节日贺卡、鲜花以及母亲们喜欢的精美礼物等，同时，在这一天做父亲的会领着子女们包揽家务，以便让母亲有个休息的机会。

7. 父亲节

父亲节日期是每年 6 月的第三个星期日。父亲节起源于 20 世纪初的美国。据说当时在华盛顿州有一个人，她年幼丧母，兄弟姐妹六人全靠父亲抚养成人。父亲的这种既为人父又为人母的自我牺牲精神极大地感动了她。长大后，她积极倡导父亲节，并说服当时华盛顿的斯波坎牧师会作一次特殊的礼拜仪式向父亲们表达敬意。1916 年，她的建议得到了威尔逊总统的官方承认。从此父亲节便成为了美国的一项传统节日。

按照习惯，父亲节这一天，做孩子的通常一大早就起床给父亲做一顿丰盛的早餐，端到父亲的床头，感谢父亲的养育之恩。另外，父亲节这一天，孩子们还向父亲赠送礼物，所送的一般是父亲喜欢的衣服和爱喝的酒。

8. 情人节

情人节是英美等国一个十分重要的节日，时间是每年的 2 月 14 日。

值得注意的是，情人节不仅仅是年轻人的节日，也是一个大众化的节日。情人节这一天，不仅情侣们互赠卡片和礼物，人们也给自己的父母、长辈以及其他受自己尊敬和爱戴的人赠礼物和卡片。特别受欢迎的是情人节之夜的化装舞会。在舞会上，人们便可以看到罗密欧和灰姑娘翩翩起舞；哈姆雷特同卡门谈笑风生；白雪公主同王子共进晚餐。他们化装得那样惟妙惟肖，使人觉得仿佛真的是一群古人复活了。

9. 万圣节

按照基督教的习惯，每年的 11 月 1 日为万圣节，是纪念所有圣徒的日子。万圣节前夕便是万圣节的前一天，即 10 月 31 日。

在英国，万圣节前夕可以说是一个“鬼节”。因为大多数活动都与“鬼”有关。每到万圣节前夕这天晚上，人们就围坐在火炉旁，讲述一些有关鬼的故事，有时让一些在场的小孩听起来非常害怕。有的人把萝卜或甜菜头挖空，做成一个古怪的头形，在上面刻上嘴和眼睛，在其内放上一支点燃的蜡烛，看上去古怪、让人害怕，然后把它挂在树枝上或大门上，据说这样可以驱逐妖魔鬼怪。

在美国,人们制作“杰克灯”或叫“南瓜灯”。小孩们身穿古怪的服装,头戴面具,装扮成鬼怪的形象,手里提着一盏南瓜灯,从一家走到另一家,在大门口大声叫着“是请客还是要我们捣乱”。这时若主人不请客,这些顽皮的孩子就会动真格地捣乱,有的在主人的门把上涂上肥皂或往玻璃上洒肥皂水;有的干脆把主人的门给卸下来;还有的顺手拿走主人放在门口的日常小用品等。但人们对这些天真可爱的小客人一般还是欢迎的。听到这些小孩来到时,他们马上迎出来,给孩子们分发糖果或零用钱。

参 考 文 献

[1] 金正昆. 涉外礼仪教程[M]. 北京:中国人民大学出版社,2007.
[2] 卢新华,康娜. 社交礼仪[M]. 北京:北京大学出版社,2012.
[3] 董乃群,刘庆军. 社交礼仪实训教程[M]. 北京:清华大学出版社,北京交通大学出版社,2012.
[4] 李建峰,董媛. 社交礼仪实务[M]. 北京:北京理工大学出版社,2010.
[5] 金正昆. 职场礼仪[M]. 北京:中国人民大学出版社,2004.
[6] 李荣建. 社交礼仪第 3 版[M]. 北京:清华大学出版社,2013.
[7] 李智. 社交礼仪[M]. 武汉:武汉大学出版社,2014.
[8] 林爱华. 社交礼仪第 4 版[M]. 北京;高等教育出版社,2014.
[9] 赵敏. 商务礼仪[M]. 北京:人民邮电出版社,2014.
[10] 林玉琼,梁丽苹,黄碧雁. 社交礼仪[M]. 南昌:江苏大学出版社,2014.